Du sollst mich lieben

Marcus Hünnebeck & Kirsten Wendt

Du sollst mich lieben

Thriller-Sammelband

BE

Belle Epoque Verlag

Lizenzausgabe des Belle Époque Verlags, Inh. G. Pahlberg,
Wiesenstr. 7, 72135 Dettenhausen,
mit freundlicher Genehmigung des Autors.

Lektorat „Opferraum“: Stefanie Zeller
Lektorat „Bruderlos“: Claudia Schlottmann
Innenlayout und Schriftsatz: Hans-Jürgen Maurer
Covergestaltung: © artwize
Im Coverdesign wird ein Foto von depositphotos
und ein cc-0 Bild von unsplash verwendet

https://de.depositphotos.com/51875711/stock-photo-young-woman-wearing-short-bob.html,
https://unsplash.com/photos/D6Bk1A3-gMA

Herstellung: Custom Printing, Wał Miedzeszyński 217/1,
04-987 Warszawa, Polen

ISBN: 978-3-96357-257-9

Inhalt

Opferraum 9

Bruderlos 279

Opferraum

Kapitel 1

Samuel

Meine Hoffnung, keinem der Nachbarn zu begegnen, zerschlägt sich bereits, als ich die Haustür öffne. Sofort setze ich ein freundliches Gesicht auf. Darin bin ich seit Jahren geübt – niemand erkennt, wie es unter der Oberfläche brodelt. Alle halten mich für einen sympathischen Menschen.

Gedanklich rekapituliere ich, was sich in meiner Tasche befindet, und komme zu dem Schluss, dass sich darin nichts befindet, das meine Pläne verraten könnte. Also wende ich mich beruhigt der älteren Frau zu, die von einer mir unbekannten Person begleitet wird.

»Hallo, Frau Pope«, begrüße ich die Mieterin, die im zweiten Stock des Haupthauses in einer Zweizimmerwohnung wohnt.

»Hallo, Herr …«

»Wer ist denn die bezaubernde junge Dame an Ihrer Seite?«, erkundige ich mich neugierig.

Ich habe sie absichtlich unterbrochen, bevor sie ihren Satz zu Ende gesprochen hat, da ich es liebe, die leicht alterssenile Bewohnerin zu verwirren. Erst vor ein paar Wochen ist es mir gelungen, sie so zu verunsichern, dass sie panisch in ihre Wohnung zurückgekehrt war, um sich zu vergewissern, ob sie den Herd ausgeschaltet hatte. Mein Wunsch, sie möge dabei stürzen und anschließend wochenlang im Krankenhaus liegen, erfüllte sich bedauerlicherweise nicht.

Diesmal schaut sie nur einen kurzen Moment irritiert, ehe sie antwortet.

»Das ist meine Enkelin Clarissa.«

Die beiden stehen auf dem letzten Treppenabsatz, der zur Tür führt. Das Mädchen dürfte ungefähr vierzehn Jahre alt sein und trägt hellblaue Hotpants und ein schwarzes Top, das über dem Bauchnabel endet. Ich würde meiner minderjährigen Verwandten verbieten, so herumzulaufen. Auch der rote Lippenstift ist zu aufreizend.

Nun gut, wenn sie als sexuelles Wesen wahrgenommen werden will, kann ich ihr diesen Gefallen gern tun. Ich mache einen Schritt nach vorn und strecke die Hand aus.

»Freut mich, dich kennenzulernen.«

Sie verzieht genervt die Lippen, ist jedoch offenbar immerhin so gut erzogen, dass sie weiß, was die Konvention erfordert. Sie kommt nach unten und schüttelt meine Hand.

»Hallo«, murmelt sie mit gesenktem Blick.

Ihre Haut fühlt sich wundervoll an. Nicht zu feucht, nicht zu trocken. Mir schießt die Frage durch den Kopf, wie viele Jungs sie wohl schon mit einem beherzten Griff um den richtigen Körperteil beglückt hat. Ich zögere die Berührung so lange hinaus, wie es möglich ist, ohne unangenehm aufzufallen. Nachdem ich sie losgelassen habe, wischt sie sich über die Hose.

Miststück!

Doch natürlich lasse ich mir nichts anmerken.

»Genießen Sie gemeinsam das schöne Wetter?«, erkundige ich mich – obwohl es mich nicht interessiert.

»Ja, ihre Eltern sind ein paar Tage weggefahren. Clarissa schläft bei mir. Wir wollen jetzt ein Eis essen gehen.«

Ich zeige mich überschwänglich. »Fantastisch. Bis wann bleibst du denn?«

»Bis übermorgen«, ist ihre genuschelte Antwort.

»Ich hoffe, du weißt zu schätzen, wie sich deine Oma

um dich kümmert.« Kaum habe ich die entscheidende Information erhalten, versuche ich, das Gespräch zu beenden. Das Flittchen wird meinen Plänen nicht im Wege stehen, und seine Großmutter ist ohnehin keine Gefahrenquelle. Ich öffne die zugefallene Haustür und deute nach draußen. »Viel Spaß!«

»Danke«, erwidert die Nachbarin. Gemächlich bringt sie die letzten Stufen hinter sich und geht ins Freie.

Gern würde ich ihr einen Tritt verpassen, aber manche Scherze muss man sich leider verkneifen. Im Briefkasten liegt lediglich Werbung, die nicht einmal persönlich an mich adressiert ist. Ich lasse sie einfach auf den Boden fallen, weil das den Nachbarn aus der dritten Etage maßlos ärgern wird. Nur weil er gegen eine mickrige Bezahlung Hausmeistertätigkeiten übernommen hat, führt er sich auf, als würde ihm das Haus gehören. Jämmerlicher Idiot!

Sowieso habe ich mit den anderen Bewohnern kein großes Los gezogen. Zwei Familien mit insgesamt fünf Kindern, ein Single, zwei Studenten in einer WG, zwei ältere Ehepaare. Glücklicherweise sind wir keine Hausgemeinschaft, in der man sich umeinander kümmert. Weswegen ich bei niemandem eine große Gefahr für meine Pläne wittere.

Die Tür im Keller, über die ich den Anbau auf dem Hinterhof erreiche, ist bloß angelehnt. Ob jemand herumgeschnüffelt hat? Wahrscheinlicher ist es jedoch, dass ein Nachbar die Müllcontainer benutzt hat. Was würde ich für ein alleinstehendes Haus geben. Am besten ein Bauernhof oder so, auf einem riesigen Grundstück. Doch die vorhandenen Gegebenheiten sind besser als nichts. Der Anbau wurde irgendwann in den Siebzigern errichtet und jahrzehntelang vom Besitzer bewohnt. Nach seinem Tod machten die Erben eine Mietwohnung daraus, in der ich seit einigen Jahren wohne. Beinahe ungestört. Das einzige Dilemma: Man hat nur durch das Hauptgebäude Zugang. Der kurze Weg durch den Keller und über den Hinterhof lässt sich nicht vermeiden.

Wenn ich sie in mein Reich verschleppe, kann unterwegs alles Mögliche schiefgehen. Aber sobald hinter ihr die Tür zufällt, ist sie mir hilflos ausgeliefert. Bis ich sie gebrochen habe und sie sich mit ihrem neuen Leben arrangiert hat.

Kaum habe ich meine eigene Haustür geschlossen, denke ich an Clarissa. Trotz ihrer Kleidung und der Signale, die sie damit aussendet, wird sie noch Jungfrau sein. Dessen bin ich mir ziemlich sicher. Was wäre es für ein Vergnügen, ihr erster Mann zu sein. Sie in das Zimmer einzuschließen, um sie an das Bett zu binden, ihre Beine zu spreizen und dann gewaltsam in sie einzudringen. Ihr Blut würde die Matratze sprenkeln und mich immer an den einmaligen Moment erinnern. Das wäre ein grandioses Vorspiel zu dem, was hier bald passieren wird. Leider nicht zu realisieren. Ein weiterer Spaß, den ich nie genießen werde.

Aus meiner Tasche hole ich das Diktiergerät heraus, das ich heute bei einem Pfandleiher erworben habe. Die Batterien befinden sich bereits in dem schwarzen, etwa handtellergroßen Gerät. Ich betätige den Aufnahmeknopf, ehe ich meine Neuerwerbung vor eine Zimmertür lege. Danach schließe ich das Schloss auf und schlüpfe in den Raum. Stolz betrachte ich die mit Schaumstoff verkleideten Wände und das Fenster, dessen Griff ich abmontiert habe, und das extra erworbene Metallbett, an dem sich wunderbar Fesseln anbringen lassen, sowie den Stuhl vor dem Computerschreibtisch. Mehr Mobiliar wird sie nicht benötigen. Zumindest anfangs nicht. Ich drücke die Tür zu und schreie mir im nächsten Augenblick die Seele aus dem Leib. Fast eine halbe Minute brülle ich wie ein Verrückter, bevor ich keine Luft mehr habe und abbreche. Ob auf dem Gerät etwas zu hören ist?

Ich gehe wieder nach draußen. Plötzlich fühle ich mich nervös. Sollte die von mir in mühsamer Arbeit angebrachte Schallisolierung den Lärm nicht herausfiltern, wäre das ein herber Rückschlag. Im Flur stehend beende ich die Aufnahme und starte die Wiedergabe. Aus dem kleinen Lautsprecher dringen die Geräusche, die ich beim Öffnen und Schließen der Tür verursacht habe. Anschließend ist sekundenlang nichts zu hören.

Erst das zweite Öffnen der Zimmertür unterbricht diese wundervolle Stille. Zufrieden grinse ich.

Erregung steigt in mir auf. »Bald bist du mein«, flüstere ich. Sobald ich sie in meine Gewalt gebracht und hierher verschleppt habe, kann ich mir alle Zeit der Welt lassen. Ihr Verschwinden wird nicht unentdeckt bleiben, man wird sie suchen. Sie hat im Gegensatz zu mir Familie und Freunde. Aber es gibt keine Verbindung zwischen uns. Deswegen bin ich unbesorgt.

Ich muss sie bloß ans Bett fesseln – dann gehört sie mir. Und ich kann mit ihr anstellen, was ich will.

* * *

Nachdem ich eine Kleinigkeit gegessen habe, schnappe ich mir meinen Laptop und betrete erneut das Zimmer. Kaum ist der Computer hochgefahren, logge ich mich bei meiner Bank ein. Der Kontostand wäre normalerweise beunruhigend. Ich habe in den letzten Monaten zu viel Geld ausgegeben, unter anderem für die notwendigen Einkäufe für die Umbaumaßnahmen. Doch wenn alles klappt wie ich es mir vorstelle, gehören Geldsorgen der Vergangenheit an. Den Gedanken, dass es nicht klappen könnte, schiebe ich lieber beiseite.

Um mir nicht von dem unangenehmen Finanzthema die Laune verderben zu lassen, wähle ich aus der Lesezeichenliste eine der Pornoseiten, die ich regelmäßig besuche. Auf der Startseite werden mir kleine Videoausschnitte angezeigt, die ich jedoch gar nicht beachte. Stattdessen gebe ich im Suchfeld die Begriffe ›gefesselt‹ und ›wehrlos‹ ein. Nun verändert sich die Seite. Fast hundert Filme stehen zu den Suchbegriffen zur Auswahl. Die ersten vier Clips, die ich starte, legen zu spät los. Die Frauen sind bereits zur Bewegungsunfähigkeit verdammt – was mir nicht weiterhilft. Bei einem der Pornofilme bleibe ich trotzdem etwas länger hängen, da es mir ausgesprochen gut gefällt, wie der männliche Part über das Opfer herfällt.

Dann finde ich endlich das, wonach ich gesucht habe. Ein muskulöser, tätowierter Typ hält eine zierliche Frau im Schwitzkasten und schmeißt sie schließlich rücksichtslos auf ein Bett. An dessen Metallrahmen sind vier Seile geknotet, die er nach und nach an ihren Gelenken festbindet, wodurch sie ihm völlig ausgeliefert ist. Er benutzt keinerlei besondere Fesseltechnik, scheint lediglich darauf zu achten, das Ganze stramm anzuziehen. Anschließend steckt er ihr einen Knebel in den Mund – was bei mir dank der Schallisolierung überflüssig sein wird – und tobt sich an ihr aus. Fasziniert schaue ich den kompletten fünfundzwanzigminütigen Film. Nach einer Weile kann ich mich nicht mehr zurückhalten, obwohl ich mir geschworen habe, mich für sie aufzusparen. Meine Hand rutscht in die Hose. Während der Bodybuilder das Mädchen vergewaltigt – und dafür zwischendurch die Fesseln löst –, verschaffe ich mir Erleichterung.

Den Rest des Tages verbringe ich damit, an meine Auserwählte zu denken. Ich betrachte Fotos, die ich heimlich aufgenommen habe. Ohne dass sie meine Anwesenheit bemerkt hat. Sie ist so anders als die Frauen, die ich vor ihr hatte. Hübscher, gebildeter, interessanter. Ich werde es genießen, der Mann an ihrer Seite zu sein. Sie wird mir gehören. Für immer. Nach mir wird es keinen anderen mehr geben.

Delia – du bist mein.

Kapitel 2

Delia

Blaue Blazer und weiße Blusen kann man nie genug haben. Beherzt greife ich nach den beiden Oberteilen, die nebeneinander an glänzenden Kleiderbügeln baumeln, und lege sie zu den anderen Teilen auf den Verkaufstresen. Erfreut schaut die Boutique-Mitarbeiterin zu mir auf; sie ist bereits mit der Rechnung beschäftigt, und ich erkenne die Zwischensumme auf dem Display der Kasse: 539,62. Mist, das ist doch mehr, als ich zuvor im Geist überschlagen hatte. Doch nun mag ich die zwei Stücke nicht wieder zurückhängen, das wäre peinlich.

»Möchten Sie die Sachen anprobieren?«, fragt sie und unterbricht den Vorgang.

»Nein, danke. Sie müssten passen, und ich nehme sie so .«

»Sehr gerne, Frau Witt.«

Hätte ich nur auf die Preisschilder geguckt. Nun ist es zu spät. Ich schaue so gelassen wie möglich zur Kasse, in die die Verkäuferin die Beträge eintippt, und setze ein unverbindliches Lächeln auf.

»Ich würde dann bitte mit Kreditkarte zahlen.«

Aus meiner Geldbörse fummle ich eine goldene Karte heraus und reiche sie über den Tisch.

»Selbstverständlich.« Sie steckt die Karte in den Apparat. »Endlich kommt mal die Sonne raus, das wurde Zeit.«

»Ja, stimmt, bei dem miesen Wetter bekam man schon Depressionen.«

Sie will weiterplaudern, gerät aber ins Stocken und blickt irritiert auf die Kasse.

»Stimmt was nicht?«, erkundige ich mich.

»Hm, komisch, das System akzeptiert Ihre Kreditkarte nicht. Ich versuch's noch einmal, entschuldigen Sie bitte.«

»Kein Problem.«

Sie wiederholt den Vorgang, und wir starren gebannt auf die Kasse. Ratlos schüttelt sie nach einigen Sekunden den Kopf.

»Wieder nicht. Das ist mir jetzt wirklich unangenehm, bestimmt ist unser Gerät kaputt.« Prüfend hält sie die Karte in der Hand und formt mit den Lippen fast lautlos meinen Namen und die eingestanzten Daten. »Delia Witt, gültig bis Zwölfzweitausendachtzehn. Also, daran kann es nicht liegen, die ist noch okay.«

Ich weiß nicht, für wen die Situation beschämender ist – für sie oder für mich. Mir schießt die Röte ins Gesicht, und ich fische schnell nach meiner zweiten Kreditkarte.

»Nehmen Sie einfach diese hier, die müsste funktionieren.«

Nach erneutem Ausharren erhellt sich die Miene der Verkäuferin.

»Jetzt geht's. Ich vermute, der Fehler bei der anderen Karte liegt beim Anbieter, denn unser Gerät scheint es ja nicht zu sein. Die Unannehmlichkeiten tun mir jedenfalls sehr leid. Ich hoffe, Sie haben viel Freude mit den Einkäufen, Frau Witt!«

»Danke«, antworte ich, schnappe mir Tüte und Zahlungsmittel und verlasse den Laden. Ich bin spät dran; in zehn Minuten bin ich mit Susan zum Mittagessen bei unserem Stamm-Italiener verabredet. Mit großen Schritten eile ich durch die City, vorbei an Geschäften, Lokalen und quer über den Marktplatz mit mittelalterlichem Springbrunnen. Alle paar Meter werde ich gegrüßt oder nickt man mir freundlich zu. Man kennt mich, ich hingegen bin es gewohnt, nicht jedem Gesicht sofort einen Namen zuordnen zu können. Ich wohne in dieser Stadt schon mein ganzes Leben, zweiunddreißig Jahre, sogar die Ausbildung habe ich hier gemacht und nur hin und wieder heimlich davon geträumt, wie es wohl woanders wäre. Aber als Tochter des Unternehmers Winfried Witt war mein Leben vom ersten Tag an vorgezeichnet, und ich fügte mich ohne zu murren in die Rolle. Der Baustoffhandel meiner Familie beschert mir seit jeher eine sorgenfreie Existenz – zumindest, was die Finanzen betrifft. Brauche ich etwas, kaufe ich es. Sicher, wir sind nicht reich. Aber durchaus vermögend.

»Delia, hier bin ich«, ertönt Susans Stimme von Weitem.

Ich entdecke meine Freundin auf einem Bistrostuhl vor dem Restaurant. Sie hat bereits Wein und Wasser bestellt und schiebt sich ein Stück Brot in den Mund.

»Hey«, sage ich, als ich sie erreiche, lasse Tüte und Handtasche auf einen Stuhl fallen und drücke ihr ein Begrüßungsküsschen auf die Wange, bevor ich mich setze. »Sorry für die Verspätung. Ich war shoppen und meine Karte …, ach egal.« Wenn ich ihr von dem Kreditkartendebakel erzähle, wird sie bestimmt hellhörig. Ich behalte es besser für mich. »Hast du schon was zu essen bestellt? Ich möchte eigentlich nur einen Salat.«

»Nein, ich habe auf dich gewartet. Dann nehme ich ebenfalls einen Salat. Alles okay mit dir? Du wirkst irgendwie fahrig.«

»Klar, mir geht's gut. Schau mal, was ich gekauft habe. Der helle Pulli ist aus Kaschmir und traumhaft weich«, lenke ich ab.

Skeptisch hebt Susan die Augenbrauen. Ihr prüfender Blick macht mich nervös.

»Es ist wirklich nichts«, erkläre ich und winke mit der Hand einen Kellner herbei. »Höchstens ein paar Unstimmigkeiten mit Gregor wegen der Firma. Nicht der Rede wert.«

»Was denn für Unstimmigkeiten?«

»Ach, du weißt ja, dass ich manchmal ein Problem damit habe, wie er kalkuliert. Er lässt sich einfach nicht reinreden, da ist er völlig beratungsresistent. Sobald ich Bedenken anbringe, bricht er das Gespräch ab und behauptet, Frauen hätten von so was keine Ahnung.«

Susan rollt mit den Augen und gibt die Bestellung für uns beide auf. Zweimal Salat nach Art des Hauses mit Joghurtdressing, einmal ohne Oliven, einmal mit. Als der Ober wieder verschwunden ist, hoffe ich, dass wir das Thema wechseln, doch leider wird mir mein Wunsch nicht erfüllt.

»Hättest du damals auf mich gehört«, sagt sie und mampft die nächste Scheibe Brot, »wärst du nicht mit dreiundzwanzig in eine Ehe mit einem Mann geschlittert, den du kaum kanntest. Statt das Leben erst mal zu genießen, wolltest du ja unbedingt heiraten. Wofür? Hat sich das gelohnt, Delia? Gregor schaltet und waltet in deiner Firma, wie er lustig ist, seitdem dein Vater tot ist. Und du schaust tatenlos dabei zu, wie er den Laden runterwirtschaftet. Ich versteh das nicht. Das alles ist schließlich immer noch deins!«

»Aber Gregor ist der Geschäftsführer«, wende ich leise ein. Sie hat ja recht. Ich weiß selbst nicht, warum ich mir das gefallen lasse. Vielleicht, weil ich es gewohnt bin, Männern die Entscheidung zu überlassen. Meine Mutter handhabte es so, und auch als Tochter hätte ich nie gewagt, aufzumucken. Dass ich als einziges Kind meiner Eltern die

Firma übertragen bekam, war nur logisch. Und dass mein Mann Gregor die Geschicke lenkt, ebenfalls. Ich sehe keinen Ausweg aus der Misere. »Wir mussten sogar ein paar Angestellte entlassen.«

Susan lehnt sich zurück und verschränkt wütend die Arme. »Nicht das Hausmeisterehepaar Braun, oder? Ihr lasst hoffentlich alten Menschen den Job, damit sie über die Runden kommen.«

»Brauns bleiben bei uns«, antworte ich schnell. *Noch*, denke ich. Es kann sein, dass Gregor anderer Meinung ist, weil die wirtschaftliche Lage zu angespannt ist. »Es mussten noch zwei Leute aus dem kaufmännischen Bereich gehen. Und eine Putzfrau.«

»Ihr habt doch letztes Jahr bereits Personal gefeuert!«

»Nicht direkt gefeuert«, entgegne ich schwach. »Sie haben eine großzügige Abfindung erhalten.«

»Schön. Arbeitslos sind sie bestimmt dennoch geblieben. Wo findet man in der Branche denn hier in unserer Region einen Job bitte sehr? Na ja, immerhin ist Gregor so fair, Trostpflaster rauszurücken.«

Nervös kaue ich auf der Unterlippe. Dass Susan sich so aufregt, hat einen Grund: Ihr Vater war in einem Nebenjob in unserem Unternehmen beschäftigt und verdiente sich dadurch sein dringend benötigtes Zubrot; als Frührentner muss er jeden Cent zweimal umdrehen. Ohne mein Wissen hatte Gregor ihn vor wenigen Monaten gebeten, sich etwas Neues zu suchen, wir hätten nicht genug für ihn zu tun. Was zwar stimmte, aber beim Vater meiner Freundin wäre ich schon gern an der Entscheidungsfindung beteiligt gewesen.

»Bei den jüngsten Entlassungen gab es nur noch kleine Abfindungen.« Ich seufze. »Gregor meint, die Gründe lägen auf der Hand. Wäre mein Vater früher nicht so spendabei gewesen, wären höhere Rücklagen vorhanden, und wir säßen heute nicht in der Klemme.«

»Andersrum wird wohl ein Schuh draus. Gregor ist als Kaufmann eine Null. Unter der Leitung deines alten Herrn hätte es das alles nicht gegeben.« Wir schauen uns in die Augen. »Und nun, Delia? Was hast du jetzt vor?«

»Ich habe keine Ahnung«, gestehe ich verbittert.

* * *

Der Kies knirscht unter den Rädern meines Autos, als ich nach dem Mittagessen vor unserem Haus bremse und zum Stehen komme. Weißer Klinker, der Eingang von breiten Säulen gerahmt und ordentlich gestutzte Buchsbäume – eigentlich das gelebte Klischee. Trotzdem fehlt etwas – das Lachen eines Kindes, das Bellen eines Hundes. Wir haben nichts dergleichen. Kinderlos, keine Haustiere, nur wir zwei in der noblen Wohngegend, die mir schon als Kind vertraut gewesen ist. Ein paar Straßen weiter befindet sich mein Elternhaus, in dem inzwischen meine Tante lebt. Nachbarn und Freunde erkundigen sich regelmäßig, wie es mit der Familienplanung aussieht. Ich zucke dann lachend mit den Schultern und sage Dinge wie »Das lassen wir auf uns zukommen« oder »Erst mal die Zweisamkeit genießen«.

Das Verdeck des Cabriolets schließe ich nicht, es sieht nicht nach Regen aus. Das Haus empfängt mich kühl und dunkel. Trotz der weißen Fliesen und der gleichfarbigen Vorhangschals an den Fenstern schaffe ich es nicht, Helligkeit in die Räume zu bekommen. Die hohen Bäume auf dem Grundstück dunkeln alles ab. Gregor meint, das muss so bleiben. Er meint vieles, wenn der Tag lang ist. Zum Beispiel möchte er keine fremden Leute in unserer Abwesenheit im Haus haben. Das ist der Grund, warum wir als Einzige in der Straße keine Haushälterin oder zumindest eine Putzfrau haben. Um Gregors Wunsch nach ständiger Sauberkeit und Ordnung nachzukommen, bin ich täglich mehrere Stunden beschäftigt. Gott sei Dank ist er nicht da, sodass ich sofort ins Büro in den ersten Stock laufe und den Computer hochfahre. Ich will der Kreditkartensache nachgehen, bevor er kommt, was zu allen möglichen Tages- und Nachtzeiten geschehen kann.

Während der PC hochfährt, schaue ich mich um. Selbst wenn ich allein bin, fühle ich mich manchmal beobachtet – und jetzt ist gerade solch ein Moment. Brauner Schreibtisch, Bücherregal, Rollcontainer, Schwarzweiß-Fotografien von unserer Hochzeit. Praktisch. Lieblos, aber nicht stillos. So wie das gesamte Haus. Mehr Schein als Sein, geht es mir durch den Kopf, als endlich das Blinken auf dem Monitor aufgehört hat und ich den Namen des Kreditkarteninstituts in der Suchmaske eintippen kann.

Um Bankgeschäfte kümmert sich Gregor, und zwar ausschließlich. Es ist nicht so, dass ich es nicht beherrsche oder nicht darf. Ich mache es nur einfach nie. Per Mausklick lande ich auf dem gewünschten Link und suche die Möglichkeit, mich einzuloggen. Die Kreditkarte habe ich mir zum Abgleich der Kontonummer gegriffen … Verdammt. Ich soll nicht nur unsere E-Mail-Adresse eingeben, wovon wir mehrere haben, die ich allesamt ausprobieren müsste, sondern vor allem ein Passwort. Keine Ahnung, welches Gregor gewählt hat. Hektisch gebe ich eine um die andere Mail-Adresse ein, um es anschließend mit diversen Zahlen- und Namenskombinationen zu probieren – Geburtstag, Vorname, Hausnummer et cetera –, aber scheitere kläglich. Ich komme nicht rein.

***

»Schatz, mir ist heute was Seltsames passiert«, berichte ich Stunden später beim Abendessen. Ich habe eine Tomatensuppe gemacht und frisches Brot gebacken. Gregor genießt zufrieden die Mahlzeit und schaut mich mit dem Löffel in der Hand fragend an. Möglichst unaufgeregt fahre ich fort. »Ich war in der neuen Boutique am Flüsschen und habe mir ein paar Sachen gekauft.«

»In dem Laden von der Ex des Tennisclubvorstands?«

»Ja, genau.«

Er nickt. »Die hat eine satte Abfindung zur Scheidung bekommen, habe ich gehört. Davon konnte sie sich wohl das Geschäft leisten. Anstelle des Mannes würde ich mir in den Hintern beißen. Aber gut, ich habe dich unterbrochen, Liebling. Wie geht's weiter?«

»Ich wollte mit der goldenen Kreditkarte bezahlen, aber sie wurde nicht akzeptiert. Irgendeine Fehlermeldung bei der Kasse. Die Mitarbeiterin hat es mehrfach erfolglos versucht. Ich musste dann die andere Karte nehmen.«

»Und die ging? Sonst ist nämlich die Kasse schrott.«

»Die ging. Es lag also an meiner goldenen, die ich immer benutze. Komisch, oder?«

Er scheint das Zittern in meiner Stimme nicht zu bemerken, denn er reagiert völlig gelassen.

»Das war's? Ich finde das nicht sonderlich spektakulär.« Er lächelt milde, und obwohl ich längst nicht mehr verliebt bin, springt mich seine Attraktivität geradezu an. Gregor ist ein schöner Mann mit vollem, braunem Haar, ausgeprägten Wangenknochen und strahlend blauen Augen. Zusammen sehen wir aus wie Barbie und Ken, haben Freunde scherzhaft auf unserer Hochzeit gewitzelt. »Das wird ein

Fehler beim Bezahlvorgang gewesen sein. Mach dir keine Gedanken. Die Suppe ist übrigens köstlich, ich nehme gleich noch einen Teller.«

Nachdem ich ihm aufgetan habe, hake ich nach.

»Kannst du dich bitte trotzdem darum kümmern? Mich stimmt das nervös. Vielleicht hat ja jemand die Kreditkarte gehackt oder so.«

»Von mir aus. Wenn es dich glücklich macht, kontaktiere ich morgen früh vom Büro aus den Anbieter. Ich muss aber erst an meinen Schreibtisch in der Firma, weil da die ganzen Bankunterlagen sind.«

»Danke.«

»Dafür schuldest du mir allerdings was.« Er greift über den Tisch nach meiner Hand und grinst. »Und nicht 08/15.«

Was das bedeutet, ist mir klar. Er steht drauf, von mir nach allen Regeln der Kunst verwöhnt zu werden. Bin ich zu passiv, langweilt ihn das. Also gebe ich mir meistens Mühe, nicht frigide zu wirken oder unsexy für ihn zu sein. Das gelingt mir nicht immer, und von Leidenschaft auf meiner Seite kann seit Monaten nicht die Rede sein. Ob er etwas merkt, weiß ich nicht.

»Lass den BH ruhig an«, sagt er, als ich mich vorm Bett ausziehen will. »Wenn du oben liegst, bist du so doch entspannter.«

Geschickter Schachzug seinerseits. Innerlich verdrehe ich die Augen. Er zieht mich zu sich auf die Matratze, wo er nackt und ohne Decke wartet. Mit einem Griff an meine Hüfte sorgt er dafür, dass ich auf ihm hocke. Ich beuge mich vor, und wir küssen uns. Seine Finger gehen routiniert auf Wanderschaft – eine Hand vorn, eine hinten – und landen auf meinem Venushügel. Obwohl ich erregt bin, kommt die Lust nicht im Herzen an. Es wäre toll, mal wieder Spaß am Sex zu haben, stattdessen fühle ich mich mechanisch und roboterhaft.

Ich lehne mich zurück und reite ihn so, wie er es mag. Leider dauert es ewig, bis er zum Höhepunkt gelangt, und ich versuche, seitlich von ihm runterzurollen, um mich in die bequemere Missionarsstellung zu bringen. Keine Chance, er umklammert meine Taille und drückt fast gewaltsam gegen.

»Mach weiter, Delia, so ist es gut, genau richtig, ja, oh mein Gott, du bist die Beste!«

Kapitel 3

Gregor

Manchmal frage ich mich, wie es so weit kommen konnte mit uns beiden. Dass wir am Küchentisch sitzen und mich ihre bloße Anwesenheit nervt. Zum Beispiel genau in diesem Moment. Delia greift in die Bäckertüte und raschelt dabei viel stärker als notwendig, weil ihr geliebtes Körnerbrötchen ganz unten liegt. Warum zum Teufel nennt sie das Teil an der Verkaufstheke nicht zuletzt, damit sie zu Hause nicht danach wühlen muss?

Wo ist die Liebe geblieben, die ich früher für sie empfunden habe? Kennengelernt habe ich Delia auf einer Geburtstagssommerparty eines gemeinsamen Bekannten. Sie war ein blutjunges Ding, relativ naiv, aber aus einer wohlhabenden Familie stammend. Doch in erster Linie war sie atemberaubend attraktiv. Niemand hatte uns einander vorgestellt, niemand den Versuch unternommen, uns zu verkuppeln. Nein, es war eine wohl schicksalshafte Begegnung am Grill gewesen, die uns zusammengebracht hatte. Während wir auf die Rinderfilets gewartet hatten, waren wir ins Gespräch gekommen – und hatten uns so prächtig amüsiert, dass ich Delia anschließend zu einem freien Stehtisch dirigiert hatte, um die Unterhaltung nicht abrupt beenden zu müssen. Mir gefielen ihr enges, türkisfarbenes Sommerkleid, die Oberweite, die sich darunter abzeichnete und die Schuhe mit den hohen Absätzen. Außerdem fand ich ihre Stimme süß. Wie sich in den nächsten dreißig Minuten herausstellen sollte, besaß sie einen feinen Humor, der mir ebenfalls zusagte. Irgendwann trat eine Freundin zu Delia, um sie in Beschlag zu nehmen. Bevor sie ging, steckte sie mir ihre Handynummer zu und sagte, sie würde sich freuen, von mir zu hören.

In meiner Wohnung angekommen suchte ich im Netz nach Informationen. Dank Facebook erfuhr ich, dass sie Single war, und zwar, laut Statusänderung, seit vier Monaten. Aufschlussreicher waren allerdings die Details, die ich über ihr Elternhaus in Erfahrung brachte. Delia war das einzige Kind eines Unternehmerehepaares. Ihre Eltern hatten sie spät bekommen; die Mutter war fast vierzig gewesen, der Vater ein paar Jahre älter. Er führte einen mittelständischen Baustoffhandel, dessen Leitung er eines Tages aus Altersgründen abgeben würde. Ich vermutete, Delia würde nach seinem Tod Alleinerbin werden. Aufgrund meiner eigenen beruflichen Perspektive – ich hing im mittleren Management eines Großkonzerns ohne ausgeprägte Aufstiegschancen fest – wurde das Zusammentreffen dadurch noch interessanter. Trotzdem ließ ich mir drei Tage Zeit, ehe ich sie telefonisch kontaktierte. Schließlich sollte sie nicht glauben, ich hätte ein Date dringend nötig. Wir verabredeten uns in einem piekfeinen Fischrestaurant der Nachbarstadt und verbrachten einen wundervollen Abend miteinander. Weitere Rendezvous folgten, und nach dem vierten landete sie endlich in meinem Bett. Der Sex war zwar nicht großartig, aber ziemlich gut gewesen – weswegen wir es wiederholten. Einige Wochen darauf änderte Delia erneut ihren Facebookstatus: Sie war wieder in einer Beziehung. Ihre Eltern bestanden auf ein zeitiges Kennenlernen, woran auch ich großes Interesse hatte, ohne es mir anmerken zu lassen. Ihr Vater klopfte mich so offensichtlich auf meine Tauglichkeit als Schwiegersohn ab, dass es peinlich war – ich tat jedoch so, als würde ich es gar nicht mitbekommen.

Bereits sechs Monate später machte ich ihr einen Heiratsantrag. Mein Bestreben, Geschäftsführer des Unternehmens zu werden, hatte ich bewusst verschwiegen. Ihr alter Herr sollte von allein auf die Idee kommen, in mir den idealen Nachfolger zu erkennen, und tatsächlich erfüllte er meinen Wunsch ungefähr ein Vierteljahr nach der Hochzeit. In einem Gespräch vor dem knisternden Kamin in seinem Bibliothekszimmer bot er mir die Stellung des stellvertretenden Geschäftsführers an. Er hatte vor, mich ein Jahr lang einzuarbeiten, um mir dann nach und nach die Geschäfte zu übertragen. Das mir angebotene Gehalt entsprach in etwa dem, was ich in meiner damaligen Position verdiente, dennoch erbat ich mir eine Nacht Bedenkzeit. Am nächsten Vormittag sagte ich zu und kündigte meinen Job. Ein Dreivierteljahr, nachdem Winfried mir das Zepter übergeben hatte, starben er und meine Schwiegermutter bei einem Flugzeugunglück in Südafrika, wo sie an einer Safari teilgenommen hatten. Delia erbte das Unternehmen, doch der eigentliche Besitzer war nun ich.

Zum Zeitpunkt der Beerdigung hatte ich sie noch geliebt – ein Gefühl, das in den letzten vier Jahren neben zahlreichem anderen auf der Strecke geblieben war.

»Kannst du mir die Marmelade geben?«, bittet sie mich.

»Natürlich, Schatz.«

Ich reiche ihr das kleine Gläschen, das sie in einem Feinkostladen kauft. So wie viele der Nahrungsmittel, die regelmäßig auf unseren Tisch kommen. Delia hat mir immer die komplette Kontrolle über die Finanzen überlassen. Sie war lediglich fürs Ausgeben zuständig, während ich dafür verantwortlich war, den Laden am Laufen zu halten. Ich spiele mit dem Gedanken, ihr noch einmal zu versichern, dass ich mich um das Problem mit der Kreditkarte kümmern werde. Aber ich fürchte, das könnte sie misstrauisch machen. Nein. Sie soll ruhig glauben, es wäre ein Defekt des Terminals gewesen. Nicht, dass sie noch auf die Idee kommt, sich für die Familienfinanzen zu interessieren. Nicht ausgerechnet jetzt. Andererseits hat sie in ihrem ganzen Leben kein Interesse für solch schnöde Angelegenheiten gezeigt. Früher hat das ihr Vater erledigt. Heute bin ich derjenige, der ihr das abnimmt. Und wenn sie irgendwann aus ihrer Scheinwelt erwacht, wird es zu spät sein.

»Worüber lächelst du, Schatz?«, fragt sie.

»Ich habe an gestern Abend gedacht.« Delia muss nicht wissen, wie sehr mich ihre Naivität amüsiert. »Das war so wunderschön gewesen.« Theatralisch spitze ich die Lippen zu einem Kussmund. »Am liebsten würde ich gleich noch mal, wenn da nicht dieses blöde Meeting wäre.« Demonstrativ blicke ich auf meine teure Armbanduhr, die sie mir zum vorletzten Geburtstag geschenkt hat. Bezahlt mit der Kreditkarte, die ihr nun den Ärger bereitet hat.

»Ich fand es auch sehr schön.«

Die Lüge in ihren Worten ist nicht zu überhören. Delia favorisiert seit geraumer Zeit die langweilige Missionarsstellung und hat keinerlei Bedürfnis nach Abwechslung. Dabei fickt sie mittlerweile eigentlich nur in einer Stellung richtig gut, nämlich oben liegend und von mir angefeuert. Eine weitere Sache, die während unserer Ehe auf der Strecke geblieben ist. Aus dem befriedigenden Sexleben ist kalte Routine geworden. Woran definitiv nicht ich die Schuld trage.

Ich stehe auf, trete um den Tisch herum und gebe ihr einen Kuss. Sie ist von meiner vermeintlichen Zuneigung so überrascht, dass sie die Berührung fast zu spät erwidert. Sanft streichle ich ihr unterdessen über den Hinterkopf.

»Geliebte Ehefrau«, säusle ich. »Was habe ich ein Glück, mit dir verheiratet zu sein.«

»Ach, Gregor«, seufzt sie.

»Wir sollten demnächst mal wieder wegfahren. Ein romantisches Wochenende in einem Wellnesshotel. Was hältst du davon?«

»Das würde mir gefallen. Ein paar Tage den Alltag hinter uns lassen.«

»Oder nach Hawaii. Wie in den Flitterwochen.«

Plötzlich strahlt sie. »Wäre das möglich? Du bist beruflich derzeit so stark eingespannt.«

»Leider«, stöhne ich. »Ich prüfe im Büro meinen Terminkalender. Langsam bin ich ziemlich urlaubsreif. Vielleicht in einem Vierteljahr, falls da keine Messen stattfinden.«

»Oh, das wäre so wunderschön.«

Ich drücke ihr einen Kuss auf die Stirn, dann drehe ich mich um. Natürlich plane ich nicht, mit ihr nach Hawaii zu fliegen. Der Vorschlag soll sie lediglich beruhigen, denn sie weiß genau, ich würde kein Geld für Urlaub ausgeben, wenn wir es uns nicht leisten könnten. Ihr Misstrauen kann ich momentan nicht gebrauchen, und in drei Monaten wird sich mein Leben ohnehin radikal geändert haben.

* * *

Delia fängt mich an der Haustür ab. Normalerweise sitzt sie bei meinem Aufbruch noch in der Küche und blättert in einer der Klatschillustrierten, die wir ihretwegen abonniert haben. Ich ahne, was das zu bedeuten hat.

»Hast du heute besondere Pläne?«, erkundige ich mich.

»Ich spiele nachher mit Sophia Tennis.«

»Stimmt. Heute ist ja dein Tennistag. Ich hoffe, du

schlägst sie vernichtend. Ihr Gatte hat mich neulich beim Pokern total genervt.«

Delia lacht. »Du weißt, das Ergebnis interessiert mich nicht. Es geht um den Spaß am Spiel.«

»Sowie um die Gelegenheit zu quatschen«, entgegne ich. Um meinen Worten die Schärfe zu nehmen, stupse ich ihre Nase. »Ihr Frauen seid in dieser Hinsicht seltsam. Wo ist euer Ehrgeiz?«

»Nein, Frauen sind bloß nicht so schrecklich ambitioniert wie Msänner. Wir müssen nicht aus allem einen Wettkampf machen.«

»Na gut, dann hab einen schönen Tag. Könnte übrigens spät werden bei mir. Eine Besprechung mit einem der wichtigsten Zulieferer beginnt erst um fünf.«

»Denkst du bitte daran, die Kreditkartenfirma zu kontaktieren?«

»Kreditkartenfirma?

»Wegen der Probleme …«

»Ach ja«, unterbreche ich sie. »Klar. Gut, dass du mich erinnerst. Deine goldene Visa, richtig?«

»Genau.«

»Ich rufe bei denen an. Aber wie gestern bereits gesagt: Mach dir keine Sorgen. Das wird ein Fehler des Terminals gewesen sein.«

»Wäre trotzdem lieb, wenn du nachhakst. Die Situation in der Boutique war so peinlich.«

Schatz, denke ich schadenfroh. Du hast ja keine Ahnung, was dir bevorsteht. Eine nicht akzeptierte Kreditkarte gehört da wirklich zu den kleinsten Übeln.

»Das erledige ich direkt als Erstes«, verspreche ich. »Können wir ja heute Abend drüber reden. Nun muss ich wirklich los.«

Ich gebe ihr einen weiteren Kuss, dann trete ich aus dem Haus. Vom Grundstück gegenüber winkt uns der Nachbar zu, was wir beide erwidern. Einer spontanen Laune heraus drehe ich mich anschließend erneut meiner Frau zu und küsse sie demonstrativ. Ich bin sicher, der Nachbar hat es mitbekommen.

»Wow«, lacht Delia verlegen. »Dir hat es offenbar gestern wirklich echt Spaß gemacht.«

»Du warst umwerfend. Und außerdem: Darf ich meine Gattin nicht anständig verabschieden?«

»Meinetwegen jeden Tag«, antwortet sie.

Die zwischen den Zeilen steckenden Vorwürfe überhöre ich. Doch natürlich kapiere ich ihre Botschaften. *Mir* hat es Spaß gemacht, nicht *ihr.* Und sie ist mit der Art unserer normalen Verabschiedung unzufrieden. Tja, Liebling, frag dich am besten, wie viel Verantwortung du daran trägst.

Als ich einen halben Kilometer von zu Hause entfernt bin, wird mir bewusst, dass ich einen Fehler gemacht habe. Es wäre geschickter gewesen, mir die Kreditkarte aushändigen zu lassen. Dafür ist es jetzt jedoch zu spät. Würde ich extra deshalb umdrehen, würde das Delias Misstrauen erst recht wecken. Nein. Ich muss hoffen, dass sie die Karte nicht noch einmal benutzen wird.

Ein paar Straßen weiter wähle ich über das Multimediasystem des Fahrzeugs eine Nummer an. Nach dem vierten Freizeichen meldet sich am anderen Ende der Leitung jemand.

»Wir müssen in den nächsten Wochen aufpassen«, erkläre ich nach der Begrüßung. »Delia ist argwöhnisch geworden.«

»Weswegen?«

»Eine ihrer Kreditkarten hat gestern nicht funktioniert.«

»Überzogen?«

»Ich habe Geld transferiert.«

»Stört das unsere Pläne?«

»Kommt darauf an. Ich werde ihr abends eine Geschichte auftischen und ihr die Karte wegnehmen. Na ja, es wird eh Zeit. Ich ertrage sie nicht mehr. Sie nervt mich schon, wenn sie nur atmet.«

Das daraufhin ertönende Lachen wirkt fast ein wenig zu gehässig. Kurz darauf beenden wir das Gespräch. Den Rest der Fahrt beschäftigen mich unzählige Gedanken. Ich suche nach Schwachpunkten in meinem Vorhaben. Fehler, die mich verraten können. Entweder bevor ich den Stein endgültig ins Rollen bringe oder direkt danach. Doch so sehr ich auch hin und her überlege, ich entdecke nichts, was ich in den letzten Wochen falsch gemacht habe. Mit einer Ausnahme: Die Summe, die ich von dem Kreditkartenkonto überwiesen habe, war wohl zu hoch gewesen. Wahrscheinlich ist eine von Delias Ausgaben verspätet abgerechnet worden, wodurch ich das genehmigte Limit überschritten habe. Ärgerlich, aber kein großes Problem.

Kapitel 4

Samuel

Seit einigen Tagen fühle ich mich wie neugeboren. Die Aussicht auf das, was mich demnächst erwartet, wirkt wie ein Jungbrunnen – ein sehr viel angenehmeres Gefühl als der Zustand, in dem ich monatelang gefangen war.

Der damalige Schock hatte mich gelähmt, bis mir das Schicksal eine Chance bot. Eine Gelegenheit, die ich nicht verpassen wollte und die nun vor der Realisierung steht. Ich verlasse mein Refugium, überquere den Hof, betrete den Keller und lausche zunächst einmal, ob sich jemand im Hausflur aufhält. Eine Unterhaltung will ich mir heute nicht aufzwingen lassen. Jetzt, da ich so kurz vor der Ausführung des Planes stehe, möchte ich den Kontakt zu meinen Mitmenschen auf ein Minimum reduzieren. Das Glück ist mir hold, denn ich höre weder Schritte noch Gespräche im Treppenhaus. Schnell hetze ich die Stufen hoch und trete nach draußen. Den weißen Transporter habe ich gestern in einer Nebenstraße geparkt. Zwar ist es nicht völlig zu vermeiden, dass mich gelegentlich Nachbarn darin sehen, doch je seltener das passiert, desto größer ist die Wahrscheinlichkeit, dass ich nicht damit in Verbindung gebracht werde. Falls die Bullen überhaupt jemals danach fahnden sollten.

Ich ordne mich in den fließenden Verkehr ein und fahre los. Bald ist es so weit, denke ich immer wieder. Bald gehörst du mir, Delia. Mantraartig wiederhole ich die Worte, während ich unterwegs bin. Ein Blick zur Uhr verrät mir, dass ich genügend Zeit habe. Ihr Match beginnt erst in einer halben Stunde. Also genügt es, in vierzig Minuten vor Ort zu sein.

Ich horche auf die Motorengeräusche, die für mein ungeübtes Ohr völlig normal klingen. Einige Nächte zuvor hat mich ein Albtraum geweckt. In dem Traum hatte ich eine Frau – allerdings nicht Delia – unter Gewaltanwendung in mein Fahrzeug verschleppt und befand mich auf dem Weg nach Hause, als der Motor explodierte. Plötzlich kam ein Streifenwagen angefahren, dessen Insassen mir ihre Hilfe anboten. Das entführte Miststück schrie sich die Lunge aus dem Hals, und ich erwachte schweißgebadet, nachdem einer der Bullen seine Waffe gezogen und abgefeuert hatte. Am nächsten Morgen hatte ich den Wagen durchchecken lassen, was einen Batzen Geld gekostet hat. Aber ich wollte mir keine Nachlässigkeiten erlauben.

Die Sportanlage liegt in der Nähe eines öffentlichen Parks. Sechs Ascheplätze und ein weißes Clubhaus bieten den Wohlhabenden der Gesellschaft die Möglichkeit, sich in einer sehr exklusiven Lage sportlich zu betätigen. Die weniger begüterten Bewohner der Stadt können zumindest den Park und seine Rasenflächen nutzen. An sonnigen Tagen wie diesen trifft man vor allem Familien mit Kindern an, die nachmittags im Schatten der Bäume der sengenden Sonne entfliehen.

Doch am späten Vormittag ist es hier eher ruhig. Die Stellflächen des gebührenfreien Parkplatzes sind maximal zu einem Drittel gefüllt. Ich rangiere den Transporter in eine Lücke, ehe ich aussteige und mich zunächst einmal umsehe. Mir fällt niemand auf, der Interesse an mir zeigt. Daher schlendere ich beruhigt zu dem Zaun, der die Tennisanlage vom Park trennt. Drei von sechs Plätzen sind belegt. Delia und ihre Freundin Sophia haben einen der hinteren Courts in Beschlag genommen. So kann ich zwar ihre trainierte Figur nur aus der Ferne betrachten, bin mir aber sicher, dass sie mich nicht bemerken wird. Delia entscheidet einen spannenden Ballwechsel für sich, und es kostet mich Überwindung, ihr nicht zu applaudieren. Ich bewundere sie so sehr, wahrscheinlich werde ich viel von ihr lernen können.

Nach einer Weile habe ich genug gesehen. Da sie noch mindestens eine Dreiviertelstunde beschäftigt sein wird, beschließe ich, einen Gang durch den Park zu machen. Unterwegs stelle ich mir vor, wie ich mit ihr Hand in Hand die Wege entlangschlendere. In der Anfangszeit beobachten wir Familien, die Babys in Kinderwagen schieben, und malen uns insgeheim aus, wir wären an ihrer Stelle. Irgendwann würde einer von uns dann das Thema ansprechen. Bestimmt wäre ich derjenige, der den Mut zuerst aufbringt. Und sie stimmt begeistert zu. Ein gemeinsames Kind als Krönung unserer Liebe.

Ach, Delia.

Um sie nicht zu verpassen, kehre ich rechtzeitig zu meinem Fahrzeug zurück. Ich setze mich hinein, deaktiviere am Handy den Ruhemodus und starte die Kamerafunktion. Ein Teil des Parkplatzes gehört nämlich zum Tennisclub und ist mit einer Schranke versehen. Delias Auto steht darauf. Wenn sie gleich ganz in unmittelbarer Nähe an mir vorbeiläuft, werde ich die günstige Gelegenheit nutzen, um Bilder zu schießen.

Erst eine halbe Stunde später wird meine Geduld belohnt.

Endlich verlassen Delia und ihre Trainingspartnerin den Tennisclub – intensiv in ein Gespräch vertieft. Ich halte das Telefon an die Fensterscheibe und betätige dreimal den Auslöser. Gerade, als ich das vierte Mal abdrücken will, bemerke ich im Außenspiegel einen Mann, der sich meiner Tür nähert. Rasch verstecke ich das Smartphone, während er energisch gegen die Scheibe klopft. Um ein wenig Zeit zu gewinnen, zögere ich. Delia darf nicht auf mich aufmerksam werden, doch noch ist sie einige Schritte von ihrem Wagen entfernt.

Da die Fensterautomatik wegen des abgeschalteten Motors nicht funktioniert, öffne ich schließlich die Fahrertür.

»Was wollen Sie?«, frage ich den dunkelhäutigen Typen, den ich aufgrund seiner schlohweißen Haare auf mindestens fünfundfünfzig schätze. Außerdem ist er ungefähr fünfzehn Zentimeter größer als ich und wiegt rund zwanzig Kilo mehr. Ich habe ihn im Rahmen meiner Beobachtungen mehrfach gesehen, denn er übt für den Club Hausmeistertätigkeiten aus.

»Das würde ich gern von Ihnen wissen«, antwortet er.

»Wovon reden Sie?«

»Sie sind mir vor einer Weile aufgefallen, als Sie in den Transporter eingestiegen sind. Seitdem haben Sie sich nicht gerührt. Was machen Sie hier?«

Wenn er mich beim Fotografieren beobachtet hat, muss ich mir eine verdammt gute Ausrede einfallen lassen. Aber solange er das nicht erwähnt, werde ich es ebenfalls nicht tun. Mittlerweile ist Delia in ihr Auto eingestiegen – ohne zu uns herüberzusehen, Gott sei Dank.

»Ich glaube kaum, dass Sie das etwas angeht. Soweit ich weiß, stehe ich auf einem öffentlichen Parkplatz.« Unauffällig lasse ich das Telefon in die Türablage gleiten.

»Auf dem es in den vergangenen Wochen vermehrt Autoeinbrüche gegeben hat. Und Sie verhalten sich nicht koscher.«

Jetzt werde ich sauer. »Nun kommen Sie mir mal nicht so! Ich habe einen Spaziergang gemacht. Dann ist mir schwindelig geworden, und ich wollte mich ein bisschen ausruhen, bevor ich nach Hause fahre. Was ich übrigens genau jetzt tun werde. Vorausgesetzt, Sie haben nichts dagegen einzuwenden.«

»Ich habe mir Ihr Kennzeichen gemerkt«, warnt er mich. »Sollte die Einbruchserie weitergehen, werde ich der Polizei davon erzählen.«

Wut steigt in mir hoch. Der Typ stellt eine Gefahr für meine Pläne dar. Am liebsten würde ich aussteigen, ihn niederschlagen und meine Stiefel so lange gegen seinen Schädel hämmern, bis er zu einem Pflegefall ohne Erinnerungsvermögen geworden ist. Doch er scheint mir körperlich überlegen zu sein; außerdem können jederzeit Zeugen auftauchen.

»Dafür wird sich die Polizei wahnsinnig interessieren. Ein Mann, der sich in seinem Transporter ausruht, weil ihm mulmig geworden ist. Erstklassige Beobachtungsgabe. Sie sind ein Held des Alltags«, verspotte ich ihn.

Ich ziehe die Tür zu, starte den Motor und lege den Rückwärtsgang ein. Er muss ein paar Schritte zur Seite treten, um nicht von der Karosserie erfasst zu werden.

»Scheiße!«, fluche ich zum wiederholten Male, als ich schon längst nicht mehr in der Nähe der Grünanlage bin. Außer mir vor Zorn schlage ich auf das Lenkrad. »Und nun? Was machst du jetzt?«

Sollte Delias Verschwinden publik werden, wird sich der

Hausmeister an den Zwischenfall erinnern und den Bullen mein Kennzeichen mitteilen. Natürlich werden sie der Spur zunächst keine große Beachtung schenken. Aber irgendwann wird ein Streifenpolizist bei mir erscheinen. Und dann bin ich in den Arsch gefickt.

Mir wird bewusst, dass ich das Vorhaben abbrechen muss. Der schöne, in vielen Einzelheiten ausgeklügelte Plan lässt sich wegen eines zu neugierigen Typen nicht realisieren. Ich könnte kotzen, so ungerecht ist das.

Wuttränen steigen mir in die Augen. Die ganzen letzten Monate waren umsonst!

Kapitel 5

Delia

Ich schaue in den Rückspiegel und winke Sophia zu, die nach mir den Tennisplatz verlässt. Das Spiel hat mich auf andere Gedanken gebracht, aber jetzt, wo ich allein bin, setzt sich sofort wieder das Kopfkino in Gang. Gregor hat erstaunlich gelassen reagiert, als ich ihm von der Kreditkarte erzählt habe. So gelassen, dass es mich nur noch misstrauischer macht. Verheimlicht er mir etwas? Ist eines der Konten nicht ausreichend gedeckt? Musste mein Mann einfach nur für Bewegung bei unseren vielen Bankkonten sorgen? Peinlich, ich weiß noch nicht einmal, um wie viele es sich überhaupt handelt. Alles habe ich mir abnehmen lassen, und nun bekomme ich womöglich die Quittung für meine Naivität geliefert. Die Lösung ist bestimmt ganz simpel, und ich werde mich für meinen Argwohn schämen. Dennoch, ich will wissen, was los ist und steuere die nächste Tankstelle an. Mal gucken, ob mein Ehemann sich erfolgreich um das Problem gekümmert hat oder ob ihm mein Anliegen wieder einmal egal war. Immerhin ist bereits Mittagszeit, und er wollte sich gleich heute Morgen beim Kreditinstitut melden.

Da ich den Tank erst neulich befüllt habe, passen nur wenige Liter hinein. Damit der Tankstellenmitarbeiter mich nicht für komplett bescheuert hält, lege ich zwei Schokoriegel, eine Tüte Weingummi und einen Energydrink auf den Tresen, daneben die nicht funktionierende Kreditkarte. Die nun ja vielleicht doch funktioniert, und ich sehe bloß Gespenster. Der dunkelhaarige Jüngling mit Baseballkappe, höchstens zwanzig Jahre alt, schaut mich nicht an, während der Bezahlvorgang läuft. Ihm ist es scheißegal, ob ich zehn, dreißig oder fünfzig Liter tanke. Ich hätte die Süßigkeiten gar nicht zu kaufen brauchen.

»Die Karte geht nicht.«

Erschrocken fahre ich zusammen. Die tröstlichen Sekunden, in denen ich mich in Sicherheit wähnte, sind vorüber. Der Bursche wirft mir einen Blick zu, in dem keinerlei Regung zu erkennen ist. Er ist die Gleichgültigkeit in Person. Gott sei Dank ist kein anderer Kunde hinter mir, so bleibt der Peinlichkeitsfaktor niedrig.

»Wie – die Karte geht nicht?«, stelle ich mich doof. »Ich benutze die immer.«

»Das Lesegerät der Kasse akzeptiert die Kreditkarte nicht. Der Vorgang konnte nicht abgeschlossen werden, steht hier. Kann ich auch nichts für.«

»Können Sie es bitte noch mal probieren?«, frage ich und bemühe mich um Fassung. Nur keine Hysterie. Ich wusste doch, dass es vermutlich Probleme gibt. Warum raste ich jetzt gleich aus? »Es ist eigentlich unmöglich, weil sie erst kürzlich gecheckt wurde. Sie ist wieder voll funktionsfähig, nachdem sie an einen Magnetstreifen gekommen war.«

»Ich habe es bereits zweimal probiert. Sie müssen trotzdem bezahlen.«

»Ach, was Sie nicht sagen«, gifte ich den unfreundlichen Bubi an. »Hier, nehmen Sie diese Karte.«

Ich pfeffere ihm das andere Teil hin. Langsam bekomme ich Routine darin. So ähnlich müssen sich Kreditkartenbetrüger fühlen. Keine Ahnung, wieso ich die dämliche Ausrede mit dem Magnetstreifen gebracht habe, zumal es den Kerl nicht im Geringsten interessiert. Mir ist es nun mal zuwider, wie eine Mittellose dazustehen. Ohne eine Antwort zu geben, setzt er seine Tätigkeit fort und reicht mir die intakte Karte zurück.

»Danke«, nuschle ich. »Tschüss.«

Da er nicht reagiert und mich grußlos aus der Tür spazieren lässt, murmle ich »Arschloch« beim Rausgehen.

***

Am liebsten bin ich allein zu Hause – auch wenn ich bis heute mit den Räumen nicht richtig warm geworden bin. Der Einrichtungsstil entspricht größtenteils Gregors Geschmack. Kalt, männlich, Posterdrucke hinter Glas von modernen Künstlern, die er für wenig Geld im Internet bestellt hat. Wenn Besucher sich ehrfurchtsvoll danach erkundigen, ob die Lithografien in der Gästetoilette aus Originalbeständen stammen, hebt er die Augenbrauen und lächelt gespielt bescheiden. Natürlich hänge ich keinen billigen Scheiß an die Wände, bedeutet diese Geste. Dann gibt er noch mit Kunstwerken von James Rizzi an, die er angeblich in New York erstanden hat. Dabei habe ich sie bei Ikea gekauft. Die protzige Attitüde gefällt mir gar nicht, obwohl ich sie anfangs sogar witzig fand. Nur er und ich kannten unser kleines Geheimnis, nur wir beide wussten, dass wir viel zu clever waren, um Unsummen für kostbare Schätze auszugeben. Selbsternannte Kunstkenner ließen sich von uns hinters Licht führen und zeigten sich beeindruckt. Ich fühlte mich Gregor nahe, bewunderte seinen Charme. Inzwischen ist er mir manchmal fremd, auch wenn ich ahne, was in seinem Kopf vorgeht.

Mein Ehemann ist ein Blender. Mein Erbe kommt ihm gelegen – aber ich verscheuche den traurigen Gedanken, dass er mich nur des Geldes wegen geheiratet hat. Ich frage mich nur, ob ich ihn mehr liebe als er mich. Und ob ich ihn überhaupt noch liebe. Würde ich mit ihm wieder vor den Traualtar treten, oder befindet sich unsere Ehe in einer Sackgasse?

Den Raum neben dem Schlafzimmer nennen wir Bügelzimmer, weil Gregor beim Einzug der Meinung war, jeder gute Mann würde seiner Frau für den Vorgang des Bügelns ein Extrazimmer zur Verfügung stellen. Wahrscheinlich hielt er sich dabei wirklich für großzügig, zumindest erklärte er mir in zärtlichem Ton, seine Eltern hätten das ebenso gehandhabt. Dafür, dass ich noch nicht ein einziges Mal gebügelt habe – weder im Bügelzimmer noch irgendwo anders , hasst er mich ein bisschen. Aber ich kann nun mal nicht mit einem Bügeleisen umgehen und lasse die Wäsche einmal wöchentlich von Herta abholen. Herta war die Haushälterin meiner Eltern und hat das seit jeher für unsere Familie gemacht. Ich hoffe sehr, dass sie hundert Jahre alt wird und ich nie in die Verlegenheit gerate, mir jemand anderen für meine Bügelwäsche zu suchen.

Immerhin dient mir das Bügelzimmer als Rückzugsort. Hübsch ist es hier zwar auch nicht – beiger Teppichflor, weiße Wände und langweilige schwarze Pinselstriche von Picasso aus dem Baumarkt –, ich sitze jedoch gern auf dem rotbraunen Ledersessel vorm Fenster und blättere in Zeitschriften.

Das Licht habe ich eingeschaltet, obwohl es erst früh am Abend ist. Mir ist kalt, und ich lege mir gerade eine Wolldecke über, als Gregor die Tür aufreißt. Ich fahre zusammen, weil ich ihn nicht habe kommen hören.

»Oh, du bist schon da?«, frage ich dämlich. Es ist später als sonst, aber er hatte ja heute Morgen eine Besprechung um siebzehn Uhr angekündigt. Normalerweise geht er anschließend mit zwei Mitarbeitern etwas trinken. Um diese Zeit habe ich ihn noch nicht erwartet, und sofort meldet sich das schlechte Gewissen, weil ich nichts zu essen vorbereitet habe. »Ich koche dir gleich was.«

»Keine Eile, ich springe sowieso erst mal unter die Dusche.« Er macht eine kurze Pause und überlegt. Wie auf Knopfdruck zeigt er sein Strahlelachen. Es ist ein falsches Lachen. »Bin gespannt, was du Leckeres zauberst, Schatz.«

Ich stehe auf und gebe ihm einen Kuss. Bevor ich in die Küche runtergehe, halte ich inne.

»Liebling, hast du mit der Kreditkartenfirma gesprochen?« Das Erlebnis an der Tankstelle verschweige ich.

»Ja, klar. Das sind solche Schnarchnasen, du glaubst es nicht. Bis ich den richtigen Sachbearbeiter an der Strippe hatte, waren mindestens fünf Minuten vergangen. Die Zeit, in der ich in der Warteschleife hing, nicht gerechnet. Na ja, jedenfalls hat die Firma massive Probleme mit defekten Magnetchips. Der Typ hat mir versprochen, uns schnellstmöglich eine Ersatzkarte zur Verfügung zu stellen.«

»Ah, dann ist das ja geregelt. Danke.«

Ich war also doch zu misstrauisch. Alles ist gut.

»Das kann allerdings eine Weile dauern aufgrund einer größeren Austauschaktion. Wir sind wohl beileibe nicht die einzigen Kunden mit dem Problem.«

In meinem Magen grummelt es, aber ich spiele die unbesorgte Ehefrau.

»Das ist mir egal. Hauptsache, jemand nimmt sich der Sache an. Ich koche dann mal schnell.«

Er hält mich am Arm fest. Weder grob noch liebevoll. Das ist neu, so fasst er mich sonst nie an.

»Ja?«, frage ich und blicke in sein breites Grinsen.

»Ich brauche deine Karte, um sie zurückzuschicken. Wenn der Austausch stattfinden soll, geht es schließlich nur auf diese Weise.«

»Selbstverständlich. Ich lege sie gleich auf deinen Platz.«

* * *

Schlafen konnte ich kaum. Die halbe Nacht wälzte ich mich von einer Seite auf die andere. Die Grübeleien und Gregors Geschnarche führen dazu, dass ich mich auch nach zwei Tassen Kaffee wie gerädert fühle. Angespannt winke ich ihm hinterher, als er nach einem schweigsamen Frühstück endlich zur Arbeit aufbricht. Seit Stunden lässt mich ein Verdacht nicht mehr los, und ich kämpfe gegen die aufkeimende Panik an. Ganz ruhig, Delia, spreche ich mir selbst leise Mut zu, als ich den Computer hochfahre, nachdem ich vorsichtshalber den Schlüssel von innen in der Haustür steckengelassen habe. Falls Gregor umkehren sollte, weil er etwas vergessen hat, muss er mich vorher telefonisch um Hilfe bitten, um reinzukommen. Ich werde in dem Fall natürlich behaupten, dass ich aus Schusseligkeit den Schlüssel im Schloss gelassen habe. Er darf die Schnüffelei nicht mitbekommen, denn das hasst er wie die Pest. Vertrauen sei das A und O in einer Beziehung, meint er. Bisher war ich der gleichen Ansicht – dachte dabei aber eher an Treue. Ob es ihm dabei eher darum geht, niemals aufzufliegen, egal, was er anstellt? Besonders eine Sache macht mich misstrauisch: Als wir uns kennenlernten, steckte er noch mitten in seiner Spielsucht. Nur mithilfe einer Verhaltenstherapie schaffte er den Absprung. Dass ich ihm durch diese schlimme Phase geholfen habe, erwähnt er nur selten. Bis heute habe ich keine Ahnung, wie viel Geld er bei Pferdewetten verloren hat. Aber es war sehr viel. Fünfstellig mindestens. Was soll ich nur tun, wenn er wieder mit dem Zocken angefangen hat? Sein seltsam aufgesetztes Verhalten in der letzten Zeit deutet für mich immer heftiger auf eine heimliche Leidenschaft hin.

Wie man einen Browserverlauf überprüft, weiß ich nach einer Viertelstunde googeln, doch die Ausbeute ist ernüchternd. Gregor hat offensichtlich den Cache regelmäßig gelöscht oder surft wirklich nur auf Wetter- und Nachrichtenseiten. Auch in seinen E-Mails finde ich nichts Verdächtiges. Keine Online-Tippscheine, keine Links zu Pferderennbahnen – nichts. Ich gebe die virtuelle Spionage auf und fahre ratlos den Computer runter. Mein Misstrauen wächst. Jemandem hinterherzuschnüffeln ist so suchtmachend wie zu wetten. Ich kann einfach nicht aufhören und muss Hinweise ergattern. Wo soll ich nur suchen? Und was verspreche ich mir davon?

Klarheit. Ich will Klarheit.

Wie von der Tarantel gestochen renne ich nach nebenan und durchwühle Gregors Hälfte des Kleiderschranks. Ich fasse in Sakkotaschen, greife in den Stapel mit Winterpullis und schüttle lange Unterhosen aus. Keine Quittung, kein Lotteriezettel. Sämtliche Klamotten befinden sich an ihrem Platz, nichts weist auf einen Vertrauensbruch hin – und dennoch will ich mehr. Ich bin mir sicher, dass er mir etwas vorenthält, etwas Wichtiges. Irgendeine Abscheulichkeit, etwas Schreckliches.

Hier ist nichts. Ich laufe ins Büro, reiße die große Schreibtischschublade unter der Arbeitsfläche auf. Stifte, Taschenrechner, Batterien, das Familienstammbuch. Wozu braucht man so was ohne Kinder? Ich durchblättere das samtige blaue Buch und verliere mich in einem Tagtraum. Bei unserer Hochzeit hatte ich mir die Zukunft anders vorgestellt. Fröhlich und energiegeladen sollte ich in einer gemütlichen Küche stehen und Blechkuchen backen. Zwar fehlten in meiner Fantasie Gesichter und Konturen, doch sie würden schon zum richtigen Zeitpunkt erkennbar werden.

Dachte ich. Falsch gedacht.

Hier sitze ich nun und grabble nach einem Kassenbon, der zweimal zusammengefaltet ist und in die hinterste Ecke der Schublade geschoben wurde. Noch bevor ich ihn auseinanderpule, weiß ich es. Dieser Zettel wird mein Leben verändern.

»Ich bin kein Typ, der Blumen oder Schmuck schenkt, das sage ich dir gleich«, hatte Gregor mir bei einem unserer ersten Dates mitgeteilt – nachdem es bereits gefunkt hatte. »Den albernen Schnickschnack brauche ich nicht, und ich hoffe, du kommst damit klar. Es passt einfach nicht zu mir. Ich gebe dir immaterielle Sachen. Mit mir zusammen zu sein, ist vielleicht anders, als du es aus früheren Beziehungen kennst. Ich lege dir dafür mein ganzes Herz in die Hände, Delia. Wahre Liebe benötigt keine der Erde entrissenen Pflanzen und protzige Klunker. Solltest du das nicht akzeptieren, haben wir ein Problem, denn ich bin, wie ich bin.«

Seine Finger hatten meinen Handrücken gestreichelt. Zwischen uns standen zwei Weißweingläser, sanfte Gitarrenklänge eines Livemusikers, der im spanischen Restaurant für romantische Atmosphäre sorgte, taten ihr Übriges. Ich war verknallt bis über beide Ohren und behauptete inbrünstig, dass ich mir nichts aus roten Rosen und Weißgoldringen machte.

Verliebte Frauen tun alles, um dem Objekt ihrer Begierde zu gefallen. Die Männer tun auch alles, allerdings nur, um einen ins Bett zu locken. Unter keinen Umständen würden sie jedoch der neuen Freundin andächtig zustimmen, wenn sie nach den ersten Nummern ankündigt, von nun an nur noch praktische Baumwollunterwäsche zu tragen. Aber wir tun das. Wir akzeptieren alles, ja, finden uns mit idiotischen Angewohnheiten ab, nur um ihn nicht zu verschrecken. Ich habe dem Blumenschwachsinn seit dem Date beim Spanier nicht widersprochen. Weil Gregor nun mal so ist, wie er ist.

»Quatsch, mir sind solche Dinge völlig unwichtig. Als ob es in einer ernsthaften Beziehung auf Geschenke ankäme. Da stehe ich echt drüber.«

»Super. Ich würde mich ohnehin nicht verbiegen lassen. Ich finde es nicht richtig, seinen Partner verändern zu wollen. Die meisten Frauen sind ja so. Du bist eine tolle Ausnahme und toleranter. Gut, dass wir uns gefunden haben.«

Ich strahlte ihn an. Und besiegelte damit, niemals schöne Präsente zu erhalten. Weder zum Hochzeitstag noch zum Geburtstag oder Weihnachten. Er findet das überflüssig; wir können uns schließlich kaufen, was wir uns wünschen. Einmal startete ich den halbherzigen Gegenangriff und schenkte ihm zum Fünfunddreißigsten einen Heißluftballonflug an der Küste. Er machte »Puh, Schatz« und bat dann, das Event auf Ebay verkaufen zu dürfen, weil er angeblich unter Höhenangst leidet. Seitdem habe ich es aufgegeben.

Überraschungen gibt es für mich nicht.

Bis jetzt. Der Kassenzettel stammt vom Blumenladen am Ende der Straße. Die Besitzerin kann es sich als Frau des hiesigen Privatklinikchefs leisten, nur an drei Tagen die Woche zu öffnen – das Geschäft ist ihr Hobby.

50 Baccara-Rosen wurden in Rechnung gestellt. Plus Anbringung Detail. Was immer das bedeuten mag. Mein Mann hat fünfzig hochpreisige Schnittblumen erstanden und ein Detail anbringen lassen, was ebenfalls Kosten verursacht hat. Ich starre wie hypnotisiert auf den Bon. Die Informationen kommen tröpfchenweise in meinem Gehirn an. Von wann ist der Beleg? Da unten steht's. Zweieinhalb Wochen alt. Für mich waren die Rosen nicht, so viel ist klar. Ich habe wie üblich nichts gekriegt, auch kein angebrachtes Detail.

Gregor hat eine andere Frau beschenkt.

Mein Mann hat eine Geliebte.

Ich bin eine betrogene Ehefrau.

Mechanisch lege ich das Corpus Delicti zurück. Fein verstecken, damit der Vertrauensbrecher den Vertrauensbruch nicht bemerkt. Er wäre mit Sicherheit stinksauer, wenn er von meiner Schnüffelei erführe. Aber jetzt erst recht. Bevor mir die Tränen in die Augen schießen, reiße ich mich zusammen und springe auf. Nein, ich werde nicht weinen. Noch nicht. Erst will ich weitere Beweise finden. Eine einzelne Quittung eines Blumenladens muss gar nichts bedeuten. Ich brauche Fakten.

Weiter geht's in den seitlichen Schreibtischschubladen rechts von mir. Ich ziehe eine nach der anderen raus und beginne zu fluchen.

»Rosen. Er schenkt ihr Rosen. Was für ein verlogener Mistkerl. Sieben Jahre Ehe, und ich bekomme nichts. Einen Scheiß bekomme ich. Und was macht er? Bringt irgendeiner Schlampe Baccara-Rosen mit. Wie einfallslos, primitiv und billig!«

Inzwischen ist es mir egal, ob ich die Ordnung zerstöre. Ich bin rasend vor Wut. Was fällt ihm ein? Da … da ist was Auffälliges. Mit spitzen Fingern nehme ich eine angebrochene Rolle rotes Kräuselband und den Rest eines mit Herzchen verzierten Geschenkpapierbogens aus dem Schrank.

Damit dürfte wohl alles bewiesen sein. Gregor hat in unserem Haus ein Geschenk eingepackt, es zum Blumenladen gebracht und dort an einen Rosenstrauß anbringen lassen. Eine Träne löst sich aus dem Augenwinkel und tropft auf das silberne Papier. Noch eine Träne. Ich fange an, hemmungslos zu schluchzen, weil ich es nicht glauben mag. Wir sind miteinander verheiratet, das kann er nicht machen! Eine Scheidung war in meinem Lebensplan nicht vorgesehen, doch auf einmal werden die Karten neu gemischt.

Langsam lege ich die Fundstücke an Ort und Stelle zurück und verlasse das Zimmer. Weinend gehe ich die Treppe runter, ziehe den Schlüssel aus der Haustür und packe ihn auf die Kommode, wo er hingehört.

***

»Schatz, ich bin wieder da!« Gregors Begrüßungsruf hallt durchs Haus. »Hm, das riecht ja vielversprechend.«

»Bin in der Küche«, antworte ich und öffne den Backofen.

Die Wärme schlägt mir entgegen, und ich weiche ein Stück nach hinten. Um für gute Stimmung zu sorgen, habe ich, nachdem ich die Heulspuren mit einer dicken Make-up-Schicht übertünchen konnte, eines seiner Leibgerichte gekocht.

»Schmorbraten mit Prinzessbohnen, ich fasse es nicht. Du bist so süß zu mir, danke!«

Überschwänglich nimmt er mich in den Arm und drückt mir einen Kuss auf den Hals. Dass ich die Lippen zusammenpresse, sieht er nicht. Unauffällig wische ich mit dem Handrücken über die Augen, um erneut aufsteigende Tränen wegzudrücken.

»Setz dich ruhig schon hin. Geht gleich los.«

Ich reiße mich zusammen und schenke uns Rotwein ein.

»Guten Appetit«, wünscht er und prostet mir zu. »Was für ein schöner Ausklang eines anstrengenden Tages. Du hast dir morgen deine Massage wirklich verdient, Liebling.«

Und du bist das größte Arschloch unter der Sonne.

Kapitel 6

Gregor

Entweder werde ich paranoid, oder mit Delia stimmt etwas nicht. Sie hat sich gestern Abend komisch benommen. Irgendwie … verkrampft. Als wollte sie sich nicht anmerken lassen, dass sie etwas beschäftigte.

Eigentlich kann es nur mit der Kreditkarte zusammenhängen. Denn ich halte es für ausgeschlossen, dass sie von Leonies Existenz weiß. Meine Kleine und ich sind extrem vorsichtig in dieser frühen Phase der Beziehung. Natürlich haben wir das Bedürfnis, uns in der Öffentlichkeit zu zeigen; doch wir akzeptieren beide, dass das derzeit unmöglich ist. Es würde all unsere Pläne zerstören, falls Delia von der Affäre erfahren würde.

Wobei Affäre nicht das richtige Wort ist. Leonie ist meine Zukunft. Delia hingegen meine Vergangenheit.

An der Tür zu meinem Büro klopft es.

»Herein.«

Die Chefsekretärin Brunner betritt den Raum. In der Hand trägt sie eine Unterschriftmappe, die sie mir auf den Schreibtisch legt. »Zwei Briefe an Kunden, ein Glückwunschschreiben zu einem Firmenjubiläum und die Versicherungspolice müssen Sie bitte dreimal unterschreiben«, erklärt sie. »Die entsprechenden Stellen sind mit einem ›X‹ versehen.«

»Danke, das erledige ich gleich.«

»Ich bringe die Post in einer halben Stunde weg.«

In ihrer Stimme liegt ein kaum verhohlener Abscheu. Bis vor drei Monaten gehörte es nicht zu den Aufgaben der verehrten Magdalena Brunner, die Post wegzubringen. Ich habe Brunner von Winfried übernehmen müssen, inklusive der Zusicherung, sie niemals zu entlassen. Dabei entspricht sie keineswegs meinem Ideal einer Chefsekretärin. Sie ist aufgrund ihrer achtundfünfzig Jahre mindestens dreißig Jahre zu alt und geschätzt fünfzig Kilo zu fett. Na ja. Mich tröstet lediglich der Umstand, dass ich ihr durch die Kündigungen der letzten Zeit Arbeiten aufhalsen konnte, die sie sehr ungern übernommen hat.

»Ich denke daran«, verspreche ich ihr.

»Sind Sie den ganzen Tag im Hause?«, will sie plötzlich wissen.

Überrascht blicke ich zu ihr hoch. Normalerweise erkundigt sie sich nicht nach meinem Tagesablauf. Im Regel fall reicht es, ihr Bescheid zu geben, sobald ich das Firmengelände verlasse.

»Wieso?«

»Aus keinem besonderen Anlass. Sie sind halt derzeit häufiger unterwegs, als ich es von früher gewohnt bin …«

»Tja«, unterbreche ich sie. »Leider ist die Geschäftslage nicht mehr so, dass es sich der Chef erlauben könnte, faul hinterm Schreibtisch zu sitzen. Inzwischen habe ich ja sogar Vertriebsaufgaben übernommen. Wozu folglich auch Außendienstbesuche gehören.«

»Zweifelsohne«, bestätigt sie. »Wäre bloß schön, wenn … na ja. Ich hole mir die Mappe in einer Viertelstunde wieder.« Sie dreht sich um und verlässt den Raum.

Fassungslos sehe ich ihr hinterher. Eigentlich kann ich mir die Unverschämtheit nicht gefallen lassen. Sie hat mich gerade unverblümt kritisiert. Doch was bringt es, sie deshalb abzumahnen? Ich habe kein Interesse daran, dass sie mir womöglich aus verletzter Eitelkeit hinterherspioniert. Nein.

Magdalena Brunner wird schon früh genug Schaden haben. Also rufe ich sie nicht zurück, um sie in ihre Schranken zu weisen.

Trotzdem spüre ich unbändige Wut in mir. Das alles geht zu langsam. Als mir Delias Vater den Job angeboten hatte, schien ich am Ziel meiner Träume angekommen. Wie hätte ich ahnen können, ein paar Jahre später an der miefigen Enge des Büros zu ersticken? So hatte ich es mir nicht ausgemalt, Geschäftsführer eines mittelständischen Unternehmens zu sein.

Ich brauche etwas anderes, um glücklich zu werden. Ich brauche das, was mir Leonie verspricht: einen Neustart.

Kaum habe ich die Briefe unterschrieben, trete ich ans Fenster. Die Firma befindet sich in einem tristen Gewerbegebiet. Reihen von schmucklosen Gebäuden, maximal vierstöckig, die meisten jedoch flacher. Entsprechend ist die Aussicht von meinem Bürofenster, von dem ich auf unseren Firmenparkplatz blicken kann. Bis vor zwei Jahren war hier noch alles zugestellt; heutzutage haben die verbliebenen Mitarbeiter keine Schwierigkeiten, einen freien Platz zu finden.

Ich muss hier raus, ehe ich endgültig zugrunde gehe. Aber was benötigt man am dringendsten für einen Neubeginn? Finanzielle Sicherheit! Je mehr, desto besser.

Kurz nachdem die Sache zwischen mir und Leonie begonnen hatte, war mir klar geworden, dass es für mich keine Option darstellt, den Rest meines Lebens Geschäftsführer eines gegen die Pleite kämpfenden Baustoffhandels zu sein. Genauso wenig, wie ich Delia noch Jahrzehnte an meiner Seite ertragen kann. Deshalb begann ich, Pläne zu schmieden. Pläne, die nun vor dem Abschluss stehen.

Umso bedauerlicher wäre es, wenn mir Delia auf die Schliche käme.

Ich setze mich zurück an den Schreibtisch und deaktiviere den Bildschirmschoner mittels Kennwort. Einige Mausklicks später logge ich mich in das Hauptgeschäftskonto ein. Der zur Verfügung stehende Firmenkredit ist zu sechzig Prozent ausgenutzt. Ich überschlage die Rechnungen, die in den nächsten Wochen auszugleichen sind, dann überweise ich einen fünfstelligen Betrag von dem geschäftlich genutzten Konto auf ein Privatkonto.

Während ich den Prozess gerade abschließe, klopft es erneut an der Tür. Schnell wechsle ich zum Desktop, bevor ich »Herein« rufe.

Magdalena Brunner betritt das Zimmer. Zehn Minuten zu früh.

»Sind Sie fertig?«, fragt sie im schnippischen Ton.

»Schon längst«, erwidere ich.

»Okay. Ich frankiere die Briefe und mache danach Pause.«

Demonstrativ blicke ich zur Armbanduhr. »So zeitig?«

»Spricht etwas dagegen? Ich habe in der Stadt einen Arzttermin vereinbart und würde beides miteinander kombinieren.«

»Muss ich mich um Ihre Gesundheit sorgen?«

»Nur eine Routineuntersuchung. Vorausgesetzt, Sie benötigen meine Dienste nicht.«

Ich lasse die Chefsekretärin ein paar Sekunden zappeln, ehe ich den Kopf schüttle. »Nein. Allerdings müssen wir uns in absehbarer Zeit über Frau Kind unterhalten.«

»Weshalb?«, erkundigt sich Brunner alarmiert.

Luisa Kind arbeitet ebenfalls als Sekretärin für mein Unternehmen. Sie tippt alle Schreiben für den Vertrieb und die Reklamationsabteilung. Wenn sie geht, hätte Brunner mit einem Schlag sehr viel mehr zu tun.

»Ich weiß nicht«, sage ich zögerlich. »Ihre Position scheint mir … Na ja, vielleicht schlafe ich da noch drüber. Besprechen wir es ein anderes Mal.«

Tatsächlich sehe ich keinerlei Notwendigkeit, Kind zu kündigen. Doch mir gefällt der fast panische Gesichtsausdruck Brunners.

»Soweit ich es einschätzen kann, sind die Kollegen mit Luisas Arbeit höchst zufrieden.«

»Daran zweifle ich nicht. Ich wünsche Ihnen einen hoffentlich reibungslosen Arztbesuch und eine angenehme Mittagspause.« Unmissverständlich greife ich zum Telefonhörer, um das Gespräch zu beenden.

»Danke«, murmelt meine Sekretärin und wendet sich ab.

»Es könnte sein, dass ich nicht da bin, wenn Sie wiederkommen. Je nachdem, welche Interessenten ich jetzt vorab telefonisch erreiche.«

»Gut.«

Brunner verlässt das Büro, und ich lege den Hörer wieder zurück. Das Telefonat, das ich zu führen habe, werde ich nicht über meinen Geschäftsanschluss tätigen. Außerdem darf meine neugierige Angestellte nicht in der Nähe sein.

Ich warte fünf Minuten und vergewissere mich vorsichtshalber, dass ihr Platz unbesetzt ist. Anschließend schließe ich das Zimmer ab, um unliebsame Überraschungen von vornherein auszuschließen.

»Ich bin's. Sie hat mir heute Morgen beim Frühstück bestätigt, dass sie zur Massage will. Das sollten wir nutzen. Ich habe übrigens zwanzigtausend transferiert. Mehr war aktuell nicht drin. Wegen der Sache mit der Kreditkarte ist das gerade ein heikles Thema. Blöd gelaufen. Sobald wir die letzten Schritte angehen, werde ich eine große Summe anweisen. Der Termin dauert sechzig Minuten. Er beginnt um eins. Sie fährt entsprechend früh los, um sich umzuziehen. Inklusive Umkleiden und eines Kaffees, ist sie wahrscheinlich eineinviertel Stunden in dem Gebäude. Zu Hause losfahren wird sie spätestens um halb eins.«

Da jemand zurückhaltend an meine Bürotür klopft, findet das Telefonat ein abruptes Ende, ehe es richtig begonnen hat.

»Ich muss auflegen«, flüstere ich. »Wir machen es wie besprochen. Ciao.«

Rasch laufe ich zur Tür und drehe beinahe lautlos den Schlüssel herum. Die Frau, die dort wartet, zuckt zusammen, weil sie wohl nicht damit gerechnet hat, dass ich persönlich öffnen werde.

»Frau Kind«, begrüße ich die Besucherin. »Kann ich Ihnen helfen?«

Ich könnte der Brunner den Hals umdrehen, weil sie schnurstracks zu der Sekretärin gerannt ist, um sie vorzuwarnen.

»Haben Sie einen Moment Zeit für mich?«

»Worum geht es denn?« Doch eigentlich muss ich mich gar nicht erkundigen. Luisa Kind ist so blass, dass es keinen Zweifel an der Geschwätzigkeit meiner Chefsekretärin gibt.

»Mir sind Gerüchte zu Ohren gekommen, dass mein Arbeitsplatz nicht mehr sicher ist.«

»Wirklich? Wer verbreitet solche Lügen?«

»Lügen?«, entfährt es ihr hoffnungsvoll.

Mir kommt eine Idee, wie ich Brunner bestrafen kann. Ich muss einfach Zwietracht säen und sie als gehässiges Klatschmaul darstellen.

»Selbstverständlich. Kommen Sie herein. Ich muss zwar gleich zu einem Außentermin, aber ein bisschen Zeit bleibt mir noch. Wollen Sie etwas trinken?« Ich wende mich von ihr ab und schaue dabei zu der Uhr, die an der Wand hinter meinem Schreibtisch hängt. In einer Viertelstunde sollte ich allerspätestens losfahren.

»Nein, danke, ich möchte nichts trinken.« Sie nimmt am Besuchertisch Platz.

Unterdessen hole ich mir aus dem kleinen Kühlschrank auf einem Sideboard einen Energydrink und reiße die Dosenlasche ab. Nachdem ich den Inhalt in ein Glas geschüttet habe, setze ich mich zu Luisa. Ihr Gesicht hat schon wieder eine gesündere Farbe angenommen. Schon interessant, wie sehr man Menschen mit Worten manipulieren kann.

»Was genau haben Sie überhaupt gehört?«

»Dass meine Stelle aufgrund der schwierigen wirtschaftlichen Situation eingespart werden muss«, gesteht sie stockend.

Beruhigend schüttle ich den Kopf. »Frau Kind, wie Sie wissen, haben wir einige Mitarbeiter entlassen müssen. Ihr Name stand jedoch nie zur Disposition. Im Gegenteil. Ich garantiere Ihnen, solange ich der Geschäftsführer bin, werden Sie hier beschäftigt sein. Fragt sich bloß, wer ein so böswilliges Gerücht in die Welt setzt?«

Interessiert beobachte ich, wie sich Zwiespalt in ihren Gesichtszügen abzeichnet. Doch mit Brunners Namen rückt sie nicht heraus. Offensichtlich ist sie loyaler als meine Chefsekretärin. Trotzdem bin ich überzeugt davon, dass Luisa Kind die geschwätzige Brunner in nächster Zeit schneiden wird. Was ihr ganz recht geschieht.

Kapitel 7

Samuel

An meiner Wand im Schlafzimmer hängt ein großes, von einem Zeichenblock abgerissenes Stück Papier, das ich aufgehängt habe, als der Plan begann, konkrete Formen anzunehmen. Nach und nach habe ich Delias Gewohnheiten aufgeschrieben. Inzwischen ist die Seite voll, und all ihre regelmäßigen Termine sind vermerkt. Mittwochs verbringt sie meistens über eine Stunde in einer Massagepraxis. Der Parkplatz, den sie bei diesen Gelegenheiten immer nutzt, eignet sich perfekt für mein Vorhaben: ungefähr zwanzig Stellplätze inmitten von Bäumen und Sträuchern. In dem Gebäude, in dem sich Delia durchkneten lässt, befindet sich außerdem ein Schönheitschirurg, eine exklusive Zahnarztpraxis, ein Sportmediziner und andere Anbieter medizinischer Dienstleistungen, die eher von wohlhabenden Patienten in Anspruch genommen werden. Die sollen sich dank des Parkambientes bereits bei der Ankunft wohlfühlen. Ich könnte mir vorstellen, dass nach meiner Tat Veränderungen vorgenommen werden. Vielleicht stellen sie Kameras auf oder fällen die Bäume. Doch dann ist es für Delia zu spät.

Leicht besorgt denke ich zurück an den Zwischenfall beim Tennis. Eigentlich ist seitdem nicht genügend Zeit vergangen; trotzdem will ich es heute durchziehen. Wahrscheinlich hat sich der Hausmeister mein Kennzeichen gar nicht notiert oder bringt es nicht in Verbindung mit dem Verschwinden eines Clubmitglieds. Schließlich hatte er bloß Furcht vor Autoknackern. Selbst wenn der ungünstigste Fall eintritt und die Bullen plötzlich vor meiner Tür stehen, wird eine Denunziation nicht für einen Durchsuchungsbeschluss ausreichen. Dann müsste ich sie nicht in meine Wohnung bitten, sondern könnte die Fragen an der Haustür beantworten. Nein! Es gibt keinen Grund, mich zu gedulden. Heute ist mein Tag!

Mein Plan ist perfekt. Ich benötige lediglich den Parkplatz neben ihr. Sobald sie ausgestiegen und ins Gebäude getreten ist, werde ich mich an die Fahrerseite stellen – und zwar so nah, dass sie bei ihrer Rückkehr unmöglich einsteigen kann. Dann lasse ich die hinteren Wagentüren offen stehen und werkle ein wenig im Laderaum herum. Sie wird gezwungen sein, mich zu bitten, mein Fahrzeug umzustellen. Um sie in Sicherheit zu wiegen, werde ich mich tausendmal entschuldigen, ihr dabei näher kommen und sie mit einem Elektroschocker ins Reich der Träume schicken. Danach ziehe ich sie in den Transporter und bringe sie hierher. Ende der ersten Phase, die schon vor vielen Monaten begonnen hat.

***

Um mir einen großzügigen Zeitpuffer zu verschaffen, breche ich sehr zeitig auf. Ich will ihre Ankunft beobachten. Delia nimmt am liebsten den Stellplatz vor dem Parkscheinautomaten. Links davon befindet sich noch genau eine Parkbucht, an die sich unmittelbar ein Grünstreifen anschließt. Hoffentlich haben wir beide Glück und können unsere Fahrzeuge dort abstellen, wo wir es bevorzugen würden. Ich würde dann warten, bis sie aussteigt und weggeht, um dann meinen Wagen näher an ihren zu stellen.

Ungefähr fünf Kilometer vor meinem Ziel stoppt der bis

dahin ruhig fließende Verkehr in einer Einbahnstraße abrupt. Ein Bus versperrt mir die Sicht, und ich vermute zunächst eine rote Ampel oder einen ähnlich banalen Grund. Als ich zwei Minuten später noch immer stehe, werde ich misstrauisch. Mit einem Blick in den Rückspiegel vergewissere ich mich, dass ich nicht einfach zurücksetzen kann, um einen Umweg in Kauf zu nehmen, denn hinter mir wartet mittlerweile ein halbes Dutzend Autos. Ungeduldig trommle ich aufs Lenkrad. Irgendwann muss es ja weitergehen. Gut, dass ich rechtzeitig losgefahren bin. Doch mein Optimismus verfliegt, als die ersten Hupgeräusche erklingen. Nervös schaue ich zur Uhr. Delia dürfte inzwischen zu Hause aufgebrochen sein. Obwohl ich mir nichts anmerken lassen will, steige ich schließlich aus. Es macht mich wahnsinnig, nicht zu wissen, weswegen ich meinem Zeitplan hinterherhinke.

Das Bild, das sich mir bietet, sorgt allerdings nicht für Beruhigung.

»Scheiße!«, flüstere ich frustriert. »Das darf nicht wahr sein!«

Ein Lkw mit offener Ladefläche hat einen Teil seiner Ladung verloren. Mehrere Kubikmeter Sand haben sich auf die Straße ergossen und werden von zwei Männern hektisch zurückgeschaufelt. Aber meiner Einschätzung nach wird das eine Weile dauern.

Ich atme durch und kehre betont gelassen ans Steuer zurück. Statt wild zu fluchen, schließe ich lediglich die Augen. Niemand soll sich hinterher an einen psychopathisch wirkenden Autofahrer erinnern.

***

Fast zwanzig Minuten zu spät erreiche ich den Parkplatz. Nachdem die Fahrbahn endlich wieder passierbar gewesen war, hatte ich meine Hoffnung daraufgesetzt, Delia würde sich ebenfalls verspäten. Ein Wunsch, der sich zerschlägt, als ich ihr stahlgraues Sportcoupé auf dem Stammplatz entdecke. Daneben parkt ein roter Kombi.

»Fuck!«

Drei andere Buchten sind frei – keine davon in unmittelbarer Nähe von Delias Auto. Da ich einen Ersatzplan ausarbeiten muss, wähle ich die erstbeste Parkbucht aus und schalte den Motor ab.

Wie bekomme ich sie nun in den Transporter gelockt?

Ich könnte einen der im Inneren befindlichen Kartons nach draußen stellen und so tun, als sei er zu schwer, um ihn allein hineinzuhieven. Wenn sie ihn anhebt, würde sie zwar das Schauspiel bemerken, doch dann hätte ich die Gelegenheit, ihr den Elektroschocker an den Hals zu drücken.

Oder sollte ich lieber an ihr Gewissen appellieren? Mir schwebt eine Szene vor, in der ich genau bei ihrer Rückkehr aus dem Transporter springe und plötzlich einen Schmerzensschrei ausstoße. Anschließend würde ich mich am Boden wälzen. Ob sie herbeigeeilt käme, um mich zu stützen?

Nachdenklich gehe ich zum Kassenautomaten und ziehe einen Parkschein. Delia hat wie immer zwei Stunden bezahlt. Ich schaue zur Windschutzscheibe des Kombis und errechne anhand des hinter die Scheibe gelegten Tickets, dass der Fahrer fünf Minuten nach Delia hier aufgetaucht ist und lediglich Münzen für neunzig Minuten eingeworfen hat. Ob er rechtzeitig verschwindet, bevor Delia zurückkehrt? Vielleicht ist ein Alternativplan ja gar nicht nötig.

Aufgeregt kehre ich zurück zum Transporter. Falls der Kombi nachher noch immer an seinem Platz steht, werde ich die Schmerzensnummer durchziehen, denn die Sache mit den leichten Kartons ist zu schnell zu durchschauen.

***

Um zehn nach zwei fürchte ich, dass der schlimmstmögliche Fall eintrifft: Delia und der Kombifahrer werden gleichzeitig zu ihren Autos zurückkehren. Eventuell sogar in ein Gespräch vertieft. Kaum habe ich diesen frustrierenden Gedanken als mögliches Szenario zugelassen, tritt ein Mann aus dem Gebäude und hetzt Richtung Parkplatz. Unruhig beobachte ich, wie er im Laufen einen Autoschlüssel aus der Hosentasche zieht und ihn betätigt. Im nächsten Moment blinken die Lampen am Kombi.

»Beeil dich bitte!«, sporne ich ihn flüsternd an.

Tatsächlich steigt er zügig ein, startet den Motor und legt den Rückwärtsgang ein. Mein Blick huscht zum Gebäudeeingang. Von Delia ist bislang nichts zu sehen. Der Kombi braust unterdessen davon.

Nun beschließe ich, volles Risiko einzugehen, um den Ursprungsplan zu realisieren. Ich rangiere den Transporter aus der bisherigen Bucht und stelle ihn nah neben das Sportcoupé. So nah, dass Delia unmöglich hineingelangen kann. Dann klettere ich nach hinten und stoße von innen die Türen auf. Zuletzt stecke ich den Elektroschocker in meine Pullovertasche. Ich habe lediglich einen Versuch, um sie in meine Gewalt zu bringen. Geht dabei irgendetwas schief, muss ich flüchten und für immer verschwinden.

Das Geräusch von Schuhen mit hohen Absätzen dringt an

mein Ohr. Schuhe, wie sie Delia bevorzugt. Es ist so weit. Die entscheidenden Minuten beginnen.

»Was soll das?«, sagt kurz darauf eine nur leicht verärgerte Stimme.

Sie klingt anders, als ich mir vorgestellt habe. Anders als Delias Telefonstimme, wenn ich bei ihr mit unterdrückter Rufnummer angerufen habe. Trotzdem sympathisch.

Ich hebe stöhnend den am meisten gefüllten Karton an und lasse ihn fast an gleicher Position zu Boden fallen. Dank des kaputten DVD-Players, der sich darin befindet, rappelt es deutlich vernehmbar.

»Ist das schwer«, murmle ich.

Meine rechte Hand greift in die Tasche. Sobald sie in Reichweite ist, werde ich ihr den Stromschlag verpassen. Ich drehe mich absichtlich mit dem Rücken zu ihr und warte. Sie reagiert, wie ich es vorhergesehen habe.

»Entschuldigen Sie?«

Bevor ich mich ihr zuwende, mache ich einen Schritt rückwärts – also in ihre Richtung. Danach blicke ich über die Schulter. Meine Finger umklammern den Griff des Schockgeräts.

Doch nicht Delia hat mich angesprochen. Sondern eine Frau, die gut zehn Zentimeter größer ist und deren auffälligstes Merkmal ihre langen, schwarzen Haare sind.

»Was … ich … wieso«, stammle ich.

Mein Gegenüber wirkt plötzlich misstrauisch und tritt etwas nach hinten.

Verdammt! Ich muss aufpassen, nicht psychotisch zu wirken.

»Entschuldigung! Ich war gerade gedanklich woanders. Die Kündigung setzt mir zu.«

»Kündigung?«

Ihre Neugierde ist anscheinend geweckt.

»Ich habe drüben in einer der Arztpraxen gearbeitet. Bis heute Mittag. Nun hat mir der Chef meine Sachen in Kartons gepackt und mich mit einem Arschtritt verabschiedet. Nach so vielen Jahren.«

»Sie Ärmster!«

»Ach, was soll's. Glücklich war ich in dem Job eh nicht mehr. Vielleicht ist das ein Wink des Schicksals. Was wollten Sie?«

»Sie haben so nah an meinen Wagen geparkt, dass ich nicht einsteigen kann!«

»Wirklich?«, erwidere ich überrascht und steige aus. Für einen Moment betrachte ich die Szenerie. »Tatsächlich! Sorry! Ich korrigiere das sofort.«

»Nicht schlimm.«

»Ich war vorhin wohl völlig abgelenkt. Ich wusste ja, was passieren wird. Der Rauswurf hatte sich abgezeichnet. Na ja. Hauptsache, ich habe keine Beule in Ihr schönes Auto gemacht. Gefällt mir.«

Die Frau kichert verlegen. »Mir auch. Leider gehört es mir nicht.«

»Nicht?«

»Nein. Sondern einer Freundin. Sie hat mir heute ihr Fahrzeug geliehen und ihren Massagetermin überlassen.«

»Oh. Dann hatte ja einer von uns beiden einen angenehmen Tag.« Ein gespieltes Lachen nimmt meinem Satz die Schärfe. »Ich werte unser Zusammentreffen als positives Zeichen«, rede ich einfach weiter. »Wie fährt sich so ein rassiges Coupé?«

»Super!«, antwortet sie. »Der Motor beschleunigt mit einem Wahnsinnstempo. Das Anfahren an Ampeln macht richtig Spaß.«

»Da hat Ihre Freundin also Geschmack bewiesen. Oder der Ehemann.«

Die Frau grinst. »Damit treffen Sie den Nagel auf den Kopf.«

Ich zwinkere ihr zu. »In vielen Ehen ist Autokauf halt Männersache. Aber genug geschwätzt. Entschuldigen Sie noch einmal, dass ich Sie aufgehalten habe. Ich bin jetzt weg.«

»Überhaupt kein Problem. Machen Sie's gut.«

»Wird schon werden.«

Ich klettere hinters Lenkrad und setze vorsichtig rückwärts. Das Gespräch hat hoffentlich dazu geführt, dass sie nicht misstrauisch wird und sich in naher Zukunft an den weißen Transporter erinnert. Zumindest wirkt sie nicht, als hätte sie sich mein Kennzeichen gemerkt.

Kapitel 8

Delia

Meine Qualitäten als Spionin sind besser als ich dachte. In Ines' Auto fahre ich Gregor hinterher, der auffällig früh die Firma verlassen hatte und mit großen Schritten vom Büro zum Parkplatz geeilt war. Ich hatte mich extra bereits Stunden zuvor in einer Seitenstraße positioniert, um seine Abfahrt nicht zu verpassen und unbemerkt die Verfolgungsjagd aufzunehmen.

Inzwischen bin ich um ausreichend Sicherheitsabstand bemüht, damit er mich nicht im Rückspiegel erkennt. Aber wie sollte er? Um den Hals habe ich mir einen dunklen Schal gewickelt, dazu trage ich eine verspiegelte Sonnenbrille und die hellblaue Baseballkappe aus dem letzten Cluburlaub. Allerdings verkehrt herum. Der ungewohnte Rapperlook ringt mir ein schiefes Lächeln ab, als ich einen schnellen Blick in den Spiegel werfe. Vielleicht sollte ich häufiger so rumlaufen; in Kombination mit zerrissener Jeans und lässigem Kapuzenpulli fühle ich mich gleich wesentlich selbstbewusster und cooler.

Übertriebene Coolness zeichnet mich ansonsten in diesem Moment nicht aus. Ich möchte nicht schon wieder weinen, sondern stark sein. Die emotionale Achterbahnfahrt macht mich fix und fertig; den einen Moment heule ich mir die Augen aus dem Kopf, wenig später bin ich kämpferisch und möchte meinen Mann am liebsten umbringen. Die Eifersucht und Ungewissheit treiben mich in den Wahnsinn. Warum tut er mir das an? Und wo zur Hölle will er hin? Wie sieht die Frau aus, auf die er steht?

Seit rund fünfzehn Minuten sind wir unterwegs, und ich verliere die Orientierung. Zu krampfhaft bin ich damit beschäftigt, meinem Vordermann auf den Fersen zu bleiben. Die Gegend ist mir fremd, ich kenne mich hier nicht aus und konzentriere mich auf die Rücklichter unseres Firmenwagens. Bloß keinen Fehler begehen, ich will mit eigenen Augen sehen, mit wem er sich trifft. Ob er sie küssen wird? Geht er direkt mit ihr ins Bett?

Mich registriert er offenbar überhaupt nicht. Gut möglich, dass er ohnehin keine Ahnung hat, welchen Wagen Ines fährt. Beziehungsweise ich. Während sie meinen Massagetermin übernommen hat und zusätzlich den Luxus meines teuren Schlittens genießt, mühe ich mich mit den harten Gängen ihres Gefährts ab. Der vierte Gang klemmt, und die Klimaanlage kennt nur zwei Funktionen: an und aus. Die Karre hat noch nicht mal vernünftige Musik; eine altertümliche Kassette schaut aus der Vorrichtung raus, und ich schiebe sie rein. Etwas Ablenkung kann nicht schaden.

Eine Ampel schaltet von Gelb auf Rot, und Gregor bremst scharf ab. Ich gehe ebenfalls in die Eisen und mache mich kleiner. Aus dem Lautsprecher ertönen die Backstreet Boys. Dass meine beste Freundin so Neunziger ist, ist mir neu. Wie so einiges. Anscheinend bin ich zu sehr mit mir selbst beschäftigt, um zu bemerken, was sich um mich herum abspielt.

Mein Mann biegt rechts in ein verkehrsberuhigtes Neubaugebiet ein. Schicke Häuser stehen hier, teilweise Villen, keine Reihen- und Doppelhäuser, stattdessen gepflegte Gärten auf großzügigen Grundstücken. Dunkelrote Pflastersteine am Straßenrand markieren Parkbuchten, die mit Namensschildern versehen sind. Hoffentlich falle ich ihm nicht auf – langsam wird es wohl verdächtig. Ich drossle das

Tempo und lasse ihm Vorsprung. Glück gehabt, denn er rollt in die Tiefgarage eines grau verklinkerten Einfamilienhauses. Im Schneckentempo steuere ich einen Parkplatz an, von dem aus ich die Garagenauffahrt sehen kann. Ob er gleich zu Fuß hervorkommen wird, oder benutzt er einen Eingang direkt von der Garage aus?

Nach ein paar Minuten drehe ich frustriert den Zündschlüssel um – von Gregor keine Spur. Unser Auto steht in einer Tiefgarage, dessen Besitzer ich nicht kenne. Und mein Angetrauter trifft sich heimlich mit einer Person, die ich nicht kenne. Noch kann ich mir Hoffnungen machen, dass sich die Geschichte als harmlos erweist. Möglicherweise wohnt in dem recht schlichten Gebäude ein Kunde, von dem er mir nichts erzählt hat. Unwahrscheinlich. Einen Besuch dieser Art hätte er mir nicht verschweigen müssen.

Er ist bei einer Frau, ich spüre das. Und es tut so weh.

Das Haus fest im Blick, verstelle ich den Sitz in eine bequemere Position, was sich aufgrund des klobigen Drehteils als ziemlich umständlich erweist. Ines stört ihr unkomfortables Fahrzeug nicht, mich hingegen macht es wahnsinnig. Was meine Gereiztheit nur noch verstärkt. Fluchend drücke ich mit komplettem Körpereinsatz das Rückenteil nach hinten, bis es endlich klappt und ich meinen Beobachtungsposten entspannter einnehme – wobei von echter Entspannung nicht die Rede sein kann. Wer weiß, wie lange ich ausharren muss, bis der werte Herr Gemahl mit dem Schäferstündchen fertig ist? Wieso habe ich eigentlich nie etwas bemerkt? Habe ich deutliche Zeichen übersehen, die auf seine Untreue hingewiesen hätten?

Wir haben regelmäßig Sex. Er gibt mir Kosenamen, nimmt mich in den Arm … Ist das alles nur gespielt, sind seine Emotionen geheuchelt? Mein Hals zieht sich zusammen, und ich schlucke trocken. Wenn ich mir vorstelle, dass er jetzt all die Dinge mit einer geheimnisvollen Unbekannten macht, die er sonst mit mir anstellt … Ob er gerade mit ihr lacht? Vielleicht sind sie auch voller Leidenschaft und noch bekleidet übereinander hergefallen, und er liebt sie wild und stürmisch. Ist sie schön? Bestimmt. Attraktiv, blutjung und sexy. Sie erfüllt ihm die geheimsten erotischen Fantasien, ist lustvoll und locker. Verdammt, ich will das nicht, das soll nur ein dummes Missverständnis sein!

Mir fällt eine E-Mail ein, die ich bei der Schnüffelei in seinem Postfach gesehen habe. Sie stammte von einer Fotografin, die vor einigen Monaten Aufnahmen unseres Unternehmens gemacht hatte. Es handelte sich um stinknormale Bilder, die wir fürs Firmenprofil benötigten. Zumindest hatte Gregor mir das so erklärt. »Schatz«, meinte er seinerzeit zu mir, »unser Internetauftritt ist völlig von gestern, ich organisiere mal jemanden, der anständige Fotos knipst. Fertigungshallen, Mitarbeiter, was weiß ich. Wir beide stehen im Zentrum des Geschehens, die Belegschaft ist am Werkeln. Am besten modern belichten lassen, damit es nicht altbacken aussieht. Die Fachleute kennen sich damit aus. Das kostet nicht extrem viel, außerdem kann man es gut absetzen. Und dann benutzen wir davon auch gleich brauchbare Bilder für Flyer und Werbematerial.«

Ich stimmte zu und zog mich besonders nett an, als die Fotografin eines Tages auftauchte. Wo Gregor sie aufgegabelt hatte, entzieht sich bis heute meiner Kenntnis, das ging wie immer alles an mir vorbei. Hübsch war sie, nett. Dass sie seinem Frauentyp entsprach, wusste ich sofort, aber meine Güte – wer geht denn davon aus, dass ich Wochen später vor irgendeiner Haustür rumlungere und überlege, ob sich dahinter die Fotografin verbirgt?

Bis zu diesem Moment, in dem ich auf die E-Mail mit der seltsamen Grußformel »Ganz liebe Grüße« und einem auffällig vertraulichen Ton stieß, obwohl die Frau ihm doch eigentlich genauso fremd wie mir sein sollte, hatte ich keinen weiteren Gedanken an sie verschwendet. Wir hatten ja nur diesen einen Kontakt beim Shooting, anschließend beglich er die Rechnungen – das sollte es gewesen sein. Hatte ich naives Schaf angenommen. Doch jetzt drehe ich fast durch. Ist sie es? Verhält sich mein eigener Mann tatsächlich so unverschämt, direkt vor meinen Augen eine Affäre anzuzetteln? Hatte er womöglich bereits zuvor eine Beziehung zu ihr gepflegt und die Idee mit dem Fototermin lediglich vorgeschoben? Mir ist ihr Name entfallen, verdammt … Irgendwas mit B und einem Doppelnamen. Mein Herz rast, und ich lasse das Fenster herunter, um frische Luft zu schnappen und einen klaren Kopf zu bekommen.

Die Zeit vergeht wie in Zeitlupe; inzwischen habe ich die Kassette mit der Boyband zum dritten Mal umgedreht, beinahe zwei Stunden sind vergangen. Ich denke darüber nach, meine Schuhe auszuziehen und die Füße auf die Ablage zu legen, so wie früher, als Ines und ich das immer gemacht haben. Damals war ich noch frei und selbstbewusst. Wir hätten über jede Frau gelacht, die sich dermaßen zum Affen macht, wie ich es gerade tue.

Plötzlich kommt Gregor aus der Tiefgarage gefahren. Oh mein Gott, meine Hände zittern, und ich fixiere seinen Wagen. *Unseren* Wagen. Er darf mich auf keinen Fall entdecken! Rasch wickle ich mir den Schal fester um den Hals, schiebe die Sonnenbrille hoch und ducke mich ein wenig. Langsam steuert er aus der Ausfahrt raus, verzichtet aufs Blinken. Natürlich blinkt er nicht. Er blinkt nie, sofern er keinen anderen Verkehrsteilnehmer sieht. Wenn der wüsste, dass ich ihn in sämtlichen Lebenslagen perfekt durchschaue.

Verkehrsrowdy.

Kreditkartenbetrüger.

Ehebrecher.

Lügner.

Als er im Begriff ist, zu beschleunigen, stürzt eine Frau auf ihn zu. Aus welchem Haus ist sie gekommen? Alles geht so schnell, ich versuche zu erkennen, ob die Haustür offen steht, aber starre sofort wieder geschockt auf die Brünette mit halblangen Haaren und meinen Mann, der seine Fahrt stoppt. Sie wedelt mit irgendeinem Gegenstand in der Hand herum und winkt hektisch – offenbar hat er es gesehen und wartet nun darauf, dass sie ihn erreicht. Die Fotografin ist es definitiv nicht. Ich kenne das Miststück nicht. Sie ist jünger als ich, maximal fünfundzwanzig. Schlank, sportlich und nur mit einem dünnen Kleidchen bekleidet. Unter Umständen ist es ein Negligé, was ich auf die Distanz nicht sehen kann.

Stattdessen kann ich gut sehen, wie sie Gregor durch die geöffnete Fensterscheibe küsst. Er greift mit männlicher Attitüde in ihren Nacken und zieht sie zu sich. Solch maskuline Gesten sind mir neu an ihm. Ein kurzer Wortwechsel folgt, und sie küssen sich erneut. Mein Herz krampft sich zusammen, ich spüre Stiche im Magen und befürchte, mich übergeben zu müssen. Vor Schreck steht mir der Mund weit offen; wahrscheinlich habe ich einen Schock. Ich muss mich konzentrieren und ruhig bleiben. Wer weiß, was er sonst noch so treibt. Geld weg, Mann weg, alles weg?

Im Tränen Wegwischen bin ich inzwischen geübt. Energisch straffe ich den Körper, reiße mich zusammen und nehme die Verfolgungsjagd wieder auf, als Gregor seine

Geliebte verlässt. Falls er auf dem Weg nach Hause ist, um mich freudestrahlend in die Arme zu schließen, muss ich vorher abdrehen und zu Ines fahren.

Wieder bemerkt er mich nicht, obwohl ich wegen meiner Heulerei unvorsichtiger als bei der Hinfahrt bin. Zwischen uns ist kein anderes Auto. Wenn er über ein bisschen Grips verfügte, müsste er merken, dass dieselbe Vermummte im roten Renault hinter ihm herfährt wie vorhin. Er ist wohl gedanklich noch mit dem zurückliegenden Fick beschäftigt, dieser Arsch.

Nach fünf Minuten Fahrtzeit passieren wir das Gewerbegebiet. Offensichtlich will er doch nicht heim. Vielleicht besucht er eine weitere Affäre. Ich klappe meinen Spiegel runter und blicke in ein verbittertes Gesicht. Anscheinend kann man innerhalb weniger Stunden um Jahre altern. Auf dem Beifahrersitz liegt mein Smartphone, das einen Anruf meldet. Ich schaue zur Seite aufs Display und stelle fest, dass es Gregor ist. Mir bricht kalter Schweiß aus, als ich wieder nach vorn gucke und Teile seiner Schultern und des Hinterkopfs sehe. Er hat kein Handy in der Hand, sondern fertigt das dumme Eheweib per Freisprechanlage ab. Mit zitternden Fingern drücke ich auf »Annehmen«, halte das Gerät ans rechte Ohr an und kralle mich mit links ans Lenkrad.

»Hallo«, melde ich mich und bringe meine Stimme unter Kontrolle. »Ich bin im Auto unterwegs.«

»Hallo, Schatz«, sagt er im normalsten Tonfall der Welt. »Dann fahr lieber rechts ran. Nicht, dass du noch einen Unfall baust. Wir sollten dir auch eine Freisprechanlage installieren lassen, das ist sicherer.«

Ich weiß. Und ich kann nicht ranfahren, weil ich sonst deine Spur verliere.

»Nicht nötig, ich schalte das Gespräch auf Lauthören und packe das Handy auf meine Beine.«

»Da liege ich gut«, scherzt er. Ich fasse es nicht. Er umgarnt mich wie immer, obwohl er gerade eben jemand anderen geknutscht hat. Tränen schießen mir aus den Augen, sodass die Sonnenbrille verrutscht. »Du, ich wollte auch nur schnell Bescheid geben, dass ich heute etwas später nach Hause komme. Ich trainiere noch ein bisschen im Fitnessstudio. Muss dringend was tun, damit ich nicht zu fett für dich werde.«

»Du bist doch nicht zu fett.« Es fällt mir schwer, nicht zynisch zu klingen. Schwierig, in solch einer Situation nicht dem eigenen Mann mit voller Wucht hinten reinzufahren. In der einen Sekunde möchte ich ihn umbringen, in der nächsten laut aufschluchzen und ihn fragen, ob das alles sein Ernst ist und was sie ihm gibt, das er von mir nicht bekommt. »Mir passt das jedenfalls ganz gut«, lüge ich, »ich bin auf einen Kaffee bei ... einer Freundin eingeladen. Ein wenig quatschen und das Mädelswochenende im Herbst besprechen.«

Ups, fast hätte ich Ines erwähnt, was sich als Fehler erweisen könnte, wenn er ihr Auto wider Erwarten kennen sollte. Doch das interessiert ihn wahrscheinlich sowieso nicht. Er hat anderes, Besseres im Kopf.

»Dann ist das wohl perfektes Timing, Süße. Wir sind eben ein super Team.«

»Hm«, brumme ich und räuspere mich. »Bis nachher, ich lege jetzt auf.«

»Tschüss.«

Ich drücke auf das Hörer-Symbol und verliere die Straße aus dem Blickfeld. Als ich wieder hochschaue, bremst er scharf ab. Scheiße. Ich habe die rote Ampel gar nicht gesehen, so abgelenkt war ich. Hastig gehe ich in die Eisen, aber die Bremsen sind einfach zu schlapp, und ich touchiere unsere Nobelkarosse mit einem Rumms. Verdammt, mir kommt das Scheppern gewaltig vor. Was mache ich denn nun?

Auf der Stelle abhauen. Rückwärtsgang rein. Panisch übernimmt mein Unterbewusstsein die Oberhand. Instinktiv setze ich blitzartig zurück, schlage scharf das Steuer ein und rase mit quietschenden Reifen von der Unfallstelle fort.

Mein Atem geht schnell, in den Fingerkuppen kribbelt es, und mein linker Fuß scheint zu fliegen. Ich darf nicht den Verstand verlieren! Im Rückspiegel sehe ich die immer kleiner werdende Silhouette Gregors. Er ist ausgestiegen und schaut mir hinterher. Seine flachen Hände hat er über die Augen gehalten, damit die Sonne ihn nicht blendet und er das Kennzeichen entziffern kann. Farbe und Modell merkt er sich bestimmt. Mist, ich bin sein Unfallgegner und begehe Fahrerflucht. Ines bringt mich um. Gregor erst recht, sollte das rauskommen.

Ich fahre in eine Seitenstraße und habe ihn somit nicht mehr im Blickfeld. Wie eine Kriminelle verstecke ich mich hinter mannshohen Müllcontainern, schalte den Motor aber nicht aus. Vor Angst schnaufe ich wie ein Walross. Wenn mich nicht alles täuscht, bin ich kurz vorm Hyperventilieren. Mein linker Fuß und einige Finger führen ein Eigenleben und zittern vor sich hin. Voll Psycho. Und das alles wegen eines Mannes – das ist erst recht verrückt. Gregor ist es nicht wert, dass ich total durchdrehe. Ich muss bei Sinnen bleiben und runterkommen. Vielleicht ist kein größerer Schaden an unserem Wagen entstanden, und er verschweigt mir den Vorfall später sogar.

Als ich sicher bin, dass er mir nicht gefolgt ist, schalte

ich das Getriebe in den Leerlauf und steige aus. Ich will wissen, für welche Blessuren ich verantwortlich bin. Ausgerechnet jetzt muss ich finanziell in der Klemme stecken; am einfachsten wäre es, ich würde Ines einen neuen Wagen schenken und diesen hier direkt zum Schrottplatz bringen. Mögliche Spuren wären somit verwischt. Andererseits würde ich mich damit erst recht verdächtig machen, sollte Gregor Anzeige erstatten.

Ich inspiziere jeden Zentimeter des Renaults, finde aber außer einer Schramme am Kotflügel nichts. Außerdem ist es weiß Gott nicht der einzige Makel; das Auto ist rundherum mit Kratzern und Beulen versehen. Ein anderes Gefährt wäre für Ines wirklich ein Segen. Für mich allerdings auch.

Endlich beruhige ich mich, und mein Verstand übernimmt wieder die Kontrolle über Herz, Blutdruck und nervöses Vibrieren in den Extremitäten. Ich atme tief durch und setze mich zurück hinters Steuer.

Nur keine Panik.

Das kommt in den besten Familien vor.

Kapitel 9

Gregor

Wenige Sekunden nachdem ich das Gespräch mit Delia beendet habe, wird mein Auto plötzlich leicht erschüttert. Ein Blick in den Innenspiegel bestätigt meine Befürchtung. Der rote Wagen hinter mir steht so nah, dass es nur eine Erklärung für die Erschütterung gibt. Frauen am Steuer. Scheiße! Jetzt muss ich mir eine plausible Geschichte für Zuhause einfallen lassen, was ich in dieser Gegend zu suchen hatte. Außentermin. Klar! Immerhin befinde ich mich in der Nähe eines Gewerbegebietes. Konkreter wird Delia schon nicht nachfragen. Um Versicherungsangelegenheiten kümmert sie sich eh nicht. Warum sollte das diesmal anders sein?

Ich löse den Sicherheitsgurt und registriere im gleichen Moment, wie die Unfallverursacherin zurücksetzt. Zunächst denke ich, dass sie das macht, um den Schaden anschließend besser begutachten zu können. Aber weit gefehlt! Stattdessen beschleunigt sie rasant und scheint fliehen zu wollen.

»Ey!«, rufe ich fassungslos.

Zwar erkenne ich den Wagentyp, vom Kennzeichen kann ich jedoch bloß einen Teil entziffern. Ob das reicht, um die Flüchtige zu ermitteln?

Beinahe springe ich zurück hinters Steuer, um ihr zu folgen, denn ihr dreistes Verhalten macht mich wütend. Allerdings erinnert mich ein rationaler Funken daran, woher ich gerade komme. Nein! Es wäre unklug, ihr hinterherzurasen. Trotzdem kann ich den Zorn nicht komplett unterdrücken, während ich ans Heck trete, um mir die Unfallfolgen anzusehen. Glücklicherweise hat der rote Renault nur einen kleinen Kratzer hinterlassen. Nichts, worüber ich mich wirklich ärgern müsste. Ich beschließe, gegenüber Delia zu erzählen, dass jemand ganz offensichtlich gegen mein parkendes Fahrzeug geraten ist und Fahrerflucht begangen hat.

****

Im Fitnessstudio ist die Gereiztheit noch immer nicht vollkommen verschwunden. Oder liegt es an meiner inneren Anspannung? Immerhin habe ich vor, meine Ehefrau …

»Hey! Pass gefälligst auf!«, ruft ein breitschultriger, junger Mann aggressiv, der aus der Umkleidekabine gekommen ist, als ich sie betreten wollte.

Wenigstens konnten wir einen Zusammenstoß um wenige Zentimeter vermeiden. Ich drehe mich zur Seite, und er geht an mir vorbei. Ihm folgt ein gleichaltriger Freund. Bevor ich die Tür der Umkleide geschlossen habe, höre ich die beiden lachen. Bestimmt über mich. Idioten!

»Gregor!«, ertönt die Stimme eines Mannes, der unterdessen aus der Dusche kommt und ein Handtuch um seinen Körper gewickelt hat.

»Julius!«, begrüße ich ihn.

»Alles gut bei dir? Du wirkst angespannt.«

Julius und ich haben uns vor zwei Jahren in diesem Fitnessstudio kennengelernt und trainieren gelegentlich zusammen. Doch über oberflächlichen Smalltalk sind unsere Gespräche nie hinausgegangen. Insofern wundert mich seine Bemerkung.

Lässig winke ich ab, während ich meine Sporttasche auf eine Bank stelle. »Bisschen Stress.«

»Ehefrau oder Arbeit?«, fragte er schmunzelnd.

Da sich sonst niemand in dem Raum aufhält, sage ich tollkühn: »Die Geliebte.«

Mein Zwinkern interpretiert er offenbar richtig und lacht schallend.

»Das kenne ich. Letztlich sind alle Frauen gleich. Anfangs willig und genügsam, hinterher zickig und fordernd.«

»Na, dann braucht man sich den Luxus einer Geliebten ja gar nicht leisten.«

»Nö, kann man im Regelfall vergessen.«

»Und bei dir?«

Er schnaubt unzufrieden. »Irgendwann muss sich die Wirtschaftslage wieder bessern, oder?«

»Darauf wartc ich auch.«

Julius führt ebenfalls ein mittelständisches Unternehmen, das in ähnlichen Schwierigkeiten steckt wie meins. Was ich als Beweis ansehe, dass die Schieflage nicht an meinen geschäftlichen Entscheidungen liegt.

»Stattdessen muss ich mich mit bürokratischem Irrsinn herumärgern. Ich habe einen Mitarbeiter, der inzwischen eine Mitarbeiterin ist und komische Forderungen stellt.«

Wir verdrehen beide die Augen. »Warum feuerst du ihn nicht einfach?«

»Er ist eine *sie*, bitte schön. Fällt also mittlerweile unter die Frauenquote.«

Wir grinsen, ehe mir Julius erklärt, dass die Person zu seinen Leistungsträgern gehört und er ungern auf ihr Wissen verzichten würde.

Ein paar Minuten später hilft mir einer der Studioangestellten, Boxhandschuhe überzuziehen. In einer Ecke des riesigen Raumes der zweiten Etage, in dem sich hauptsächlich die Oberkörpertrainingsgeräte befinden, hängen drei Sandsäcke von der Decke. Auf dem Weg nach oben habe ich beschlossen, meinen Frust mittels Boxtraining abzureagieren.

»Hast du schon mal an den Säcken trainiert?«, erkundigt sich der Typ pflichtschuldig.

»Regelmäßig«, bestätige ich.

»Wunderbar! Dann wünsche ich dir ein kraftvolles Training.«

Er wendet sich ab – anscheinend interessiert es ihn nicht wirklich, ob ich am Boxsack eingewiesen bin oder nicht. Doch mir kommt dieses Desinteresse ganz recht. So kann ich wild auf das schwere Trainingsgerät einprügeln, ohne ständig über mögliche Haltungsfehler informiert zu werden. Ich begebe mich in die breitbeinige Ausgangslage und starte mit einem linken Haken. Julius' Worte erklingen mahnend in meiner Erinnerung. *Letztlich sind alle Frauen gleich. Anfangs willig und genügsam, hinterher zickig und fordernd.*

Ob das stimmt? Momentan bin ich glücklich verliebt in Leonie. Sie gibt mir das, was ich von Delia längst nicht mehr bekomme.

Anfangs willig und genügsam.

Hoffentlich hat er unrecht. Ich riskiere meine komplette Existenz, um mit Leonie neu beginnen zu können. Wenn ich in einigen Jahren aufwache und feststelle, dass ich im gleichen Sumpf feststecke, wie zuvor mit Delia, wäre das extrem frustrierend. Denn noch einmal kann ich so etwas nicht organisieren. Ich treffe Entscheidungen, die Auswirkungen für den Rest meiner Tage haben.

Nein! Die Beziehung zwischen Leonie und mir sollte funktionieren. Sonst würde sich die große Sache, die ich derzeit anleiere, überhaupt nicht lohnen. Es hat zwar in letzter Zeit kleinere Rückschläge gegeben, trotzdem befinden wir uns auf einem guten Weg.

Als würde ich den leisen Anflug von Zweifel wegprügeln wollen, schlage ich immer fester auf den Sandsack ein. Bis ich aus den Augenwinkeln registriere, dass ich beobachtet werde. Einige wenige Sekunden kann ich das ignorieren, ehe ich genervt das Trainingsprogramm unterbreche und mich den Idioten zuwende. Zu ihnen gehört unter anderem der Kerl, der mich an der Tür der Umkleidekabine fast gerammt hätte. Er steht ungefähr fünfzehn Schritte entfernt unter einer Klimmzugstange. Angebermäßig hat er einen Hüftgürtel umgeschnallt, an dem zwei Gewichtsscheiben befestigt sind. So stemmt er bei jedem Klimmzug nicht nur sein eigenes Gewicht in die Höhe, sondern zusätzlich zwanzig Kilogramm. Wie ich solche Typen hasse. Zwei seiner speichelleckenden Kumpels flankieren ihn links und rechts. Doch statt zu trainieren, schaut er lieber mir zu. Er sagt etwas zu seinen Freunden, und alle drei lachen schadenfroh.

Ich zwinge mich, durchzuatmen. Will ihr dämliches Verhalten verdrängen. Es sind bloß dumme Jungs! Die in ihrem Leben nichts geleistet haben, außer ihre Muskeln zu kultivieren. Langsam prügle ich wieder auf den Sandsack ein. Doch ich halte bald erneut inne.

»Was glotzt ihr so blöd?«, rufe ich deutlich vernehmbar und starre gleichzeitig feindselig zu ihnen herüber.

»Meinst du uns?«, ruft einer seiner Kumpanen.

»Seht ihr sonst noch jemanden, der blöd glotzt?«

»Lern erst mal vernünftig boxen, bevor du dich mit uns anlegst«, empfiehlt mir ihr Anführer.

Natürlich bin ich mir im Klaren, ihnen unterlegen zu sein. Trotzdem hat der irrationale Teil meines Verstandes die Kontrolle übernommen. Jetzt kann ich unmöglich einen Rückzieher machen.

»Gibst du deine hässliche Visage dafür her? Dann bin ich gern dabei.«

»Bist du lebensmüde?«, fragt der Typ und löst den Gürtel. Laut scheppernd fallen die Gewichte zu Boden.

Ich ahne, dass ich in Schwierigkeiten stecke. Andererseits ist es nun zu spät, den Schwanz einzuziehen. Damit sie kapieren, aus welchem Holz ich geschnitzt bin, gehe ich ihnen einige Schritte entgegen.

»Der Spinner will einen auf die Schnauze«, wundert sich einer meiner Gegner.

»Den Wunsch erfülle ich ihm mit Vergnügen.«

Ohne dass mir bewusst wird, wie schnell ich auf eine verhängnisvolle Konfrontation zurase, trennen uns plötzlich nur noch vier Meter.

»Fühlst dich wohl stark wie Rocky Balboa«, verspottet mich der Anführer.

»Gleich schicken wir dich ins Schlummerland«, warnt mich ein anderer.

Ich spanne die Muskeln an. In solchen Auseinandersetzungen ist es wichtig, den Rudelführer zu attackieren. Vielleicht gelingt mir ja ein Glückstreffer.

»Hey«, ertönt eine warnende Stimme von rechts. »Was soll der Scheiß?«

Einer der Trainer kommt angelaufen und baut sich zwischen uns auf. Sofort sinkt der Testosterongehalt in der Luft.

»Der Wichser hat uns angemacht«, behauptet einer der Mistkerle.

»Klar«, erwidert der Studioangestellte ungläubig. »Allerdings ist es ja nicht das erste Mal, dass ihr unangenehm auffallt.«

»Wir können da nix für.«

»Natürlich nicht.«

Der Trainer sieht mich an. Offensichtlich ist er gewillt, sich uneingeschränkt auf meine Seite zu stellen. Ich nicke ihm dankbar zu.

»Ihr beendet das Training und kühlt eure Gemüter unter der Dusche oder draußen!«

»Was?«, beschweren sie sich empört. »Wir haben gerade erst angefangen.«

»Pech! Verschwindet! Ich erteile euch für heute Trainingsverbot.«

»Alter! Leck mich! Es gibt so viele andere Studios.«

»Ich habe nichts dagegen, wenn ihr wechselt. Mitglieder, die wahllos Leute provozieren, können wir nicht akzeptieren.«

Die drei Typen starren zuerst ihn und danach mich feindselig an, ehe ihr Anführer eine Entscheidung trifft. »Brüder! Lasst uns verschwinden.«

Beim Hinausgehen spuckt einer von ihnen auf den Boden. Doch dazu sagt der Trainer nichts. Er wartet, bis hinter ihnen die Tür zugefallen ist, dann wendet er sich mir zu.

»Ich würde mit dem Duschen eine Weile warten. Und wenn du nachher zu deinem Auto willst, begleite ich dich gern. Die Idioten sind mir schon lange ein Dorn im Auge. Ständig pöbeln sie unsere Mitglieder an. Der Bogen ist endgültig überspannt. Der Chef soll sie rausschmeißen.«

»Alles klar. Danke.«

Der Mann tippt sich an die Stirn, bevor er ebenfalls die Etage verlässt.

Als ich eine Stunde später die Umkleidekabine betrete,

fürchte ich zunächst, sie würden mir auflauern, um es mir heimzuzahlen. Aber glücklicherweise irre ich mich. So kann ich in Ruhe den Schweiß abduschen. Das heiße Wasser hilft, meine Gedanken zu ordnen. Es war dumm, sich mit ihnen anzulegen. Andererseits kann ich Delia am Abend davon erzählen und die Vermutung äußern, ich hätte ihnen den Kratzer an der Stoßstange zu verdanken. Trotzdem wäre es wohl besser, in den nächsten Wochen nicht ins Studio zu gehen. Oder mir sogar ein neues zu suchen. Nicht, dass ich ihnen in die Hände falle, ehe ich alles geregelt habe. Nein! Gebrochene Rippen oder Schlimmeres kann ich aktuell wahrlich nicht gebrauchen. Insofern wäre es wohl besser, zukünftig auf Trainingseinheiten zu verzichten. Stattdessen powere ich mich lieber in Leonies Bett aus. Ist eh die angenehmste Form des Trainings.

Der Angestellte fängt mich tatsächlich am Ausgang ab.

»Ich werfe bereits die ganze Zeit einen Blick nach draußen. Die Typen haben sich verzogen.«

»Okay. Danke für deine Unterstützung.«

»Kein Problem, ich hasse diese … Na ja. Pass auf dich auf.«

Ich trete hinaus und erreiche nach ein paar Metern mein Auto. Noch einmal begutachte ich den unbedeutenden Kratzer an meinem Fahrzeug. Ja, diese Geschichte wird mir meine naive Ehefrau garantiert abnehmen. So hatte der Zwischenfall wenigstens etwas Gutes.

Kapitel 10

Samuel

Mit einem Mix aus Wodka und einem Energydrink versuche ich, meinen Frust zu ertränken. Das perfekt geplante Vorhaben ist von einem dummen Zufall durchkreuzt worden. Wie immer hat sich das Schicksal gegen mich verschworen. Ich trinke das noch halb gefüllte Glas leer und warte auf die Wirkung des Alkohols, die dafür sorgen soll, dass ich den Rückschlag vergesse. Natürlich wird es andere Gelegenheiten geben, aber die heutige wäre ideal gewesen. Warum kann ich nicht ein einziges Mal Glück haben?

Nachdem ich einen guten Schuss Wodka eingegossen habe, fülle ich das Trinkglas mit der hellbraunen Flüssigkeit auf und genehmige mir rasch einen weiteren Schluck. Dann zerknülle ich die Getränkedose.

In meiner Fantasie befindet sich Delia im Nebenzimmer; völlig verängstigt von der Geiselnahme. Ich würde sie zunächst einige Stunden allein lassen, bevor ich zu ihr in den Raum gehe, um ihr klarzumachen, was ich erwarte.

Die neue Mischung ist schneller ausgetrunken, als es meiner normalen Trinkgewohnheit entspricht. Gerade, als ich eine zweite Energydose aus dem Kühlschrank holen will, ertönt zu meiner Überraschung die Haustürklingel. Verwundert blicke ich zur Uhr. Normalerweise bekomme ich keinen Besuch. Wer könnte das sein?

Eine schreckliche Vorstellung quält mich: Delias Freundin hat Anzeige erstattet, weil ihr im Nachhinein die Situation komisch vorkam und sie sich das Kennzeichen gemerkt hat.

Vom Küchenfenster aus kann ich nach draußen schauen, um zu überprüfen, ob jemand bereits vor dem Anbau steht. Dafür muss ich lediglich die Gardine ein Stück zurückziehen. Sehr vorsichtig schiebe ich den weißen Stoff beiseite und blinzle hinaus.

Ist das wirklich …?

Ich ziehe mich nicht zügig genug zurück, denn das unerwartete Auftauchen der Person, die ich seit über einem Jahr nicht mehr gesehen habe, verwirrt mich. Meine Ex-Freundin Julia hat mich schon bemerkt. Sie lächelt und hebt die Hand zum Gruß. Mir kommt der Gedanke, dass es vielleicht doch eine günstige Fügung des Schicksals war, Delia heute nicht in meine Gewalt gebracht zu haben. Ansonsten müsste ich nun meine Ex vor der Haustür abwimmeln.

»Mach auf!«, ruft sie – was ich trotz des verschlossenen Fensters höre.

»Moment!«

Ich wende mich ab und fahre mir mit den Fingern durch die Haare. Wieso besucht sie mich?

»Hi«, sagt sie, nachdem ich die Tür geöffnet habe.

»Was willst du hier?«

»Oh, du begrüßt mich ja nett.« Sie lacht, als würde es ihr nichts ausmachen. »Darf ich nicht mehr zu einem Höflichkeitsbesuch vorbeikommen?«

Zu allem Überfluss gibt sie mir einen Wangenkuss.

»Hast du um diese Uhrzeit schon getrunken?«, fragt sie verwundert.

Da ich ihr keine Rechenschaft fällig bin, kontere ich mit einer Gegenfrage: »Wie bist du ins Haus gekommen?«

»Die Tür stand offen«, erklärt sie. »Bittest du mich nicht herein?«

»Meinetwegen. Lass uns in die Küche gehen.«

Da Julia bis zu unserer Trennung hier gewohnt hat, kennt sie natürlich noch den Weg. Im Kücheneingang bleibt sie stehen.

»Also hatte ich recht. Du hast getrunken«, stellt sie vorwurfsvoll fest. »Ist es dafür nicht ein bisschen früh? Mitten in der Woche.«

»Na und? Stört ja niemanden. Setz dich. Willst du auch was?«

»Cola wäre schön. Oder etwas von deinem Energyzeug. Aber keinen Wodka.«

Aus dem Kühlschrank nehme ich eine Dose Cola, die ich ihr ohne Glas reiche. Zischend öffnet Julia sie und gönnt sich einen Schluck.

»Herrlich! Dosengetränke schmecken einfach am besten.«

»Würdest du mir bitte …«

»Du siehst nicht gut aus, Samuel«, unterbricht sie mich. »Trinkst du in letzter Zeit regelmäßig?«

Bereits während unserer Beziehung ist mir ihre bevormundende Art schwer auf die Nerven gefallen. Doch statt patzig zu antworten, fühle ich mich unter Rechtfertigungszwang.

»Nein. Das ist heute eine Ausnahme.«

»Sagt dein Chef nichts dazu, wenn du morgen mit Kater auftauchst? Oder hast du Urlaub?«

»Welcher Chef?«, rutscht es mir heraus.

Verwundert sieht sie mich an. »Was heißt das?«

»Rate mal!«, entfährt es mir frustriert.

»Du bist entlassen worden.«

»Wegen der allgemeinen Wirtschaftslage sind beim Baustoffhandel Witt mittlerweile zahlreiche Angestellte gefeuert worden. Egal, wie gut sie gearbeitet haben. Ich war nicht der Einzige!«

»Oh, Samuel. Das tut mir leid! Wann ist das passiert?«

»Wenige Wochen, nachdem du mir den Laufpass gegeben hast. War eine tolle Phase in meinem Leben.«

»Bist du etwa seit einem Jahr arbeitslos?«, hakt sie nach.

Ich nicke und schütte mir Wodka ein, den ich wieder auffülle.

»Und wovon lebst du?«

»Hab eine passable Abfindung erhalten, die mich über Wasser hält.«

»Wenigstens etwas. Trotzdem hättest du dir einen neuen Job suchen sollen.«

Julia schaut sich auffällig im Raum um. Bestimmt überprüft sie, wie nachlässig ich mich um die Wohnung kümmere. Sie wird jedoch nichts finden, denn ich mache zweimal wöchentlich penibel sauber.

»Glaubst du, das hätte ich nicht versucht? Wenn die Firmen überhaupt geantwortet haben, kamen Absagen. Na ja, inzwischen …« Rechtzeitig beende ich den unbedachten Redefluss.

»Ja?«, lässt sie nicht locker.

Ein Teil von ihr will mit dem Plan protzen, der meine Geldsorgen verschwinden lassen wird. Allerdings kann ich keinen Mitwisser gebrauchen. Trotzdem, der Alkohol lockert meine Zunge.

»Tja, ich werde demnächst … ein kleines Risiko eingehen. Danach dürfte alles besser werden.«

»Erzähl mehr! Ich könnte dich unterstützen.«

Ungewollt breche ich in Gelächter aus. »Nein, danke.«

Verletzt sieht sie mich an. »Super, ich biete dir meine Hilfe an, und du lachst mich dafür aus.«

»So sollte das nicht rüberkommen.«

»Ist es aber.«

»Entschuldige.«

»Ich würde wirklich gerne helfen.«

Nachdrücklich schüttle ich den Kopf. »Ausgeschlossen. Das mache ich allein.«

Sie zuckte mit den Achseln. »Dein Ding! Was passiert, falls es nicht klappt? Hast du noch genug Geld von der Abfindung übrig?«

»Wird langsam knapp«, bekenne ich.

»Shit!«

Ihre Anteilnahme überrascht mich. Nach der Trennung hat sie sich lediglich zweimal gemeldet. Sie gehört nicht zu den Menschen, die Kontakt zu Ex-Partnern halten. Plötzlich spüre ich die ersten Folgen des erhöhten Getränkekonsums: Ich muss dringend zur Toilette.

»Ich gehe eben zum Klo. Warte kurz.«

»Lass dir Zeit!«

Während ich pinkle, wird mir klar, dass ich einen großen Fehler gemacht habe. Julia ist sehr neugierig. Es würde mich nicht wundern, wenn sie meine Abwesenheit nutzt, um die Wohnung zu inspizieren. Der kritische Blick, mit dem sie die Küche gemustert hat, ist typisch für sie.

Natürlich ist es mir egal, ob sie irgendwo Dreck findet. Doch den schallisolierten Raum darf sie nicht entdecken, dafür hätte ich keine Begründung. Ebenso würden meine an der Wand hängenden Notizen über Delias Tagesabläufe ihr Misstrauen wecken.

Scheiße! Warum habe ich sie überhaupt hereingelassen? Ich bin so dumm!

Nachdem ich endlich fertig bin, spüle ich und stürze nach

draußen. Wie befürchtet, sitzt sie nicht mehr in der Küche.

»Julia?«

Keine Antwort.

Wenigstens ist die Tür zum Opferraum geschlossen. Ob sie sich in meinem Schlafzimmer umsieht? Da ich den Raum nur übers Wohnzimmer erreiche, renne ich dorthin, wo sie mit dem Rücken zu mir an einem Sideboard steht.

»Was hast du da zu suchen?«

Als hätte ich sie bei etwas Verbotenem erwischt, zuckt sie zusammen. Es dauert jedoch ein paar Sekunden, bevor sie sich umdreht und übertrieben fröhlich lacht.

»Man könnte meinen, du hast Geheimnisse vor mir.«

»Das ist meine Wohnung. Ich will nicht, dass du herumschnüffelst.«

»Herumschnüffeln? Ich bitte dich. Immerhin haben wir hier fünfzehn Monate gemeinsam gewohnt. Da werde ich mich wohl mal umsehen dürfen, was du verändert hast.«

»Wie du siehst: nichts.«

»Darf ich mal ins Schlafzimmer?«

»Nein! Das will ich nicht! Komm wieder in die Küche.«

Sie seufzt unzufrieden. »Meinetwegen.«

»Was verschafft mir die Ehre deines Besuchs?«, frage ich, nachdem wir uns zurück an den Küchentisch gesetzt haben.

Statt sich zu erklären, greift sie zunächst einmal zur Getränkedose, die sie austrinkt.

»Ehrlich gesagt ist mir das peinlich«, gesteht sie schließlich.

»Sprich nicht in Rätseln.«

»Ich habe momentan einen finanziellen Engpass und habe gehofft, du würdest mir mit fünfhundert oder so aushelfen.«

»Nicht dein Ernst!«

»Woher sollte ich wissen, dass du arbeitslos geworden bist?«

»Wir haben seit einem Jahr keinen Kontakt mehr gehabt. Trotzdem denkst du, ich würde dir aus der Patsche helfen?«

»Na und? Entschuldige, dass ich dich für hilfsbereiter gehalten habe.«

»Tja, sorry. Wie schon gesagt, mir geht es gerade selbst nicht so gut.«

»Und diese Sache, die du angedeutet hast. Kann ich mich beteiligen?«

»Ausgeschlossen! Außerdem fände ich es besser, wenn du jetzt gehst.«

Der von mir erwartete Widerspruch bleibt aus. Offenbar will sie das Wiedersehen ebenfalls beenden, da sie eingesehen hat, von mir keine Hilfe erwarten zu können.

»Alles klar«, verabschiedet sie sich. »Ich finde den Weg.«

»Nein«, widerspreche ich. »Ich bringe dich zur Tür.«

***

Abends im Bett hat sich die Wirkung des Alkohols verflüchtigt, während mich der Koffeingehalt des Energydrinks wachhält. Unruhig wälze ich mich von einer Seite zur anderen. Nach einer Weile schlage ich die Bettdecke zurück und stehe auf. Ich gehe ins Wohnzimmer, um den iPod zu holen.

Verwundert stelle ich fest, dass er nicht an seinem Stammplatz liegt. Normalerweise lege ich ihn immer in eine silberne Schale auf dem Sideboard. Doch dort befindet er sich nicht.

Ich öffne diverse Schubladen, laufe in die Küche, durchsuche in der Diele meine Jackentaschen. Der MP3-Player ist unauffindbar. Auch im Schlafzimmer oder in Delias Raum kann ich ihn nicht entdecken. Da drängt sich eine Erinnerung vom späten Nachmittag mit aller Macht in mein Bewusstsein.

»Du willst mich wohl verarschen!«, zische ich wütend.

Ich hatte Julia genau an dem Sideboard überrascht, auf dem sich das Gerät eigentlich befinden müsste. Ob sie ihn eingesteckt hat, um ihn zu verhökern?

»Miese Schlampe!«

Früher hat sie gelegentlich Sachen in Drogerien und Supermärkten mitgehen lassen. Meistens Kosmetika, für die sie kein Geld ausgeben wollte. Zutrauen würde ich ihr also den Diebstahl.

Doch ich will sie nicht darauf ansprechen. Sonst kreuzt sie womöglich erneut hier auf und sabotiert meine Pläne. Und ohne Beweise kann ich sie nicht anzeigen. Ganz abgesehen davon, dass ich die Bullen ohnehin nicht hier haben will. Nein. Julia ist eine Variable, die ich ausschalten muss. Leider bedeutet das, ihr die Beute zu überlassen.

»Fotze! Das wirst du mir büßen!«

Eines Tages wird sie mir das heimzahlen. Aber erst mal muss ich sie damit durchkommen lassen. Wenigstens hat ihre Dreistigkeit etwas Gutes: Sie wird es kaum wagen, demnächst wieder einfach so vor der Tür zu stehen, denn sie muss schließlich fürchten, dass ich den Diebstahl irgendwann bemerke.

Dieser Gedanke tröstet mich, während ich zurück ins Bett gehe.

Kapitel 11

Delia

Wie ich es schaffe, cool zu bleiben, ist mir ein Rätsel. Ich sitze mit ausgestreckten Beinen auf meinem Stammplatz auf der Couch und nasche Erdnüsse, während Gregor zu überlegen scheint, ob er neben mir oder auf dem Fernsehsessel Platz nehmen soll. Ja, mein Lieber, das wird jetzt hart – ein Abend auf dem Sofa mit der Ehefrau, nachdem du vor einigen Stunden noch deine Geliebte gevögelt hast. Allerdings ist es vermutlich nicht das erste Mal und wird dich keine große Überwindung kosten.

Tatsächlich, er setzt sich neben mich und greift nach der Fernbedienung.

»Dann wollen wir mal gucken, was das Programm heute bietet. Weißt du, ob irgendwo ein Krimi läuft? Oder möchtest du was Bestimmtes schauen, Schatz?«

»Keine Ahnung, schalte ruhig erst mal durch. Irgendwas wird sich schon finden«, antworte ich und schiebe mir die nächste Erdnuss in den Mund.

Er zappt zwischen den Kanälen hin und her und bleibt bei einem Männerkanal hängen. Großartig, ein Autorennen mit Geländewagen im Matsch wollte ich immer schon mal sehen.

Den Blick in Richtung Bildschirm gewendet, sagt er im Plauderton: »Ach, das hatte ich ja völlig vergessen, dir zu erzählen. Stell dir vor, heute ist mir jemand auf dem Parkplatz des Fitnessstudios ins Heck gebrettert. Und dann ist er abgehauen.«

»Waaaas?«, entgegne ich entsetzt. »Fahrerflucht?«

»Tja, ich kam nach dem Training raus, und da sah ich gleich das Malheur. Der- oder diejenige, der das verursacht hat, muss es gemerkt haben. Das hat garantiert ordentlich geknallt. Na ja, diese ganzen Idioten heutzutage haben einfach keinen Anstand mehr.«

Das ist die Gelegenheit, um herauszubekommen, ob er eine Anzeige erstattet hat.

»Unglaublich. Wie kann man nur so verantwortungslos sein. Hast du das angezeigt?«

Ich gefalle mir richtig gut als erbostes Unfallopfer.

»Anzeige gegen unbekannt? Das bringt doch nichts. Oder glaubst du etwa, solche Dinge werden tatsächlich strafrechtlich verfolgt?«, fragt er in Schulmeisterton.

»Das weiß ich nicht, ich kenne mich mit der Gesetzeslage überhaupt nicht aus.«

»Ach was, Delia, darauf wäre ich nicht gekommen.«

»Was hat sie denn zu dem Fall gemeint?«

»Hä? Wer?«

Erstaunt schaut er vom Fernseher zu mir. Ich wette, er hat in diesem Moment an seine Geliebte gedacht.

»Die Polizei natürlich«, erkläre ich. »Die muss doch irgendwas unternehmen. Haben die Polizisten dir gesagt, wie sie vorgehen? Sie könnten ja zum Beispiel jeden vernehmen, der zur selben Zeit wie du im Fitnessstudio war. Das sind alles Verdächtige.«

»Wegen so einer Bagatelle hol ich wohl kaum die Bullen. Der Schaden ist dermaßen gering, dass sich das nicht gelohnt hätte. Ich bringe den Wagen irgendwann zu Piet in die Werkstatt. Der kann das dann wieder geradekloppen und bekommt anschließend einen Fünfziger in die Hand gedrückt, Sache erledigt.«

Vor Erleichterung schiebe ich mir eine halbe Handvoll

Nüsse in den Mund. Ich habe Ines den Unfall komplett verschwiegen, weil sie die Kratzer sowieso nicht bemerken wird. Immerhin bleiben mir diese Scherereien erspart. Glück im Unglück sozusagen. Sind nur noch der untreue Ehemann und die gesperrte Kreditkarte übrig.

Ich stelle die Schale mit den Erdnüssen beiseite. »Ich habe ein bisschen Kopfschmerzen und leg mich hin, okay?«

Er zwinkert mir zu. »Die streichle ich dir weg, Schatz. Mach dich ruhig bettfertig. Kannst dir ja ein sexy Negligé anziehen. Ich komme gleich nach.«

Unfassbar. Er will trotz seiner Affäre mit mir schlafen. Vielleicht sogar gerade deswegen. Geilt ihn das auf, mit zwei Frauen ins Bett zu gehen? Mich widert der Gedanke an, und Verzweiflung und Wut schlagen in blanken Hass um. Was für ein Monster habe ich geheiratet, und wieso merke ich das erst jetzt?

Doch ich lächle, als ich aufstehe und leicht seine Schulter drücke.

Er tätschelt meinen Hintern, bevor ich ins Schlafzimmer verschwinde.

Ob er heute noch mal irgendwann fertig wird? Mit zusammengekniffenen Augen müht er sich auf mir ab. Dabei schnauft und keucht er, als wäre es kein Spaß, sondern Hochleistungssport. Spaß ist es für mich auch nicht, schon lange nicht mehr. Wann haben wir aufgehört, uns beim Sex zu küssen? Ich kann mich nicht daran erinnern, ob ich es war, die darauf keine Lust mehr hatte, oder ob er sich irgendwann die Mühe des Knutschens sparte und ohne Umwege nach kurzem Vorspiel in mich eindrang.

Ich drehe den Kopf zur Seite, beobachte eine Fliege an der Wand und lass das Gerammel über mich ergehen. Sex mit ihm ist sprachlos. Er sagt nichts, keine Liebkosungen, keine Ich-komme-Ankündigungen, kein Dirty Talk – nichts. Mir kam das von Anfang an ganz gelegen. Die wenigen Männer vor ihm erzählten während des Liebesakts halbe Romane, was mich ablenkte. Außerdem kam ich mir wie ein billiger Abklatsch ihrer Pornofantasien vor. Darum wundert es mich gar nicht, dass Gregor seinen Kampf auf mir mit sich selbst ausficht: Er hat Probleme mit dem Samenerguss. Geschieht ihm recht. Sie hat ihn wohl ordentlich gefordert in ihrem langweiligen Häuschen. Vielleicht haben sie es auf ihrem Küchentisch getrieben, vielleicht durfte er auch endlich mal von hinten ran. Bei mir gibt es so was nicht.

Die Fliege ist aus meinem Blickfeld verschwunden, und ich schließe die Augen.

»Ja, ja, ja, oh, Delia …«

Fertig. Endlich.

Ich habe meine ehelichen Pflichten erfüllt, und er ist nicht misstrauisch geworden. Wie ich ihn hasse.

Das Brummen und Klappern des Müllwagens weckt mich am nächsten Morgen. Benommen blinzle ich neben mich und registriere, dass Gregor bereits aufgestanden ist. Die grünen Leuchtziffern des Weckers zeigen halb neun an, er dürfte also schon zur Arbeit aufgebrochen sein. Sehr beruhigend. Ich schlurfe zur Dusche und stelle den Temperaturregler auf die höchste zu ertragende Temperatur ein. Den kompletten Körper dick mit Duschgel eingeschmiert, lasse ich das heiße Wasser auf mich niederprasseln, streiche die Haare aus dem Gesicht und lege den Kopf in den Nacken.

Es dauert eine halbe Stunde, bis ich mich wieder annähernd sauber fühle, weil ich den Schmutz seiner Berührungen abgewaschen habe, seinen Samen nicht mehr in mir wabern spüre. Missbraucht komme ich mir trotzdem noch vor.

In ein Badetuch gehüllt, schlüpfe ich in Hausschuhe und greife mir mein Smartphone, um nebenan im Bügelzimmer die heutigen Termine abzusagen. Eigentlich fallen sowohl die Yogastunde als auch die Tasse Tee danach mit zwei Frauen aus dem Kurs nur in absoluten Ausnahmen aus. Aber das hier ist eine Ausnahme. Um Textnachrichten und Anrufe werde ich nicht herumkommen, dabei würde ich am liebsten keinen Ton sagen. Gregor hat es vergangene Nacht geschafft, mich verstummen zu lassen.

Hallo Eva, leider muss ich für heute absagen. Ich fühle mich nicht so gut und komme dann nächste Woche wieder. Viel Spaß euch allen! Liebe Grüße, Delia.

Ich versende die WhatsApp-Nachricht an die Leiterin. Dummerweise habe ich nur von einer der beiden Frauen, die ich jetzt noch informieren will, eine Handynummer. Irgendwie hat es sich so eingebürgert, dass wir nicht telefonieren oder schreiben. Wir sehen uns ja wöchentlich. Aber es wäre unhöflich, einfach ohne ein Wort wegzubleiben. Also bringe ich es hinter mich und rufe Dorothea an. Als hätte ich seit Tagen kein Wort gesprochen, kommen mir die ersten Töne nur leise über die Lippen.

»Doro, ich bin's, entschuldige die frühe Störung«, melde ich mich stockend.

»Delia? Bist du krank? Du klingst fürchterlich.«

»Ja, ich glaube, ich brüte was aus«, lüge ich. »Mein Hals tut weh, und Druck auf den Ohren habe ich auch. Bestimmt irgendein Virus.«

»Kurier dich gut aus, du Arme.«

»Kannst du bitte wegen unserer Teestunde Luzie Bescheid sagen, dass ich einmal aussetze? Ich habe ihre Nummer nicht.«

»Klar, kein Problem. Gute Besserung, Delia. Tschüss!«

»Tschüss.«

Das hätte ich erledigt. Nun kommt der schwierigere Teil – ich muss herausfinden, wie es auf unseren Konten aussieht. Ich gehe zurück ins Bad, föhne und schminke mich und ziehe mir anschließend einen knielangen, dunkelblauen Tellerrock mit breitem Gürtel an, dazu eine weiße Bluse und helle High Heels. Zumindest äußerlich wirke ich würdevoll und selbstbewusst.

Immerhin hatte Gregor bezüglich der nervigen Warteschleifen beim Kreditinstitut recht gehabt. Ich werde seit über zehn Minuten von einem überforderten Call Center-Mitarbeiter zum nächsten verbunden, bis ich endlich eine kompetente Sachbearbeiterin an der Strippe habe.

»Ich möchte einfach nur wissen, warum ich meine Karte nicht benutzen kann«, erkläre ich. »Sowohl mein Mann als auch ich verfügen über eine Vollmacht. Lediglich die Passwörter sind mir unbekannt. Es muss doch trotzdem möglich sein, dass ich ohne ihn Informationen von Ihrem Unternehmen bekomme.«

»Da haben Sie theoretisch recht«, stimmt mir die Frau am anderen Ende der Leitung zu. »Ich müsste ein paar Daten abfragen, um sicherzugehen, dass es sich bei Ihnen tatsächlich um Delia Witt handelt. Aus Sicherheitsgründen, verstehen Sie?«

»Natürlich. Schießen Sie los!«

»Der vollständige Name Ihres Ehegatten lautet?«

»Gregor Michael Stefan Witt.« Er hatte bei unserer

Hochzeit meinen Namen angenommen, womit er in der Gunst meines Vaters sehr gestiegen war. Ob schon damals ein Plan dahintergesteckt hatte?

»Sein Geburtsname?«

»Roth.«

»Gut, dann noch wegen der Passwortsicherheit … Wissen Sie, wie sein erstes Haustier hieß? Das ist eine Sicherheitsabfrage, nicht, dass Sie sich wundern.«

Mich wundert gar nichts mehr. »Blessie.«

»Okay, Frau Witt. Ich habe mir die Kontobewegungen bereits aufgerufen. Dass die Kreditkarte von uns gesperrt wurde, ist kein Fehler, sondern korrekt abgelaufen. Das beruhigt Sie hoffentlich.«

Ihre Stimme klingt besorgt. Sie ahnt vermutlich, was in mir vorgeht.

»Kann man nicht wirklich behaupten«, gebe ich zerknirscht zurück.

»Das ohnehin großzügige Limit von zwanzigtausend ist unter anderem durch eine nicht unerhebliche Barverfügung um zwanzig Prozent überzogen worden. Aus diesem Grund ist ein Zugriff auf die Karte derzeit nicht möglich. Tut mir wirklich leid.«

Fassungslos reiße ich die Augen auf und starre an die Wand. Das kann nicht wahr sein. Gregor räumt unsere Konten leer, ohne mir etwas davon zu sagen. Er geht fremd und macht Schulden, gibt mir gegenüber aber vor, dass alles in bester Ordnung ist.

»Sie können ja nichts dafür. Vielen Dank für die Auskunft und Ihre Mühe.«

Ich habe ein ganz schlechtes Gefühl. Ganz, ganz schlecht.

Friedhelm Maier kenne ich seit frühester Kindheit. Er ist der Filialleiter unserer Hausbank und ging bei meinen Eltern ein und aus. Glücklicherweise ist er erst in einigen Jahren so weit, seinen wohlverdienten Ruhestand anzutreten. Ich wüsste sonst niemanden, zu dem ich in Sachen Geld solches Vertrauen hätte wie zu Friedhelm. Als ich die altmodischen, mit weinrotem Teppich verlegten Räume der Privatbank betrete, bin ich vor Aufregung ganz aus der Puste.

»Ich muss bitte sofort mit Herrn Maier sprechen«, sage ich zu einer jungen Mitarbeiterin in dunkelblauem Hosenanzug.

»Gerne, Frau Witt. Ich frage ihn eben, ob es passt. Hatten Sie einen Termin vereinbart?«

»Nein, dazu hatte ich keine Gelegenheit.«

Die Tür seines Büros öffnet sich, und Friedhelm steckt seinen kahlen Kopf hervor.

»Für Familie Witt habe ich immer Zeit.« Er wirft seiner Untergebenen einen scharfen Blick zu, die rot anläuft und beschämt zu Boden guckt. »Delia, komm rein. Was verschafft mir die Ehre?«

Er schließt die Tür. Wir setzen uns an seinen Schreibtisch, und ich habe nicht die Nerven, lange um den heißen Brei herumzureden.

»Du wunderst dich sicherlich, dass ich mich plötzlich um finanzielle Belange kümmere …«

»In der Tat. Das erledigen ja normalerweise die Männer deiner Familie. Ich hoffe, es ist nicht das, was ich vermute?«

Besorgt schaut er mich durch seine goldgerahmte Nickelbrille an. Ich atme einmal tief durch.

»Wir kennen uns schon ewig, Friedhelm, darum vertraue ich dir als langjährigem Berater und Freund der Familie voll und ganz. Ich habe bisher mit noch keinem darüber gesprochen. Seit Tagen bin ich fix und fertig, weil ich zufällig dahintergekommen bin, dass Gregor möglicherweise die Firma herunterwirtschaftet und gleichzeitig seine Schäfchen ins Trockene bringt.«

»Oh mein Gott, das ist ja schrecklich! Ich bin entsetzt, Delia, das hätte ich nie von deinem Mann gedacht.«

»Ich auch nicht«, sage ich seufzend. »Vielleicht täusche ich mich ja, und ich bilde mir das nur ein. Allerdings gehe ich eher davon aus, dass es nur die Spitze des Eisbergs ist.« Ich mache eine Pause und fahre leise fort: »Es sieht so aus, als habe er eine Geliebte.«

Das Gesicht meines Gegenübers verfinstert sich. Wortlos dreht er sich seitlich zu seinem Computer und gibt etwas auf der Tastatur ein.

»Kannst du dir das von Gregor vorstellen?«, frage ich fast flehentlich.

Ich wünschte, er würde meine Sorgen zerstreuen, mich wie ein Vater in Sicherheit wiegen und behaupten, alles wäre gut. Aber nichts ist gut. Friedhelms Blick wird noch ernster.

»Der erste Blick auf eure Firmenkonten lässt leider Schlechtes erahnen. Es sind tatsächlich beachtliche Geldsummen abgeflossen.«

»Dieser Mistkerl«, flüstere ich. »Ich hab's geahnt.«

»Ich kann nicht verhindern, dass er weiterhin gewisse Entscheidungen fällt. Schließlich besitzt er sämtliche nötigen Vollmachten. Oh Delia, es tut mir entsetzlich leid. Ich sage immer: Man kann den Leuten nur vor den Kopf gucken, nicht hinein.«

»Das ist wohl wahr. Und ich Naivling habe ihm vertraut. Ich mache mir solche Vorwürfe. Wenn das mein Vater wüsste …«

»Dich trifft keine Schuld. Dein Vater hat ihm ebenfalls sein Vertrauen geschenkt. Jedem kann das passieren. Mach dir keine Vorwürfe, er ist hier der Schuldige, nicht du.«

»Und was soll ich jetzt machen? Ich kann doch nicht tatenlos dabei zusehen, wie er meine gesamte Existenz ruiniert und die Firma gegen die Wand fährt.«

»Mir sind da dummerweise die Hände gebunden, aber ich verspreche dir, dich zu informieren, sobald dein Mann wieder größere Transaktionen tätigt. Ansonsten empfehle ich dir dringend, einen Anwalt hinzuzuziehen. Ohne rechtlichen Beistand könnte es übel für dich ausgehen.«

Mit vermutlich auch.

Kapitel 12

Gregor

Delia hat heute Morgen meine Abfahrt komplett verschlafen – wahrscheinlich war sie vom gestrigen Abend noch erschöpft gewesen. Statt in die Firma bin ich zunächst zu Leonie gedüst, denn es standen keine wichtigen Termine auf meinem Kalender. Da ich im trauten Heim nur eine Kleinigkeit gefrühstückt hatte, führte mich mein erster Weg zum Bäcker, wo ich ein paar Croissants und süße Brötchen geholt habe. Leonie liebt solche Überraschungen, und da sie als freiberufliche Übersetzerin von zu Hause arbeitet, steht sie eigentlich immer für spontane Aktionen zur Verfügung. Ich hatte ihr meine Ankunft lediglich fünf Minuten früher angekündigt, trotzdem war der Tisch bereits für ein behagliches Frühstück gedeckt. Kerzenlicht inklusive. Sie gibt sich so wahnsinnig viel Mühe, um mir zu gefallen – was ich von Delia nicht behaupten kann. Im Nachhinein hat es sich als Glücksgriff herausgestellt, Leonie wegen einer internationalen Ausschreibung einen Übersetzungsauftrag erteilt zu haben. Ansonsten hätten wir uns wohl nie kennengelernt.

Nach dem Frühstück sind wir für eine außerplanmäßige Matratzensporteinheit direkt ins Bett gehüpft. Während Leonie anschließend aufsteht und ins Bad geht, schaue ich ihr fasziniert hinterher. Sie ist so jung, ihr Körper so unglaublich attraktiv. In ihrem Keller befindet sich ein Rudergerät, auf dem sie sich fünfmal wöchentlich eine Stunde abquält. Das Ergebnis dieser Bemühungen ist anbetungswürdig.

Als sie aus dem Badezimmer tritt, merke ich jedoch sofort, dass etwas nicht stimmt. Der Blick, mit dem sie mich ansieht, wirkt beinahe feindselig.

»Was ist los?«, will ich wissen.

»Nichts«, erwidert sie gereizt.

Innerlich verdrehe ich die Augen. »Schatz, könntest du mich bitte nicht so abspeisen? Dich stört irgendetwas.«

Sie schweigt. »Allerdings«, gesteht sie dann.

Da ich langsam an den Aufbruch denke, nervt es mich, ihr die Informationen nur scheibchenweise zu entlocken.

»Rede jetzt, oder schweige für immer«, probiere ich es mit einer scherzhaften Bemerkung – die leider nach hinten losgeht: Leonie stürmt beleidigt aus dem Schlafzimmer.

Leise stöhnend stehe ich auf, ziehe meine Boxershorts und die schwarze Anzughose an, ehe ich ihr folge. Sie sitzt im Wohnzimmer am PC und drückt den Startknopf des Geräts.

»Na los, sag schon, was du hast«, verlange ich.

»Du hattest gestern Abend Sex mit ihr«, wirft sie mir überraschend vor. »Macht dich das an? Zwei Frauen am gleichen Tag flachzulegen?«

Ich verzichte darauf, ihr die Wahrheit zu gestehen – denn tatsächlich fühle ich mich an solchen Tagen besonders gut.

»Wie kommst du auf die Idee?«

»Verkauf mich nicht für dumm! Der Unterschied ist deutlich zu spüren.«

»Welcher Unterschied?«

»Ob du zwischen unserem Liebemachen in ihr abgespritzt hast oder nicht.«

Sie klingt so resolut, dass es falsch wäre, ihr zu widersprechen. Ich muss Leonie anders abkühlen.

»Was bleibt mir ansonsten übrig?«

Statt meine Argumentation zu verstehen, jault sie wie ein verletztes Tier auf, springt hoch und läuft an mir vorbei Richtung Fenster. Mein Versuch, sie aufzuhalten, scheitert daran, dass sie mir auf den Arm schlägt.

»Ich habe es gewusst!«, brüllt sie. »Du verarschst mich!«

»Weshalb glaubst du das?«

»Bin ich bloß dein billiges Flittchen, das du irgendwann wegwirfst?«

»Du bist meine Zukunft!«, entgegne ich. »Delia darf allerdings keinen Verdacht schöpfen. Nicht in dieser Phase.«

»Und nur deswegen fickst du sie? Oder etwa doch, weil es dir Spaß macht?«

»Würde ich dabei nicht an dich denken, würde ich es gar nicht hinbekommen«, behaupte ich. »Ich hasse ihren Geruch, ihre Bewegungen … einfach alles. Aber wenn ich nicht wenigstens ein- oder zweimal in der Woche …«

»Du treibst es *mehrmals* wöchentlich mit ihr?«, giftet sie mich an.

Langsam wird mir ihr Verhalten zu bunt.

»Sollen wir auffliegen, bevor ich unseren Absprung organisiert habe?«, erwidere ich mit nun ebenfalls erhobener Stimme. »Möchtest du mittellos neu starten?«

»Wieso ist es dafür notwendig, dass du sie vögelst?«

»Ich habe früher ständig Sex von ihr eingefordert. Vor dir. Da kann ich nicht plötzlich so tun, als hätte ich keine Bedürfnisse mehr. Noch auffälliger würde es ja wohl nicht gehen.«

»Weißt du, wie schlimm das ist, lediglich die Geliebte zu sein? Jede Nacht schlüpfe ich allein ins Bett. Nie bist du bei mir.«

»Du hast mich als verheirateten Mann kennengelernt.«

»Anfangs waren meine Gefühle weniger intensiv«, erklärt sie deutlich leiser. »Zu Beginn war ich bloß scharf auf dich. Inzwischen liebe ich dich.«

Ich wage es, zu ihr zu treten und sie von hinten in den Arm zu nehmen. Leonie lässt sich das gefallen und schmiegt sich an mich.

»Du bist verrückt«, hauche ich ihr ins Ohr.

»Nach dir.«

»Zu jedem anderen Zeitpunkt hätte ich deinen Ausbruch besser verstehen können. Aber ausgerechnet heute?«

»Irgendwie hatte ich gehofft, dich mal eine Weile exklusiv zu besitzen.«

Mir schießt der Gedanke durch den Kopf, dass ich niemandem gehöre – halte es jedoch für unklug, das zu äußern.

»Übermorgen ist es so weit«, tröste ich sie.

»Das wird schön«, murmelt Leonie und streichelt meinen Handrücken. »Eine Woche wie Mann und Frau.«

»Na ja. Beinahe«, schränke ich ein, damit sie nicht unrealistische Erwartungen hegt.

»Ich weiß. Tagsüber musst du zur Messe.«

»Genau. Doch die Abende sind ausschließlich für uns reserviert.«

»Wieso hast du überhaupt Messetermine vereinbart?«, fragt sie. »Die Firma wird es eh nicht mehr lange geben.«

»Um den Schein zu wahren, Liebling. Diese Messe gehört zu meinem jährlichen Pflichtprogramm. Delias Vater ist dort früher auch immer hingefahren. Ich musste Termine ausmachen.«

»Also hänge ich viele Stunden allein im Hotel ab?«, jammert sie.

»Das ist eine erstklassige Vier-Sterne-Anlage mit ausgezeichnetem Wellnessangebot. Du kannst es dir gutgehen lassen, während ich mir in der klimatisierten Halle den Arsch abfriere. Süße, unser Plan ist extrem heikel. Wäre Delia nicht so naiv, würde es gar nicht funktionieren. Nur weil sie sich kein Stück für die Geschäfte interessiert, haben wir eine Chance. Es ist die Firma ihres Vaters, die ich in den Ruin treibe. Ich tue das unseretwegen.«

»Dafür bin ich dir sehr dankbar, mein Schatz.«

Sie dreht sich um und gibt mir einen zärtlichen Kuss. Endlich scheint die zickige Stimmung verflogen.

»Das wird wunderschön werden«, versichere ich ihr. »Eine Woche kannst du jede Nacht in meinem Arm einschlafen.«

»Traumhafte Vorstellung«, flüstert sie. »Aber kannst du mir einen Wunsch erfüllen?«

»Welchen?«

»Schlaf bitte vorher nicht mehr mit ihr. Okay?«

»Wenn dir das so wichtig ist, verspreche ich es.« Theatralisch lege ich drei Finger auf die Brust.

Zufrieden lächelt sie mich an. Ich hingegen überlege, wie ich es vor Leonie geheim halten kann, falls ich heute meine ehelichen Rechte einfordere. Denn in dieser Hinsicht lasse ich mir keine Vorschriften machen. Noch hat Leonie keinerlei Exklusivansprüche. Außerdem wäre es auffällig, vor einer einwöchigen Abwesenheit keinen Sex mit Delia zu haben.

* * *

Als ich nachmittags in meinem Büro sitze und langsam den Arbeitstag beenden will, klingelt das Telefon. Die Brunner kündigt einen unerwarteten Anrufer an: Friedhelm Maier.

»Hat er gesagt, was er will?«

»Mit Ihnen sprechen. Ich stelle durch.«

Ihre Unhöflichkeit kann ich nur damit erklären, dass Luisa Kind sie wegen der vermeintlichen Gerüchte zur Rede gestellt hat.

»Witt«, melde ich mich, nachdem es in der Leitung geknackt hat.

»Maier, guten Tag.«

Die Begrüßung klingt eher unfreundlich, und ich fürchte, dieses Telefonat wird meine Situation verkomplizieren.

»Herr Maier, schön von Ihnen zu hören. Wie geht es Ihnen?«, reagiere ich dennoch gelassen.

»Das ist kein Höflichkeitsanruf«, warnt er mich vor.

Scheiße!, denke ich. Doch natürlich darf er mir meine Sorge nicht anmerken.

»Was ist passiert?«, frage ich möglichst neutral.

»Herr Witt, Sie wissen, als Folge der Finanzkrise müssen wir Banken uns mit diversen neuen Vorgaben herumplagen.«

Ich zeige Verständnis. »Ja, dieser ganze bürokratische Irrsinn. Manchmal habe ich den Eindruck, das wird jährlich schlimmer.«

»Unter anderem gibt es Verschärfungen, was unsere Kreditrichtlinien anbelangt«, fährt er fort. »Deswegen prüfen wir gerade auch bestehende Kredite.«

Ich brumme zustimmend.

»Wie schätzen Sie momentan Ihre Geschäftslage ein, Herr Witt?«

»Schwierig«, gebe ich unumwunden zu. »Übermorgen fahre ich zur Baumesse und hoffe, einige profitable Aufträge an Land zu ziehen.«

»Ich empfehle, dass wir uns mal dringend zusammensetzen, um Ihre Bilanzen durchzusprechen.«

»Gerne. Für einen externen Blick von einem Finanzexperten bin ich jederzeit dankbar. Passt es Ihnen übernächste Woche?«

»Früher wäre mir lieber.«

»Ausgeschlossen, Herr Maier. Tut mir leid. Ich stecke derzeit mitten in der Messevorbereitung und bin dann bis nächsten Freitag verreist.«

»Also könnten Sie es Montag in einer Woche einrichten?«, nagelt er mich fest.

»Nein«, widerspreche ich. »Montag und Dienstag bin ich mit der notwendigen Nachbereitung beschäftigt.«

»Mittwoch?«

Sein Beharren auf einem zeitnahen Termin stimmt mich misstrauisch. Trotzdem kann ich es mir nicht leisten, seinen Argwohn durch weitere Verzögerungen zu verstärken. »Das wird klappen. Direkt morgens um zehn?«

»Einverstanden. Bis dahin, Herr Witt.« Abrupt beendet er die Verbindung und lässt mich ratlos zurück.

Ich falte die Hände wie zum Gebet und stütze mein Kinn auf die Finger. Diese Komplikation war nicht eingeplant. Wenn ich die Botschaft zwischen den Zeilen richtig verstanden habe, plant er, den Kreditrahmen der Firma zu beschneiden. Doch ich brauche den Spielraum, um alles wie geplant durchzuziehen. Mein erster Impuls besteht darin, sofort übers Onlinebanking eine große Summe anzuweisen. Gleichzeitig fürchte ich, dass Maier die Geschäftskonten mit Argusaugen überwacht. Panisch zu reagieren, wäre ein Fehler. Ich werde nächste Woche eine Transaktion veranlassen und sie mit einem Auftrag rechtfertigen, den ich im Rahmen der Messe generiert habe. Manchmal muss man finanzielle Sicherheiten hinterlegen. Das klingt plausibel. Aber es führt kein Weg an der Wahrheit vorbei: Viel Zeit bleibt mir nicht mehr. Steine müssen endgültig ins Rollen gebracht werden.

Kapitel 13

Samuel

Es ist, als hätte sich die Welt gegen mich verschworen. Wochenlang habe ich sie beobachtet. In den vergangenen Wochen war sie jeden beschissenen Donnerstag bei ihrer Yogastunde und ist anschließend mit mindestens zwei der Kursteilnehmerinnen in ein Café gegangen, das etwas außerhalb der Stadt liegt. Dort hätte ich zuschlagen können, denn Delia hat die Angewohnheit, zehn oder fünfzehn Minuten länger sitzen zu bleiben. Während die beiden anderen schon gegangen waren, habe ich sie häufig durch die gläserne Fensterfront starren sehen. Ob sie solche Gelegenheiten genutzt hat, um über ihr Leben nachzudenken? Über ihre Ehe?

Aber ausgerechnet heute ist sie von der Routine abgewichen!

Ich hatte in der Nähe des Tanzcenters gewartet, in dem die Yogaeinheit stattfindet, um mich zu vergewissern, welchen Wagen sie benutzt. Stattdessen musste ich immer ratloser werdend mitansehen, wie die übrigen Teilnehmerinnen langsam eintrudelten – Delia jedoch nicht. Um nichts unversucht zu lassen, bin ich trotzdem zum zweiten Treffpunkt aufgebrochen – wieder erfolglos.

Seitdem fahre ich ziellos durch die Straßen. Wütend. Frustriert. Verzweifelt.

Warum funktioniert nichts so, wie ich es mir vorgestellt habe?

Vor meinem inneren Auge spielt sich ein Film meiner Niederlagen ab. Bereits in der Kindheit war ich ein Außenseiter, dem fast nichts gelungen ist. Aufgewachsen in ärmlichen Verhältnissen habe ich mich bis zum Schulabschluss durchkämpfen müssen. Mitschüler bekamen teure Hobbys finanziert, ich musste nachmittags im Elektronikhandel der Eltern aushelfen – bis sie ihn aus finanziellen Gründen aufgaben, sodass ich nicht einmal etwas erbte. Aus Frust beging ich ein paar Jugendsünden – die mir anschließend alles zu verbauen schienen. Bis ich endlich eine Chance im Berufsleben bekam. Glück bei Frauen hatte ich so gut wie nie. Die gemeinsame Zeit mit Julia war im Nachhinein betrachtet die schönste. Dass sie mich schließlich eiskalt abservierte und nun sogar bestohlen hat, passt perfekt zu dem Rest meines trostlosen Lebens.

Delia sollte das alles verändern.

Aber offensichtlich bin ich als Verlierer geboren und werde genauso abtreten.

Scheiße!

Selbst das verfluchte Autoradio scheint mich zu boykottieren. Die eingelegte CD hakt, und statt Musik ertönt plötzlich ein fürchterlicher Krach – als wenn jemand mit einem Fingernagel über eine Vinylplatte kratzt. Für einen kurzen Moment konzentriere ich meine Aufmerksamkeit auf das Display. Die Zeitangabe läuft weiter, doch von den Gitarrenklängen ist nichts mehr zu vernehmen. Gefrustet betätige ich eine Taste, um das nächste Lied anzusteuern. Nachdem es problemlos gestartet ist, schaue ich wieder nach vorn.

»Fuck!«

Ich habe mich einem Zebrastreifen angenähert, auf dem zwei Schulkinder unterwegs sind – vertieft in ein Gespräch und ohne mich wahrzunehmen. Erschrocken trete ich die Bremse bis zum Anschlag. Durch die quietschenden

Reifen registrieren die Kinder überhaupt erst die Gefahr, in der sie schweben – und bleiben wie verschreckte Rehkitze stehen. Dabei hätten sie sich noch leicht in Sicherheit bringen können.

In allerletzter Sekunde kommt der Transporter zum Stillstand. Keinen halben Meter von der Straßenmarkierung entfernt. Ich bin den Kindern so nah, dass ich die Aufkleber auf ihren Schulranzen identifizieren kann.

Das wäre fast schiefgegangen! Wieder einmal!

Die Gören sehen überrascht zu mir hinauf, doch ich scheuche sie mit einer hastigen Handbewegung von der Straße. Dann sehe ich mich suchend um. Anscheinend hat es keine Zeugen gegeben. Zumindest entdecke ich niemanden, der neugierig zu uns glotzt. Hätte ich sie überfahren, hätte ich sogar ungestraft Fahrerflucht begehen können.

Trotzdem rast mein Herz wie verrückt. Meine Beine zittern, und ich würge das Fahrzeug beim Wiederanfahren ab. Als ich den Zündschlüssel umdrehe, bemerke ich, dass auch meine Hände zittern. Ich muss dringend zur Ruhe kommen. Bis nach Hause würde ich allerdings zwanzig Minuten brauchen, was ich nicht riskieren will, da ich fürchte, bei der nächsten kritischen Situation weniger Glück zu haben.

Nachdem ich vorsichtig losgefahren bin, nähere ich mich einige hundert Meter später einer kleinen, ruhigen Seitenstraße. Links befindet sich ein Schrottplatz, rechts einige Gebäude, die aussehen, als würden sie leer stehen. Auf dem Parkstreifen am Rand stehen lediglich zwei Autos; einem der beiden Wagen wurde die Heckscheibe eingeworfen. Der ideale Ort, um durchzuatmen. Vor einem der Gebäudeaufgänge ziehe ich die Handbremse und schaue nach rechts. Stufen führen in das Innere des Hauses, dessen

Eingangstür abmontiert worden ist. Hier arbeitet wohl schon länger niemand mehr.

Die ganze Stadt ist dem Untergang geweiht – genau wie ich.

Ich schließe die Augen und rufe mir Delias Tagespläne ins Gedächtnis. Freitags unternimmt sie im Regelfall nichts, bei dem ich sie in meine Gewalt bringen könnte. Samstags hingegen gibt es eventuell eine Gelegenheit, die ich nutzen könnte. Vorausgesetzt sie weicht nicht wieder von ihren Gewohnheiten ab.

»Übermorgen«, spreche ich mir Mut zu. »Übermorgen, übermorgen.«

Aber das Mantra hilft nicht sonderlich, die frustrierenden letzten Tage auszublenden.

Ein Klopfen auf die Motorhaube lässt mich hochschrecken. Ein Penner steht an meinem Fahrzeug und grinst. Ihm fehlen zahlreiche Zähne; alles in allem wirkt er so, als würde er nicht erst seit gestern auf der Straße leben.

»Hast du ein bisschen Kleingeld?«, ruft er deutlich vernehmbar.

»Verschwinde!«

»Kumpel! Sei nicht so hartherzig! Hilf mir.«

»Hörst du schlecht? Verpiss dich!«

»Nur ein oder zwei Münzen. Damit würdest du mir sehr helfen.«

Um ihn zu verscheuchen, starte ich den Motor. Doch er bleibt gelassen stehen.

Dank der kurzen Ruhepause war meine Wut abgekühlt. Nun bricht sie umso gewaltiger durch die Oberfläche. Warum stellt sich mir dieser Wichser in den Weg? Er wird schon sehen, was er davon hat. Ich überprüfe die Straße, ohne einen Zeugen zu entdecken. Also schalte ich den Motor aus und setze das Lächeln auf, das normalerweise meine Nachbarn zu Gesicht bekommen.

»Du hast gewonnen! Ich geb dir was!«

Demonstrativ halte ich mein Portemonnaie in die Höhe.

»Siehste! Du bist ein anständiger Kerl! Ich wusste es.«

Er setzt sich in Bewegung und tappert zur Fahrertür. Ich umklammere den Griff, passe den richtigen Moment ab und knalle die Tür gegen seinen Oberkörper. Ich treffe ihn perfekt. Während der Penner sich krümmt, ziehe ich die Tür zu und hole erneut aus. Nach dem dritten Treffer liegt er am Boden. Seine Nase blutet, ebenso eine Stelle über den Augenbrauen, wo ich ihm eine Platzwunde zugefügt habe.

Obwohl er für seine Dreistigkeit gebüßt hat, ist mein Zorn nicht verraucht. Ich springe hinaus, und sein jämmerlicher Anblick stachelt mich weiter an. Wenn ich nicht aufpasse, werde ich genauso in der Gosse enden wie er. Arbeitslos und ohne Kohle.

»Du mieses Dreckschwein!«, brülle ich. »Ich habe dich gewarnt! Du solltest verschwinden! Mich in Ruhe lassen! War das zu viel verlangt?«

Voller Wucht trete ich gegen seinen Kopf.

Alles, was in der vergangenen Zeit schiefgegangen ist, steht als Erinnerung deutlich vor meinen Augen. Die Trennung von Julia, die Entlassung, Delias Abweichungen von der Routine, Julias Diebstahl. Sogar das dreiste Verhalten des Tennisclubhausmeisters. Für jeden einzelnen Punkt lasse ich den Obdachlosen büßen.

Hole aus, trete zu.

Hole aus, trete zu.

Wieder und wieder.

Bis ich keuchend eine Pause benötige.

Mein Blick fällt auf das blutende Gesicht, dessen Züge kaum noch zu erkennen sind.

Scheiße!

Was habe ich getan?

Nein! Nein! Nein!

Das darf nicht wahr sein! Seit Jahren habe ich mich nicht mehr in diesen Gewaltrausch hineingesteigert und jetzt das!

Oh Gott! Ich muss abhauen. Sobald der Typ aufwacht, wird er mich bei den Bullen anzeigen.

Ich klettere ins Fahrzeug, drehe hektisch den Zündschlüssel und schieße davon. Im Rückspiegel wird die regungslose Gestalt immer kleiner.

***

Zu Hause spiele ich kurz mit dem Gedanken, die mühsam angebrachte Schallisolierung im Opferraum von den Wänden zu reißen. Wenn die Bullen hier auftauchen, um mich wegen der Körperverletzung zu befragen, wird der Schaumstoff sie misstrauisch stimmen.

Doch letztlich fehlt mir die Energie dazu. Ich schleppe mich mit der angebrochenen Flasche Wodka ins Wohnzimmer. Während ich auf das unheilvolle Klingeln an der Wohnungstür warte, will ich mich betrinken.

Aber ein paar Stunden später sind die Bullen noch nicht aufgetaucht. Ob ich Glück hatte und der Penner sich nicht an mein Kennzeichen erinnern konnte? Ich gestatte mir einen leisen Hauch von Hoffnung, als ich meine Sachen ausziehe und betrunken ins Bett schlüpfe.

Auch am nächsten Morgen ist kein unerwünschter Besuch erschienen. Langsam hoffe ich, ausnahmsweise Glück gehabt zu haben. Beim Frühstück lasse ich im Hintergrund im Radio einen Lokalsender laufen, obwohl mich die Musik und die aufgesetzte Fröhlichkeit der Moderatoren nerven. Pünktlich um acht Uhr beginnen die Lokalnachrichten mit einer wichtigen Info. Der Nachrichtensprecher verkündet betroffen, dass am gestrigen Tag ein Obdachloser im Westteil der Stadt zusammengeschlagen aufgefunden worden sei. Der sofort herbeigerufene Notarzt hatte das Opfer zwar reanimieren können, auf dem Weg ins Krankenhaus sei es allerdings verstorben. Nun sucht die Polizei dringend nach Zeugen für den Vorfall. Außerdem wäre selbst die Identität des Toten bislang ungeklärt.

Die Toastscheibe rutscht mir aus der Hand und fällt zu Boden.

Was habe ich getan? Einen Menschen umgebracht? Falls sie mich schnappen, werde ich eine langjährige Strafe verbüßen.

Mein Leben ist vorbei!

Doch mit jeder verstrichenen Minute verfliegen meine Sorgen. Wäre irgendjemandem mein Kennzeichen aufgefallen, wäre ich längst verhaftet. Gäbe es Augenzeugen, würden sie in der Öffentlichkeit keinen Aufruf starten. Sie haben ja nicht einmal erwähnt, dass man einen weißen Transporter habe wegfahren sehen.

Nein!

Anscheinend hat das Schicksal diesmal beschlossen, mir zu helfen.

Kapitel 14

Delia

Schweigend sitzen Gregor und ich bei Brot und Kaffee am Frühstückstisch, während im Radio ein Nachrichtensprecher wichtige Lokalnews ankündigt. Wir horchen beide auf, weil so was in unserer langweiligen Region nicht häufig vorkommt.

»Am gestrigen Tag ist es zu einem schrecklichen Vorfall gekommen, weswegen die Polizei um Mithilfe der Bürger bittet«, heißt es dann. »Im Westteil der Stadt ist ein Obdachloser zusammengeschlagen aufgefunden worden. Nur zufällig stießen Passanten auf den circa sechzigjährigen Mann, der nicht mehr ansprechbar war. Der sofort herbeigerufene Notarzt hatte das Opfer zwar reanimieren können, auf dem Weg ins Krankenhaus ist es allerdings leider verstorben. Die Identität des Toten ist bislang ungeklärt. Nun sucht man dringend nach Zeugen für die Tat. Haben Sie etwas Verdächtiges oder Ungewöhnliches bemerkt? Dann melden Sie sich bitte bei uns in der Redaktion, einer örtlichen Polizeidienststelle oder unter der bekannten Telefonnummer …«

»In was für einer grausamen Welt leben wir bloß?«, frage ich entsetzt und schüttle den Kopf. »Ich kann nicht fassen, wie schlecht manche Menschen sind. Sie sind so herzlos und kalt. Heutzutage kann man wohl niemandem mehr vertrauen. Schlimm ist das.«

»Ach, dieses Gesülze ist doch nur das typische scheinheilige Journalistengelaber. In Wirklichkeit geht denen der Penner genauso am Arsch vorbei wie uns.«

»Was?«, fahre ich ihn an. »Mir geht der überhaupt nicht am Arsch vorbei! Mich macht das total traurig. Der arme Mann. Bestimmt ist er zur Zielscheibe irgendwelcher Randalierer geworden, die ihm noch den allerletzten Cent wegnehmen wollten. Dabei hatte er selbst kaum was zum Leben.«

»Oh Gott, Delia, hast du nachmittags zu viel Betroffenheitsfernsehen gesehen, oder was ist mit dir los? Wir haben doch gar keine Ahnung, was vorgefallen ist. Wahrscheinlich haben sich zwei Landstreicher um ihre letzten Tropfen Hochprozentiges in die Haare gekriegt, und einer hat den Kürzeren gezogen. Wenn du mich fragst, ist das nichts weiter als asoziales Gesocks. Pack schlägt sich, Pack verträgt sich. Wobei … in diesem Fall nicht mehr, der eine ist ja tot!«

Eigentlich hatte ich nach dem gestrigen Sex mit ihm gedacht, der Hass gegen meinen Mann sei nicht weiter zu toppen, aber jetzt weiß ich es besser. Gregor hat kein Gewissen. Er ist überheblich, selbstgerecht und durchtrieben. Wie gerne würde ich ihm all meine Wut entgegenschleudern und mein Wissen über sein Fremdgehen preisgeben, doch ich muss mich beherrschen. Statt ihm einen Vortrag über Treue in der Ehe zu halten, bekommt er jetzt volle Breitseite in puncto Menschlichkeit.

»Selbst wenn es stimmt, und ein Obdachloser hat den anderen umgebracht, ist das dennoch kein Grund, der Sache nicht nachzugehen. Der Mörder muss seine gerechte Strafe erhalten. Wir sind schließlich alle Menschen, egal, wie viel Geld wir auf dem Konto haben.«

Oha, das war unvorsichtig. Gregor bemerkt die kleine Spitze glücklicherweise nicht und lacht mich immer noch aus.

»In diesem Milieu wird nicht lange ermittelt, das wirst du schon sehen. Der Verlust eines versoffenen Rumtreibers ist nicht sonderlich tragisch, so ist das eben. Willkommen in der Wirklichkeit, mein Schatz. Oder bist du neuerdings unter die Gutmenschen gegangen?«

»Ich wüsste nicht, was schlecht daran sein soll, zu Gefühlen wie Mitgefühl und Trauer fähig zu sein!«

»Na, da schau her, jetzt trauert meine Frau sogar! Um einen Unbekannten. Alle Achtung – dagegen bin ich wohl tatsächlich ein Charakterschwein. Sei's drum, ich stehe dazu, nicht bei jeder dramatischen Nachricht in Tränen auszubrechen. Mit meiner Einstellung lebt es sich deutlich angenehmer.«

»Schön für dich«, gifte ich zurück, weil ich keine Lust auf weitere Diskussionen habe. Mit der Floskel »Schön für dich« kann man jeden Wortwechsel zum Erliegen bringen.

»Wie dem auch sei«, bricht er das Gespräch ab. War mir klar. Wenn er mit Argumenten nicht weiterkommt, hat er was Wichtiges zu tun. »Ich werde mal meinen Koffer packen. Der Messetermin sitzt mir echt im Nacken.«

Seine bereits vor Monaten geplante Geschäftsreise anlässlich der Baumesse hatte ich völlig vergessen. Für ihn ist es sicherlich eine hervorragende Gelegenheit, seine Freundin mitzunehmen. Auf unsere Firmenkosten schleppt er seine Affäre mit ins Hotelzimmer – ich könnte kotzen, lasse mir aber nichts anmerken.

»Wann geht dein Flieger noch mal?«, frage ich und würdige ihn beim Einräumen des Bestecks in die Geschirrspülmaschine keines Blickes.

»Nachmittags um kurz nach drei. Bis zur Mittagszeit bin ich noch in der Firma, danach fahre ich zum Flughafen.

Wundere dich nicht, wenn du mich nicht erreichen kannst, ich stelle das Handy zwischendurch mal aus, um in Ruhe arbeiten zu können.«

Natürlich.

»Kein Problem. Ich habe selbst auch eine Menge zu tun.« Obwohl ich ihn nicht sehe, weiß ich, dass er genervt mit den Augen rollt, als wolle er sagen: *Was hast du denn zu tun, außer Tennis zu spielen und dir die Nägel lackieren zu lassen?* »Ich gehe in die Wanne und nehme ein Vollbad«, lüge ich, weil ich ihn nicht eine Sekunde länger ertragen kann. »Du bist vermutlich weg, wenn ich fertig bin.«

»Ja, das glaube ich auch«, sagt er erleichtert. Ihm geht's wie mir, immerhin sind wir uns aus unterschiedlichen Motiven in diesem Punkt einig. »Dann tschüss bis nächste Woche, Delia. Ist bestimmt mal ganz entspannend ohne mich. Wir können ja telefonieren.«

»Tschüss. Viel Glück auf der Messe«, wünsche ich und gebe ihm einen flüchtigen Kuss, den er mit gespitzten Lippen erwidert.

Kaum fällt die Tür hinter Gregor ins Schloss, eile ich zum Kleiderschrank und ziehe mir Sachen an, die ich seit Jahren nicht getragen habe. In dieser Verkleidung wird mich hoffentlich niemand erkennen: Rosa Jogginghose, weißes Kapuzensweatshirt und Sneakers. Vorsichtshalber entscheide ich mich gegen den erneuten Einsatz der Baseballkappe und schlinge mir ein Halstuch um die Haare. Damit ich nicht allzu bescheuert aussehe, schiebe ich mir die riesige Sonnenbrille auf die Kopfbedeckung. Was der Taxifahrer, den ich telefonisch bestelle, von mir denken wird, darf mich nicht interessieren.

Eine Viertelstunde später hält ein cremefarbener Mercedes mit Taxi-Schild vor meiner Haustür. Ich schlüpfe auf die Rückbank hinterm Beifahrersitz und gebe dem Fahrer, der mir zuerst die Tür aufhält und sich dann hinters Steuer setzt, die Order, mich in die Straße von Gregors Geliebten zu bringen.

»Sehr gerne«, antwortet der Mann, den ich wegen seines lässigen Styles und jungen Alters für einen Studenten halte.

Wir fahren los, und leider fängt er sofort an, mich vollzuquatschen.

»Haben Sie etwas Schönes vor? Ein gemütliches Treffen mit einer Freundin, hm?«

Oh mein Gott, mir bleibt echt nichts erspart.

»Geht so«, antworte ich einsilbig und tu so, als sei ich mit meinem Handy beschäftigt.

»Ich habe heute auch einen tollen Tag«, fährt er unbeirrt fort. »Fing mit einem klasse Frühstück im *Maximilians* an – kennen Sie das? Dort kann man sich wirklich pappsatt futtern. Für wenig Geld. Müssen Sie unbedingt probieren …«

»Ich kenn's«, unterbreche ich ihn genervt.

»Nachher geh ich noch mit Freunden ins Kino. Ich bin ein totaler Kinofan. Der Neue mit Tom Hanks soll eher langweilig sein, aber ich gucke ihn trotzdem.«

Vielleicht hört er auf, wenn ich gar nicht reagiere. Ich stelle mich taubstumm, bis sein Monolog versiegt.

»Hier bitte rechts ran«, verlange ich, als wir uns der Parkbucht nähern, an der ich schon einmal den amourösen Unterschlupf meines Mannes observierte.

»Das macht zwölf fünfzig«, sagt der Taxifahrer.

»Ich möchte noch nicht aussteigen, sondern etwas … anschauen«, erkläre ich verschämt. »Haben Sie überhaupt Zeit?«

»Klar. Allerdings läuft die Uhr dann weiter. Das kann ziemlich teuer werden.«

»Ich weiß. Habe genug Geld dabei.«

»Wow, so was wollte ich immer schon mal machen! Ich verdiene mir mein Studium mit dem Job, wissen Sie? Seit fast einem Jahr fahre ich jetzt Taxi, aber ich hatte bisher noch nie den Auftrag zu einer Beobachtung. Und eine Verfolgungsjagd, darauf wäre ich sowieso superscharf. So richtig quer durch die Stadt, mit quietschenden Reifen wie im Film.«

»Hm«, brumme ich und komme mir selbst vor wie im Film. Es ist so erbärmlich, doch ich muss mir einfach Gewissheit verschaffen – und wenn ich hier stundenlang rumsitzen und mich von einem hyperaktiven Studenten zutexten lassen muss.

Seit über zwei Stunden bewache ich nun die Haustür. Der Taxifahrer hat längst erkannt, wohin ich starre, und tut es mir gleich. Er hat das Radio eingeschaltet, aus dem aktuelle Charts und Geblödel der Moderatoren erklingen. Schweigend hängen wir unseren Gedanken nach, bis eine Sondersendung lokale Nachrichten ankündigt.

»Oh, da geht's bestimmt um den Mord an dem Obdachlosen«, sagt er.

»Ja, das ist schockierend. Mal hören.«

Wir lauschen den Worten des Sprechers, erfahren aber nichts Neues. Es gibt noch keine Spur zum Täter. Obwohl ich eigentlich nicht mit ihm reden wollte, lasse ich mich nun doch auf ein Gespräch ein. Vielleicht lenkt mich das vom eigenen, tristen Dasein ab.

»Schrecklich, wie manche vor nichts Halt machen«, sage ich. »Aus welchen Motiven bringt man jemanden um, der ohnehin nichts hat?«

»Das frage ich mich auch. Gier kann es nicht sein – ein Mann, der auf der Straße lebt, besitzt doch meist außer einigen Plastiktüten mit den wichtigsten Habseligkeiten rein gar nichts.«

»Mein Mann meint, es hätten sich zwei Penner um die letzten Tropfen Alkohol gestritten. Einer habe dabei den Kürzeren gezogen.«

Bitterkeit liegt in meiner Stimme. Der Typ dreht sich zu mir um und schaut mich fragend an. Schnell wende ich den Kopf zur Seite.

»Da kommt eine Frau raus.«

Tatsächlich, jetzt sehe ich sie auch. Ich erkenne sie sofort wieder. Gregors Geliebte zieht einen Koffer auf Rollen hinter sich her und stellt sich wartend an den Straßenrand. Ihre Haare trägt sie zum Pferdeschwanz gebunden. Auf diesen Look steht mein Mann. Wird er sich freuen. Sie ist mit flachen Sandalen, Jeans und Trenchcoat bekleidet. Madame geht auf Reisen.

»Ich fasse es nicht«, murmle ich leise.

Empathisch ist der Student, das muss man ihm lassen. Er kommentiert nichts, weil er vermutlich längst gecheckt hat, welchem Ehedrama er gerade beiwohnt.

Sie muss sich nicht lange gedulden – seine Geliebte lässt man wohl nur ungern warten. Gregor biegt um die Ecke, bleibt mit dem Wagen direkt vor ihr stehen und steigt aus.

»Ihr Ehemann?«, fragt der Taxifahrer.

»Ja.«

»Fuck. Das tut mir sehr leid.«

»Danke. Mir auch.«

Tapfer schlucke ich die Tränen runter und werde Zeuge, wie die blöde Kuh meinem Angetrauten in die Arme fällt. Sie küssen sich leidenschaftlich. Zwischendurch halten sie inne, schauen sich verliebt in die Augen, streicheln und drücken sich und knutschen weiter. Ganz Gentleman schnappt er ihr Gepäck und befördert es in den Kofferraum. Fehlt nur noch, dass er ihr die Beifahrertür öffnet, aber das schafft sie allein.

»Männer sind Schweine«, sagt der Fahrer, als das Liebespaar nach der stürmischen Begrüßung davonbraust.

»So ist es.« Ich straffe die Schultern, nehme das alberne Kopftuch ab und greife in meinen Shopper. In der Tasche befinden sich Ersatzballerina, die ich auf den Boden des Taxis fallen lasse. »Fahren Sie mich bitte zur Goethestraße drei. Und nicht wundern, ich muss mich mal eben umziehen.«

»Darf ich gucken?«, fragt er grinsend.

»Nein, schön die Augen auf die Fahrbahn richten.«

»Schade.«

Ich pelle mich aus meiner Joggingklamottenschicht. Darunter trage ich schwarze Leggins und ein gleichfarbiges Langarmshirt. Zwar sieht diese Kombination eher unspektakulär aus, aber immer noch besser als der Albtraum in Rosa.

***

»Legen Sie eine neue Akte an. Familiensache Witt gegen Witt.« Walter Baden macht mit der Hand eine wegscheuchende Bewegung, um die Sekretärin aus seinem Büro zu vertreiben. »Eine halbe Stunde keine Gespräche durchstellen.«

»Ja. In fünfzig Minuten ist der Termin mit dem Oberlandesrichter. Denken Sie daran?«, fragt sie, die Türklinke in der Hand.

»Ach, verdammt, okay. Dann schnell zwei Kaffee. Frau

Witt«, wendet der Rechtsanwalt sich an mich, »mit Milch und Zucker?«

»Nur Milch, bitte. Danke, dass Sie mich zwischengeschoben haben.«

»Kein Problem. Besprechen wir erst mal das Nötigste, alles Weitere klären wir beim nächsten Mal.«

Er lehnt sich zurück und hört mir aufmerksam zu. Zwischendurch stellt er Fragen und macht sich Notizen. Die Notariats- und Anwaltskanzlei Baden und Partner vertritt die Angelegenheiten meiner Familie, solange ich mich erinnern kann. Da mein Vater kein streitbarer Mensch war, kam es selten zu Gerichtsprozessen. Meistens kümmert man sich hier für unsere Firma um Verträge und notarielle Beglaubigungen. Dass mein Schicksal seit heute die Bezeichnung Witt gegen Witt trägt, lässt mich schaudern. Gut, dass meine Eltern es nicht mehr erleben.

Ich schildere dem Justiziar die Ereignisse der letzten Tage und lasse kein Detail aus. Besonders beeindruckt wirkt er nicht; vermutlich bin ich ein Scheidungsfall wie andere auch, zumal viele betuchte Leute zu seiner Mandantschaft zählen. Wer sich von Walter Baden persönlich vertreten lässt, kann es sich leisten.

Hoffentlich kann ich das auch wirklich.

»Nun, Frau Witt, so bedauerlich die private Misere auch sein mag, aber ich fürchte, wir haben keine Zeit zu verlieren und sollten die Gefühle außen vor lassen. Als ersten Schritt sollten wir die notwendigen Maßnahmen ergreifen, um die Veruntreuung Ihres Erbes zu verhindern. Wäre doch zu schade, wenn Ihr Ehemann samt Geliebter mit dem hart verdienten Geld Ihrer Familie durchbrennt. Es liegt viel Arbeit vor uns, aber wir schaffen das. Wenn Sie dann bitte diese Vollmacht unterschreiben würden.«

***

Was für ein Tag. Nachdenklich sitze ich abends ans Kopfteil angelehnt im Bett und lese die verlogene Mitteilung, die Gregor mir soeben per WhatsApp hat zukommen lassen.

Hallo Schatz, läuft ganz positiv hier. Habe mich bereits mit köstlicher Schweizer Schokolade eingedeckt und hoffe, es ist noch etwas übrig, bis ich wieder zu Hause bin. Kuss, G.

Ich lache ärgerlich auf. Was für ein Arschloch. Wahrscheinlich teilt er sich in diesem Moment eine Tafel Schokolade mit seinem jungen Betthupferl.

Hallo zurück, hier gibt's nichts Neues. Wünsche dir guten Appetit, LG Delia.

Zu mehr kann ich mich nicht durchringen. Wie gern würde ich ihn anschreien, beschimpfen und ihm seine verdammte Schokolade um die Ohren hauen. Stattdessen lösche ich das Licht und lege mich hin.

Zum Heulen fehlt mir die Kraft. Vielleicht bin ich auch gar nicht mehr richtig traurig, frustriert trifft es eher. Das ist nicht das Ende der Welt; ich habe einen Anwalt, der mir hilft, und Freunde, die mich unterstützen werden. Andere Frauen erleben den gleichen Mist wie ich. Keine große Sache. Männer sind eben wirklich Schweine. Und morgen lebe ich mein Leben weiter, so wie immer. An Liebeskummer ist noch niemand gestorben.

Kapitel 15

Gregor

Während Leonie unter der Dusche steht, komme ich meiner ehelichen Fürsorgepflicht nach und erkundige mich, wie es Delia heute ergangen ist. Unsere Verabschiedung heute Morgen war ungewöhnlich kühl, ich muss aufpassen, dass sie keinen Verdacht schöpft. Sollte sie misstrauisch werden, könnte das unangenehme Folgen haben. Ich greife zu meinem Handy und öffne WhatsApp:

Hallo Schatz, läuft ganz positiv hier. Habe mich bereits mit köstlicher Schweizer Schokolade eingedeckt und hoffe, es ist noch etwas übrig, sobald ich wieder zu Hause bin. Kuss, G.

Im Badezimmer unseres geräumigen Hotelzimmers wird die Brause ausgestellt und die Duschkabinentür beiseitegeschoben. Währenddessen signalisieren zwei blaue Häkchen, dass Delia die Nachricht gelesen hat. Ich lege das Smartphone beiseite. Bestimmt wird sie mir eine ellenlange Mitteilung schicken und mir bis ins kleinste Detail von ihrem Tag berichten. Oh Mann. Hoffentlich wird Leonie nie so langweilig.

Die Badezimmertür öffnet sich. Meine Geliebte tritt mit nassen Haaren und nur in ein Handtuch gewickelt heraus.

»Na, Süßer«, sagt sie und wirft mir eine Kusshand zu.

»Verführerischer Anblick«, raune ich.

»Und ohne Sperma in den Haaren«, lacht sie.

»Sorry«, erwidere ich mit einem Anflug schlechten Gewissens. »Manchmal überkommt es mich.«

»Du weißt, mich stört das nicht. In einer halben Stunde bin ich fertig. Dann können wir ins Restaurant.«

Bevor sie zu Ende gesprochen hat, ertönt an meinem Handy der Benachrichtigungston von WhatsApp. Sofort verzieht Leonie verärgert die Lippen.

»Delia?«, fragt sie nach.

»Ich habe mich gerade kurz bei ihr gemeldet«, erkläre ich.

»Wieso das?«

Verwundert sehe ich sie an. »Ist das dein Ernst?«

Leonie verdreht genervt die Augen – eine Reaktion, die ich so gar nicht ausstehen kann.

»Das hier ist unser erster gemeinsamer Urlaub. Wäre schön, wenn sie nicht mit dabei wäre«, faucht sie.

»Offiziell ist das eine reine Geschäftsreise. Da ist es absolut üblich, dass ich mich mindestens jeden zweiten Tag melde.«

»Mindestens. Jeden. Zweiten. Tag.« Übertrieben stark betont wiederholt sie meine Aussage.

»Manche Geschäftsmänner telefonieren während einer Messewoche morgens und abends mit ihren Ehefrauen. Insofern habe ich sie gut erzogen, sie erwartet höchstens alle achtundvierzig Stunden ein Lebenszeichen von mir. Und langen Telefonate erwartet sie auch nicht.«

»Also darf ich mich glücklich schätzen«, erwidert Leonie zynisch.

Langsam nervt ihre Zickigkeit. »Als das zwischen uns begonnen hat, wusstest du, dass du dich auf einen verheirateten Mann einlässt und …«

»Du redest seit Wochen von den großen Plänen. Aber es geschieht nichts.«

»Spinnst du? Ich denke dauernd daran, wie ich …«

»Warum geht es dann nicht endlich voran?«

»Weil das ein hochriskantes Spiel ist. Ich könnte deswegen im Knast landen. Das alles mache ich unseretwegen«, erkläre ich.

Um ihr zu verdeutlichen, dass die Diskussion beendet ist, greife ich zu meinem Smartphone und öffne Delias Mitteilung.

Hallo zurück, hier gibt's nichts Neues. Wünsche dir guten Appetit, LG Delia.

Ihre kurz angebundene Antwort irritiert mich. »Scheiße«, flüstere ich.

»Was hat sie dir geschrieben?«, will Leonie wissen.

Ich lese ihr Delias Text vor.

»Wünsche dir guten Appetit«, wundert sich meine Geliebte. »Weiß sie von deinen Essensplänen?«

»Nein. Das bezog sich auf das, was ich geschickt hatte.«

»Lass hören!«

Ich erfülle ihren Wunsch – und stelle Sekunden später fest, dass ich das lieber unterlassen hätte.

»Super!«, flucht Leonie. »Deine Nachricht klingt nicht so, als ob sie dir egal wäre. Verarschst du mich? Hallo Schatz, Schweizer Schokolade, Kuss. Sind das versteckte Liebesbotschaften?«

»Du übertreibst!«, warne ich sie.

»Ich habe bloß keine Lust, mir selbst einen Bären aufbinden …«

»Stopp!«, brülle ich wütend.

Tatsächlich zuckt Leonie erschrocken zusammen. So laut bin ich ihr gegenüber noch nie geworden.

»Ich fürchte, sie hat einen Verdacht. Normalerweise schreibt sie viel ausführlicher und endet nicht so unpersönlich.«

Langsam beruhige ich mich, und auch Leonie scheint endlich zu kapieren, was das zu bedeuten hat.

»Könnte es nicht Zufall sein? Vielleicht hat sie sich mit Freundinnen verabredet und keine Lust, lange Nachrichten zu tippen. Immerhin haben wir Freitagabend, und sie ist Strohwitwe.«

»Das halte ich für ausgeschlossen. Sie macht keine Party, wenn ihr Ehemann nicht daheim ist. Delia hat schon immer große Probleme gehabt, sobald ich nicht da bin. Da fühlt sie sich unsicher, schließt die Haustür zweimal ab und aktiviert alle Bewegungsmelder.«

»Ans Alleinsein gewöhnt sie sich wohl besser«, erwidert Leonie zynisch.

Ich erspare mir eine Antwort, denn Delia wird bald mit ganz anderen Schwierigkeiten als dem Alleinsein zu kämpfen haben. Was meine Geliebte aber nicht bis ins Detail wissen muss.

Nachdem sie zurück ins Badezimmer gegangen ist, um sich zurechtzumachen, rekapituliere ich die letzten Tage. Delias Verhalten heute Morgen war untypisch. Da sie ein absolut harmoniebedürftiger Mensch ist, würde sie niemals einen Streit wegen eines getöteten Penners beginnen. Ebenso ungewöhnlich, dass sie gebadet hat, als ich aufbrechen musste. Weswegen sie mich nicht vernünftig verabschiedet hat.

Sie ahnt etwas!

Stellt sich bloß die Frage, ob sie tatsächlich etwas unternimmt. Würde sie einen Privatdetektiv beauftragen? Muss ich hier im Hotel aufpassen?

Während im Bad der Föhn erklingt, beschließe ich, zu handeln.

Zunächst schicke ich über ein verschlüsseltes Messengerprogramm eine Nachricht.

Es wird Zeit! Wir müssen dringend wie besprochen loslegen.

Glücklicherweise dauert es nicht lange, bis er mir antwortet.

Ich kümmere mich darum. Der morgige Tag bietet sich vielleicht sogar dafür an. Allerdings benötige ich so schnell wie möglich den zugesagten Betrag.

Ich reagiere mit einem kurzen *»Okay«* und lösche die komplette Konversation. Dann gehe ich zu dem Schreibtisch, in dessen Schublade ich den Laptop verstaut habe. Da der Akku beinahe leer ist, schließe ich ihn zuerst ans Stromnetz an, ehe ich die Starttaste drücke. Im Browser logge ich mich bei meiner Hausbank ein.

Friedhelm Maier befindet sich im arbeitsfreien Wochenende. Eine Überweisung, die ich jetzt online veranlasse, wird wahrscheinlich Montagfrüh ausgeführt. Da sich Maier auf übernächste Woche hat vertrösten lassen, besteht für ihn hoffentlich kein Grund, die Geschäftskonten im Auge zu behalten. Ich reize den zur Verfügung stehenden Kreditrahmen vollständig aus und transferiere die Summe auf mein persönliches Bankkonto, von dessen Existenz Delia keine Ahnung hat. Sollte Montagmorgen alles reibungslos funktionieren, landet der Betrag Dienstag auf diesem Konto, wo er keineswegs dauerhaft geparkt werden wird. Spuren zu verwischen ist im Moment das Allerwichtigste. Ich gebe eine Überweisung vom Geheimkonto in Auftrag, bestätige sie per mobil erhaltener Pin und schalte anschließend den Laptop aus. In diesem Moment tritt Leonie aus dem Badezimmer. Sie trägt ein kurzes, schwarzes Kleid, halterlose Strümpfe und High Heels. Der Anblick hebt meine Laune sofort. Trotzdem werde ich gleich die übrigen Gäste im Restaurant sehr genau unter die Lupe nehmen. Nur für den Fall, dass ich tatsächlich bereits unter Beobachtung stehe.

Kapitel 16

Samuel

Heute ist der Tag. Ich spüre es genau. Nichts wird schiefgehen, denn ich habe es verdient, dass alles klappt wie ich es mir vorstelle. Das ist mir das Leben einfach schuldig.

Samstags hat Delia nur einen einzigen Termin, den sie immer wahrnimmt, egal was ist. Sie besucht eine Tante, die in einem Pflegeheim lebt. Die Anstalt verfügt über einen großen Parkplatz, der noch nie zu mehr als einem Viertel gefüllt war. Anscheinend haben nicht viele Angehörige das gleiche Pflichtgefühl ihren pflegebedürftigen Familienmitgliedern gegenüber wie Delia. Doch die Örtlichkeiten sind ideal, um den Trick mit dem zu nah geparkten Wagen anzuwenden.

Damit mir das Schicksal nicht erneut einen blöden Streich spielt, muss ich jedoch deutlich vor ihr an dem Heim ankommen. Vielleicht benutzt sie ja wieder ein anderes Fahrzeug. Normalerweise beginnt ihr Besuch gegen elf Uhr und dauert anderthalb Stunden. Um jede Eventualität auszuschließen, werde ich so früh aufbrechen, dass ich schon um neun Uhr da sein werde. Ein weiteres Mal lasse ich mich nicht von einem dummen Zufall stoppen. Ich halte es nicht länger aus. Ich will sie endlich in meiner Wohnung haben. Mir hilflos ausgeliefert.

Delia, es wird Zeit für uns beide!

Tatsächlich kommt mir diesmal nichts in die Quere. Fünf Minuten vor neun erreiche ich den Besucherparkplatz, auf dem bloß ein Wagen steht. Ich fahre zu der vom Eingang weitest entfernten Stelle. Im Idealfall bemerkt sie den Transporter nicht. Und ansonsten wird sie sich hoffentlich bei ihrer Rückkehr nicht an ihn erinnern, sondern gedanklich abgelenkt sein.

Doch nun habe ich etwa zwei Stunden zu überbrücken. Einen Großteil davon will ich im Fahrzeug ausharren; dennoch kann es nicht schaden, mir die Wartezeit mit Kaffee und süßem Gebäck zu verkürzen. Also steige ich aus und mache mich auf den knapp zehnminütigen Weg zu einer Starbucks-Filiale. Dort angekommen reihe ich mich in die Schlange der Wartenden ein, die mir für einen Samstagmorgen sehr lang vorkommt.

Als ich noch vier Leute vor mir habe, bemerke ich eine extrem hübsche Frau. Sie ist Anfang zwanzig, hat schulterlanges, gelocktes Haar, das blondiert ist. Ihre dunkelblaue Jeans ist hüftbetont geschnitten und präsentiert einen perfekt geformten Hintern. Die Frau gibt ihre Bestellung auf, woraufhin sich der Mitarbeiter umdreht und zwei Gläser unter den Kaffeeauslauf der Maschine stellt. Während die Schlange vorrückt, beobachte ich sie heimlich. Mit ihren Getränken steuert sie einen freien Tisch an, setzt sich und angelt ein Handy aus der Hosentasche.

Schließlich erkundigt sich eine Angestellte nach meinen Wünschen. Neben einem Caffè Latte ordere ich einen Chocolate Cheesecake Muffin, der mir bestimmt genug Energie liefert, um mich stundenlang sattzumachen. Während ich auf die Zubereitung warte, schaue ich mehrfach zur Uhr. Dann treffe ich eine Entscheidung. Um mich in die nötige Stimmung zu bringen, werde ich die kleine Schlampe eine Weile betrachten und mir ausmalen, was wir alles gemeinsam erleben könnten.

Mitsamt meiner Bestellung gehe ich zu einer Sitzgelegenheit, von der ich die Frau wunderbar betrachten kann. Ein Kaffeeglas steht unberührt vor ihr, in das andere pustet sie nachdenklich hinein. Ihre vollen, dunkelrot geschminkten Lippen lösen Fantasien in mir aus. Ich würde sie zwingen …

»Ey«, ertönt plötzlich eine unangenehm laute Stimme. »Was glotzt du so?«

Ein Mann ist neben dem Miststück aufgetaucht und hat mich ins Visier genommen. Ich versuche ihn zu ignorieren, indem ich meinen Blick ein Stück zur Seite gleiten lasse und nun aus dem Fenster sehe. Aber er will offenbar keine friedliche Beilegung der Situation.

»Ja, ich meine dich, du Gaffer.« Er streckt den Arm aus und deutet anklagend mit dem Zeigefinger auf mich. Ihn nicht zu beachten könnte seine Wut anstacheln. Also wende ich mich ihm zu.

»Was ist los?«, frage ich.

»Das weißt du genau.«

»Keine Ahnung.«

»Ich hasse es, wenn meine Freundin angeglotzt wird.«

Statt zu antworten, nehme ich einen Schluck Kaffee. Unterdessen scheint der Storemanager auf uns aufmerksam geworden zu sein. Er betrachtet den Schlagabtausch sorgenvoll, aber ohne sich einzumischen.

Meine gelassene Reaktion stachelt den Proleten an. Er kommt direkt zu mir. Seine Tussi macht keinerlei Anstalten, ihn aufzuhalten. Offensichtlich gefällt ihr der Hahnenkampf.

»Entschuldige dich!«

»Wofür?«, will ich wissen.

»Weil du sie angestarrt hast.«

»Ich habe niemanden angestarrt.«

»Wichser!«

Dem Manager wird es offenbar zu bunt. Er tritt ebenfalls zu uns. »Gibt es ein Problem?«

Mir wird klar, dass ich zu viel Aufsehen errege. Die Bullen werden nach Delias Verschwinden ihren Tagesablauf rekonstruieren. Vielleicht erkundigen sie sich in dieser Filiale nach Auffälligkeiten. Ich greife zu dem Glas und genehmige mir einen großen Schluck.

»Überhaupt nicht«, erwidere ich. »Bin eh gerade auf dem Weg.«

»An deiner Stelle würde ich mich beeilen!«, warnt mich der Macker.

»Beruhigen Sie sich«, bittet ihn der Storemanager. Er ist wohl dankbar, dass ich Ärger vermeide.

»Niemand glotzt mein Mädchen an!«

Am liebsten würde ich ihm den Rat erteilen, sie möge sich nicht so nuttenhaft in der Öffentlichkeit präsentieren. Doch wahrscheinlich wäre das kontraproduktiv. Deshalb schnappe ich mir einfach den Muffin und verlasse den Laden. Innerlich bin ich äußerst angespannt. Das, was ich dem Obdachlosen angetan habe, hätte dieser Typ ebenfalls verdient. Es kostet mich Überwindung, ihn nicht zu attackieren. Denn trotz seines mackerhaften Getues bin ich überzeugt davon, ihm körperlich überlegen zu sein.

Mir ist bewusst, dass zahlreiche Augenpaare meinen Abgang verfolgen. Zu viele Zeugen. Aber da der Zwischenfall glimpflich ausgegangen ist, werden die meisten ihn hoffentlich rasch wieder vergessen.

»Sabber das nächste Mal woanders«, ruft mir der kranke Typ hinterher, anstatt seinen Triumph still zu genießen.

Nun geht er endgültig zu weit. Ich werde mich an ihm rächen, ihm den Schädel zermatschen. Er wird elendig krepieren. Trotzdem gehe ich wortlos hinaus, wende mich nach links und warte ungefähr hundert Schritte entfernt hinter einem Fahrzeug. Er wird für seine Überheblichkeit büßen.

Während ich den Eingang im Auge behalte, stelle ich mir vor, wie ich ihn auslösche. Blutig. Brutal. Gnadenlos. Sollte mir dabei seine Tussi in die Hände fallen, wäre das ein willkommener Bonus.

Doch je mehr Minuten verstreichen, desto klarer wird mir, wie unbedeutend dieser Racheakt wäre. Nichts im Vergleich zu dem, was ich tatsächlich plane. Und noch immer ausführen kann.

Nein! Es lohnt sich nicht, wegen des Wichsers irgendwelche Risiken einzugehen. Nachdem ich eine Viertelstunde sinnlos gewartet habe, verlasse ich meinen Posten und breche in Richtung des Pflegeheimparkplatzes auf. Dort angekommen überprüfe ich die hinzugekommenen vier Autos. Delias Wagen gehört nicht dazu. Ich klettere in den Transporter, wo ich den Muffin hinunterschlinge. Der Zucker hilft, die Vorkommnisse zu verdrängen.

* * *

Kurz vor elf werde ich richtig nervös. Delia hat in den vergangenen Tagen mit vielen ihrer Traditionen gebrochen. Es würde mich wahnsinnig machen, falls sie das heute fortsetzt. Jeden Morgen hoffnungsfroh aufzuwachen, um Stunden später enttäuscht zu werden, zehrt an den Nerven. Doch meine Befürchtungen verschwinden, als ich ihr stahlgraues Sportcoupé auf den Parkplatz fahren sehe.

Endlich ist es so weit!

Sie steuert ihr Auto in eine Parkbucht, neben der weder

links noch rechts jemand steht. Perfekt! Nun kann mich bloß ein dummer Zufall bei ihrer Rückkehr aufhalten. Aufmerksam beobachte ich, wie sie aussteigt. Delia trägt eine schwarze Hose, flache Schuhe und eine pinkfarbene Bluse. Keine Kleidung, die ich ihr ausgesucht hätte. Dafür gefällt mir, wie sie ihre Haare zu einem Zopf geflochten hat – denn das lässt sie jünger wirken. In der linken Hand trägt sie eine Handtasche, die ich nachher ebenfalls unbedingt in meinen Besitz bringen muss.

Trotz der zwanzig Schritte Entfernung zwischen uns kann ich ihre müden Gesichtszüge erkennen. Sie scheint wenig geschlafen zu haben in den letzten Tagen. Außerdem läuft sie langsamer auf den Eingang zu, als ich es von ihr gewohnt bin. Augenscheinlich bedrückt sie etwas.

Mach dir keine Sorgen, Delia. Ich werde dich aus deinem Trott retten!

Fünf Minuten, nachdem sie das Gebäude betreten hat, starte ich den Motor und lasse den Transporter nah an ihre Seite rollen, wobei ich penibel darauf achte, keinen Lackschaden zu verursachen, der mich verraten könnte. Dann klettere ich aus dem Inneren und betrachte das Szenario. Ohne mich darum zu bitten, mein Fahrzeug wegzusetzen, kann sie nicht davonfahren. Selbst wenn sie über die Beifahrerseite einsteigen würde, wäre es zu riskant, einfach rückwärts zu setzen, da sie fürchten müsste, mich zu streifen.

Ich öffne die hinteren Türen des Wagens und bereite alles Notwendige vor. Dabei flehe ich still um Beistand des Schicksals. Es darf nichts mehr schiefgehen.

* * *

Als ich zum wiederholten Mal den Vorgang im Geiste durchgehe, ertönt plötzlich eine weibliche Stimme.

»Sie haben mich zugeparkt.«

Erschrocken zucke ich zusammen. Delia bemerkt es und kichert verlegen. Die Handtasche trägt sie wieder links.

»Sorry, ich wollte Sie nicht erschrecken.«

Aufgrund ihrer absatzlosen Schuhe habe ich sie nicht kommen gehört. Nun muss jeder Handgriff sitzen.

»Macht nichts«, erwidere ich. »Ich war in Gedanken. Habe den Auftrag bekommen, ein Zimmer in dem Heim auszuräumen.«

»Ist jemand gestorben?«

»Mein Großvater.«

»Das tut mir leid. Aber warum parken Sie nicht direkt am Eingang?«

»Das wollte die Dame am Empfang nicht. Na ja. Wieso habe ich Sie zugeparkt?« Ich versuche, möglichst ratlos zu wirken.

»Es ist für mich unmöglich, die Fahrertür aufzumachen. Sie stehen zu nahe …«

»Da war ich wohl beim Einparken gedankenlos. Verzeihen Sie.«

»Nicht schlimm.«

Der Taser befindet sich in meiner linken Jackentasche. Ich trete an den Rand des Fahrzeuginneren und humpele. Delia ist nur eine Armlänge entfernt. Das ist meine Chance.

»Können Sie mir kurz helfen? Ich fürchte, ich habe mir vorhin mit dem ersten Karton sofort den Knöchel leicht angeknackst.«

»Sie Ärmster. Was soll ich tun?«

»Geben Sie mir Ihre Hand zum Abstützen?«

Hilfsbereit reicht sie mir die rechte Hand. Ich packe

grob zu und ziehe sie in Richtung des Transporters. Sie schreit verängstigt auf. Ihre Schienbeine stoßen gegen die Fahrzeugkante, dann landet sie unsanft im Inneren. Ehe sie sich wehren kann, halte ich das Stromschockgerät griffbereit, drücke es ihr an den Hals und feuere eine Ladung ab. Bewusstlos sackt sie zusammen.

Jetzt muss alles schnell gehen. Die Handtasche ist ebenfalls im Auto gelandet. Zuerst schließe ich die Türen, damit es keine zufälligen Zeugen gibt. Aus einem Karton hole ich zwei Seile heraus. Hektisch fessele ich ihre Beine und Handgelenke. Vorläufig genügt das. Denn nun kommt es darauf an, rasch vom Tatort zu verschwinden. Ich klettere nach vorn und starte den Motor. Obwohl es ein paar Sekunden zusätzliche Zeit kostet, fahre ich sehr vorsichtig rückwärts, um ihr Fahrzeug nicht zu streifen und damit Spuren zu hinterlassen. Danach rolle ich im gemäßigten Schritttempo von dem Parkplatz hinunter.

Schon ein paar hundert Meter weiter biege ich in eine ruhige Seitenstraße ein. Hier kann ich mich in Ruhe um mein Paket kümmern, das noch immer bewegungslos im Laderaum liegt. Durch die Sitze quetsche ich mich nach hinten, wo ich dem Pappkarton die benötigten Utensilien entnehme. Zunächst zwänge ich ihr einen Knebel in den Mund, um ihr die Gelegenheit zu nehmen, nach Hilfe zu schreien. Anschließend löse ich die Knoten und drehe sie auf den Bauch. Ich fessle sie, wie ich es in dem Pornofilm gesehen habe. Die Arme lege ich ihr auf den Rücken, umschlinge die Handgelenke mit einem Seil, das ich dann um ihre Fußgelenke binde. So kann sie sich unmöglich eigenständig befreien. Um ihre Panik beim Erwachen zu steigern, streife ich ihr zuletzt einen alten Kartoffelsack über.

Wenn ich gleich den Transporter allein zurücklasse, wird sie keine Chance haben, Passanten zu alarmieren.

Ich greife nach ihrer Handtasche, benötige allerdings wegen meiner zittrigen Finger drei Versuche, bevor ich den blöden Verschluss endlich geöffnet habe. Ungeduldig schütte ich den kompletten Inhalt aus und finde ihre Autoschlüssel. Dem Rest – wie zum Beispiel ihrem Handy – werde ich mich später widmen.

Äußerst aufgewühlt kehre ich zurück ans Steuer, wo ich tief durchatme. Bislang läuft es perfekt. Ein Blick nach draußen bestätigt mir, dass niemand in der Straße unterwegs ist.

Ich verlasse mein Fahrzeug und gehe in die Richtung, aus der ich gekommen bin, im normalen Tempo, auch wenn es mir schwerfällt. Normalität bedeutet Unauffälligkeit. Erst danach erlaube ich mir, schneller zu laufen. Ich muss ihren Wagen von dem Parkplatz des Altenheims schaffen, da er ansonsten irgendwann auffallen würde.

Dort angekommen, scheint sich noch niemand für den Verbleib der Fahrerin zu interessieren. Ich bestätige die Funkautomatik, verstelle den Sitz nach hinten, klemme mich hinters Lenkrad und starte den Motor. Die nächste Aufgabe besteht darin, ihr Auto irgendwohin zu bringen, wo es nicht so schnell auffällt, selbst wenn die Bullen nach ihm fahnden.

Kapitel 17

Delia

Es ist, als würde ich aus einer Vollnarkose erwachen, und kurz darauf wünschte ich, es wäre tatsächlich so. Jede schwere Operation kann nur besser als dieser Albtraum sein, der kein Traum ist. Ich bin gefangen und spüre Schmerzen am ganzen Körper. Warum sehe ich nichts? Wo bin ich? Ich liege auf dem Bauch, meine Hände sind auf dem Rücken zusammengezurrt, die Füße fest verschnürt. Über meinem Kopf ist etwas gestülpt, mein Mund ist mit einem Lappen oder so was Ähnlichem verstopft. Oh Gott, ich kann nicht atmen, ich kriege keine Luft!

Langsam, ganz ruhig, nur nicht in eine Panikattacke geraten. Ich hechle flach in meine Mitte, ein und aus, ein und aus. Nach einigen Sekunden – oder sind Minuten vergangen? – geht es einigermaßen. Ich werde durch die Nase atmen und Luft bekommen. Darauf muss ich mich fokussieren. Streng dich an, und konzentrier dich, Delia. Du wirst nicht sterben.

Ich öffne die Augen wieder, die ich vielleicht gar nicht geschlossen hatte. Mein Verstand kommt nicht mit, jeder Gedanke verliert sich in Angst und Hilflosigkeit.

Bis ich mit einem Schlag realisiere: Ich bin entführt worden. Sofort ist die Panik erneut da, und ich hechle gegen den Knebel im Mund an, den der Typ mir vorhin reingestopft hat. Vorhin? Oder ist es länger her? Seit wann bin ich in diesem Wagen, gefesselt und mit dem Kopf in eine Decke gewickelt? Decke? Ist es gar ein Teppich oder ein Sack? Es riecht wie ein Kartoffelsack – genau, das ist es.

Ich muss bei Sinnen bleiben, rekonstruieren, was geschehen ist. Ich darf nicht durchdrehen.

Er hat mir die Hände und Beine zusammengebunden. Meine Finger sind komisch verdreht. Hektisch zerre und zapple ich, doch die Schnüre sind zu fest. Ich fühle mich wie lebendig begraben und vollkommen ausgeliefert, zum Tode verurteilt, einem qualvollen Tod, bei vollem Bewusstsein. Oh Gott. Hilfe! Der Versuch, Geräusche zu erzeugen, schlägt fehl. Gegen den Knebel habe ich keine Chance, bekomme keinen echten Schrei heraus. Wohin hat er mich gefahren? Oder befinde ich mich noch auf dem Parkplatz des Pflegeheims? Ich habe keine Ahnung, wo ich bin und wie lange ich bewusstlos war. Bestimmt wurde ich an einen schrecklichen Ort gebracht und werde gleich vergewaltigt, misshandelt und bestialisch hingerichtet. Aber wann? Oder bin ich allein, werde im Nirgendwo vergessen und elendig verrecken?

Das ist ein wahrgewordener Horrorstreifen, mit mir in der Hauptrolle. Ich muss hier raus! Was würde eine Filmheldin an meiner Stelle machen? Sie würde ihre Flucht planen. Versuchen, sich aus ihrem Gefängnis zu befreien und zu überlegen, wer ihr das Leid angetan hat. Noch antut. Ich habe es nicht hinter mir, denn das ist erst der Beginn. Was hat das alles zu bedeuten?

Nachdenken. Das Gehirn anstrengen.

Der Moment, in dem ich den Entführer wahrgenommen habe, steht mir deutlich vor Augen. Ich bin mir relativ sicher, ihm nie zuvor begegnet zu sein. Auch seine Stimme habe ich vorher nie gehört. Es ging so schnell. Ich hatte ihn gar nicht richtig angeschaut, als ich ihn darum bat, seinen Wagen wegzufahren. Nur ein kurzer Wortwechsel, banal und harmlos. Wer ahnt denn, dass man einen Schwerverbrecher vor sich hat, wenn man ihn um etwas so Simples bittet? Hätte ich nur nichts gesagt. Oh nein, ich bin so dumm. Einfach abwarten, bis er meine zugeparkte Fahrertür von selbst freimacht – das hätte ich tun sollen. Stattdessen quatsche ich einen wildfremden Kerl an. Wie konnte ich nur so leichtgläubig sein? Oder hat er das mit Absicht gemacht? Natürlich! Ja, es war sein Ziel, mich auf eben diese Weise in die Enge zu treiben. Und ich bin darauf hereingefallen.

Es war ein Transporter. In Transportern werden doch immer Leute verschleppt. Ich kenne das Fahrzeug nicht, das zu meinem rollenden Sarg wurde, oder habe ich es schon einmal bei uns auf dem Firmenparkplatz gesehen? Nein, zumindest nicht bewusst. Und er, wer ist das? Obwohl er mich derb gepackt und mir irgendetwas Kaltes aus Metall an den Nacken gedrückt hat, sah er nicht furchterregend aus. Die *Tat* war furchterregend, der Typ hingegen … attraktiv. Mist, ich bin bereits verrückt. Kein normaler Mensch nimmt Attraktivität wahr, wenn er gerade gekidnappt wird. Ob das so was wie ein Schutzmechanismus ist, der mich vorm Zusammenbruch rettet? Stelle ich mir ein Monster schön vor, damit es weniger monströs wird? Fest steht: Ich kenne ihn nicht. Ein mir unbekannter Mann. Anfang dreißig, kein Bart, kurze Haare. Blaue Augen. Genau! Die hellblauen Augen standen im Kontrast zum dunklen Hauttyp und den braunen Haaren. Den Typ habe ich nie zuvor gesehen, denn sein Anblick wäre mir im Gedächtnis geblieben.

Vielleicht ist er nicht allein, möglicherweise hat er einen Komplizen. Ob er der Fahrer des Wagens ist? Ist er Kidnapper und Mörder in einer Person? Oder arbeitet er nur im Auftrag? Der Killer mit den Eisaugen … Meine Sinne vernebeln, und ich möchte schlafen, nichts von dem mitbekommen, was mich erwartet. Wenn ich wieder aufwache, steht ein Traumprinz vor mir, der mich aus dem stinkenden Sack rausholt. Aber die herbeigesehnte Ohnmacht bleibt aus. Stattdessen rasen die Gedanken weiter, irren im Kreis und bleiben dann bei einer fixen Idee stehen: Gregor hat die Tat in Auftrag gegeben. Er war's. Mein verändertes Verhalten hat ihn misstrauisch gemacht, und er hat bemerkt, dass ich ihm auf die Schliche gekommen bin. Um unser Geld in Ruhe zusammen mit seiner Geliebten ausgeben zu können, will er mich beseitigen. Was es wohl kostet, mich in einen Transporter sperren zu lassen?

Verdammt, mein baldiger Tod erscheint mir immer logischer. Sollte mein Mann wirklich hinter meiner Verschleppung stecken, kann der Plan nur Mord lauten. Warum sonst würde mich jemand in seinen Wagen zerren?

Würde ich bloß meinen Kopf befreien können! Am Schlimmsten ist der Kontrollverlust von Augen und Mund, das macht mich verrückt. Meine Gliedmaßen schmerzen unendlich, doch irgendwie gelingt es mir, das wegzudrücken. Aber dass ich nichts sehen kann und mir die Luft und Sprache wegbleiben, ist kaum zu ertragen. Diese fürchterliche Position, in der ich mich befinde, macht mich handlungsunfähig. Jeder Versuch, mich in eine aufrechte oder sitzende Haltung zu bringen, scheitert. Mein Körper scheint noch bekleidet zu sein, lediglich Kopf und Hals sind vom Sack bedeckt. Mit Schubbern am Boden bekomme ich das Juteding nicht ab; es ist zum Verzweifeln.

Da ist ein Geräusch. Jemand hantiert am Schloss. Es hört sich an, als hätte er Probleme, die Tür aufzubekommen. Warum, wenn er doch einen Schlüssel hat? Vielleicht rettet man mich. Ich will schreien, doch der Knebel verhindert es erneut. Irgendwer steigt ins Innere des Fahrzeugs. Mein Atem wird schneller, als ich höre, dass sich die Tür mit einem Ruck schließt. Das ist mein Ende. Dann bewegt sich der Boden unter Schritten.

»Sei gefälligst leise«, schnauzt eine Männerstimme.

Ich wage nicht, mich zu bewegen. Die tonlosen Rufe gegen den Knebel unterlasse ich ebenfalls. Ob man das doch gehört hat? Er kommt näher. »Na also«, sagt er. »Mach einfach nicht so einen Krach, hörst du?«

Ich nicke und habe keine Ahnung, ob er das sieht. Jedem seiner Befehle würde ich folgen, wenn er mir nur nichts antut. Ruhig und folgsam zu bleiben wird ihn beruhigen. Er ist ganz dicht über mir und beugt sich leicht keuchend zu mir runter. Was hat er vor? *Bitte*, möchte ich sagen, *bitte, ich tu alles, was du willst*. Könnten doch nur meine Gedanken telepathisch zu ihm gelangen.

Plötzlich spüre ich seine Hände auf dem Rücken. Sie ruhen dort nur einige Sekunden, wandern tiefer zum Steißbein und grabschen zwischen meine Beine. Er wühlt mit den Fingern an meiner Scham herum, scheint es sich dann wegen der eng gegeneinander gebundenen Beine anders zu überlegen und greift unter meinen Oberkörper an meine Brüste.

Ich liege mucksmäuschenstill und überlege fieberhaft. Seine Absicht ist eindeutig sexueller Natur. Kurz denke ich an Gregor, der wohl doch nicht dahintersteckt. Ich bin in die Fänge eines Triebtäters geraten. Aber eine Vergewaltigung werde ich überleben. Wenn er mich nur nicht umbringt, halte ich das aus. Ich kneife die Augen zusammen und stelle mir vor, wie ich mich aus meinem Körper wegbewege. Meine Seele verlässt diesen Ort, steigt höher, bis sie das alles nur von oben mitbekommt.

Ohne dass ich es sehe, ahne ich seine Erregung. Der Ekel hält sich in Grenzen, nein, falsch, er ist kaum spürbar. Es ist vielmehr die Angst vor dem, was noch folgt. Ich will nicht sterben. Ich will den Sack vom Kopf haben und das Ding aus dem Mund bekommen. Das Kneten meines Busens ist mehr zärtlich, denn grob. Er hält inne, zögert, zieht die Hand unter mir weg.

»Du bist gehorsam, das gefällt mir«, sagt er. Seine Stimme klingt jung und erschreckend normal. Wie kann ein normaler Mensch so etwas tun? Ist er krank? Pervers? »Wir müssen ein paar Stunden überbrücken, bevor ich dich nach Hause bringe.«

Nach Hause! Ich zittere und schwitze zugleich vor Aufregung. Ob er mein Zuhause meint? Oder verschleppt er mich zu sich? Mir fallen schreckliche Verliese aus Fernseh- und Zeitungsberichten ein.

Solche Sachen passieren nur den anderen, bete ich, ich werde mehr Glück haben und bald wieder in Sicherheit sein. Worauf auch immer wir warten müssen, warum auch immer wir ein paar Stunden überbrücken müssen. Lösegeld? Ist es das? Gregor zahlt für mich vermutlich keinen Cent mehr; der ist doch froh, wenn er mich los ist. Ein weiteres Mal wirbelt mein Gedankenkarussell herum und herum und herum.

»Hm, schwierige Entscheidung. Ach, scheiß drauf«, murmelt er. »Möchtest du was essen und trinken?«

Erst jetzt spüre ich den quälenden Durst und nicke. Wieder habe ich keine Ahnung, ob er meine Bewegung korrekt deutet.

»Okay, pass auf, was ich dir erkläre. Ich sage es nur ein einziges Mal. Bist du nicht folgsam, wirst du das bitter bereuen. Verstanden?«

Ich nicke heftig. *Ich tu alles, absolut alles, was du willst, wenn ich nur endlich diesen Knebel aus dem Mund bekomme.*

»Versuch nicht, mich reinzulegen. Keine Tricks. Du kannst froh sein, dass ich so großzügig bin. Andere würden sich wie echte Arschlöcher verhalten, aber ich glaube an dich. Du wirst alles tun, was ich von dir verlange, weil du weißt, was es für uns bedeutet. Ich nehme dir jetzt den Sack vom Kopf, und du hältst still. Ich bin dein Meister.«

Er ist ein Psychopath. Ich muss ihm das Gefühl vermitteln, sein Diener zu sein, dann wird er mir abkaufen, dass ich ihn tatsächlich für meinen Meister halte. Das schaffe ich.

Er zieht mir das stinkende Teil runter. Die plötzliche Helligkeit lässt mich blinzeln. Ich erkenne den Boden des Fahrzeugs, sehe eine Flasche neben mir. Seine Hände packen mich an der Hüfte und drehen mich um, sodass ich alle möglichen Dinge auf einmal sehe. Sein Gesicht, seine Jeansjacke. Abdunkelungsfolie an den Fensterscheiben. Ist es vorteilhaft, dass er allein ist? Sein Äußeres habe ich mir genau richtig vorgestellt – attraktiv, sportlich. Und er hat ganz hellblaue Augen, in denen ich sofort den Wahnsinn sehe, als er mich jetzt fixiert. Als würde ein wildes Tier seine Beute anvisieren, um im nächsten Moment zuzuschnappen.

Mein Instinkt sagt mir, ich soll lächeln, um die Situation zu entkrampfen. Eine Beziehung zu ihm herstellen. *Hey, ich bin echt nett, du auch, lass uns einfach aufhören mit dem Quatsch und das alles vergessen.* Wehrlos liege ich auf dem Rücken vor ihm. Dass er sein Aussehen nicht vor mir verbirgt, bedeutet nichts Gutes. Würde ich entkommen, könnte ich eine perfekte Täterbeschreibung liefern. Er plant eine längere Entführung. Oje, ich muss husten. Regungslos beobachtet er mich eine Weile. Dann schnellen seine Hände vor, und er löst den Knebel. Endlich! Ich atme laut und stoßweise, wage aber nicht, zu sprechen.

Wenn er nur die Fesseln abmachen würde, zumindest an den Handgelenken. Doch er ruckelt an mir rum, zerrt mich hoch und flucht dabei aggressiv vor sich hin, bis ich in halbwegs sitzender Position vor ihm kauere.

»Was ich hier für einen Zirkus veranstalte, damit es dir gut geht. Ich erwarte ein wenig Dank«, stößt er wütend aus.

Sein verrückter Blick jagt mir Angst ein.

»Danke«, sage ich leise. Es erscheint mir, als habe ich seit Ewigkeiten nicht gesprochen. Ich klinge heiser und fremd.

»Geht doch. Und nun gibt es Essen. Halt still.«

Aus seiner Jackentasche holt er einen schmalen Schokoriegel und entfernt das Stanniolpapier. Wie soll ich das Zeug ohne Hände in den Mund bekommen? Oh nein … Er hält mir die Schokolade vor die Lippen, will mich füttern. Sein Gesicht kommt immer näher, und sein warmer Atem streift meine Haut. Die Situation ist dermaßen grotesk, dass ich noch nicht einmal weinen kann. Ich schaue ihn demütig an, während ich abbeiße und kaue.

»Lecker, hm?«, fragt er.

Jetzt dämmert es mir … Er klingt verliebt. Er steht auf mich. Nicht nur körperlich, sondern er mag meinen Anblick. Verdammte Scheiße, ich bin einem komplett Irren ausgeliefert. Ob es hilft, wenn ich nett zu ihm bin?

»Ja, danke.«

»Das ist deine Lieblingsschokolade.«

Stimmt. Woher weiß er das?

»Sie schmeckt sehr gut«, antworte ich und lege Unterwerfung und Schüchternheit in meinen Blick.

»So, und nun noch einen Schluck Wasser. Warte.«

Suchend wendet er den Kopf hin und her, und ich wage einen Blick auf den Rest seines Körpers. Bevor ich es erkenne, weiß ich es bereits: Mein Entführer ist extrem erregt. Vor Geilheit beult sich seine Hose aus. Der Perverse hat einen Steifen. Nicht mehr lange, und er wird mich vergewaltigen.

»Hier, trink.«

Das Wasser aus einer Plastikflasche läuft mir links und rechts am Mund herunter, als er es mir einflößt. Die wenigen Tropfen, die in meiner Kehle landen, sind wohltuend und tröstend. Ich habe so einen Durst und würde gerne einfach weitertrinken, doch nach drei Schlucken zieht er die Flasche weg und erhebt sich. Der seltsam intime Moment ist dahin. Vor mir baut sich der brutale Peiniger auf.

»Das muss bis heute Abend reichen, du wirst schon nicht verhungern. Andere halten viel mehr aus als ihr verweichlichten Weiber. Außerdem musst du sonst pinkeln. Ich warne dich!« Er wird lauter, und ich senke ängstlich den Blick. »Du machst dir unter keinen Umständen in die Hose. Wenn ich Pisse entdecke, drehe ich durch!«

Energisch bückt er sich, greift nach dem dreckigen Geschirrspültuch, das mir im Mund steckte, und wickelt es mir erneut als Knebel um. Das ist mein Ende. Ich kann nicht mehr, Tränen treten mir aus den Augen.

»Flenn nicht rum«, bellt er und stülpt mir den Sack über den Kopf.

Ich ergebe mich meinem Schicksal, jetzt sitzend statt liegend. Wie soll ich mich aus dieser Misere befreien? Mein Kampfgeist erlischt, ich möchte nur noch schlafen und verschwinden. Von mir aus soll er mich umbringen, am besten schnell. Er bleibt weiter vor mir stehen. Ich bin so unendlich erschöpft.

Bevor ich wegdämmere, denke ich darüber nach, ob in der Schokolade oder dem Wasser ein Schlafmittel versteckt gewesen war. Dann ist es endlich ruhig.

Kapitel 18

Gregor

Leonie sitzt neben mir auf dem Bett und feilt ihre Nägel, als mein Telefon klingelt. Sofort wird sie misstrauisch.

»Wer ist das?«, fragt sie.

»Woher soll ich das wissen?«, erwidere ich leicht amüsiert.

Der Vormittag war so erfüllt von befriedigendem Sex, dass mir ihr Argwohn momentan egal ist. Sobald wir gemeinsam verschwunden und Delia keine Rolle mehr spielt, wird sich Leonies Eifersucht wohl automatisch legen. Hoffe ich zumindest. Das Handy befindet sich auf dem kleinen Schreibtisch. Ich schwinge die Beine von der Matratze und gehe dorthin.

»Wenn es Delia ist, darfst du keinen Ton sagen«, warne ich Leonie.

Sie schweigt provokant.

»Hast du das …« Einen Schritt vom Schreibtisch entfernt, erkenne ich die Anruferkennung. »Scheiße! Was will der denn?«

»Wer?«

»Maier. Der Bankmensch.«

Das Klingeln verstummt.

»Hattet ihr ein Telefongespräch vereinbart?«, erkundigt sich Leonie.

»An einem Samstag ganz bestimmt nicht. Ob das ein Versehen war?«

Diese Hoffnung zerschlägt sich, als Maier fünf Minuten später einen erneuten Anrufversuch unternimmt.

»Hallo, Herr Maier«, begrüße ich ihn. »Was verschafft mir die Ehre? Haben Sie kein freies Wochenende?«

»Ich fürchte, Sie wissen, weswegen ich mich melde«, erwidert er, ohne die Formen des Anstands zu wahren und wenigstens meinen Namen zu nennen.

»Ehrlich gesagt verstehe ich nur Bahnhof«, behaupte ich.

»Herr Witt, ich habe meinen freien Samstag geopfert, um mir die Konten Ihrer Firma in aller Ruhe anzusehen. Während der Woche wird man ja ständig vom Tagesgeschäft gestört. Ich betreue den Baustoffhandel übrigens seit meiner Ausbildung. Insofern können Sie sich vorstellen, dass er mir am Herzen liegt.«

Innerlich verfluche ich meine Untätigkeit. Vor zwei Jahren hatte ich mit dem Gedanken gespielt, die Bank zu wechseln, doch letztlich den bürokratischen Aufwand gescheut. Ein Fehler, wie sich nun herausstellt.

»Ich weiß Ihren Einsatz zu schätzen. Trotzdem kapiere ich …«

»Natürlich verstehen Sie das«, fällt er mir ins Wort. »Wir haben ein persönliches Gespräch …«

»Herr Maier, mir gefällt Ihr Ton nicht«, weise ich ihn zurecht. Wenn ich mich zu unterwürfig verhalte, könnte der Eindruck entstehen, dass ich etwas verberge.

Leonie betrachtet mich anerkennend. »Zeig's dem Penner!«, flüstert sie.

Der Bankberater atmet tief durch, ehe er ein bisschen ruhiger den Faden wieder aufnimmt. »Erklären Sie mir bitte, warum Sie gestern eine hohe Überweisung vom Geschäftskonto getätigt haben«, fragt er. »Wenn ich den Betrag durchwinke, ist Ihre Kreditlinie komplett ausgereizt.«

»Das ist mir klar«, antworte ich gelassen.

»Ich finde das ein höchst sonderbares Vorgehen an einem Freitagabend.«

»Ich habe das wegen der Messe getan. Sie wissen, manchmal muss man in Vorleistung treten, um Aufträge zu erhalten. Sicherheiten hinterlegen.«

»Und Sie haben gestern Abend einen solchen Abschluss unter Dach und Fach gebracht?«

Ich könnte jetzt lügen, aber er würde mir nicht glauben, denn er sieht ja, wohin die Summe angewiesen wurde. »Nein. Ich habe das Geld lediglich auf ein Konto verschoben, von dem ich eine Überweisung blitzschnell ausführen kann«, sage ich.

»Sollte der Betrag nicht benötigt werden, transferiere ich ihn nach der Messewoche zurück.«

»Werfen Sie unserer Bank Verzögerungen vor?«, schlussfolgert Maier pikiert.

»Keine bewusst herbeigeführten«, beruhige ich ihn. »Doch seien wir ehrlich: Gelegentlich benötigen Sie zwei Werktage länger als die Internetbank, zu der ich den Finanzpuffer transferiert haben möchte.«

»Zwei Werktage? Das ist übertrieben«, wendet er ein.

»Herr Maier, das geschäftliche Umfeld hat sich seit der Finanzkrise rigoros verändert. Manche Auftraggeber wollen innerhalb einiger Stunden Zahlungseingänge verbucht haben. Deswegen brauche ich die Möglichkeit, das Geld telefonisch zu übertragen. Nicht nur während Ihrer Öffnungszeiten.«

Der alte Mann am anderen Ende der Leitung schweigt. Als ich schon hoffe, ihn überzeugt zu haben, seufzt er.

»Ich kann Ihnen nicht versprechen, die Summe zu genehmigen.«

»Das können Sie …«

»Ich werde Montagfrüh den Vorstand informieren. Diese Entscheidung treffe ich nicht allein.«

»Haben Sie mir gerade nicht zugehört?«, frage ich erbost.

»Selbstverständlich«, entgegnet er. »Ihr Argument leuchtet mir sogar ein.«

»Weshalb legen Sie mir dann Steine in den Weg?«

»Ich muss die komplette Situation berücksichtigen«, antwortet er nebulös.

»Wovon reden Sie?«

»Sie erhalten spätestens Montagmittag eine Zu- oder Absage. Bis dahin friere ich Ihr Geschäftskonto allerdings ein«, warnt er mich.

»Herr Maier, ich bitte Sie inständig, das nicht zu tun.«

»Tut mir leid. Unser gesamtes Institut ist aus langer Verbundenheit der Familie Witt verpflichtet. Montagmittag. Versprochen. Ich wünsche Ihnen trotzdem ein angenehmes Wochenende.« Maier beendet das Gespräch.

»Ich fasse es nicht!«, brülle ich außer mir vor Zorn und schleudere das Handy aufs Bett.

»Schatz, komm zu mir«, sagt Leonie beruhigend.

Doch ich reagiere nicht. Also steht sie auf und nimmt mich in den Arm.

»Könntest du mich einweihen? Immerhin geht es auch um meine Zukunft.«

Tatsächlich habe ich sie bislang eher im Unklaren gelassen. Zu viele Mitwisser stellen eine Gefahr dar. Deswegen wusste sie lediglich, dass wir gemeinsam verschwinden werden und unseren Neustart mit dem Geld finanzieren, das ich aus dem Baustoffhandel herauspresse.

Kraftlos setze ich mich auf den Matratzenrand und greife zu der am Boden stehenden Wasserflasche. Nach einem kräftigen Schluck beschließe ich, ihr reinen Wein einzuschenken.

»Seit einigen Monaten verschiebe ich Kohle von Geschäftskonten zu Privatkonten«, beginne ich stockend. »Außerdem habe ich einen Mittelsmann engagiert, der eine Briefkastenfirma im Ausland gegründet hat. Die Firma befindet sich zwar in meinem Besitz, läuft aber unter seinem Namen. Das kann weder die Steuerbehörde noch die Staatsanwaltschaft aufspüren.«

»Ist das ein guter Freund von dir?«

»Nein.«

»Warum macht er das dann?«

»Weil er eine fette Provision erhält.« Dass ich ihm diese vorab bezahlen musste, verschweige ich. Leonie muss nicht wissen, wie wenig ich beiseitegeschafft habe, wenn mir Maier meine Pläne durchkreuzt. »Bisher waren das kleinere Beträge«, fahre ich fort.

»Wie viel?«

»Spielt keine Rolle. Das, was du wissen musst, ist Folgendes: Ich habe gestern Abend vierhundertneunzigtausend angewiesen. Das war der große Batzen, danach wollte ich abhauen. Und genau den blockiert der Wichser.«

Die Summe scheint Leonie zu beeindrucken. Offenbar hat sie eine Vorstellung davon, wie anders unsere Zukunft aussehen würde, falls uns eine halbe Million fehlt.

»Darf er das überhaupt?«

»Ich kann ihn ja schlecht verklagen«, erwidere ich gereizt.

Während Leonie jammert, wie ungerecht das sei, habe ich plötzlich eine Idee – die an Dreistigkeit kaum zu überbieten ist, aber trotzdem zum Erfolg führen könnte.

»Wäre es dir möglich, in ein paar Tagen mit mir zu verschwinden?«, frage ich sie. »Beispielsweise Ende nächster Woche?«

»Direkt nach unserem Urlaub?« Sie strahlt. »Klar.«

»Ohne dich langwierig zu verabschieden? Von Freunden, Familien et cetera? Wir fliegen nach Hause, packen deine Sachen und verduften.«

»Das wäre traumhaft«, antwortet sie. »Aber das machen wir nicht wirklich, oder?«

»Je nachdem«, entgegne ich ausweichend. »Lass mich kurz nachdenken.« Ich stehe auf, gehe ins Badezimmer und mustere mein Spiegelbild. Wäre Delia tatsächlich so naiv?

Nach einer Weile beschließe ich, es zu versuchen. Ich laufe zurück zum Bett, auf das sich Leonie wieder gesetzt hat. Erwartungsvoll sieht sie mich an.

»Ich rufe Delia an.«

»Weshalb?« Leonie zieht einen Schmollmund.

»Ich werde sie überreden, Maier anzurufen und ihr Okay für die Überweisung zu erteilen.«

»Das wird sie nicht tun. Wer unterschreibt schon sein eigenes Todesurteil.«

»Ich muss es bloß vernünftig verpacken. Ihr verdeutlichen, wie wichtig die Freigabe für die Überlebenschancen der Firma ist.«

Grob skizziere ich, wie ich meine Ehefrau überzeugen will.

»Du glaubst, das funktioniert?«

»Ich muss es probieren. Denn ich glaube nicht, dass Maier den Betrag ohne Delias Einverständnis freigeben wird. Egal, wie lang das Telefonat dauert, du darfst keinen Mucks von dir geben. Keinen Nieser, keinen Huster, kein Sterbenswörtchen.«

»Verlass dich auf mich.«

Ich wähle Delias Nummer an. Dreißig Sekunden lang ertönt das Freizeichen. Dann höre ich ihre aufgezeichnete Stimme. Statt eine Nachricht zu hinterlassen, wiederhole ich den Vorgang. Eigentlich müsste sie um diese Uhrzeit gelangweilt zu Hause und dankbar wegen meines Anrufs sein.

Doch anstelle des Freizeichens springt diesmal direkt die Mailbox an.

»Delia! Ich muss dich dringend sprechen. Melde dich!«

Hat sie das Handy ausgeschaltet? Das wäre für meine Frau absolut untypisch.

Kapitel 19

Samuel

Meine Recherchen im Internet haben ergeben, dass die K.-o.-Tropfen, die sich im Getränk befanden, ausreichen, um sie mehrere Stunden außer Gefecht zu setzen. Zeit genug für die nötigen Vorbereitungen. Der schwierigste Teil der Entführung steht mir noch bevor: Ich muss Delia unbemerkt in meine Wohnung verfrachten. Dafür werde ich die Dämmerung nutzen, den Transporter so nah wie möglich vor dem Haus parken und sie durch den Keller über den Hinterhof zu mir schaffen.

Sie wirkt wie eine schlafende Prinzessin. Um mich von dem reizvollen Gedanken, dass sie mir völlig ausgeliefert ist, abzulenken, greife ich zu ihrem Smartphone. Die Bildschirmsperre des eingeschalteten Geräts lässt sich dank einer einfachen Wischbewegung aufheben. Ich kontrolliere zunächst ihre Anrufliste. Sie hat in den letzten Tagen einige Rufnummern angewählt, die nicht mit einem Namen hinterlegt sind. Ich fotografiere mit meinem Telefon diese Liste. Vielleicht stellt es sich später als vorteilhaft heraus, zu wissen, wen sie angerufen hat. Anschließend überprüfe ich ihre Nachrichtenprogramme. Sie nutzt WhatsApp, schreibt SMS und gelegentlich E-Mails. Ich mache mir die Mühe, die gesamten Nachrichten des vergangenen Monats durchzusehen – obwohl ich abgelenkt bin. Denn immer wieder fällt mein Blick auf ihre reglose Gestalt.

Mein Dornröschen.

Schließlich lege ich das Handy beiseite. Eine kleine Belohnung habe ich mir nach den riskanten Strapazen verdient. Da sie bereits auf dem Rücken liegt, muss ich ihr bloß die Hose hinunterziehen, um mich einer Sache zu vergewissern, die ich vorab nicht herausgefunden habe. Während der Beobachtungsphase hat sie nie ein Waxing-Studio aufgesucht. Trotzdem kann ich mir nicht vorstellen, dass sie der Natur im Intimbereich freien Lauf lässt.

Mit zittrigen Fingern nestle ich an ihrem Hosenbund, bis ich den Knopf geöffnet habe. Vorsichtig schiebe ich den Reißverschluss nach unten, packe den Bund und ziehe an dem Stoff. Zu meiner großen Freude trägt sie darunter einen schwarzen Spitzenslip. Meine Erregung wächst, was ich deutlich im eigenen Schritt spüre. Sanft befördere ich den Slip bis zum Oberschenkel und erfreue mich an dem rasierten Anblick. Ich wusste es! Eine Frau wie Delia würde sich niemals gehen lassen.

Egal, was ich nun mit ihr anstelle, sie hätte nach dem Erwachen keine Ahnung davon. Vorausgesetzt, ich bin nicht zu grob.

Es ist so verlockend!

Andererseits habe ich mir unser erstes Mal anders vorgestellt.

Ich entscheide mich für einen Kompromiss. Ein bisschen zu spielen sollte nicht verboten sein. Zumal ich sie verwöhnen werde. Nichts unternehme, worüber sie sich beklagen müsste. Nachdem ich Hosenbund und Slip bis zum Knöchel geschoben habe, lege ich mich auf ihre Beine. Mein Kopf verweilt in Höhe ihres Unterleibs. Zärtlich küsse ich den blanken Venushügel. Meine Zunge dringt als erster meiner Körperteile in sie ein. Sie schmeckt frisch geduscht und leicht blumig parfümiert. Ob sie sich unbewusst für unsere Zusammenkunft vorbereitet hat? Irgendetwas muss sie während der Beobachtung doch mitbekommen haben.

Manchmal war ich ziemlich unvorsichtig gewesen. Wahrscheinlich hatte sie mich bemerkt und sich gewünscht, dass ich mein Vorhaben endlich vollende. Die Türen ihres goldenen Käfigs aufsperre.

Das Klingeln ihres Handys reißt mich aus meiner wundervollen Tätigkeit. Ich zucke zusammen und setze mich hastig auf. Als wäre ich beim Naschen erwischt worden. Wütend greife ich zu ihrem Telefon. Der Name ›Gregor‹ steht im Display.

»Fuck!«

Warum versucht er, sie ausgerechnet jetzt zu erreichen? Immerhin befindet er sich auf Geschäftsreise. Nach meiner Kündigung hatte ich eine Weile E-Mail-Kontakt zu der Chefsekretärin gehalten und es geschafft, ihr einen Virus unterzujubeln. Seitdem kann ich auf Gregor Witts Kalender zugreifen. Er ist gestern zu einem Messetermin geflogen und wird erst in einer Woche zurückkehren.

Ich warte, bis der Klingelton verstummt ist. Anschließend schalte ich das Smartphone aus und entferne die SIM-Karte, die ich in zwei Teile zerbreche. Das Gerät und die defekte Karte werde ich unterwegs in einen Gully entsorgen, sodass keinerlei Chance besteht, Delias Anschluss zu orten.

Kaum habe ich das erledigt, will ich da fortfahren, wo ich aufgehört habe – aber der Schreck hat meine Lust getötet. Mürrische ziehe ich ihr die Kleidungsstücke wieder hoch, verschließe den Knopf und drehe sie herum. Dann fessle ich sie erneut. Wenn sie nachher aufwacht, werden ihre Gelenke aufgrund der unbequemen Position bestimmt schmerzen. Letztlich ist das gut für mich, denn es verhindert, dass sie an ihrer Fotze etwas spüren wird.

***

Das Glück bleibt mir hold. Als ich am frühen Abend in meine Straße einbiege, bemerke ich sofort den freien Stellplatz unmittelbar vor dem Haus. Das ist perfekt!

Im Laderaum stöhnt Delia. In der letzten halben Stunde hat sie mehrfach Geräusche von sich gegeben, die darauf hindeuten, dass die Wirkung der K.-o.-Tropfen langsam abgebaut ist. Doch das stört mich nicht im Geringsten, da ich es eingeplant hatte, sie im wachen Zustand zu mir zu bringen.

Und ein paar Minuten bleiben mir noch.

Ich steige aus und strecke mich ausgiebig, wie ein Mann, der nach einem anstrengenden Arbeitstag heimkehrt. Dabei nehme ich unauffällig die Umgebung in Augenschein, kann aber niemanden entdecken, auch nicht hinter den Fenstern. Es läuft wie am Schnürchen!

Leider verschwindet das Hochgefühl, als ich das Gebäude betrete und beinahe einem Nachbarn in die Arme renne.

»Samuel«, begrüßt mich der Mann, der im Dachgeschoss wohnt.

»Walter! Alles gut?«

»Kein Grund zur Klage. Bei dir auch?«

»Natürlich.«

»Warst den ganzen Tag unterwegs, oder?«

Seine Neugierde kommt zum falschen Zeitpunkt. Bislang hatte ich nicht den Eindruck, dass mich die Nachbarn großartig wahrnehmen. Anscheinend muss ich die Erkenntnis jedoch revidieren.

Ich mustere den grau melierten Mittfünfziger. Aufdringlich wirkt er eigentlich nicht. Vielleicht bemüht er sich ja bloß um ein normales Nachbarschaftsverhältnis.

»Bewerbungsgespräch gehabt. Musste einige Stunden dorthin fahren.«

»Blöd«, murmelt Walter mitfühlend. »Heutzutage wird so viel vom einfachen Arbeiter verlangt. Was glaubst du? Stellen sie dich ein?«

»Nein. Habe kein gutes Gefühl.«

»Shit!«

Um das Gespräch zu beenden, trete ich an den Briefkasten und schließe ihn auf. Doch statt sich endlich zu verpissen, blickt er mir über die Schulter. Im Inneren des Kastens liegt wieder nur Werbung. Diesmal stecke ich sie ein.

»Besser als eine Rechnung«, sage ich.

Er lächelt. »Stimmt. Hauptsache kein Steuerbescheid oder keine Rechnung.«

»Na dann, einen schönen Abend.« Demonstrativ wende ich mich Richtung Kellertreppe. Nun begreift er, dass mir nicht der Sinn nach einem Schwätzchen steht.

»Dito. Lass den Kopf nicht hängen.«

»Quatsch! Irgendwann klappt es. Davon bin ich überzeugt.«

Während ich die Stufen hinuntergehe, höre ich, wie er nach oben läuft. Erleichtert atme ich durch.

Ich öffne die Durchgangstür zum Hinterhof und blockiere sie, damit sie nicht zufallen kann. In meiner Wohnung stoße ich die Tür zum Opferraum auf und lege den Haken an der Eingangstür so um, dass ich sie gleich lediglich aufdrücken muss. Zuletzt hole ich aus der Küche ein Schälmesser, welches ich in einer Hosentasche verstecke.

Als ich in den Laderaum klettere, gibt Delia Grunzgeräusche von sich.

»Sei leise!«, zische ich. »Sonst wird es dir leidtun!«

Sie gehorcht aufs Wort. Bevor ich mich zu ihr hocke, greife ich zu einer großen dunkelblauen Decke, die bislang zusammengerollt an der linken Wand des Transporters in einer Haltevorrichtung hing.

»Willst du den Kopf freibekommen und den Knebel loswerden? Einmal stöhnen heißt ›ja‹.«

Ihre Antwort ist eindeutig. Ich lasse sie trotzdem ein bisschen zappeln und warte, ehe ich sie vom Kartoffelsack befreie. Es belustigt mich, wie sie anschließend mehrfach blinzelt, obwohl die Umgebung nicht sonderlich hell ist.

»Jetzt den Knebel!«

Ich ziehe ihr das alte Spültuch aus dem Mund und werfe es in eine Ecke. Delia atmet hektisch.

»Das machst du gut!«, lobe ich sie, weil sie keinen Wortschwall über mich ergießt.

»Meine Fußgelenke«, jammert sie kaum hörbar.

»Tun sie weh?«

»Ja.«

Überrascht bemerke ich die Tränen, die ihr über das Gesicht laufen. Offensichtlich leidet sie unter stärkeren Schmerzen, als ich es eingeplant hatte.

»Ich helfe dir. Halt still.«

Rasch löse ich den Knoten. Ihre Beine sacken nach unten, sobald sie ihre Bewegungsfreiheit zurückgewonnen haben. Es folgt ein erneuter Schmerzenslaut.

»Nicht so leidend!«, verlange ich. »Das Kribbeln wird vergehen.«

Statt ihr die Hände auch noch loszubinden, hole ich das Schälmesser aus der Hosentasche. Sie reißt erschrocken die Augen auf.

»Nur eine kleine Klinge, aber verdammt scharf«, erkläre

ich. »Ob ich sie nutze, um dich in Fetzen zu schneiden, liegt an dir.«

»Bitte nicht«, fleht sie.

»Es ist Zeit für einen Ortswechsel. Raus aus dem Fahrzeug, rein in meine Wohnung. Schrei nicht! Dich würde eh niemand hören. Trotzdem würde ich dich hart bestrafen. Willst du das?«

»Nein!«

Bevor sie etwas dagegen unternehmen kann, kremple ich ein Hosenbein hoch und ritze leicht in ihre nackte Haut. Sofort quillt ein Blutstropfen hervor. Tapfer versucht sie den Schmerzensschrei zu unterdrücken – was mir Respekt einflößt.

»Du verstehst also, dass ich es bitterernst meine?«

»Ja.«

»Kooperierst du?«

»Versprochen.«

»Kluge Entscheidung. Ich werde jetzt eine Decke ausbreiten, in die ich dich einwickle. Anschließend hieve ich dich auf meine Schulter. Wir müssen ein paar Meter zurücklegen. Du strampelst nicht, du schreist nicht. Ist das klar?«

»Ja.«

»Was passiert anderenfalls?«

»Sie werden mich …«, beginnt sie stockend.

»Ich werde dich qualvoll töten. Du kapierst es offensichtlich.«

Grob drücke ich Delia bis zum Rand der Ladefläche. Sie reckt den Kopf, damit sie sich nicht das Kinn anschlägt. Ich erhebe mich unterdessen und breite die Baumwolldecke aus.

»Die Spezialität des Hauses: Einen Delia-Wrap zum Mitnehmen.«

Ich muss über meinen eigenen Witz lachen. Als ich sie eingewickelt habe, schlage ich den dunkelblauen Stoff so um, dass weder Haarschopf noch Füße zu erkennen sind.

»Einen Moment Geduld, mein Goldstück.«

Ich öffne von innen die Transportertüren und springe hinaus. Sehr aufmerksam beobachte ich die Umgebung, ohne jemanden zu entdecken, der mein Treiben beobachtet. Nun wird es sich zeigen, ob sich mein Krafttraining in den letzten Monaten gelohnt hat. Ich ziehe die Decke zu mir heran, bis ich Delia packen und auf meine Schulter wuchten kann. Sie ist leichter als erwartet. Nachdem ich die Türen verschlossen habe, gehe ich Richtung Hauseingang. Bei jedem Schritt achte ich genau darauf, ob mir ein Hindernis im Weg liegt.

Im Hausflur angekommen, geschieht das, was nicht hätte geschehen dürfen. Ich höre, wie eine Wohnungstür zugeworfen wird. Jemand kommt zügig nach unten. Anhand der schnell aufeinanderfolgenden Schrittgeräusche vermute ich, dass einer der Studenten aus der zweiten Etage im Begriff ist, das Haus zu verlassen.

Jetzt zählt jede Sekunde. Er darf mich nicht so beladen entdecken. Hektischer als geplant laufe ich die Stufen zum Keller hinunter. Delias Gewicht bringt mich ins Wanken. Die Geräusche von oben kommen näher. Doch der rettende Kellerdurchgang ist ebenfalls nah. Ich trete über die Schwelle, als ich registriere, wie die Haustür aufgerissen wird. Augenblicklich bleibe ich stehen, um mich kurz auszuruhen. Keine Begrüßung folgt, keine Frage, ob man mir helfen könnte.

Erleichtert stoße ich die unbewusst angehaltene Atemluft aus.

In meiner Wohnung bringe ich sie schnaufend in ihr neues Zuhause, wo ich sie aufs Bett lege. Dann renne ich noch einmal hinaus, um die Durchgangstür zu schließen. Als ich auch die Wohnungstür hinter mir zugeworfen und abgeschlossen habe, erlaube ich mir ein triumphierendes Grinsen. Es ist vollbracht!

Euphorisch betrete ich den Raum, in dem sie die nächsten Wochen leben wird. Ich setze mich zu ihr und streichle sie durch den Baumwollstoff hindurch.

»Gleich bist du frei«, kündige ich an und packe sie aus. »Willkommen in meinem bescheidenen Heim«, flüstere ich ergriffen, als sie sich panisch umsieht. »Du musst keine Angst haben. Ich kümmere mich um dich.«

Tränen schießen ihr aus den Augen.

»Wieso weinst du?«

»Meine Handgelenke.«

»Oh, sorry, total vergessen.«

Sanft drehe ich sie zur Seite und befreie sie von den letzten Fesseln. Fast automatisch reibt sie sich anschließend die Gelenke.

»Ich muss ganz dringend … Pipi«, wispert sie und sieht mich verschüchtert an.

»Kein Problem«, beruhige ich sie. »Ich zeige dir die Toilette. Allerdings kann ich dort nicht wegsehen, dafür bitte ich um dein Verständnis.«

Ihrem Gesichtsausdruck ist zu entnehmen, was sie von der Vorstellung hält, in meiner Gegenwart zu pinkeln. Klugerweise verzichtet sie jedoch auf Widerspruch. »Ich helfe dir«, sage ich großzügig und reiche ihr die Hand.

Kapitel 20

Delia

Auf dem Weg zur Toilette läuft er so dicht hinter mir, dass ich immer wieder ins Stolpern gerate. Ständig sind seine Finger irgendwo an meinem Körper. Er berührt mich in einer Tour, als sei ich sein Eigentum, und geilt sich an mir auf. Zwar bin ich heilfroh, Fesseln, Sack und Decke los zu sein, doch was ich jetzt erlebe, ist nicht wirklich besser. Ich wünschte, ich könnte aus einem Fenster klettern und rausspringen, einfach abhauen und dem Irrsinn entkommen. Der Irre lässt mich jedoch nicht aus Augen. Das Gegrabsche ist so widerlich und beängstigend, dass ich mich nur schwer darauf konzentrieren kann, mir einen Eindruck von der Wohnung zu verschaffen. Das soll man doch machen, wenn man Gewaltopfer wird – lernt man im Fernsehen. Prägen Sie sich jedes Detail genau ein, damit die Polizei den Täter schnell ermitteln kann.

Es ist ordentlich und sauber. Scheinbar hat er geputzt und aufgeräumt. Für den großen Tag … Die Einrichtung ist zweckmäßig und spartanisch. Billig und altmodisch wie in einer Jugendherberge. Hier wohnt also mein Peiniger. Und hier plant er, mich zu verstecken. Wahrscheinlich denkt er, ich könne mich glücklich schätzen, weil andere Opfer in versifften Gefängnissen leiden. Wer weiß, was in seinem kranken Hirn vorgeht. Alles, was er von sich gibt, hört sich widerwärtig und abartig an. Mal spricht er mich geradezu liebevoll an, mal klingt er aggressiv, dann wieder zynisch und böse. Er ist ein unberechenbarer Psycho.

»Da ist das Klo. Du gehst vor«, befiehlt er.

Immerhin kann ich ihn inzwischen schon so gut einschätzen, dass ich die Erregung in seiner Stimme erkenne. Von dieser Erkenntnis habe ich zwar noch nichts, doch sie macht ihn für mich kalkulierbarer. Und wenn ich eine Chance haben will, muss ich seine Schwächen zu meinen Stärken machen.

Das Badezimmer ist hellblau gefliest. Außer einer Badewanne mit vergilbtem Duschvorhang, einem Waschbecken mit Unterschrank und einer Toilette befindet sich unterhalb des Spiegels nur noch ein langes, von einer Wand zur anderen reichendes Regal, auf dem sich Seife, Deo und zwei Zahnputzbecher mit jeweils einer Zahnbürste darin befinden. Dekorativ nebeneinander aufgereiht. Entweder, er lebt hier nicht allein. Oder die zweite Zahnbürste ist für mich.

»Ich denke, du musst so dringend«, sagt er genervt und schiebt mich vors Klo. »Zieh dir die Hose runter, und setz dich hin.«

Zitternd drehe ich mich um, sodass mein Gesicht direkt vor seinem ist. Mir bricht kalter Schweiß aus, und ich senke ängstlich den Kopf, während ich mich mit fliegenden Fingern untenrum freimache. Ich schiebe den Slip nur so knapp wie möglich herunter und beuge mich mit dem Oberkörper vor, in der Hoffnung, dass er mir auf diese Weise nicht in den Schritt gucken kann. Entwürdigender kann eine Situation nicht sein. Ihn anzusehen ist mir unmöglich. Muss ich auch nicht – seine durchdringenden Augen spüre ich auch so. Den Blick auf die Fliesen geheftet, bemühe ich mich, zu pinkeln, doch meine Blase verkrampft. Schon als Kind konnte ich nicht vor anderen Leuten auf Toilette gehen – ich war nie eine von diesen Mädchen, die nur mit einer Freundin zusammen aufs Klo geht, sondern brauchte meine Ruhe. Auch vor Gregor hätte ich mich niemals bei einem dermaßen intimen Vorgang präsentiert.

»Soll ich nachhelfen oder was?«, fragt er zynisch.

»Es geht gleich«, flüstere ich.

Mit den aufkommenden Tränen fließt auch endlich der Urin. Der Druck ist so stark, dass der Strahl geräuschvoll im Becken landet. Bah, widerlich, das macht ihn an; unruhig reibt er seine Oberschenkel und schnauft. Als ich fertig bin, ziehe ich schnell die Hose wieder hoch und schlucke gegen das Weinen an.

»Fein gemacht, meine Kleine. Du brauchst echt keine Angst zu haben, ich bin doch bei dir. Weil jetzt alles neu beginnt, benötige ich übrigens deinen Ehering. Mach den mal ab.«

Ach du Schande, er ist noch verrückter als ich dachte. Wie viel kranke Ideen hat er wohl auf Lager? Zu protestieren wage ich nicht, außerdem hänge ich sowieso nicht mehr an dem Zeichen der Liebe und Treue, das mir einmal sehr viel bedeutete. Wie viele Lichtjahre ist das her? Das Scheißding ist wie festgewachsen, ich bekomme es nicht ab.

»Mit Spucke funktioniert es bestimmt«, meint er lüstern.

Damit er es nicht womöglich selbst macht, hebe ich die Hand an den Mund und befeuchte die Stelle am Ringfinger schnell mit Speichel und ruckle weiter rum, bis es endlich geschafft ist. Als ich ihm den Ring in die geöffnete Handfläche lege, hält er mit einer flinken Bewegung meine Finger fest. Ekel steigt in mir auf, und ich erstarre. Ihn bloß nicht reizen. Nicht wütend machen. Solange er mir nicht wehtut, kann ich es aushalten. Ich schaffe das.

»Komm mit, wir gehen in dein Zimmer«, sagt er in einem Tonfall, als würde ein Vater seinem Kind erklären, dass es gleich feierlich zum Tannenbaum geleitet wird. »Bin gespannt, ob es dir gefällt. Falls du in Jubelschreie ausbrichst, hört es allerdings keiner«, kichert er. »Ist schließlich schallisoliert.« Was für ein widerwärtiges Arschloch. »Alles, was man braucht. Ein Bett, eine Couch und sogar ein Fernseher.«

Stolz läuft er durch den Raum und weist auf die Einrichtungsgegenstände. Er rückt ein bisschen von mir ab, sodass ich zumindest nicht ständig eines seiner Körperteile spüre. Es gibt garantiert schlimmere Gefangenenlager als meines, aber es ändert nichts daran, dass ich erneut losweine. Ich hatte gedacht, dass Gregors Affäre eine Katastrophe sei, aber gegen das, was ich jetzt erlebe, ist es ein Klacks. Ich will nach Hause, von mir aus zu einem Mann, der fremdgeht. Alles egal, nichts ist so beschissen wie das hier. Schniefend schaue ich mir die Möbel an und bleibe mit dem Blick beim Bett hängen. Zwei Kopfkissen, zwei Decken, Wäsche mit rot-schwarzem Herzmuster – die breite Matratze ist für ein Liebespaar hergerichtet.

»Mein Gott, an dein Geheule muss ich mich erst mal gewöhnen. Reiß dich gefälligst zusammen, ich habe mir immerhin viel Mühe gegeben. Guck, da ist Wasser mit wenig Kohlensäure, das trinkst du doch immer. Und damit du fit bist, wenn es darauf ankommt, liegen im Nachttisch ein paar Müsliriegel. Die liefern Energie. Aber keine Sorge, ich mag dich, wenn du ein bisschen schläfrig bist.« Er prustet los, hält dann glucksend inne und grinst. »Sorry, muss die Vorfreude sein. Jetzt aber mal ernsthaft, Delia, ohne deine Kooperation wird es schwierig für dich. Siehst du das ein?«

Sein hübsches Profil verwirrt mich. Die markanten Wangenknochen, die schwarzen Wimpern und die fein geschwungenen Lippen, sie passen nicht ins Bild. Doch in den Augen, obwohl auch sie im klassischen Sinne schön sind, ist das Böse, sie spiegeln die Grausamkeit und Abartigkeit seiner Person wider. Ich erschaudere und vergrabe meine Hände unter den Achseln.

»Das sehe ich ein, ja«, antworte ich leise.

»Fabelhaft. Ich versichere dir, keines der Nahrungsmittel manipuliert zu haben. Du kannst alles gefahrlos essen. Freut dich das?«

»Ja. Danke.«

Ein weiches Lächeln überzieht sein Gesicht, und er setzt sich auf die braune Couch, deren Stoffpolster abgewetzt, aber sauber aussehen. Links neben ihm ist nur ein kleiner Spalt Platz bis zur Lehne. Dorthin klopft er aufmunternd.

»Setz dich zu mir, Delia.«

Meinen Namen aus seinem Mund zu hören, die Art, wie er ihn betont, bereitet mir Brechreiz. Die ersten beiden Buchstaben haucht er fast, den Rest zieht er auseinander. Ein schnelles *De*, ein langes *lia*. Wie oft hat er das schon vor sich hingesagt? Steif quetsche ich mich zwischen ihn und die Armlehne und lege die Hände wie ein Schulmädchen auf die Knie. Dass das falsch ist, merke ich sofort. Aus seinem Rachen ertönt ein dunkler Ton – Kindliches macht ihn offensichtlich nur noch geiler.

»Folgendes«, sagt er, sammelt sich und setzt einen wichtigtuerischen Geschäftsblick auf. Seine Stimmungen wechseln ständig, ich komme kaum mit. »Wie lange sich dein Leben auf dieses Zimmer und das Bad beschränken wird, hängt ganz von dir ab. Vorerst ist das hier deine Unterkunft, aber bei guter Führung erhältst du die Freiheiten, die dir per Gesetz zustehen. Per *meinem* Gesetz, haha. Ich bin kein Unmensch. Darum nun mein großzügiges Angebot. Bist du bereit?«

Mit zusammengepressten Lippen bringe ich ein Nicken und ein »Hm« zustande. Und das, obwohl ich zu gar nichts bereit bin. Raus aus diesem Albtraum, nur weg, das ist es, was ich will.

»Ich biete dir ein Vollbad an. Eigentlich war das nicht geplant, aber du sollst begreifen, dass braves Benehmen Vorteile verschafft. Ja oder nein?«

Damit er sich sofort auf mich stürzen kann, wenn ich nackt bin? Erwartet er jetzt eine begeisterte Zusage, oder wird er stinksauer bei Ablehnung? Ich kann nicht einschätzen, wie seine Reaktionen ausfallen.

Vielleicht schadet etwas selbstbewussteres Auftreten nicht, um seine deutlich sichtbare Erektion zu verringern. Die schwarze Jeans beult zwischen den Beinen aus und lässt einen umfangreichen Penis befürchten. Nein, daran darf ich nicht denken. Ich muss ihn in Schach halten, so gut es möglich ist.

»Nein, danke, erst mal nicht«, antworte ich und quäle mir ein Lächeln ab.

»Akzeptiert.« Er springt auf und fährt sich zornig schnaufend mit den Händen durch die Haare. »Ich warne dich. Strapaziere meine Geduld nicht über.«

»Okay«, sage ich hastig.

Mit großen Schritten geht er, ohne mich anzuschauen, zur Tür hinaus und knallt sie hinter sich zu. Ich habe ihn verärgert. Er verschließt von außen, dreht mehrfach einen Schlüssel herum und prüft an der Klinke, ob alles dicht ist. Dann ist Stille.

Auf Zehenspitzen laufe ich durch mein Gefängnis und lausche an der Tür, höre aber keinen Mucks. Ich schaue mich um, habe aber fürchterliche Angst, dass er reinplatzt und mich für meine Neugierde bestraft. Bei jeder Bewegung rechne ich damit, schnell in Richtung Sofa rennen zu müssen, falls er zurückkommt. Ich habe keine Ahnung, wo ich anfangen soll. Meine Augen fliegen von einer Wand zur anderen; sämtliche Informationen, die in meinem Gehirn landen sollten, sind sofort wieder versickert. Ganz ruhig, flüstere ich mir Mut zu, ganz ruhig, du musst checken, ob man durchs Fenster fliehen kann.

Es ist mit schwarzer Folie verklebt und hat keinen Griff. Das Licht im Zimmer stammt von einem Strahler mit zwei Glühlampen an der Decke, von draußen gelangt nicht ein einziger Sonnenstrahl hinein. Mit den Fingernägeln fahre ich die Ränder der Scheibe ab, finde aber keinen Ansatzpunkt, um die Folie zu entfernen. Mist. Die Wände sind von oben bis unten mit einer schallisolierenden Verkleidung versehen, zumindest nehme ich an, dass es sich darum handelt. So was kannte ich bisher nur aus Filmen, allerdings sieht es da luxuriös, weinrot und wie im Puff aus. Hier erinnert es eher entfernt an ein Tonstudio mit grauen Schaumstoffpolstern. Ich berühre die unebene Wandverkleidung – sie ist nicht so weich und nachgiebig wie erwartet, sondern härter. Stinken tut sie auch.

Woher hat der Psycho das alles? Ob ich die Erste bin, die in diesem Zimmer gefangen gehalten wird? Mir wird schwindelig, ich setzte mich wieder auf die Couch. Verzweifelt schlage ich die Hände vors Gesicht und fange hemmungslos an zu schluchzen. Ich kann nicht mehr. Warum passiert mir das? So was gibt es nur in Gruselfilmen, nicht in echt. Da steckt nicht Gregor dahinter, das kann einfach nicht sein. Es wäre zu absurd. Abrupt halte ich inne und reiße die Augen auf. Man wird so schnell nicht nach mir suchen, weil mich niemand vermisst! Oh nein! Mein Verschwinden bleibt garantiert unentdeckt. Kann sein, dass sich der ein oder andere meiner Bekannten wundern wird, wenn ich nicht zu einer Verabredung erscheine, aber wirklich Sorgen wird man sich nicht machen. Bevor Gregor nicht von seinem Ficktrip mit der blöden Schnepfe zurückgekehrt ist, merkt keiner was. Ich habe die Arschkarte gezogen. Resigniert wandert mein Blick von einer Ecke zur nächsten. Und ahne: Hier kommst du nicht ohne Weiteres raus. Der Irre hat an alles gedacht.

Ein Klimpern an der Tür lässt mich erschrocken zusammenfahren. Nur wenige Sekunden, dann stürmt er zu mir rein, knallt die Tür zu und stellt sich breitbeinig vor mich. In der einen Hand hält er einen großen Block, in der anderen einen Kugelschreiber. Sadistisch grinsend schaut er auf mich runter.

»So ist es brav, Delia, es gefällt mir, dass du auf deinen Meister wartest und keinen Blödsinn anstellst.« Er hält inne und fährt mit schmeichelnder Stimme fort. »Hast du dich bereits ein bisschen eingelebt, Kleines?«

»Hm«, sage ich devot.

»Das ist gut. Ich möchte, dass es uns beiden gefällt. Zwar weiß ich sehr viel über dich, aber bestimmt erfahre ich noch mehr. Mich lernst du auch kennen, aber vorerst genügt es, wenn ich im Vorteil bin. Ich heiße übrigens Samuel. Wie findest du den Namen?«

»Schön«, rutscht es mir raus. Tatsächlich ist dies ein Name, den ich sehr mag und dem ich sogar einem Kind gegeben hätte. Jetzt nicht mehr. Wie pervers, dass ausgerechnet der widerlichste Mensch, den ich je zu Gesicht bekommen habe, meinen männlichen Lieblingsnamen trägt. Oder hat er ihn sich ausgedacht, weil er weiß, dass ich auf den Namen stehe? Nein, das ist unmöglich, davon wissen wirklich nur eine Handvoll Leute, und ich habe es bisher so gut wie nie erwähnt. Zufall, ein gemeiner Streich des Universums.

»Großartig, dass du meinen Namen schön findest!« Er schnauft aufgeregt und kämpft erneut mit dem Problem, ein Lachen zu unterdrücken, als würde er sich tatsächlich darüber freuen. »Zurück zu den Fakten. Du isst gern Weingummi, Himbeeren und Milchbrötchen, manchmal trinkst du Diät-Cola.« Während er über meine Ernährungsgewohnheiten referiert, hakt er einzelne Punkte auf dem Block ab und setzt anschließend den Stift neu an. »Irgendwelche speziellen Vorlieben, die ich noch nicht kenne? Du sollst schließlich nicht bei deinem Aufenthalt in der Nobelherberge Samuel Hunger leiden.«

Ich hasse ihn, diesen dreist grinsenden Gestörten! Offenbar wühlt er seit Monaten in meiner Mülltonne oder beobachtet mich beim Einkaufen. Mir steht der Sinn momentan nach allem, aber nicht nach Essen. Dennoch reiße ich mich zusammen und überlege, was er mir besorgen könnte. Wer weiß, ob mir eine Tüte Gummibärchen irgendwann Trost spenden kann …

»Ein bisschen Obst und Chips vielleicht. Käse mag ich auch.« Während er eifrig Notizen macht und sich dabei wie ein viel beschäftigter Geschäftsmann beim Vertragsabschluss aufführt, wäge ich ab, ob ihn der folgende Wunsch nur umso geiler stimmt. Andererseits brauche ich es tatsächlich. »Hygieneartikel wären gut«, wispere ich.

Er schaut vom Block auf und mustert mich. Warm, anschmiegsam. Verliebt. So gucken Hollywoodstars in besonders gelungenen Szenen, wenn sie der Frau ihres Herzens die Welt zu Füßen legen wollen. Langsam streckt er eine Hand nach mir aus und streichelt mir über den Kopf. Ich wage kaum, zu atmen, so heftige Angst habe ich. Es war falsch, um Hygieneartikel zu bitten, total falsch. Jetzt denkt er, ich vertraue ihm, und er kann mich auf der Stelle durchbumsen – weil ich es will. Ich bin so blöd.

»Ist aber auch echt nicht wichtig«, füge ich hastig hinzu. »Nur die Lebensmittel, das genügt. Danke!«

»Baby, das bereitet mir wirklich keine Umstände. Ich mache das gern für dich. Auch wenn du es möglicherweise noch nicht richtig erkennst, wirst du bald feststellen, wie wohl du dich bei mir fühlen kannst. Ich sorge für dich. Und dass ihr Weiber ein paar … Dinge benötigt, weiß ich doch. Ich bin froh, dass du mir vertraust, wirklich.«

Er greift nach meinem Kinn und sorgt dafür, dass ich zu ihm aufschaue. Zärtlich streicht er mir Tränen aus den Augenwinkeln, die ich nicht mehr zurückhalten kann.

»Warum tust du das alles?«, frage ich schluchzend.

Die sanften Konturen verschwinden, er lächelt nicht mehr. Ein fratzenhaftes Grienen breitet sich aus. Mir wird mit einem Schlag eiskalt. Als wäre er aus einem märchenhaften Traum aufgewacht und landet zurück in der brutalen Realität, nimmt er die Finger von meinem Gesicht, schüttelt sich wie ein nasser Hund und antwortet im eiligen Rausgehen mit einer seltsam belegten Stimme: »Weil ich will, dass du mich liebst.«

Kapitel 21

Gregor

Damit mir Leonie meine langsam wachsende Panik nicht anmerkt, nutze ich die Minuten aus, in denen sie unter der Dusche steht. Es ist Sonntagmorgen, eigentlich der einzige Tag in der Woche, in der Delia nie etwas unternimmt.

Zunächst probiere ich es auf der Festnetzleitung. Doch wie bei meinen vorherigen Versuchen springt nach dreißig Sekunden Wartezeit lediglich der Anrufbeantworter an, und ich vernehme meine eigene aufgezeichnete Stimme.

»Delia, ich bin's. Ich muss dringend mit dir sprechen. Melde dich!«

Als Nächstes wähle ich die Mobilfunknummer – mit dem gleichen Ergebnis. Ich lande direkt auf ihrer Mailbox. Da ich dort schon mehrere Nachrichten hinterlassen habe, trenne ich wortlos die Verbindung.

Scheiße!

Sie hat mein Spiel durchschaut. Das ist die nächstliegende Erklärung für ihre Nichterreichbarkeit. Während ich über anderthalb Flugstunden von zu Hause entfernt bin, kümmert sie sich darum, mich fertigzumachen.

Verdammte Schlampe!

Und doch nötigt es mir ein Stück weit Respekt ab. So viel Initiative hätte ich ihr gar nicht zugetraut. Delia war in den letzten Jahren immer passiver geworden. Außer ihren Alltagsaktivitäten hatte sie nichts mehr unternommen, was mich hätte beeindrucken können – einer der Gründe, wieso ich mich emotional von ihr distanziert hatte.

Nun zeigt sie mir jedoch, dass eine Kämpfernatur in ihr

steckt. Schöner wäre es gewesen, sie hätte diese Seite erst später entdeckt.

Ich denke zurück an die Gespräche mit Friedhelm Maier. Obwohl ich alle nötigen Vollmachten besitze und normalerweise innerhalb des Kreditrahmens Überweisungen in unbegrenzter Höhe ausführen kann, stellt er sich mir in den Weg. Er arbeitet sogar freiwillig an einem Samstag.

Ich fürchte, Delia hat ihn bereits kontaktiert. Dazu würde auch seine seltsame Aussage passen, er müsse *»die komplette Situation berücksichtigen.«*

Diesen ominösen Satz hatte er in unserem letzten Telefonat fallen gelassen. Nachdem er mir zuvor zugestanden hatte, meine Vorgehensweise zu verstehen.

Also scheint er über weitere Informationen zu verfügen. Woher soll er die haben, wenn nicht von meiner Ehefrau?

Im Badezimmer wird die Dusche abgestellt. Ich logge mich unterdessen in meine privaten Konten ein und überprüfe zusätzlich die Kreditkarten. In einem Taschenrechnerprogramm gebe ich verschiedene Beträge ein. Als ich zusammenrechne, was ich bislang transferiert habe und worauf ich noch ohne Einverständnis meiner Hausbank zugreifen könnte, ergibt sich eine Summe knapp unter dreihunderttausend. Lohnt es sich, dafür zu fliehen? Mein altes Leben hinter mir zu lassen?

Wie lange würde das Geld reichen?

Wir benötigen eine einigermaßen luxuriöse Unterkunft, sodass vermutlich jedes Jahr dreißigtausend und mehr für die Miete draufgehen wird. Leonie könnte weiterhin Aufträge als Übersetzerin an Land ziehen, um ein bisschen dazuzusteuern. Ich hingegen werde Schwierigkeiten haben, Kohle zu verdienen, denn mich wird die Staatsanwaltschaft wegen Veruntreuung suchen. Ich habe da zwar so ein paar Ideen zu einer Art Start-up für Internetgeschäfte, die einiges an Geld einbringen könnten, aber wenn sich das als Flop erweist, ahne ich, in vier Jahren vor Problemen zu stehen.

Während Leonie sich die Haare föhnt, kommt mir ein anderer Gedanke: Ich könnte mich allein aus dem Staub machen. Dann käme ich doppelt so lang hin und hätte ausreichend Zeit, um mir eine neue Existenz aufzubauen.

Die Kleine würde mir allerdings fehlen. Erst nachdem ich sie kennengelernt hatte, habe ich den Mut gefunden, einen Neustart als reale Möglichkeit ins Auge zu fassen. Sie gibt mir die Gewissheit, es zu packen. Mit einem Lächeln denke ich daran, wie unbesiegbar ich mich unmittelbar nach dem Sex fühle.

Ein Gefühl, das momentan leider jedes Mal schnell verfliegt.

Kann ich sie im Stich lassen? Mit den dreihunderttausend durchbrennen?

Ich liebe und begehre sie, aber die Vergangenheit hat mich gelehrt, dass einem attraktiven, gebildeten Mann ständig interessante Frauen über den Weg laufen. Selbst wenn ich sie zurücklassen würde, wäre ich nicht ewig Single.

Im Badezimmer schaltet Leonie den Föhn aus. Ich trenne die Internetverbindung und klappe den Laptop zusammen. Als sie das Bad verlässt, trägt sie lediglich einen dunkelblauen Stringtanga und einen farblich dazu passenden BH.

»Was hältst du davon, wenn wir uns gleich verwöhnen lassen?«, fragt sie.

»Was hältst du davon, mich sofort zu verwöhnen?«, entgegne ich.

»Später«, antwortet sie. »Außerdem brauchen alte Männer gelegentlich ihre Pausen. Ich hatte eher an eine einstündige Massage mit anschließender Fangopackung gedacht.«

Gestern hatte sie die Vorstellung, auf eine halbe Million verzichten zu müssen, kurzzeitig geschockt. Doch der Schreck scheint schnell verflogen zu sein. Sollte sie in unserem Exil genauso sorglos die Rücklagen verprassen, sind sogar die vier Jahre zu positiv geschätzt.

Trotzdem würde mich nun eine Grundsatzdiskussion nicht weiterbringen. Nein. Unter keinen Umständen darf sie bemerken, welche Gedanken mich quälen.

»Klingt verlockend«, behaupte ich deshalb, stehe auf und küsse sie. »Ich rasiere mich eben kurz.«

»Okay, dann frage ich bei der Rezeption, wann sie zwei Termine frei haben.«

»Mach das.«

Um ihre Erwartungen zu erfüllen, gebe ich ihr einen Klaps auf den Po. Danach schließe ich mich im Bad ein. Missmutig mustere ich mein Spiegelbild.

Ob das alles ein Fehler ist?

Kapitel 22

Samuel

Montagmorgen, zehn Minuten nach fünf Uhr. Normalerweise wache ich immer zwischen sechs und sieben auf. Präzise wie ein Schweizer Uhrwerk. Doch gestern und heute habe ich bereits gegen fünf die Augen aufgeschlagen.

Ihre Anwesenheit macht mich glücklich. Gleichzeitig bin ich total aufgedreht, was mir den Schlaf raubt. Davon habe ich seit einigen Monaten geträumt. Nun ist es Realität. Kein Wunder, dass ich aufgekratzt bin. Außerdem hat die Schlaflosigkeit einen großen Vorteil: Ich kann mehr Zeit damit verbringen, Delia zu beobachten.

Mein Tablet liegt direkt neben dem Kopfkissen. Ohne Licht anzuschalten, greife ich dahin und klappe die Schutzhülle um, wodurch das Gerät aus dem Ruhemodus geweckt wird. Automatisch wird mir das zuletzt geöffnete Programm angezeigt. Oder anders ausgedrückt: Ich kann einen Blick auf meine schlafende Prinzessin werfen. Die dünne Sommerdecke befindet sich halb am Boden. Offensichtlich hat sie sich häufig hin und her gewälzt. Die fehlende Lüftungsmöglichkeit in dem Raum könnte sich irgendwann als Problem erweisen – besonders dann, falls sie ausgiebig schwitzen sollte. Wovon ich bei ihrem Schlafverhalten ausgehe. Aber glücklicherweise würde hauptsächlich sie darunter leiden.

Süße Delia.

Ich zoome sie näher heran und streichle gedankenverloren ihr Gesicht. Sobald sie sich in mich verliebt hat, werde ich ihr der fürsorglichste Mann der Welt sein. Vorher muss ich jedoch streng bleiben und kann ihr nicht jeden Wunsch erfüllen. So wie gestern, als sie gebeten hatte, allein im Badezimmer sein zu dürfen. Dabei hat es mich gar nicht gestört, dass es im Raum anschließend bestialisch gestunken hat. Irgendwie habe ich es sogar als Teilen eines sehr intimen Momentes erlebt. Na ja. Sie wird sich zwangsläufig darauf einstellen.

Ich bemerke, wie sie wach wird. Besser könnte es nur sein, wenn ich jetzt an ihrer Seite liegen würde. Einen kurzen Augenblick wirkt sie desorientiert, danach erinnert sie sich offenbar, denn ich erkenne Angst in ihren Gesichtszügen. Am liebsten würde ich ihr zurufen, dass es dafür keinen Grund gibt – solange sie mir gehorcht.

Nach einer Weile lege ich das Tablet beiseite. Meine Hand rutscht unter die Decke, und ich erinnere mich, wie ich mich beinahe im Lieferwagen vergessen hätte, während sie bewusstlos gewesen war.

Oh Delia!

* * *

Pünktlich um halb acht schließe ich das Zimmer auf. Je eher sie sich an meinen Tagesablauf gewöhnt, desto besser. Gefrühstückt wird um halb acht! So halte ich es seit Jahren. Auf einem Holztablett trage ich zwei Tassen Kaffee hinein, außerdem Brot, Butter, Marmelade, Salami.

»Guten Morgen, Engelchen«, begrüße ich sie mit samtweicher Stimme.

»Guten Morgen«, entgegnet sie schwach.

Zufrieden nicke ich. Gestern hatte sie meinen Gruß nicht erwidert – weswegen ich ihr eine nicht sonderlich harte Ohrfeige gegeben hatte. Ihre Lernfähigkeit stimmt mich positiv.

»Hast du schön geschlafen?«

»Nein«, antwortet sie leise.

»Warum nicht?« Neugierig schaue ich sie an, als ich das Tablett abstelle.

»Ich muss mich hieran erst gewöhnen.«

Ihre Worte sind zwar kaum zu verstehen, aber mir gefällt die darin steckende Botschaft.

»Das wirst du«, verspreche ich. »Garantiert.«

»Ich möchte zum Klo«, flüstert sie.

»Jetzt schon? Wir könnten zunächst in Ruhe frühstücken.«

»Dringend, bitte.«

»Dann ist der Kaffee kalt.«

»Tut mir leid, es ist …«

»Meine Güte!«, schnauze ich sie an. »Komm!«

Ich packe sie am Arm und zerre sie vom Bett. Sie stolpert mir Richtung Bad hinterher.

»Darf ich heute allein?«, fleht sie fast weinend.

»So weit sind wir noch lange nicht«, erkläre ich. »Beeil dich!«

Sie schiebt den Saum des schwarzen Spaghettiträgernachthemdes hoch und setzt sich rasch hin. Als ihr ein peinliches Geräusch entfährt, schließt sie die Augen. Ich hingegen lache amüsiert.

»Und so etwas von einer feinen Dame. Wer hätte das gedacht?«

Zurück in ihrem Raum rümpft sie die Nase.

»Die Luft ist so stickig«, beschwert sie sich.

»Kein Wunder bei deinen Blähungen«, kontere ich.

»Gibt es keine Möglichkeit, das Fenster gelegentlich zu öffnen?«

»Du willst mich wohl verarschen!«, schreie ich erbost.

Sie zuckt zusammen und macht einen Schritt in das Zimmer hinein, um Abstand zwischen uns zu bringen.

»Vergiss es einfach! Ich falle auf deine Tricks nicht rein! Der Griff bleibt abmontiert. Setz dich gefälligst und iss! Sonst kannst du bis zum Abendbrot hungern. Ist mir auch egal!«

»Entschuldigung.« Im Schneidersitz nimmt sie vor dem Holztablett Platz. »Welche Tasse ist für mich?«

»Das kannst du dir aussuchen«, gestehe ich ihr leicht beruhigt zu.

Als sie mit gesenktem Blick an dem Kaffee nippt, bin ich endgültig besänftigt.

»Die Marmelade ist übrigens hervorragend«, sage ich, während ich mich zu ihr setze. »Nachher gehe ich einkaufen und besorge dir Käse. Gouda? Edamer? Was möchtest du? Such es dir aus!«

»Ich bin nicht wählerisch«, erwidert Delia.

»Wunderbar.«

Ich nehme eines der Plastikmesser, schmiere mir Butter auf eine Brotscheibe, lege Salami darauf und esse mit Appetit. Wie oft habe ich davon geträumt, gemeinsam mit einer Frau zu frühstücken. Manchmal erfüllen sich die sehnlichsten Wünsche! Vorausgesetzt, man hat es sich verdient.

***

Beim Einkauf im Supermarkt spüre ich unerwarteten Stolz. Eine wundervolle Frau hat mich losgeschickt, um Sachen für sie zu holen. An der Käsetheke bleibe ich lange stehen und überlege, welches Produkt sie wählen würde. Schließlich kaufe ich zwei verschiedene Sorten; beide fettreduziert, damit sie in den nächsten Wochen gewichtsmäßig nicht zulegt. Bestimmt weiß sie meine Großzügigkeit zu schätzen.

Wenige Meter vor dem Kassenbereich erreiche ich zuletzt das Regal, in denen sich die Damenhygieneartikel befinden. Ob es besser gewesen wäre, mir einen konkreten Markennamen nennen zu lassen? Die unzähligen Artikel überfordern schnell mein Gehirn. Tampons und Binden in unterschiedlichen Größen. Wie soll ich mich da zurechtfinden? Als eine Mitarbeiterin des Supermarktes näherkommt, greife ich rasch zu. Tampons und Binden in mittlerer Größe. Irgendetwas wird wohl passen. Und wenn nicht, hat Delia Pech gehabt. Immerhin hat sie vorgestern dieses Thema so abrupt abgewürgt.

Im nächsten Gang finde ich unter anderem Kondome, an die ich bislang nicht gedacht habe. Eigentlich mag ich das Gummizeug nicht tragen, doch zumindest anfangs sollte ich das Risiko einer unerwünschten Schwangerschaft minimieren. In ihrer Handtasche hat sich nämlich dummerweise keine Antibabypille befunden. Später wird sie sich die bei einem Arzt verschreiben lassen können, aber bis dahin muss ich mich um die Verhütung kümmern. Ich nehme eine Sorte, die ich dank der Fernsehwerbung kenne, und lege sie in den Einkaufswagen. Nach kurzem Zögern packe ich eine Tube Gleitgel dazu. Wahrscheinlich wird ihr das den Analverkehr mit mir erleichtern.

An der Kasse drapiere ich die vier Sachen unauffällig zwischen die anderen Einkäufe, was mir scheinbar ziemlich gut gelingt, denn die Kassiererin zieht sie über den Scanner, ohne verwundert zu wirken.

Gelassen schiebe ich den Einkaufswagen zu meinem Transporter, wo ich die beiden Tüten in den Laderaum stelle.

Nachdem ich den Wagen weggebracht habe, schwinge ich mich hinters Steuer und hole aus dem Handschuhfach mein Tablet heraus. Mittels einer Mobilfunkverbindung und einem aus komplizierten Buchstaben, Sonderzeichen und Zahlen bestehenden Passwort wähle ich mich in mein Heimnetzwerk ein, um Delia zu beobachten. Sie ist zum ersten Mal allein zu Hause, und ich möchte gern wissen, wie sie sich in meiner Abwesenheit verhält. Ist sie ein braves Mädchen, würde ich überlegen, sie zu belohnen.

Leider enttäuscht sie mich.

Kaum übermittelt das Netzwerk die Bilder auf mein Tablet, sehe ich sie in eindeutiger Pose. Die Möglichkeit einer Tonübertragung habe ich vor einigen Wochen wegen der erhöhten Kosten verworfen; notwendig ist es jedoch ohnehin nicht.

Sie steht in der Mitte des Raumes und schreit. Hektisch läuft sie zum abgeklebten Fenster, anschließend zur Tür, an der sie wie wild rüttelt. Es ist offensichtlich, dass sie versucht, auf ihre Situation aufmerksam zu machen.

Je länger ich dabei zusehe, desto wütender werde ich. Glaubt sie wirklich, das würde sie in meiner Gunst steigen lassen?

Ich bin so sauer! Delia, dein respektloses Benehmen wird dir gleich schrecklich leidtun!

* * *

Mein Zorn ist auch auf dem Rückweg nicht verraucht. Im Gegenteil. Delia zeigt mir damit, dass jeder Fortschritt seit Samstagabend bloß gespielt war. Sie nutzt die erste Gelegenheit, um mir Steine in den Weg zu legen. Die Allererste! Miese Fotze!

Nachdem ich gut zweihundert Meter entfernt parken musste, laufe ich im Eiltempo mit den Einkäufen in der Hand Richtung Hauseingang. Leicht außer Atem ramme ich den Schlüssel ins Schloss und lehne mich gegen die Tür. Als ich den Flur betrete, springt mich ein zotteliges Wesen an.

»Collin! Aus!«, ertönt eine männliche Stimme, eher amüsiert, denn streng.

In Gedanken völlig bei Delia schrecke ich zusammen und taumle einen Schritt nach hinten, wobei mir die Tragetasche aus den Fingern rutscht. Mit einem dumpfen Knall kommt sie auf dem Boden auf. Ein paar der Produkte purzeln heraus. Sofort wendet sich der Köter den Sachen zu und steckt seine sabbernde Schnauze hinein.

»Ey!«, rufe ich überrumpelt.

»Tschuldigung!«, erklingt eine lahme Antwort.

Fassungslos beobachte ich, wie das Vieh zielstrebig die Tampons herauszieht.

»Nimm den Köter weg!«

Die Versuchung, dem Tier in die Flanken zu treten, ist übermächtig. Nur die Angst vor unnötigen Konsequenzen bremst mich. Wenn ich das Mistvieh verletze, könnte mich der Besitzer – einer der Studenten – anzeigen, und die Polizei würde plötzlich vor meiner Wohnung stehen.

Nein! So einen Ärger kann ich nicht gebrauchen.

Also schiebe ich ihn lediglich beiseite.

»Collin!«, wiederholt der Student.

Endlich reagiert sein Hund. Er hebt den Kopf, guckt unschuldig und hechelt aufgeregt.

»So ist brav«, lobt ihn der Nachbar.

»Jetzt wird er auch noch gelobt? Kein Wunder, dass er nicht hört«, zische ich.

»Sorry«, brummt der Mann. »Collin ist gerade in seinen Flegeljahren.«

Ich deute auf die Leine, die er in der Hand hält. »Dann wäre es wohl besser, ihn anzuleinen.«

»Das war ein Versehen. Ich helfe dir!«

»Darauf verzichte ich.«

Der Blick des Mannes gleitet zu den verstreuten Einkäufen. »Was bist du so unentspannt? Tampons, Kondome, Gleitgel. Super! Hast du eine Frau kennengelernt?«

Ertappt befördere ich alles zurück in die Tüte. Röte schießt mir ins Gesicht. »Geht dich nichts an.«

»Ey, ich freue mich doch für dich!«

Mein Hass fokussiert sich nun auf ihn statt auf den Köter. Der Vorfall hat ihn zu einem Zeugen gemacht. Jemand weiß, dass ich Damenbesuch habe. Oder könnte es zumindest vermuten. Scheiße! In meinem Gehirn rattert es. Muss ich den Typen um die Ecke bringen, um jede Gefährdung auszuschließen? Oder würde das die Situation bloß verschlimmern?

Als im Erdgeschoss eine Wohnungstür geöffnet wird, ist eine Entscheidung gefallen. Zu viele Zeugen. Ich kann ja nicht das ganze Haus eliminieren – obwohl der Gedanke verlockend ist.

Betont freundlich nicke ich der älteren Nachbarin zu und starre danach finster zum Studenten. »Sorg dafür, dass so etwas nicht mehr vorkommt. Sind hier im Haus überhaupt so große Hunde erlaubt? Vielleicht sollte ich mich mal erkundigen.«

»Bitte nicht«, fleht der Mann.

Ohne ihm eine beruhigende Antwort zu geben, gehe ich die Treppe zum Keller hinunter.

Vor meiner eigenen Tür versuche ich, ruhig zu werden. Doch es ist zu viel passiert. Ich schaue über die Schulter, ehe ich den Schlüssel hineinstecke. Falls sie sich weiterhin die Lunge aus dem Hals schreit, sollte niemand in meiner Nähe sein – auch wenn ich nicht glaube, dass der leiseste Ton durch die Isolierung dringt.

Tatsächlich ist es nach dem Öffnen völlig still. Ich verspüre ein triumphierendes Gefühl. Sie kann sich noch so anstrengen – ich bin gerissener als sie.

Normalerweise hätte ich die Tragetasche direkt in die Küche gebracht, aber jetzt muss ich zunächst eine wichtige Angelegenheit klären. Ich entriegle den Zugang zu ihrem Reich und reiße die Tür auf. Sie sitzt auf der Matratze und sieht aus, als könne sie kein Wässerchen trüben. Anscheinend hat sie das Schreien schon länger eingestellt, denn sie wirkt keineswegs erschöpft. Wütend verschließe ich von innen den Raum.

»Du verdammte Schlampe!«, brülle ich und sehe zufrieden, wie sie erschrocken zusammenzuckt. »Was sollte das?«

Sie antwortet nicht, schaut lediglich nach unten.

In meinem Kopf ringen zwei Gedanken um meine Aufmerksamkeit: *Bestraf sie! Fick sie! Bestraf sie! Fick sie!*

Ich stürze zu ihr. Delia rutscht verängstigt bis zur Wand. Im nächsten Moment packe ich ihren Arm und ziehe sie von der Matratze. Dabei grabsche ich nach ihrem Busen. Die Berührung lässt sie erschaudern. In ihren Augen erkenne ich, dass sie ahnt, was passieren wird.

Und sie hat es verdient! Delia hat diese Eskalation selbst verschuldet!

Ich drücke sie an mich, betaste ihren Hintern. Das Verlangen, mich mit ihr zu vereinen, wird übermächtig.

Doch irgendwie schaffe ich es, mich zurückzuhalten. Schließlich soll unser erstes Mal romantisch werden. Sinnlich. Unvergesslich.

Um der Versuchung nicht zu erliegen, stoße ich sie von mir weg. Sie stolpert und verliert das Gleichgewicht. Ihr Kopf schlägt an die Bettkante. Delia stöhnt schmerzerfüllt auf. Doch ich erkennen sofort, dass nicht viel passiert ist. Sie kann sich maximal eine kleine Beule am Hinterkopf zugezogen haben. Mit einer Hand reibt sie über die Stelle. Ihre unterwürfige Haltung am Boden und ihr verschreckter Blick zu mir hoch fachen die Begierde erneut an. Um nicht in letzter Sekunde alles zu ruinieren, wende ich mich ab.

»Teil dir deine Kräfte für sinnvolle Dinge ein!«, rate ich ihr. »Dein Zimmer ist absolut schallisoliert. Niemanden hört deine Schreie. Kapier das gefälligst! Außerdem hast du dich damit um eine schöne Überraschung gebracht. Und nächstes Mal kommst du nicht so glimpflich davon.« Ich öffne die Tür. »Je eher du mich liebst, desto besser wird es dir ergehen.«

Ich verlasse ihren Raum und verriegele das Schloss. Anschließend schlage ich mit der flachen Hand gegen die gegenüberliegende Wand. Wann gibt sie sich mir endlich freiwillig hin? Wie lange muss ich noch warten?

Kapitel 23

Delia

Ungläubig starre ich ihm hinterher. Das darf nicht wahr sein – er beobachtet mich heimlich. Vermutlich sind hier überall Kameras versteckt, anders kann ich mir keinen Reim drauf machen. Ich bin mir absolut sicher, dass er das Haus verlassen hatte, bevor ich um Hilfe schrie. Oder hat er nur irgendwo eine Wanze angebracht? Wahrscheinlich beides.

Er ist so irre, das ist unfassbar. Mir tut der Kopf weh, ich bin Schläge nicht gewöhnt. Noch nicht mal in der Kindheit habe ich Backpfeifen bekommen, und jetzt muss ich mir von Samuel, dessen wohlklingender Name wie Hohn klingt, den Schädel bearbeiten lassen, wie es ihm gefällt. Den dritten Tag hält er mich wie ein Tier gefangen und meine Kräfte schwinden stündlich. Zwar versorgt er mich mit ausreichend Nahrung, aber mental bin ich ein Wrack. Schlafen kann ich so gut wie gar nicht, obwohl ich es am liebsten durchgängig täte. Wenn ich alle paar Stunden entkräftet wegdämmere und dem Albtraum entfliehen kann, dauert es immer nur kurze Zeit, bis ich erschrocken wieder hochfahre. Danach breche ich in Tränen aus.

Wieso holt mich keiner hier raus? Es ist, als sei ich aus der Welt gefallen. Niemand vermisst mich, ich bin ein Nichts, nie dagewesen. Samuel würde dazu bestimmt ein sadistischer Spruch einfallen. *Delia, das wilde Kätzchen hinter unsichtbaren Gittern.* Nein, ich muss dagegen ankämpfen und darf mich nicht zermürben lassen. Genau das ist schließlich sein Plan: mich weichzukochen und gefügig zu machen.

Ich werde bei seinem kranken Spiel mitmachen, um zu überleben, doch innerlich muss ich stark bleiben. Sonst bin ich wirklich verloren.

Möglichst unauffällig halte ich nach Kameras Ausschau. Er wird ja wohl nicht meine Pupillenbewegungen nachvollziehen können. Vom Bett aus lasse ich den Blick durchs Zimmer wandern und erspähe am Deckenstrahler tatsächlich eine kleine Erhebung, die mir zuvor überhaupt nicht aufgefallen war. Blinzelnd fokussiere ich die Lichtquelle. Klar, das ist eine Kamera. Okay. Weitersuchen und nicht in Panik geraten. Etwa einen Meter von der Lampe entfernt befindet sich ein Rauchmelder. Aus meiner Position sehe ich nichts Verdächtiges, sodass ich aufstehe und hin und her schlendere, als würde ich mir nur die Beine vertreten. Ich darf den Psychopathen nur nicht wieder sauer machen und muss besser darauf aufpassen, was ich sage und tue. Doch so sehr ich mich auch anstrenge, ich finde keine weiteren Objektive oder ähnliches Zeug. Unter Umständen steckt im Fernseher eine. Was weiß denn ich, wie die technischen Möglichkeiten sind? Bisher habe ich nicht gewagt, den Flachbildmonitor zu betätigen. Er ist an der Wand mit einer Halterung befestigt, darunter liegt am Boden eine Fernbedienung. Ob das ein Test ist? Bestraft der Irre mich, wenn ich fernsehe? Egal, ich werde das Risiko eingehen.

Das Gefühl der ständigen Beobachtung macht mich völlig verrückt. Ich fläze mich gespielt gelangweilt auf die Couch und stütze seufzend das Kinn in beide Hände. Samuel soll feststellen, dass ich mit meiner Zeit nichts anzufangen weiß. Ob er mich permanent beobachtet? Oder sieht er sich die Aufzeichnungen hin und wieder im Schnelldurchlauf an? In dem Fall wird er vermutlich jede meiner

Besonderheiten aufmerksam studieren. Also mache ich vermutlich das Richtige: Angeödete Delia kommt eher nebenbei auf die Idee, die Glotze anzumachen. Das kann ihn doch hoffentlich nicht wütend machen.

Ich schlurfe zur Fernbedienung, setze mich wieder hin und benehme mich, als wäre ich zu Hause. Der Fernseher funktioniert sogar und zeigt mir die gängigen TV-Programme. Ich zappe durch die Kanäle, suche nach den Nachrichtensendern, wobei ich mich bemühe, dort nicht länger als bei anderen Sendern zu verweilen, auch wenn mich nur eines brennend interessiert: Sucht man mich?

Nichts. Mein Verschwinden wird mit keiner einzigen Silbe erwähnt, weder von Nachrichtensprechern noch in farbig unterlegten Fließtexten. Gregor hat seine gottverdammte Ruhe vor mir, dieses blöde Arschloch. Was für ein Glück für einen fremdgehenden Ehemann, wenn die Gattin entführt wurde. Ich hasse sie alle, hasse das hier. Mal wieder fange ich an zu heulen und schalte zu einer Telenovela um. Vielleicht hilft ein wenig Ablenkung.

Plötzlich stürmt Samuel hinein, ich weiche vor Schreck zurück und presse den Rücken an die Wand. Was ist mit ihm los? Ist es wegen des Fernsehers? Er ist außer sich vor Wut und scheint es eilig zu haben.

»Keinen Ton, sonst vergesse ich mich!«, zischt er und hält mir brutal den Mund zu.

Ich schnappe nach Luft, würge und verschlucke mich, während er zwischen Tür und mir hin und her schaut, als würde gleich jemand Drittes hereinkommen. Er hat die Tür zugeworfen, aber nicht abgeschlossen.

»So, du Schlampe, jetzt musst du die Fresse halten. Ich warne dich, mach keinen Blödsinn!«

Rücksichtslos steckt er mir ein Tuch in den Mund und verknotet es am Hinterkopf. Während aus dem Fernseher die Schlussmusik der Seifenoper zu hören ist, nicke ich weinend. Was er aber nicht mehr sieht, weil er hektisch aus dem Zimmer rennt und von außen zuschließt. Benommen bleibe ich wieder zurück – geknebelt, aber nicht gefesselt. Was ergibt es für einen Sinn, dass er mich bewegungs-, jedoch nicht sprachfähig zurücklässt? Zumal ich den Knebel einfach lösen könnte. Es kann nur bedeuten, dass sich eine Person vor der Tür oder in der Nähe befinden muss. Samuel befürchtet, ich könne um Hilfe schreien, macht mich mundtot und haut irgendwohin ab. Das ist es. Ich muss sofort auf mich aufmerksam machen! Scheiß auf die Kameras und Wanzen, ich bin in Not!

Ich könnte mir das Tuch abreißen, doch würde mich angeblich eh keiner hören. Er flippt zwar auch aus, wenn ich Radau veranstalte, aber ich wage es trotzdem, und rapple so geräuschvoll wie möglich an der Türklinke. Mit beiden Händen drücke ich sie auf und nieder, zerre daran, trete mit den Füßen gegen die Tür und habe gleichzeitig fürchterliche Angst, von Samuel für diese bodenlose Unverschämtheit zusammengeschlagen zu werden.

Nach etwa einer Minute gebe ich auf. Da ist niemand. Keine Ahnung, weshalb mein Peiniger gerade eben so wütend war. Spätestens, wenn er feststellt, wie ungehorsam ich war, ist er noch wütender. Ratlos begebe ich mich genau dorthin zurück, wo er mich geknebelt hat. Ich bin im Begriff, mich zu setzen, als er erneut reinstürzt.

Das ist mein Ende. Ich mache die Augen zu und lasse es geschehen.

Nachdem er mich aufs Bett geschleudert hat, zieht er den

Knebel raus und drückt mich rücklings in die Matratze. Sein Gesicht ist direkt über meinem. Der herbe Geruch des Aftershaves, das auch Gregor manchmal benutzt, steigt mir in die Nase. Wenn ich mich anstrenge, kann ich mir einreden, eine Nutte zu sein, die so was täglich über sich ergehen lassen muss. Der Gedanke verfliegt so schnell, wie er gekommen ist, denn was folgt, müssen Nutten hoffentlich nicht erleiden.

»Ich würde dir das ersparen, du blöde Fotze, wenn du dich an die Regeln gehalten hättest«, brüllt er und klatscht mir mit der ausgestreckten Hand auf die Wange.

Benommen schließe ich die Augen. Ich bin nur noch Schmerz und Angst. Fuchsteufelswild reißt er mir sämtliche Klamotten vom Leib, zuerst die Hose, dann die Socken, er dreht und wendet mich wie eine Puppe, während er mir Shirt und BH vom Körper zerrt. Zwischendurch stößt er unkontrollierte Zischlaute aus. Das ist kein Mensch, das ist eine Bestie. Als er beim Slip langsamer vorgeht, wird mir übel. Sein Blick ruht auf meiner intimsten Stelle, und Speichel oder eine andere Körperflüssigkeit tropft mir auf den Venushügel.

»Sieh mich gefälligst an, wenn ich es dir besorge«, brüllt er und spreizt meine Beine so feierlich, dass ich unwillkürlich an einen Ritualmord denken muss.

Ich stöhne vor Schmerz auf.

»Ah, das gefällt dir. Na, dann pass mal auf, wie geil es jetzt wird.«

Vorsichtig schlage ich die Augen auf und sehe den brutalen Perversling auf mir, der sich seiner Hose entledigt und animalische Geräusche von sich gibt. Wie er dabei die Pupillen verdreht, nichts außer seinem eigenen Wahn wahrzunehmen scheint, kann ich nicht ertragen; ich schließe die Augen wieder. In meinem Ohr piept es durchdringend. Vielleicht hat er mir einen Tinnitus beschert, vielleicht bringt er mich auch gleich um, und das Pfeifen im Gehörgang spielt sowieso keine Rolle mehr. Ob ich heule oder lautlos weine – ich weiß es nicht. Er tobt sich widerwärtig an mir aus, beschmutzt und schändet mich, ist wie von Sinnen.

»Das ist deine Strafe, Delia, deine verdiente Strafe, weil du mir nicht gehorcht hast, hörst du? Du hast es herausgefordert, du Sau!«

Wie ein Stück rohes Fleisch dreht er mich herum, klatscht mir auf den Po, wieder und wieder. Seine Schreie werden lauter, bis er mit voller Wucht in mich eindringt und so heftig zustößt, dass es mich förmlich zerreißt.

»Ist das geil, dich zu ficken, ist das geil«, keucht er hinter mir. »Geh auf die Knie, und lieg da nicht so faul rum!« Er zieht mich an den Hüften hoch und vergewaltigt mich weiter.

Bevor er kommt, überlegt er es sich offenbar anders und wird etwas ruhiger. Er will noch länger Spaß mit mir haben. Könnte ich doch nur gedanklich entfliehen! Ich konzentriere mich auf den Gedanken, innerlich zu entfliehen, als er mich auf den Boden zwingt und zum Hinknien auffordert. Zwischen seinen Beinen kauernd, muss ich ihn oral befriedigen, was ich erstmals in meinem Leben fast als erholsam betrachte. Zwar zerrt er an meinen Haaren und beschimpft mich auf ordinäre Weise, aber mein Unterleib hat Ruhe.

»Du bläst super, weil du zu mir gehörst und auf mich stehst! Du bist die Eine, jetzt sind wir Mann und Frau und für immer vereint.«

Endlich gelingt es mir, mich innerlich fortzubeamen.

Die Eine dieses Monsters zu sein, ist wohl Ironie des Schicksals. Vor Jahren, als ich Gregor heiratete, war das mein größter Wunsch. Ich wollte alles für ihn sein, die Sonne, die er umkreiste. Recht schnell erkannte ich, dass mein Mann es vorzog, über mehr als eine Sonne zu verfügen. Seine Vorstellungen von Liebe und Partnerschaft deckten sich nicht mit meinen, und er überzog mich mit freundlichem Spott, wenn ich zerknirscht zugab, eifersüchtig auf irgendwelche Weiber zu sein, denen er bewundernd hinterherschaute und von denen er unverhohlen schwärmte. *Ich bin dir doch treu, du Dummerchen, ein bisschen Flirten hat bisher niemandem geschadet und hält die Ehe in Schwung. Sei stolz, dass man sich für mich interessiert, und zermartere dir nicht dein hübsches Köpfchen*, riet er und ging regelmäßig mit der ein oder anderen weiblichen Bekanntschaft aus. Wie mich das verletzte, tangierte ihn nicht die Bohne.

»Streng dich an, Schlampe, benutz auch deine Hände«, schimpft Samuel und verpasst mir eine kräftige Ohrfeige.

Ich wanke zur Seite, doch er hievt mich zurück in die Ausgangsposition und schiebt mir erneut sein erigiertes Glied in den Mund. Wie lange benötigt er denn noch bis zum Samenerguss? So konzentriert wie möglich fahre ich fort und zwinge mich, wieder an Gregor zu denken. Kaum zu glauben, dass ich mich trotz seiner Affäre und der Veruntreuung meines Vermögens nach ihm zurücksehne, während ein Irrer mich misshandelt. Gegen Samuel ist Gregor der reinste Hauptgewinn.

Meine Liebe und Hingabe zu ihm schwand mit jeder weiteren Demütigung. Es erniedrigte mich, wie er mich links liegen ließ, sobald eine attraktive Alternative um die Ecke spazierte. Ich hatte angenommen, dass so was nur in gewöhnlichen Beziehungen geschah, aber nun war ich eine von vielen und nicht ungewöhnlicher als sie – eine frustrierte Ehefrau, die man mit billigen Sprüchen abspeisen konnte. Noch nicht mal Geschenke gab es zum Trost. Ich sollte froh darüber sein, einen tollen Mann zu haben und das tun, was alle Frauen, die für eine Scheidung zu feige sind, perfekt beherrschen: die Klappe halten und heitere Miene zum ernüchternden Spiel machen.

Ich hatte mir etwas vorgemacht und seit einer Ewigkeit lediglich ein nettes Beiwerk abgegeben. Die Traurigkeit über die Banalität meiner Ehe, so hatte ich geglaubt, war das Schlimmste, was mir passieren konnte.

Gregor, du hast recht gehabt, schicke ich ihm einen telepathischen Gruß. *So schlecht war das alles gar nicht gewesen.* Es war sogar vergleichsweise gut, wenn man meine jetzige Lage betrachtete.

Über mir stöhnt und winselt es. Bevor er so weit ist, hält er sich erneut zurück und schmeißt mich zu Boden, sodass ich in gekrümmter Haltung wie ein gepeinigter Straßenköter vor ihm kauere. Vor Schmerzen halte ich mir die eine Hand an den Kopf, die andere vor den Bauch. Er tritt mehrmals mit dem Fuß nach mir und befriedigt sich mit der Hand selbst.

»Oh, ich komme, Delia, ich komme! Leg dich auf den Rücken, sofort! Oh, ja!«

Als er grunzend seinen Samen auf mir verspritzt, denke ich an gar nichts mehr.

Kapitel 24

Gregor

Montagnachmittag beschließe ich, in die Offensive zu gehen. Friedhelm Maier hat sich noch immer nicht gemeldet. Der Gedanke, ohne Leonie abzuhauen, deprimiert mich doch so sehr, dass ich alles versuchen will, uns vernünftige Startbedingungen zu verschaffen. Der Messeveranstalter stellt auf dem Gelände diverse kleine Räume zur Verfügung, in die man sich – sofern frei – ungestört mit Geschäftspartnern zu Verhandlungen zurückziehen kann. Ein solches Büro belege ich jetzt und wähle Maiers Festnetznummer.

»Guten Tag, Herr Witt«, begrüßt er mich nach einigen Freizeichen.

An seiner Stimmlage merke ich, dass mir ein unerfreuliches Gespräch bevorsteht. Wahrscheinlich wurde die Kreditlinie eingestampft und die letzte Überweisung storniert. Trotz dieser betrüblichen Annahme bemühe ich mich, freundlich zu bleiben.

»Herr Maier, ich grüße Sie. Erinnern Sie sich an Ihr Versprechen, mir bis Montagmittag Bescheid zu geben? Wie hat Ihr Vorstand entschieden?«

»Tut mir leid.« Er räuspert sich.

Verzweifelt schließe ich die Augen.

»Ihr Name steht ganz oben auf meiner Liste. Ich hätte Sie in einer Viertelstunde angerufen.«

»Schwamm drüber.«

»Die Vorstandssitzung ist wegen eines unvorhergesehenen Zwischenfalls auf morgen verschoben worden«, fährt er fort.

»Ist das Ihr Ernst?« Plötzlich scheint sich das Blatt zu wenden. Wenn ich es nun richtig anstelle …

»Morgen früh. Zehn Uhr dreißig. Ihr Anliegen wird zuerst besprochen. Ich kann Ihnen voraussichtlich um elf grünes Licht erteilen, falls der Vorstand …«

»Das ist mir zu spät!«, unterbreche ich ihn schroff.

»Wieso?«

»Herr Maier, Sie wissen, ich bin auf der Baumesse. Das wichtigste geschäftliche Ereignis des Jahres. Heute ist genau das eingetroffen, was ich geahnt habe – oder soll ich gefürchtet sagen? Um an einer Auktion teilzunehmen, muss ich eine sechsstellige Sicherheit hinterlegen. Ich erwarte die Freigabe des Betrages! Augenblicklich!«

»Ausgeschlossen!«

»Dann werde ich von Ihrer Bank Schadensersatz einfordern.«

»Drohen Sie mir ernsthaft nach all der Zeit der guten Zusammenarbeit mit einer juristischen Auseinandersetzung?«, fragt er pikiert.

»Sie lassen mir keine andere Wahl.« An der Wand mir gegenüber hängt ein Kalender. In Gedanken rechne ich aus, wann ich über die Kohle verfügen kann.

»Ich brauche Unterlagen«, erklärt Maier.

»Wovon?«

»Der Auktion.«

»Die liegen bei mir im Büro. Machen Sie eine Blitzüberweisung fertig. Ich muss morgen früh handlungsfähig sein.«

»Herr Witt …«

»Mir ist Ihr Einwand egal. Die Summe liegt innerhalb meines Verfügungsrahmens.«

»Trotzdem …«

»Ich hatte bereits Kontakt zu meinem Anwalt. Er teilt meine Meinung und findet Ihr Vorgehen höchst fragwürdig. Im Geschäftsbereich plötzlich und ohne relevante neue Erkenntnisse die Kreditlinie zusammenzustreichen, führt fast zwangsläufig zu einem Schadensersatzanspruch; vorausgesetzt, mir entsteht ein Schaden. Was ich Ihnen nachweisen werde.«

»Ich finde Ihren Ton …«

An seiner Reaktion erkenne ich, dass ich beinahe gewonnen habe.

»Es tut mir leid, wenn ich Sie gekränkt habe. Wir können Unstimmigkeiten zwischen uns in einem persönlichen Gespräch ausräumen. Ich bringe gern etwas Schokolade mit. Oder eine Friedenspfeife. Aber erst nach der Messe. Doch aktuell geht es um die Zukunft meiner Firma.«

Sein Seufzen verrät mir, dass ich am Ziel bin. Voller Vorfreude balle ich eine Faust zur Siegergeste.

»Meinetwegen«, sagt er leise.

»Danke. Veranlassen Sie das sofort? Eine Blitzüberweisung, keinen Standard. Ich übernehme die dadurch entstehenden Kosten.«

»Ich kümmere mich darum. Natürlich nur in Höhe Ihrer Kreditlinie.«

»Selbstverständlich.« Den kleinen Triumph soll er genießen.

»Außerdem informiere ich Ihre Ehefrau.«

»Bitte?« Meine gute Laune stürzt durch diese fünf Wörter in sich zusammen.

»Als Erbin des Familienunternehmens hat sie Anspruch, von der Ausnutzung des sehr großzügigen Kreditrahmens zu erfahren.«

»Ich besitze alle nötigen Vollmachten«, wende ich ein.

»Vollmachten, die mir übrigens Delias Vater erteilt hat.«

»Und ich fühle mich der Familie Witt verpflichtet.«

»Hören Sie«, flehe ich. »Delia interessiert sich überhaupt nicht für die Geschäftslage, solange sie in Ruhe shoppen kann.« Ich lache gekünstelt. »Wenn Sie nun bei ihr anrufen, klingt das so, als seien Sie gegen diese Überweisung.«

»Ich *bin* dagegen«, erinnert er mich.

»Ihretwegen verliere ich mein Gesicht vor meiner Ehefrau. Sie wird glauben, ich hätte die Geschäftsleitung nicht mehr unter …«

»Herr Witt, ich habe im System gerade die Freigabe des Betrages eingegeben. Von dem Anruf werden Sie mich allerdings nicht abhalten können.«

»Gibt es kein Bankgeheimnis?«

»Ihr *Anwalt* wird Sie sicher aufklären, dass ich im Rahmen meiner Befugnisse arbeite. Ich wünsche Ihnen einen schönen Tag. Auf Wiederhören.«

»Sie mich auch!«, brülle ich, nachdem er aufgelegt hat.

Scheiße!

Delia hat sich auf keine meiner Nachrichten gemeldet. Ihr Handy ist offline. Zu Hause geht sie ebenfalls nicht ran, egal ob ich es mit oder ohne übertragene Rufnummer probiere. Ich fürchte, meine Affäre ist aufgeflogen. Sollte es Maier gelingen, sie zu kontaktieren, würde sie wohl sofort erkennen, dass ich sie hintergehe. Stellt sich bloß die Frage, ob sie mir dann noch finanziell schaden kann.

* * *

»Süßer, ich warte schon stundenlang sehnsüchtig auf dich«, begrüßt mich Leonies schnurrende Stimme, als ich das Hotelzimmer betrete.

Leider steht mir nicht der Sinn nach einem Schäferstündchen. Leonie liegt bloß mit Dessous bekleidet im Bett. Verführerisch lächelt sie mich an.

»Jetzt nicht!«, brumme ich und pfeffere die Aktentasche in die Ecke.

»Ist was passiert?«, fragt sie alarmiert.

»Ich hatte Kontakt zu diesem Bankwichser.«

»Oh nein«, flucht sie. »Verweigert er die …«

»Die Zahlung wird freigegeben.«

Irritiert sieht sie mich an. »Das ist doch gut.«

»Er will Delia davon in Kenntnis setzen.«

»Und?«

»Ich erreiche sie seit Tagen nicht.« Das habe ich Leonie bislang verschwiegen.

»Wann hast du es denn zuletzt probiert?«

Ihr offensichtliches Misstrauen facht meine Wut an.

»Mehrfach! Und darüber diskutiere ich nicht mit dir, Fakt ist …«

»Super! Hast du also Geheimnisse.«

»Hör auf!«, blaffe ich.

Demonstrativ verschränkt Leonie die Arme vor der Brust.

»Ich mache das alles, um mit dir neu anzufangen. Will das nicht in deinen Schädel?«

»Weshalb ist es angeblich so wichtig, sie zu sprechen?«

»Damit sie keinen Verdacht schöpft.«

»Und das war's?«

»Genau.«

Ihre Körperhaltung entspannt sich. »Lass uns nicht streiten, Süßer. Bitte. Ich ertrage das nur schwer.«

»Glaubst du, mir geht es anders?« Ich trete ans Bett und streichle ihren nackten Fuß.

»Was hast du nun vor?«, will sie wissen.

»Wir werden am Freitag abreisen. Wenn das Geld bei mir eingeht, transferiere ich es direkt weiter. Sollte das klappen, können wir abhauen.«

»Für immer?«, fragt sie hoffnungsvoll.

Ich nicke.

»Oh, Baby!« Leonie sprüht vor Freude. »Das sind tolle Nachrichten.«

Sie springt auf, kommt zu mir gelaufen, umarmt mich und küsst mich überschwänglich.

»Warum bist du so betrübt?«

»Weil in meinem Haus Sachen liegen, die mir viel bedeuten.«

»Die holen wir vorher. Ist doch klar.«

»Du kapierst es echt nicht.«

»Was denn?«

»Falls Delia Beweise sammelt, dass ich Firmengelder veruntreut habe, könnte sie mich festnehmen lassen. Mir ist das zu heikel, für einen letzten Besuch nach Hause zurückzukehren.«

»Könnte sie dir die Bullen nicht schon hier auf den Hals hetzen?«, wendet Leonie ein.

»Logisch. Vorausgesetzt, sie hätte schnell etwas Belastendes in der Hand.«

»Wie realistisch ist das?«

»Genau die Frage stelle ich mir auch. Scheiße, wir brauchen die Kohle!«

Kapitel 25

Samuel

Irgendwann muss ich es wohl hinter mich bringen. Obwohl mir der Gedanke, ihr unter die Augen zu treten, unangenehm ist. Nachdem es gestern passiert war, habe ich ihr lediglich einen Eimer als Toilettenersatz hingestellt. Außerdem eine Schüssel mit Wasser zum Waschen, etwas Nahrung sowie eine Flasche Diätlimonade. Danach habe ich Delia eingesperrt und sie den Rest des Tages in Ruhe gelassen. Manchmal habe ich heimlich dabei zugesehen, wie sie gegessen, getrunken und sich erleichtert hatte. Doch die meiste Zeit hatte sie nur apathisch auf dem Bett gelegen und an die Decke gestarrt oder geweint.

Ob sie meine Entschuldigung annehmen wird?

Ich öffne die Tür und trage das Tablett hinein. Delia hockt am Matratzenrand. Ihr zuliebe habe ich Tiefkühlcroissants aufgebacken, die verführerisch duften. Ein Geruch, der den strengen Gestank des Zimmers hoffentlich schnell übertüncht.

»Guten Morgen«, brumme ich verlegen.

Sie erwidert meinen Gruß, ohne zu mir aufzusehen. Bevor ich sage, was ich vorbereitet habe, greife ich zu dem leicht gefüllten Eimer und stelle ihn nach draußen. Dann schließe ich den Zugang und setze mich im Schneidersitz auf den Boden.

»Kommst du bitte zu mir?«

Wie ein Roboter erhebt sie sich und folgt der Aufforderung. In einem Abstand von etwa einem Meter kniet sie sich hin, den Blick nach unten gerichtet.

Ich erinnere mich an die entscheidenden Momente des gestrigen Tages. Den Schock, als es so unerwartet bei mir geklingelt hatte. Meine panische Reaktion darauf. Wie ich in ihren Raum gerannt war und bloß daran gedacht hatte, sie am Schreien zu hindern. Mein Verstand hatte völlig ausgesetzt; sie bewegungsunfähig zu machen, wäre wichtiger gewesen. Aber Fehler passieren, so ist das halt. Ich bin schließlich nicht unfehlbar. An der Tür hatte der verdammte Student gewartet. Eine Flasche Wodka in der Hand als Wiedergutmachung für den Vorfall im Treppenhaus. Bestimmt hatte er aus Sorge gehandelt, ich könnte ihn tatsächlich bei der Hausverwaltung wegen des Köters verpfeifen. Ich nahm die Flasche entgegen, gab mich generös. Vor allem jedoch wollte ich ihn rasch loswerden, denn ich hörte Delias Hantieren an der Türklinke. Keine Ahnung, ob er es mitbekommen hat, angemerkt habe ich ihm nichts. Nachdem ich ihn endlich losgeworden war, habe ich rot gesehen. Mein Zorn auf Delias fortwährende Regelverletzungen war regelrecht explodiert. Dieser Hass hatte mich in ihr Zimmer getrieben. In meinem Kopf schwirrten die gleichen Gedanken, die mich bereits vormittags malträtiert hatten. *Bestraf sie! Fick sie! Bestraf sie! Fick sie!*

Und diesmal hatte ich keinen Weg gefunden, dagegen anzukämpfen.

Deshalb war es passiert.

»Es tut mir leid«, murmele ich, ohne sie anzusehen. »Ich hatte das so nicht geplant. Wollte dich nicht … dir nicht wehtun.«

Sobald ich Delia so ausführlich um Verzeihung gebeten habe, schaffe ich es auch wieder, ihr ins Gesicht zu sehen. Tränen laufen ihr über die Wangen, sie wischt sie hastig weg.

»Du musst mir glauben«, bitte ich sie. »Ich habe mir unser erstes Mal zärtlich vorgestellt. Romantisch. Wenn ich dich mit Gewalt hätte nehmen wollen, hätte ich das viel eher getan. Zum Beispiel im Lieferwagen, als du bewusstlos warst. Da habe ich nichts gemacht.«

»Habe ich gemerkt«, flüstert sie.

»Siehst du!«, rufe ich triumphierend. Mein damaliger Verzicht war goldrichtig gewesen. Ob wir jetzt in eine neue Phase unserer Beziehung eintreten? »Außerdem musst du zugeben, dass du auch selbst mit schuld bist. Ständig versuchst du, auf dich aufmerksam zu machen. Lass das gefälligst sein!«

Die Tränen fließen schneller, und nun gibt sie sich nicht einmal die Mühe, sie vor mir zu verbergen.

»Mann!«, stöhne ich. »Ich habe mich gerade bei dir entschuldigt. Was willst du noch?«

Sie schüttelt wortlos den Kopf.

»Damit du kapierst, dass es mir mit der Entschuldigung ernst ist, darfst du dir etwas wünschen«, ziehe ich meine Trumpfkarte. »Ich könnte dir eine Kleinigkeit kaufen.«

Erwartungsvoll sehe ich sie an. Doch in ihren Zügen liegt keinerlei Dankbarkeit. Sie sagt nicht ein Wort, als würde sie mich verhöhnen. Hat sie etwa mehr erwartet? Wegen eines Ausrutschers, für den größtenteils ihr Verhalten verantwortlich war?

Sie schafft es erneut, dass ich mich vergessen könnte. Am liebsten würde ich sie anschnauzen, sie bestrafen. Aber ich beherrsche mich.

»Delia.« Ich spreche ihren Namen gebieterisch aus. »Ich erwarte eine Antwort. Was wünscht du dir?«

Diesmal streicht sie sich energisch die Tränen fort.

»Ich würde gern baden. Ungestört.«

»Na klar, Süße«, entgegne ich begeistert. »Das lässt sich einrichten.«

»Wirklich?«

»Versprochen. Das bleibt allerdings vorläufig eine Ausnahme, und ich hoffe, anschließend können wir den gestrigen Tag einfach vergessen.«

Sie nickt vorsichtig, was meine gute Laune steigert. Beherzt greife ich zu einem der bereits aufgeschnittenen Croissants und schmiere Butter darauf, ehe ich einen großzügigen Klecks Marmelade verteile.

»Oh, schmeckt das lecker«, erkläre ich mampfend. »Iss auch wenigstens eins. Du musst bei Kräften bleiben.«

Sie folgt meinem Rat. Während ich ihr zuschaue, habe ich einen Einfall, wie ich noch spendabler wirken könnte.

»Ich habe zwar ein Schaumbad im Haus, aber vielleicht gefällt dir der Geruch nicht. Magst du Eukalyptus?«

Ihre zögerliche Reaktion verrät, was sie davon hält.

»Sei ehrlich«, fordere ich. »Schließlich möchte ich dich bis ins kleinste Detail kennenlernen.«

»Nein, mag ich nicht sonderlich«, gesteht sie.

»Kein Problem. Womit kann ich dir eine Freude machen? Du hast die freie Auswahl, vorausgesetzt, du willst nicht in Champagner eintauchen.«

»Zu Hause habe ich einen Aloe-Vera-Badezusatz.«

Ich schlucke das letzte Stück und spüle es mit Kaffee hinunter. Großzügigerweise verzichte ich auf eine Belehrung, dass ihr Zuhause bei mir ist. Stattdessen schaue ich zur Uhr und warte geduldig, bis sie ihr Frühstück beendet hat. Nachdem ich alles auf dem Tablett gestapelt habe, schiebe ich diese Barriere zwischen uns beiseite und streichle ihren Handrücken.

»Spätestens am Nachmittag kommst du in den Genuss«,

verspreche ich. »Ich besorge es dir … also den Zusatz, meine ich«, entfährt es mir lachend. »Ich bin überzeugt, du wirst irgendwann erkennen, wie fürsorglich ich bin. Allein deswegen wirst du mich lieben.« Ich stehe auf und reiche ihr die Hand. »Gehen wir ins Bad. Du musst dir die Zähne putzen, das haben wir gestern bei dem ganzen Stress irgendwie vergessen. Gibst du mir das Tablett?«

Als ich sie anschließend zurück in ihr Zimmer bringe, werde ich gefühlsduselig.

»Du bedeutest mir so viel«, erkläre ich an der Türschwelle. »Kannst du mir verzeihen?«

»Ja«, lautet ihre sofortige Antwort.

»Danke.« Übermütig ziehe ich sie zu mir heran, bis wir dicht beieinanderstehen. Ich küsse sie zärtlich. Im ersten Moment zuckt sie vor Überraschung zusammen, dann erwidert sie meine Berührung. Ihre Lippen liebkosen meine eigenen. Ich könnte schreien vor Glück, lasse mir jedoch nichts anmerken.

»Bis später, Engelchen.«

Ich gebe sie frei, und Delia macht zwei Schritte in den Raum hinein. In ihren Augen liegt Sehnsucht. Aber nach dem verpatzten ersten Mal soll die Wiederholung perfekt werden. Vielleicht nach dem Schaumbad. Wenn sie herrlich frisch riecht. Glücklich sperre ich die Tür zu und drehe den Schlüssel herum, den ich in der Küche in die dafür vorgesehene Schale werfe. Mein Hochgefühl kennt keine Grenzen. Sie hat bei dem Kuss ihre Zurückhaltung aufgegeben. Endlich! Rückblickend werden wir das als den Beginn unserer Beziehung feiern. An diesem Tag werde ich sie zukünftig jedes Jahr mit Geschenken überhäufen.

Nach einer Weile habe ich eine großartige Idee. Bislang befindet sich im Badezimmer keine Kamera. Zwar hatte Delia sich gewünscht, unbeobachtet sein zu dürfen, doch solange sie von der Existenz des Geräts nichts weiß, verstoße ich nicht gegen meine Zusage. In meiner Abstellkammer liegen noch ein paar Ersatzexemplare. Insgesamt hängen bisher vier Apparate in Delias Raum, außerdem habe ich in der Diele einen weiteren angebracht, der die Tür filmt. Nun also ein zusätzliches Exemplar im Bad. Ich befestige es an dem Spiegelschrank, gut versteckt in Höhe einer Laufleiste oberhalb des Spiegels, der sich dank der Leiste von einer Seite zur anderen bewegen lässt. Nachdem ich das Gerät eingeschaltet habe, gehe ich ins Wohnzimmer, wo ich über den PC mein Heimnetzwerk ansteuere und die Kamera darin integriere. Um ihre Funktionsfähigkeit zu testen, greife ich zu meinem Tablet und überprüfe, ob mir ein neues Bild angezeigt wird.

Es funktioniert einwandfrei. Ich wende mich wieder dem PC zu und konzentriere mich auf meine geliebte Frau, die sich ins Bett gelegt hat und eine Nachrichtensendung anschaut.

Wie gern würde ich jetzt zu ihr gehen, um den zweiten Akt zu vollziehen. Aber ich bleibe standhaft. Diesmal soll es perfekt werden.

***

Das kleine Einkaufszentrum ist lediglich zehn Fahrminuten entfernt. Viele Geschäfte gibt es hier zwar nicht, doch ich denke schon, dass sich hier irgendwo ein Aloe-Vera-Badezusatz auftreiben lässt. Als ich in einem der Regale des Supermarkts ein solches Produkt entdecke, lächle ich zufrieden. Wunderbar! Anschließend packe ich ein paar andere Dinge in den Einkaufswagen, ehe ich ihn Richtung Kasse schiebe. Während ich darauf warte, meine Waren auf das Kassenband legen zu können, stelle ich mir Delias Reaktion vor. Ich muss unbedingt herausfinden, wie warm sie das Wasser mag, bevor ich die Badewanne volllaufen lasse. Wie eine Königin werde ich sie dann dahinbegleiten und mich dezent zurückziehen. Um sie heimlich am Computer zu beobachten.

Meine Laune ist auch nach dem Bezahlen so gut, dass ich noch nicht das Bedürfnis verspüre, direkt nach Hause zu fahren. Stattdessen habe ich den Wunsch, Delia eine zusätzliche Freude zu bereiten. Sie hat den Kuss erwidert, als Zeichen meiner Dankbarkeit könnte ich mich erkenntlich zeigen. Angenehme Düfte scheinen ihr wichtig zu sein. Obwohl ich mir meiner angespannten Finanzlage bewusst bin, beschließe ich, ihr ein weiteres Geschenk mitzubringen. Bald profitiere ich von ihrem Erbe, wodurch sich meine Geldprobleme erledigt haben dürften. Deshalb betrete ich die Filiale der Parfümeriekette, die genau gegenüber dem Supermarkt liegt.

Eine hübsche, junge Frau lächelt mir freundlich zu.

»Hallo«, begrüßt sie mich samtweich. »Kann ich Ihnen helfen?«

»Bestimmt«, erwidere ich. »Ich suche ein neues Parfüm für meine Partnerin.«

Wie toll sich das anhört. *Meine Partnerin.*

»Da werden wir garantiert fündig. Was für einen Duft nutzt sie denn aktuell?«

»Äh, das, also …«, gerate ich ins Stottern.

»Da sind Sie der typische Ehemann«, erklärt mir die Angestellte amüsiert. »Sie wissen es nicht.«

»Na ja, in den vergangenen Monaten hat sie gar kein Parfüm mehr aufgetragen«, behaupte ich. »Was ich schade finde. An ihre vorherige Marke kann ich mich allerdings wirklich nicht erinnern.«

»Welche Richtung favorisiert sie? Eher was Blumiges? Oder etwas Erdiges?«

Offensichtlich sieht sie mir an, dass ich keine Ahnung habe, wovon sie überhaupt spricht.

»Beschreiben Sie mir Ihre Partnerin. Ist sie ein sportlicher Typ? Elegant?«

»Beides.«

»Süß«, sagt sie kichernd. »Sie sind verliebt. Seit wann sind Sie zusammen?«

»Über zwei Jahre.«

»Haben Sie ein Foto von ihr?«

Ich bin versucht, mein Telefon herauszuholen und eines der Bilder zu zeigen, die ich heimlich aufgenommen habe. Dann wird mir bewusst, dass die Verkäuferin irgendwann von Delias Verschwinden erfahren und mich identifizieren könnte.

»Hunderte. Auf dem Handy. Das zu Hause liegt.«

»Lösen wir das Problem anders. Ich präsentiere Ihnen einfach ein paar Düfte, die derzeit bei meinen elegant-sportlichen Stammkundinnen angesagt sind. Einverstanden?«

»So machen wir es.«

Die Frau läuft vor mir her, und ich bewundere ihre schöne Figur. Wäre ich nicht für Delia vorgesehen, könnte sie mich sehr reizen. Doch nach einer anderen Partnerin steht mir ja nicht der Sinn. Delia und ich werden glücklich bis zum Ende unserer Tage sein.

Sie deutet auf eine rosafarbene Verpackung. Der Flakon ist bauchig geformt. »Eines der Highlights dieser Saison«, erklärt sie. Sie sprüht einen feinen Hauch auf einen Teststreifen, wedelt ihn ein wenig, ehe sie ihn mir reicht. Der Geruch ist unangenehm süßlich.

»Nein!«, sage ich ausdrücklich. »Das würde ihr garantiert nicht gefallen.«

Auch die nächsten vier Versuche sind grauenvoll. Als ich die Hoffnung bereits aufgegeben habe, trifft sie endlich meinen Geschmack. Es ist ein etwas herberer Duft, der die Nase nicht verklebt.

»Der gefällt mir.«

»Wunderbare Wahl!«, lobt sie mich. »Ein beliebtes Parfüm bei Frauen um die dreißig, die ihren eigenen Stil gefunden haben.«

»Was kostet es?«

»Neunundfünfzig neunzig.«

Verdammt! Mit einem so hohen Preis für den kleinen Flakon hätte ich niemals gerechnet. Aber nun will ich keinen Rückzieher machen. Allerdings zwingt mich der Betrag dazu, mit Kreditkarte zu bezahlen, da ich nicht so viel Bargeld eingesteckt habe. Glücklicherweise war ich klug genug gewesen, ihr keinen Schnappschuss von Delia zu zeigen.

»Packen Sie es mir bitte als Geschenk ein?«

Im Transporter lege ich das in hellgelbes Papier gewickelte Parfüm wie einen kostbaren Schatz auf den Beifahrersitz. Bevor ich den Motor starte, will ich mich überzeugen, dass Delia brav geblieben ist. Also überprüfe ich am Tablet, was gerade in meiner Wohnung passiert. Da ich zuletzt eine neue Kamera installiert und ins Netzwerk integriert habe, werden mir auf einen Schlag sechs Einzelbilder präsentiert. Ich muss zunächst eine der Perspektiven per Antippen auswählen, um es im Vollbildmodus angezeigt zu bekommen.

Doch selbst auf den Vorschaubildern erkenne ich, dass sie nach wie vor fernsieht. Mein Zeigefinger schwebt schon über dem von mir favorisierten Blickwinkel, als mein Atem stockt.

»Scheiße!«, fluche ich.

Für einen kurzen Moment möchte ich mir einbilden, Opfer einer Halluzination geworden zu sein. Aber so ist es leider nicht. Jemand ist an der Tür zu Delias Raum vorbeigehuscht. Eine Person, die ich sehr gut kenne.

»Fuck!«

Jetzt zählte jede Sekunde. Ich drehe den Zündschlüssel und rase mit quietschenden Reifen davon.

Kapitel 26

Delia

Die Konturen zwischen Tag und Nacht verschwinden. Obwohl Samuel auf regelmäßigen Mahlzeiten besteht, spielen Tageszeiten für mich keine Rolle mehr. Ich kann ohnehin nicht schlafen, bin zum Abwarten verdonnert, werde für kleinste Vergehen misshandelt. Bestimmt würden intelligente Menschen eine Idee haben, wie sie dem Wahnsinn entkämen, doch mir fällt nichts ein. Wahrscheinlich bin ich das perfekte Opfer, weil es mir an Einfallsreichtum mangelt.

Unruhig wälze ich mich im Bett hin und her und zermartere mir das Hirn nach einer Fluchtmöglichkeit. Innerlich habe ich schon kapituliert. Ich werde ja sowieso nie hier rauskommen, jedenfalls nicht aus eigener Kraft. Samuel entscheidet über mein Schicksal, falls ihm niemand von außen in die Quere kommt. Und wer sollte das sein? Man hat mich bereits vergessen. Gregor ist froh, dass er mich los ist, meine Freundinnen sind mit ihrem Kram beschäftigt, und in der Firma atmet die Belegschaft auf, wenn sich die Tochter des Firmengründers nicht blicken lässt.

Plötzlich tut sich was an der Tür, doch irgendetwas ist anders als sonst. Wie jedes Mal, wenn der Psycho reinzustürmen droht, fahre ich erschrocken zusammen und halte den Atem an. Jetzt kommt er nicht ins Zimmer, stattdessen wird nach mehrmaligem Versuch, die Türklinke herunterzudrücken, heftig daran gerüttelt. Das ist nicht Samuel, das ist jemand anderes, der herein möchte. Oh, wie wunderbar, ich bin vermutlich nicht allein mit dem Idioten! Gibt es endlich Rettung?

Hastig renne ich zur Tür und klopfe zuerst zaghaft, dann vehement gegen das Schaumstoffpolster. Ich wage kaum, laut zu werden und befürchte, mich zu irren und umgehend bestraft zu werden, doch nun höre ich eine weibliche Stimme. Leise nur – die Isolierung dämpft das Geräusch.

»Hilfe!«, rufe ich. »Bitte helfen Sie mir, ich bin hier drin! Ich bin eingesperrt, holen Sie mich raus!«

Die Frau scheint ebenfalls zu schreien. Während ich wie verrückt am Türgriff rüttle, strenge ich mich an, etwas von ihren Worten zu verstehen.

»Ich suche einen passenden Schlüssel«, sagt sie. »Warten Sie, ich bin gleich wieder da.«

Was soll ich auch sonst anstellen, außer zu warten? Kalter Schweiß bricht mir aus. Wenn Samuel dazwischenfunkt, bin ich verloren. Sie muss mich retten, unbedingt! Das ist bestimmt meine letzte Chance. Der flippt schier aus, wenn er das mitbekommt. Ich fühle mich wie ein Fisch, der im Netz zappelnd um seine Freiheit kämpft.

»Schnell! Ich bin gefangen und werde misshandelt«, kreische ich panisch. »Bitte lassen Sie mich nicht im Stich. Beeilen Sie sich. Mein Entführer dreht sonst durch.«

Verzweifelt kauere ich an der Tür und bete, dass sie zurückkommt. Ich bete normalerweise nie, doch jetzt tue ich es.

Lieber Gott, bitte hilf mir, und sorge dafür, dass die Unbekannte nicht abhaut.

Mir wird bewusst, dass ich an ihrer Stelle vielleicht genau das getan hätte. Zivilcourage gehört nicht zu meinen hervorstechenden Eigenschaften. Niemals wäre ich energisch dazwischengegangen, wenn jemand in der U-Bahn belästigt würde. Ich nehme es in mein stummes Zwiegespräch mit auf.

Lieber Gott, ich werde ein besserer Mensch sein und in Not geratenen Leuten helfen. Bitte, bitte lass die Fremde nur zurückkommen, dann tu ich alles, ich versichere es dir!

Tatsächlich öffnet sich ein paar Minuten später die Tür, und sie hastet herein. Sie ist etwa in meinem Alter, hat lange blonde Haare, trägt Jeanshose und eine abgewetzte Lederjacke und starrt mich fassungslos an. Vor Erleichterung und Dankbarkeit schluchze ich laut auf. Ich verzichte auf den ersten Impuls, theatralisch auf die Knie zu fallen. Wir haben keine Zeit zu verlieren.

»Was ist hier los? Wer sind Sie eigentlich?«, fragt sie und schaut sich ratlos in meinem Verlies um. »Ich kapiere das nicht. Wo steckt Samuel?«

»Ich bin Delia Witt. Samuel hat mich gekidnappt. Wir müssen sofort weglaufen, bevor er zurückkehrt! Den Rest erkläre ich nachher. Bitte, lassen Sie uns abhauen!«

»Okay …«, murmelt sie. »Puh, das ist echt schräg. Na gut, dann los.«

Sie scheint verwirrt zu sein und macht den Eindruck, als könne sie kaum begreifen, was ich behaupte. Statt loszulaufen, bleibt sie wie angewurzelt stehen und inspiziert die Umgebung. Ich verstehe das ja, aber werde ungeduldig. Nervös packe ich sie am Arm und will sie mit nach draußen ziehen, als Samuel wutentbrannt hereinstürzt.

Erschrocken weiche ich zur Seite aus. Das war's. Wir hätten direkt losrennen müssen.

»Bist du bescheuert?«, schreit sie ihn an. »Was hat das zu bedeuten?«

»Halt die Schnauze! Was hast du überhaupt in meiner Wohnung zu suchen?« Er packt sie an den Schultern. Überrumpelt gerät sie ins Stolpern, was er ausnutzt, um sie zu Boden zu werfen. Er beugt sich über sie und hält sie fest.

»Was machst du hier, Julia? Ich glaube, es hackt! Du hast hier nichts verloren!«

»Lass mich los, du tust mir weh«, fordert sie wütend und will sich aufrichten.

Offensichtlich kenne ich ihn besser als sie. Ich weiß, dass sie ihm nicht entkommen kann und er seine ganze Körperkraft einsetzen wird, um sie zu überwältigen. Brutal schüttelt er sie hin und her, ihr Hinterkopf knallt mehrmals auf den Boden. Hilflos schaue ich zu, wie er sein nächstes Opfer misshandelt.

»Aua, Samuel, bitte hör auf«, wimmert sie. »Ich kann es dir erklären. Mein Kopf, aua …«

Ich erstarre und beobachte fassungslos das Geschehen. Ich bin absolut handlungsunfähig. Er macht mit uns, was er will.

»Du blöde Schlampe, wie bist du reingekommen? Ich habe dir alle Schlüssel abgenommen. Du hast kein Recht, mein Reich zu betreten! Sprich gefälligst! Sonst drehe ich dir die Gurgel um!«

»Ich … ich … war auf der Suche nach Wertgegenständen. Es tut mir leid, Samuel.«

»Du wolltest mich schon wieder beklauen? Das ist ja wohl das Allerletzte! Du kommst hier einfach reinmarschiert und willst mich bestehlen? Ich mache dich fertig!«

Seine Stimme kippt vor Zorn. Das geht nicht gut. Gleich rastet er komplett aus.

»Ich mache das wieder gut, doppelt und dreifach. Bin knapp bei Kasse und hätte es dir zurückgezahlt, wenn meine Finanzen sich erholt haben. Bitte nimm die Hände weg. Ich hätte sowieso nichts mitgehen lassen, es war eine Scheißidee. Aua, mein Kopf … Ich glaube, ich habe eine Gehirnerschütterung.«

Sein höhnisches Gelächter garniert er mit einem Griff an ihren Hals.

»Das dürfte dein geringstes Problem sein, du Fotze. Ich habe dich gefragt, wie du hier reingekommen bist. Ich zähle bis drei. Eins …«

»Ich habe mir früher ohne dein Wissen einen Nachschlüssel anfertigen lassen«, gesteht sie leise. »Verzeih mir, das war total bescheuert. Ich habe null Ahnung, was damals in mich gefahren ist. Vielleicht konnte ich dich nicht loslassen oder so.«

Mit der flachen Hand verpasst er ihr links und rechts schallende Ohrfeigen. Ihre Schreie gehen mir durch Mark und Bein – es könnten genauso gut meine Hilferufe sein. Ich stehe wie festgewachsen und sehe paralysiert zu, wie Samuel seine Ex-Freundin malträtiert. Je verzweifelter sie weint, desto mehr tobt er.

»Du bist zu weit gegangen, du fette Schlampe! Dafür wirst du bluten. Niemand verarscht mich, hörst du! Niemand!« Er legt beide Hände an ihre Kehle und drückt zu. Sie zappelt und schreit, doch er hat kein Erbarmen. Ich weiß, dass ihn die Gegenwehr anstachelt – sie weiß es offenbar nicht und kämpft um ihr Leben. »Damit hast du nicht gerechnet, was, Julia? Auf Einbruch bei mir steht die Todesstrafe! Dumm gelaufen!«

Im letzten Kampf zucken ihr Körper, die Arme und Beine. Nach und nach werden die Bemühungen schwächer. Er gibt keinen Ton außer heftigem Stöhnen von sich.

Bis sie verstummt.

Ich habe miterlebt, wie eine Frau ermordet wurde.

Statt der Situation zu entfliehen oder zu helfen, habe ich untätig dabei zugeschaut, wie ein Mensch getötet wurde.

Ich bin ein Versager. Ein Loser.

Lieber Gott, bitte vergib mir.

Sein Blick fliegt in meine Richtung. Ängstlich schlucke ich und stolpere langsam rückwärts zum Bett. Wie hypnotisiert schaue ich ihn an.

»Was guckst du so komisch?«, brüllt er atemlos. »Hasst du mich jetzt? Ich musste doch irgendwas unternehmen, verdammt. Was hätte ich denn tun sollen? Diese Ratte hat sich ohne meine Erlaubnis Zutritt in unser Reich verschafft! Das ist unser Zuhause und geht ausschließlich uns was an!«

Mir hat es die Kehle zugeschnürt. Vielleicht kann ich nicht anders, als zu ihm starren, weil ich die Leiche nicht sehen will. Tränen schießen mir sturzbachartig aus den Augen. Wenn ich nicht endlich eine Taktik entwickle, bin ich die Nächste, die er umbringt.

Bewunderung. Er braucht Bewunderung.

Das ist es, was er jetzt will. Ich muss besonnen vorgehen und mich konzentrieren. Sonst bin ich die Nächste, die erwürgt am Boden liegt.

»Das hast du für mich getan, oder?«, frage ich schluchzend.

Mein Weinen ist im Gegensatz zu meinen Worten echt. Samuel reagiert so verwirrt, wie ich mich fühle. Was geschieht gleich? Wird er durchdrehen und auch mich aus dem Weg räumen? Er schlägt stöhnend die Hände vors Gesicht und bewegt sich wieder seltsam schüttelnd wie schon zuvor in Stresssituationen. Das ist ein richtiger Tick, den er da hat. Oder einfach nur eine Geisteskrankheit. Der müsste längst Patient einer geschlossenen Nervenheilanstalt sein, dann wäre das nicht passiert.

»Willst du mich verarschen?«, fährt er mich an. »Oder hast du eingesehen, dass wir beide zusammengehören und nichts, absolut nichts uns trennen kann?«

Verächtlich guckt er zu der leblosen Gestalt. Er macht ein Geräusch, als würde er Speichel im Mund sammeln. Will er etwa auf sie spucken? Anscheinend überlegt er es sich anders und macht eine wegwerfende Handbewegung in ihre Richtung, bevor er sich zu mir dreht. Seine Miene hellt sich auf. Euphorisch ruft er: »Julias Tod war nicht umsonst, Delia! Sie war ein schlechter Mensch. Sie hat bekommen, was sie verdient hat und ist nun das Opfer unserer Liebe. Ich will mich nicht zu weit aus dem Fenster lehnen … Haha, der war gut, aus dem Fenster lehnen …« Kichernd weist er auf das verklebte Fenster, als würde ich nicht selbst darauf kommen, dass sich dort niemand zu weit rauslehnen könnte. Dann folgt abrupt sein fürsorglicher Ton. Eine Gemütsregung jagt die nächste. »Jetzt wird alles gut, mein Liebling, unsere Zukunft wird perfekt!«

Wenn ich auch nur den Hauch einer Chance habe, diesem Psychopathen jemals lebend zu entkommen, dann nur, indem ich mich auf sein irrsinniges Verhalten einlasse.

»Oh Gott«, sage ich ehrfürchtig. »Das ist so romantisch.«

Angebissen. Wie ein flirtender Casanova zwinkert er mir selbstverliebt zu.

Eingeschüchtert setze ich mich aufs Bett, stelle die Beine nebeneinander und lege beide Hände auf die Knie. Aus den Augenwinkeln beobachte ich Samuel beim Abtransport der Leiche. Fluchend zieht er seine Ex-Freundin aus dem Raum, die lediglich zur falschen Zeit am falschen Ort war. Okay, sie ist offensichtlich eine Kleinkriminelle – was weiß ich über derlei asoziale Verhältnisse? Außerdem war sie mal irgendwann mit ihm zusammen. Wie kann man es nur mit solch einem Psycho aushalten? Ob er schon immer so war?

Trotzdem hat sie das nicht verdient. Sie wollte mir helfen.

»Mann, ist die schwer«, stöhnt er und brummelt leise vor sich her, als sei ich gar nicht anwesend. An den Füßen schleppt er sie durch die Tür. »Julia ist viel zu fett, das habe ich ihr tausendmal gesagt. Delia hingegen ist leicht wie eine Feder.«

Ohne Notiz von mir zu nehmen, schließt er hinter sich ab. Julia war kein bisschen zu dick, sondern schlank. Samuels Wahrnehmung ist nicht nur in Bezug auf sich selbst völlig verrückt, sondern stimmt auch bei anderen Personen nicht mit der Realität überein.

Keine Ahnung, wann ich mich aus meiner stocksteifen Sitzposition gelöst habe und eingeschlafen bin. Vermutlich habe ich zuvor stundenlang geschockt auf den Fleck am Boden gestarrt, an dem ein Mensch gestorben ist. Falls die Polizei mich finden sollte, bin ich jetzt nicht nur ein Opfer, sondern auch eine Zeugin. Zusammengekauert liege ich auf dem Bett und mag meine Embryonalhaltung nicht aufgeben. Ich will weg sein, mich in Luft auflösen, nichts hören und nichts empfinden, einfach nur weiterschlafen. Leider klappt es nicht. Es klappt nie. Kaum bin ich aufgewacht, rattert die innere Stimme unaufhörlich.

Delia, denk nach, du brauchst eine Strategie.

Dass ich durchaus in der Lage bin, strategisch vorzugehen, habe ich mir vorhin unbewusst selbst bewiesen. Mein geheuchelter Ausspruch »Oh Gott, das ist so romantisch« stammt aus einem Kinofilm. Gregor bestand darauf, mit mir gemeinsam den brutalen Streifen anzusehen. Er fand diese Reaktion auf eine wahre Blutorgie besonders lustig. Damals hasste ich den Film, heute bin ich dankbar, dass er mir offenbar gerade die richtige Eingebung beschert hat.

Dass ein gewaltsamer Tod nicht romantisch, dafür aber schrecklich ist, begreift Samuel offenbar nicht. Möglicherweise ist ihm auch Ironie fremd. Andererseits lässt er regelmäßig gehässige Sätze los, wenn es um mich als Sexobjekt geht. Ich werde dennoch vorsichtshalber nichts Doppelsinniges mehr von mir geben, weil er mich naiv und anschmiegsam haben will. Eine mitdenkende Frau ist sicherlich das Letzte, was dieser Kotzbrocken sich wünscht.

Ab jetzt muss mich zusammenreißen. Ich darf mich nicht mehr selbst kleinmachen. Ich bin kein Totalversager, sondern ein ganz normaler Mensch, der zufällig in die Fänge eines ganz und gar nicht normalen Menschen geraten ist.

Fest steht, dass Samuel unzurechnungsfähig ist und buchstäblich über Leichen geht. Ich werde die Entführung nicht überleben – es sei denn, ich spiele nach seinen Regeln. Sein Plan ist, mit mir ein Leben zu zweit zu führen. Er will erreichen, dass ich ihn liebe, deshalb hält er mich hier fest. Das bedeutet, meine Zügel werden sich lockern, sobald er sich meiner Zuneigung gewiss ist. Anfangs quatschte er schließlich davon, diese Wohnung wäre nur vorübergehend mein Zuhause. Ich muss unbedingt sein Vertrauen erlangen. Das ist die einzige Chance, meine Freiheit zurückzugewinnen.

Ich werde vorgeben, mich langsam in ihn zu verlieben. Ihn bewundernd anschauen, vielleicht sogar Zärtlichkeiten erwidern. Wie praktisch, dass ich diese Fähigkeit bereits in meiner Ehe erlernen durfte – jetzt wird sie zur Überlebensstrategie bei einem Irren.

Nach und nach spüre ich ein vergessen geglaubtes Urvertrauen in mir aufsteigen. Ich werde es schaffen und Samuel überlisten. Und dann töte ich ihn.

Kapitel 27

Gregor

Endlich Freitagmorgen.

Die letzten Tage waren der reinste Horror. Mit jeder verstrichenen Stunde stieg meine Angst, die Bullen könnten auftauchen, um mich wegen Veruntreuung festzunehmen. Gestern Abend dann bekam ich endlich Bescheid über den Eingang des Geldes auf dem Konto der Briefkastenfirma. Jetzt können Leonie und ich vernünftig neu starten. Delia hat sich noch immer nicht gemeldet. Friedhelm Maier ebenso wenig. Ich bin sicher, meine Ehefrau schmiedet fiese Pläne gegen mich, aber ich komme ihr zuvor. Bin klüger als sie.

Weil auch Leonie langsam panisch geworden ist, haben wir gestern für eine Nacht ein Zimmer auf ihren Namen in diesem Hotel gebucht und dort geschlafen. Wenn die Bullen an meiner Zimmertür klopfen, finden sie nur einen leeren Raum vor.

Da die Kohle transferiert ist, gibt es keinen Grund mehr, den Schein aufrechtzuhalten. Trotz dreier vor längerer Zeit vereinbarter Termine werde ich nicht zum Messegelände fahren. Die Tätigkeit als Geschäftsführer eines Baustoffhandels liegt nun hinter mir. Meine Zukunft gehört ab sofort Leonie. Wir werden es uns gutgehen lassen in unserer vorläufigen neuen Heimat Mallorca. Ob wir da dauerhaft bleiben, werden die nächsten Jahre entscheiden.

Ich blicke zur Uhr. Um elf startet das Flugzeug, das uns nach Hause bringt. Tickets haben wir allerdings bislang nicht besorgt – falls meine Transaktionen bereits beobachtet werden. Ohnehin ist diese nochmalige Heimkehr ein unnötiger Umweg.

Leonie steht vor dem Schminkspiegel im Badezimmer, als ich einen letzten Versuch unternehme, sie umzustimmen.

»Süße, mir wäre wohler zumute, wenn wir gleich nach Mallorca fliegen.«

»Nein!«, widerspricht sie energisch.

»Hör zu, es ist ein Risiko …«

»Das Erbstück ist mir wichtig. Ich werde es nicht zurücklassen. Mein Vater hat es mir im Hospiz geschenkt.«

»Eine Freundin könnte es dir nachsenden«, schlage ich vor.

»Nein! Darüber diskutiere ich nicht. Erst vor ein paar Tagen wolltest du selbst noch unbedingt einige Sachen aus deinem Haus holen. Also musst du meinen Wunsch verstehen.«

»Trotzdem mache ich es nicht.«

»Weil bei dir die Bullen warten könnten. Bei mir werden sie wohl nicht stehen.«

Das Klingeln meines Handys unterbricht die Fortsetzung der Diskussion. Ich ziehe das Telefon aus der Tasche des Sakkos und betrachte die Nummer.

»Wer ist das?«, will Leonie wissen.

»Jemand aus unserer Stadt.«

»Delia? Oder dieser Maier?«

»Die Nummer kenne ich nicht.«

Zögerlich nehme ich das Gespräch entgegen. »Witt!«

»Hauptkommissar Overman«, stellt sich mir eine unbekannte Stimme vor, die mir einen kalten Schauder über den Rücken jagt. Verzweifelt balle ich die Faust. Ich bin aufgeflogen.

»Guten Tag, Herr Overman«, krächze ich.

»Wo erreiche ich Sie gerade?«, erkundigt er sich.

»Ich bin auf der Baumesse in, äh, beziehungsweise aktuell bin ich in einem Hotel. Im *Resort Inn*. Worum geht es denn überhaupt? Sie haben sich als Hauptkommissar vorgestellt. Ich kapiere nicht.«

Leonie schaut mich verängstigt an, doch es ist mir unmöglich, sie durch eine Geste zu beruhigen.

»Wann hatten Sie den letzten Kontakt zu Ihrer Ehefrau Delia Witt?«

Die Frage verwundert mich. »Vor meiner Abreise, nein, gar nicht wahr, Freitagabend haben wir auch noch einmal miteinander telefoniert.«

»Also vor einer Woche?«

»Genau.«

»Und seitdem haben Sie keine weiteren Telefongespräche geführt?«

»Ich habe versucht, sie ein paar Mal anzurufen. Hat nie geklappt. Ist allerdings nicht ungewöhnlich – meine Frau ist immer viel unterwegs.« Ich lache unsicher. »Außerdem sind Messewochen extrem stressig. Selbst nach Messeschluss gehen die Termine weiter.«

»Verstehe«, brummt er.

»Ist irgendetwas passiert?«, hake ich nach.

»Ehrlich gesagt fürchten wir, dass Ihre Ehefrau verschwunden ist.«

»Verschwunden?« Mir wird schwindelig.

»Am Samstag wurde sie zuletzt gesehen. Sie hat innerhalb der Woche einige Termine nicht wahrgenommen, ohne sie abzusagen. Am Mittwoch wurde ihr Auto in einer verlassenen Gegend gefunden. Unter merkwürdigen Umständen.«

»Welche Gegend?«

»Dazu möchte ich mich am Telefon nicht äußern. Haben Sie die Möglichkeit, schnellstmöglich heimzukehren?«

»Klar«, sage ich wie aus der Pistole geschossen.

»Wunderbar! Was schätzen Sie, wann Sie hier sein könnten?«

»Jeden Tag um elf geht ein Linienflug. Das könnte ich schaffen. Vorausgesetzt, es gibt noch einen freien Sitzplatz.«

»Sehr gut! Treffen wir uns um zwei an Ihrem Haus. Bis dahin!«

Fassungslos gebe ich nach dem Beenden der Verbindung Leonie den Inhalt des Telefonats wieder.

»Und jetzt willst du deswegen nach Hause? Was ist mit unseren Plänen?«, fragt sie im zickigen Tonfall.

»Ist das dein Ernst?«

»Warum denn nicht?«

»Wenn ich nicht zugesagt hätte, würden die mir Delias Verschwinden ankreiden.«

»Die Alte ist bestimmt abgehauen, um dich zu bestrafen!«

»Das könnte sogar sein«, bekenne ich nach kurzem Überlegen. »Falls sie von uns erfahren hat, würde ich ihr das glatt zutrauen.«

»Und du gehst ihr auf den Leim.«

»Mir bleibt nichts anderes übrig. Außerdem muss ich wegen dieser Sache allein zurück.«

»Du willst mich zurücklassen?«

»Die Bullen könnten sonst herauskriegen, dass wir zusammen sind. Das wäre ungünstig. Du fliegst wie geplant morgen nach Hause. Nimmst dir ein Taxi und wartest auf meine Nachricht. Ich melde mich, so schnell ich kann.«

»Sind die Mallorca-Pläne also ad acta gelegt?«

»Nur verschoben«, beruhige ich sie.

»Na toll! Ich hasse deine Alte. Das macht die doch extra!«

***

Vor dem Hauseingang wartet ein stattlicher Kerl. Er ist mindestens einen Meter neunzig groß und hat volles, graues Haar. Das beigefarbene Sakko wird von breiten Schultern ausgefüllt. Altersmäßig schätze ich ihn auf etwa fünfzig Jahre.

Eilig steige ich aus und laufe ihm entgegen.

»Hauptkommissar Overman?«

»Der bin ich.«

Wir reichen uns die Hände. Sein kräftiger Händedruck soll wahrscheinlich einschüchternd wirken.

»Können Sie sich ausweisen?«

»Vernünftig von Ihnen, daran zu denken.« Aus einer Sakkotasche holt er einen Dienstausweis, den ich bloß flüchtig mustere.

»Lassen Sie uns reingehen«, bitte ich.

»Nicht wundern«, erwidert er. »Wir haben uns bereits gestern Abend Zutritt verschafft.«

»Was?«, frage ich schockiert. Mein Plan, die Anrufbeantworteraufnahmen meiner eigenen Stimme zu löschen, hat sich damit erledigt.

»Gefahr im Verzug«, erklärt er. »Wir mussten ausschließen, dass Ihre Ehefrau gesundheitliche Hilfe benötigt. Aber seien Sie unbesorgt, unser Experte hat das Türschloss ohne Beschädigungen geöffnet bekommen.«

»Wie aufmerksam. Vielleicht hätte man mich einfach früher benachrichtigen sollen.«

Ich öffne die Haustür. Im Inneren unseres Hauses riecht es abgestanden. Wie nach einer gemeinsamen Abwesenheit.

»Gehen wir in die Küche«, schlage ich vor. »Sie sagten am Telefon, das Auto meiner Frau wäre unter merkwürdigen Umständen gefunden worden.«

»Ja. So ist der ganze Fall ins Rollen gekommen.«

Er berichtet, dass der Wagen einer Streifenwagenbesetzung in der zwielichtigen Umgebung aufgefallen war. Tatsächlich klingt die Beschreibung der Fundstelle nicht so, als hätte Delia dort zu tun gehabt.

»Die Kollegen ermittelten den Halter – Ihre Frau. Während sie auf diese Mitteilung warteten, bemerkten sie, dass der Schlüssel im Schloss steckte und die Tür nicht verriegelt war.«

»Oh.«

»Es wirkte wie eine Einladung, das Fahrzeug zu stehlen. Ihre Ehefrau ist einsachtundsechzig groß?«

»Richtig.«

»Welche Sitzposition wählt sie im Wagen?«

Verständnislos sehe ich ihn an.

»Sitzt sie nah am Steuer?«, führt Overman aus. »Oder weit hinten?«

»Ach so. Normal für eine Person ihrer Größe.«

»Gehe ich recht in der Annahme, dass Sie den Fahrersitz nach hinten verstellen, wenn Sie mal das Auto Ihrer Gattin benutzen?«

»Ja. Wobei das fast nie vorkommt.«

Er nickt nachdenklich. »Die Sitzposition, in der wir es aufgefunden hatten, war ziemlich weit hinten. Eher so, als hätte ein Mann Ihrer Größe zuletzt Platz genommen.«

»Habe ich aber nicht.«

»Sie waren auf der Messe.«

»Seit einer Woche«, bestätige ich.

»Da gibt es übrigens noch etwas, das uns misstrauisch gemacht hat.«

»Was?«

»Wir haben keine Fingerabdrücke gefunden. Alle Flächen im Wagen waren abgewischt.«

»Scheiße!«

»Jemand wollte Spuren beseitigen – das steht außer Frage.«

»Wann haben Sie ihr Auto entdeckt?«

»Mittwoch.«

»Wieso werde ich als Ehemann erst Freitag informiert? Für mich wirkt das so, als sei sie entführt worden. Verdammter Mist! Delia!«

»Der Gedanke ist bei einer wohlhabenden Frau nachvollziehbar«, gesteht er. »Hat sich denn jemand bei Ihnen gemeldet? Und eventuell gefordert, nicht die Polizei zu benachrichtigen?« Sein kalter Blick mustert mich.

»Nein!«

Der Hauptkommissar faltet seine Hände wie zum Gebet, nur die Zeigefinger deuten nach oben. »Als wir uns gestern Abend hier im Haus umgesehen haben, sind uns die ganzen Anrufbeantworternachrichten aufgefallen.«

Fuck!, fluche ich innerlich.

»Unter anderem von Ihnen. Ihre Rückrufwünsche klangen sehr dringend. Hatte das einen konkreten Anlass?«

Ich überlege, ihm die Unwahrheit zu erzählen – fürchte jedoch, dass die Wahrheit irgendwann ans Licht kommen wird.

»Es gab Probleme bei der Geschäftsbank. Delia kennt den zuständigen Berater quasi seit Kindesbeinen. Deswegen wollte ich ihre Hilfe in Anspruch nehmen. Sie sollte mit ihm reden.«

»Welche Probleme?«

»Er wollte eine benötigte Überweisung nicht freigeben. Na ja. Letztlich habe ich mich eigenständig darum gekümmert. Der Betrag ist mittlerweile überwiesen.«

»Wie heißt die Bank? Und der Berater? Schreiben Sie mir das beides auf.«

Er holt einen kleinen Taschenkalender heraus, den er ungefähr in der Mitte aufschlägt und mir mitsamt eines Kugelschreibers reicht. Ich notiere die gewünschten Informationen. Maier wird nicht uneingeschränkt Auskunft erteilen können, nicht ohne richterlichen Beschluss. Daher hoffe ich, dass meine Kooperation unverdächtig wirkt.

»Danke«, sagt Overman, nachdem er überprüft hat, ob er meine Schrift entziffern kann. »Herr Witt, ich bevorzuge es, mit offenen Karten zu spielen.«

Ich registriere den kühlen Tonfall und ahne, was als Nächstes kommt. »Schießen Sie los!«

»Wenn eine wohlhabende Ehefrau spurlos verschwindet, steht der Ehemann automatisch im Fokus. Haben Sie für den Zeitraum von letztem Samstag zur Mittagszeit bis heute ein lückenloses Alibi?«

»Wie schon erwähnt, war ich fast zwei Flugstunden entfernt auf einer Messe. Als Aussteller.«

»Auch Samstag und Sonntag?«

»Ja, verdammt!«

»Das können bestimmt viele Menschen bezeugen.«

»Natürlich.«

»Wunderbar! Dann habe ich vorläufig nur einen weiteren Punkt, den ich mit Ihnen klären möchte.«

»Welchen?«

»Wie ist es eigentlich um den Zustand Ihrer Ehe bestellt?«

Fassungslos sehe ich ihn an. In meinem Gehirn rattert es. Kann er mir Leonies Existenz nachweisen, oder war ich vorsichtig genug?

Kapitel 28

Samuel

Verrückt, wie sich ein vermeintlicher Tiefpunkt im Nachhinein als Wendung zum Besseren herausstellt. Ich hatte Julia übers Tablet durch meine Wohnung huschen sehen und befürchtet, sie würde Delia befreien. Doch ich war rechtzeitig zurückgekehrt. Eine Minute später, eine oder zwei rote Ampeln mehr auf dem Heimweg – und ich wäre verloren gewesen.

Rasend vor Wut hatte ich Julia getötet. Überzeugt davon, dadurch auch Delia verschrecken. Denn wie hätte ich vermuten können, dass sie sich in einen Mörder verlieben würde?

Aber genau das scheint zu passieren. Sie fand meine Tat romantisch und behandelt mich seitdem anders. Himmelt mich an. So, wie ich es mir immer gewünscht habe.

Natürlich ist nicht sofort alles gut gewesen. Schließlich habe ich Julias Leiche entsorgen müssen. Ihren Körper in der Badewanne zu zersägen, um ihn anschließend in drei dunklen Müllsäcken aus der Wohnung zu schaffen, hat mich angeekelt. Doch es war nötig. Nachdem ich aus dem Wald nach Hause gekommen war, musste ich die Wanne gründlich schrubben, ehe ich duschen konnte. Delia hat mich an dem Tag nicht mehr zu Gesicht bekommen.

Am nächsten Morgen jedoch ist sie zuvorkommend gewesen. Hat mehrfach gelächelt. Einen kleinen Scherz gemacht. Über meine Erwiderung gelacht. Das gemeinsame Frühstück genossen. Sie ist nicht zusammengezuckt, als ich ihr Bein gestreichelt habe. Hat sich nicht gewehrt, als ich weitergegangen bin.

Unser zweites Mal hat sich beinahe so abgespielt, wie ich es von Anfang an gehofft hatte.

Seit diesem Mittwochvormittag sind dreieinhalb Tage vergangen. Ich verbringe viel Zeit in ihrem Raum. Wir unterhalten uns, sehen fern, schlafen miteinander. Noch darf sie sich nicht frei in meiner Wohnung bewegen, dafür vertraue ich ihr nicht genug. Sobald ich mir ihrer absolut sicher bin, gehe ich diesen großen Schritt an. Bis dahin muss sie Geduld aufbringen. Ohnehin will ich es nicht überstürzen. Mich macht es glücklich, mit ihr auf dem Bett zu liegen, fernzusehen und die Abende mit Sex ruhig ausklingen zu lassen.

Ihr zuliebe haben wir ein Programm im Regionalfernsehen geschaut, in dem Tierheimtieren ein neues Zuhause gesucht wird.

»Hast du ein Haustier?«, erkundige ich mich, als der Nachspann läuft.

»Nein. *Er* hatte etwas dagegen.«

»Wieso?«

»Angeblich eine Allergie gegen Tierhaare.«

»Ich habe keine Allergien«, erwidere ich.

Hoffnungsvoll sieht sie mich an. »Könntest du dir vorstellen, mir ein Haustier zu schenken?«

»Klar! Du bist bestimmt eher der Katzentyp, oder?«

»Ja«, bestätigt sie. »In meiner Kindheit hatten wir zu Hause drei Katzen und zwei Hunde. Mir haben die Stubentiger besser gefallen.«

»Darüber lässt sich reden.«

»Damit würdest du mir einen lang gehegten Traum erfüllen.«

Ich greife in die Schüssel, die zwischen uns steht. Vor einer Stunde habe ich darin Mikrowellenpopcorn zubereitet, von dem wir beide abwechselnd naschen. Zum ersten Mal an diesem Abend greift sie gleichzeitig mit mir hinein und berührt kurz meinen Handrücken. Aus den Augenwinkeln bemerke ich, dass sie lächelt. Als ich mich ihr zuwende, schaut sie jedoch Richtung Mattscheibe. Es ist einfach perfekt! Wir gehen völlig vertraut miteinander um.

Die Eröffnungsmelodie einer lokalen Nachrichtensendung erklingt. Die kurzhaarige, dunkelblonde Moderatorin begrüßt die Zuschauer, ehe im Hintergrund ein Bild auftaucht.

Delia saugt erschrocken die Luft ein. Denn sie ist es, über die das Fernsehen nun berichten wird.

»Seit einigen Tagen wird die zweiunddreißigjährige Unternehmergattin Delia Witt vermisst«, erklärt die Nachrichtensprecherin. »Die Polizei hat diesbezüglich auf einer heutigen Pressekonferenz die Öffentlichkeit um Mithilfe gebeten.«

Es folgt ein Video, in dem ein Polizeisprecher die Fakten bekanntgibt. Delias Sportcoupé wurde mittlerweile gefunden, der Polizist spricht von seltsamen Umständen beim Auffinden des Fahrzeugs, die auf ein Verbrechen hindeuten.

Mich macht die Aussicht auf eine Fahndung extrem nervös, weswegen ich die Fernbedienung zur Hand nehme, um das Programm zu wechseln. In diesem Moment zeigt der Nachrichtensender Gregor Witt.

»Könntest du es anlassen?«, bittet sie mich.

Tatsächlich bin ich ebenfalls neugierig, warum der Ehemann beim Verlassen des Präsidiums gefilmt worden ist. Eine männliche Hintergrundstimme erläutert, Gregor Witt wäre im Beisein eines Anwalts im Polizeipräsidium zum Verschwinden seiner Ehefrau befragt worden. Da er sich auf einer einwöchigen Geschäftsreise befand, hätte er allerdings wenig Sachdienliches beitragen können.

»Wofür braucht er einen Rechtsanwalt?«, murmelt Delia.

»Woher soll ich das wissen?«

»Ob sie ihn verdächtigen?«

»Was?«

»Hinter meinem Verschwinden zu stecken.«

»Wieso sollten sie?«

Delia schweigt. Sie scheint über die neue Entwicklung angestrengt nachzudenken. Der Nachrichtensender nennt am Ende des Berichtes eine Telefonnummer, unter der man Hinweise bezüglich des Aufenthaltsortes von Delia Witt hinterlassen kann. Dann wendet sich die Moderatorin dem nächsten Thema zu, und ich schalte den Fernseher aus.

»Wieso sollten sie?«, wiederhole ich meine Frage.

»Lass mich kurz nachdenken.«

Zu meiner Überraschung rutscht sie zum Fußende des Bettes und steht auf – ohne mich zu fragen. Natürlich befindet sich der Türschlüssel in meiner Hosentasche, doch ihre Eigeninitiative stimmt mich trotzdem unruhig.

»Delia!«, nenne ich ihren Namen im warnenden Tonfall.

»Bitte! Ich kann besser grübeln, wenn ich in Bewegung bin.«

Sie klettert aus dem Bett und tigert im Raum herum. Ich bin zwiegespalten. Einerseits fasziniert es mich, sie in dieser bislang unbekannten Pose zu erleben, andererseits habe ich ihr dazu keine Erlaubnis gegeben. Dennoch schreite ich vorläufig nicht ein.

»Das muss es sein!«, sagt sie schließlich, bleibt stehen und schaut mich lächelnd an. »Sie verdächtigen ihn. Garantiert! Das ist perfekt!«

»Wie kommst du zu dem Schluss?«

»Das erkläre ich dir gleich. Vorab möchte ich eins wissen.«

»Was?«, frage ich misstrauisch.

Delia setzt sich zu mir an den Matratzenrand und nimmt meine linke Hand. »Wie bist du auf mich aufmerksam geworden? Bitte erzähle keine Märchen, sondern die Wahrheit!«

Ihre Art, mit mir zu reden, schreckt mich ab. Sie ist zu fordernd. Gleichzeitig bin ich positiv überrascht von ihrem Verhalten. Ich erwarte, demnächst in ein Geheimnis eingeweiht zu werden, weshalb ich großzügig bin.

»Das ist eine lange Geschichte«, warne ich sie.

»Macht nichts«, entgegnet sie. »Ich mag deine Stimme.«

Für dieses schöne Kompliment gebe ich ihr zunächst einen Kuss, bevor ich mit einer Reise in meine Vergangenheit beginne.

»Ich habe viele, sehr viele Jahre in der Firma deines Vaters gearbeitet. Er hat mir eine Chance gegeben, als mich niemand auf dem Arbeitsmarkt hat haben wollen.«

»Wieso?«

»In meinen Jugendjahren habe ich ein paar Dummheiten begangen. Ich war ein Hooligan. Habe mich mit Fußballfans geprügelt. Dreimal saß ich deswegen im Knast. Einmal zwei Jahre, nachdem ich einen Gegner schwer am Kopf verletzt hatte. Jugendsünden, das musst du mir glauben. Inzwischen bin ich anders. Gereifter.«

»Das weiß ich«, bestätigt sie.

»Ist so etwas in deiner Polizeiakte vermerkt, wird es fast

unmöglich, ein normales Leben aufzubauen. Arbeitgeber haben meine Bewerbungen oft nicht mal beantwortet.«

»Und mein Vater?«

»Er kannte meine Eltern. Sie erzählten ihm von meinen Dummheiten und dass ich seit der letzten Haftstrafe geläutert wäre. Er beschloss, ihnen zu vertrauen.«

»Er gab dir einen Job?«

»Einen Ausbildungsplatz. Ich schuftete im Lager. Nach der Ausbildung wurde ich also fester Lagermitarbeiter und hatte jahrelang einen ausgezeichneten, krisensicheren Posten.«

»Bis die Konjunktur einbrach.«

»Obwohl fähige Lagermitarbeiter eigentlich immer gebraucht werden. Dein Vater hat das erkannt. Gregor hingegen nicht. Er kündigte mir, als die Geschäfte schlechter liefen. Doch die Abfindung war ganz gut, ich war ja schon so lange dabei. Wofür ich ihm wohl dankbar sein muss.«

»Wie lange ist das her?«

»Über ein Jahr. Natürlich bewarb ich mich woanders. Doch nun kamen mir meine Vorstrafen wieder in die Quere. Ich hatte keine Chance. Niemand stellt einen angeblich zur Gewalt neigenden Ex-Knacki ein. Egal, wie viel Zeit seitdem vergangen ist.«

»Wie ungerecht«, bemitleidet mich Delia.

»Allerdings! Na ja. Irgendwann wurde mir bewusst, wer schuld an allem war.«

Sie nickt wissend. Offensichtlich kapiert sie, wen ich damit meine.

»Anfangs hatte ich keinen Plan«, gestehe ich. »Ich wollte seine Existenz zerstören, genau so, wie er meine zerstört hatte. Daher begann ich, zu recherchieren. Beschattete ihn. Bekam dich zu Gesicht.« Die Erinnerung daran lässt mich versonnen lächeln. Ich hatte Delia das erste Mal gesehen, als Gregor gemeinsam mit ihr in festlicher Kleidung abends aufgebrochen war und ich mich einhundert Meter entfernt in meinem Auto versteckt gehalten hatte. Ihre Schönheit war mir direkt ins Auge gesprungen. »Nach ein paar Monaten wurde mir klar, dass er gar kein Recht hatte, die Firma zu führen. Das hätte dir zugestanden. Du hättest sie nicht runtergewirtschaftet.«

»Ich hätte dich nicht entlassen«, bestätigt sie. »Allein aus Respekt vor der Entscheidung meines Vaters, dir eine Chance zu geben.«

»So ist es! Gregor hat sich nicht an den Willen des Firmengründers gehalten.«

»Blödes Arschloch!«

Sie scheint ihn zu hassen, was ich sehr gut verstehen kann. Trotzdem möchte ich den Grund dafür kennen. Aber erst, nachdem ich zu Ende erzählt habe.

»Je öfter ich dich heimlich beobachtet habe, desto mehr verliebte ich mich in dich«, erkläre ich. »Zunächst hatte ich bloß Gregor vernichten wollen. In meinen Träumen überfuhr ich ihn auf offener Straße und ließ ihn sterbend oder zumindest querschnittsgelähmt zurück. Du hast ihn vor diesem Schicksal bewahrt, denn ich hatte erkannt, dass ich nur glücklich werden könnte, wenn ich mit dir zusammen wäre. Wenn du mich lieben würdest.«

»Schade«, brummt Delia. »Er hätte dieses Schicksal verdient gehabt. Tot oder gelähmt. Das würde mir gefallen.«

»Ich kapier's nicht. Was hat er getan? Weshalb hasst du ihn so?«

Sie klettert über mich hinweg und für einen Moment steigt mir der betörende Duft ihres neuen Parfüms in die Nase. Ein Parfüm, das ich ihr geschenkt habe. Dann liegt sie an ihrem angestammten Platz und greift nach meiner Hand.

»Bist du bereit für eine deprimierende Geschichte? Aus der du mich befreien kannst. Wie dich damals mein Vater befreit hat.«

»Fang an!«

Kapitel 29

Delia

Meine kunstvoll eingebauten Pausen beeindrucken und ängstigen Samuel zugleich. Er glaubt, ich kann nur unter seelischen Schmerzen über meinen bösen Gatten sprechen. Tatsächlich aber passe ich höllisch auf, nur nichts Falsches preiszugeben.

Ich sehe ihm an, wie es unaufhörlich in seinem kranken Hirn rattert. Allzu lange sollte ich nicht so selbstbewusst auftreten, weil er sich dadurch unterlegen fühlt. Dennoch funktioniert der Plan nur, wenn ich meine Ziele durchsetze – dafür muss ich irgendwie die Balance zwischen konkreter Forderung und anspruchslosem Verhalten hinbekommen.

Ich atme tief durch und berichte auf dem Rücken liegend von Gregor. Samuel streichelt meine Hand. Wieder einmal zwinge mich dazu, mir vorzustellen, ich sei eine Prostituierte. Was die schaffen, schaffe ich auch. Zumindest für einen begrenzten Zeitraum klappt das meistens; außerdem ist seine Attraktivität hilfreich. Man darf sich nur nicht vergegenwärtigen, welch brutales Schwein sich hinter der ansehnlichen Maske verbirgt.

»Warum ich ihn so hasse, möchtest du wissen.« Ich seufze und wische eine unsichtbare Träne fort. »Leider musste ich feststellen, dass mein Mann eine Affäre hat. Kannst du dir vorstellen, wie sich das für mich anfühlte? Sie ist so unglaublich jung und attraktiv, ich hingegen …«

»Delia, du bist wunderschön und eine tolle Frau! Du gehörst nun echt nicht zum alten Eisen. Dein Ehemann ist ein totaler Vollidiot. Wie kann man bei so einer Traumfrau fremdgehen?«

»Tja, ich weiß es nicht. Zumal er mich wohl um mein Erbe betrügen will. Ich hoffe nicht, dass ihm das gelingt. Aber …«

Abrupt richtet Samuel sich auf. »Pleite bist du nicht, oder?«

Sein enttäuschter Unterton ist nicht zu überhören. Das ist interessant – er spekuliert also nicht nur auf meine Liebe, sondern auch auf mein Geld. Natürlich soll er von meiner Kombinationsgabe nichts merken. Gregor ist der Böse, nicht er. Ich darf kein Detail außer Acht lassen, sonst geht das Gespräch komplett nach hinten los.

»Wenn wir Gregor nicht gemeinsam stoppen, bin ich irgendwann pleite«, deute ich nebulös an.

»Ich kann dir nicht folgen. Rede mal Klartext! Wie meinst du das?«

»Nun ja«, erkläre ich, »man müsste ihm anonym eine Nachricht zukommen lassen, in der man ihm droht, die Informationen der Polizei zur Verfügung zu stellen, falls er nicht bereit ist, sich mit uns zu treffen.«

»Welche Informationen denn? Delia! Vergiss nicht, wen du vor dir hast!«

Mist, er wird sauer. Ich sollte den Bogen nicht überspannen, sehe allerdings keine andere Möglichkeit, als deutlich zu werden. Entweder ist Samuel wirklich so blöd, oder er tut nur so.

»Entschuldige bitte. Immer wenn ich an diese Demütigung denke, gehen die Pferde mit mir durch. Ich meinte, dass die Polizei von Gregors Verhältnis und der Veruntreuung erfahren könnte. Dann ziehen die schon ihre Schlüsse. Die Drohung wirkt garantiert, dann trifft er sich garantiert mit uns, weil er Schiss hat. Ich kenne ihn. Er ist ein Waschlappen.«

»Und was wäre der Sinn dieses Treffens?«

»Gregor zu töten und es wie einen Selbstmord aussehen zu lassen«, antworte ich.

»Ganz schön herzlos«, kommentiert er teils bewundernd, teil überrascht.

Ich lasse ihm Bedenkzeit und schmiege mich an ihn. Vielleicht unterstützt das die Entscheidungsfindung positiv. Nach einigen Minuten bricht er das angespannte Schweigen.

»Was hätte ich davon? Wehe, du verarschst mich. Du weißt, was dann passiert.«

Oh ja, ich ahne es. Ich muss ihm meinen Plan schmackhaft machen.

»Davon hätten wir beide etwas, Samuel. Unsere gemeinsame Zukunft wäre dadurch finanziell abgesichert. Das von ihm veruntreute Geld würde nach seinem Tod wieder zu mir zurückfließen. Ich bin schließlich die Erbin. Hinzu kommt, dass wir nach Gregors Tod wirklich zusammen sein könnten, weil ich eine Witwe wäre. Das klingt perfekt, oder nicht?«

»Hm«, murmelt er nicht sehr überzeugt. »Und wie willst du dein Verschwinden erklären?«

»Ich würde einfach behaupten, dass ich Gregor in Schwierigkeiten bringen wollte. Den Wagen hätte ich absichtlich irgendwo stehengelassen. Mein Handy hätte ich zerstört, als ich von den beiden Betrugsfällen erfahren habe – also der Affäre und der Sache mit dem Geld. Und dann tauche ich reumütig wieder auf, nachdem ich vom Suizid meines Mannes in den Nachrichten gehört habe. Ich gebe mich schuldbewusst, da ich es wohl zu weit getrieben hätte.«

»Gar nicht mal so dumm für eine Frau, aber leider nicht möglich«, stellt Samuel fest.

»Oh, das war bestimmt dumm von mir gedacht. Ich habe von so was auch keine Ahnung, tut mir leid«, bekenne ich zerknirscht.

»Liebling, total dumm ist das gar nicht«, tröstet er mich und tätschelt überheblich meinen Kopf, als sei ich ein kleines Kind. »Es ist nur so: Ich kann dich nicht gehen lassen. Musst du verstehen.«

»Natürlich tu ich das. Du hast recht, mir zu misstrauen, so wie ich mich am Anfang benommen habe. Wäre ich nicht dermaßen widerspenstig gewesen, müsstest du heute nicht an meiner Loyalität zweifeln.« Er kauft mir die Resignation ab und lächelt verschämt, als empfände er Mitleid, weil er mich enttäuschen muss, obwohl wir doch ein Liebespaar sind, das sich blind vertrauen sollte. »Vielleicht nimmst du meine nachträgliche Entschuldigung an. Selbstverständlich entscheidest du allein, wie wir mit der Tatsache umgehen, dass Gregor verdächtig wirkt. Wir können das hervorragend für unsere gemeinsame Zukunft ausnutzen, denn absolut jeder wird annehmen, dass er hinter meinem Verschwinden steckt. Doch wie gesagt: Du gibst den Ton an. Ich mag es, wenn Männer wissen, wo es langgeht.«

Wie ein Filmheld greift er mit den Händen nach meinem Gesicht und küsst mich zärtlich. Unter anderen Umständen wäre ich begeistert von der Geste, jetzt hingegen ist sie lächerlich.

»Ich vergebe dir, Delia. Weil ich dich aus tiefstem Herzen liebe, du naive, süße und schöne Prinzessin.«

Mit naiv hat er wohl leider den Nagel auf den Kopf getroffen. Wieso ist mir Samuel in der Firma nie aufgefallen?

Eigentlich hatte ich bisher angenommen, zumindest einen groben Überblick über die Belegschaft zu haben. Nicht nur bei den leitenden Angestellten, sondern auch bei den Auszubildenden, Fahrern und Lagermitarbeitern. An Samuel kann ich mich nicht erinnern. Gedanklich spaziere in der Vergangenheit durch die Lagerhalle.

Ah! Ich glaube, ich hab's! Er könnte früher einen Vollbart getragen haben. Genau, das war Samuel. Flüchtig erscheint das Bild eines jungen Mannes vor meinem geistigen Auge, ein Milchgesicht mit einem albernen zotteligen Bart. Hm, und der war jahrelang bei uns beschäftigt … Ich hätte Gregor nicht unbeobachtet schalten und walten lassen sollen, das war ein schwerer Fehler. Fast bin ich erleichtert, dass mein Vater nichts mehr mitbekommen kann. Aber nur fast. Lebte er noch, würde man verstärkt nach mir suchen, da bin ich mir sicher. Stattdessen löffle ich die Suppe allein aus und wünsche mir, bei Verstand zu bleiben und nicht noch vom Stockholm-Syndrom befallen zu werden.

Besonders beim Sex wäre dieses psychologische Phänomen allerdings von Vorteil. Wie kann man nur mit seinem Entführer sympathisieren und ihn in seinen kriminellen Machenschaften unterstützen – und das auch noch ernst meinen? Ich verstehe das beim besten Willen nicht und könnte noch in zehn Jahren von dem Idioten gefangen gehalten werden, ohne mit ihm zu kooperieren.

Aber ich tu so. Offensichtlich mit Erfolg. Kneift er auch manchmal misstrauisch die Augen zusammen, wenn ich bestimmt und selbstbewusst auftrete, gelingt es mir während des Geschlechtsverkehrs bravourös, seine Bedenken zu zerstreuen. Ich mache es wie in meiner Ehe, wenn Gregor sich auf mir abmühte – an etwas anderes denken und nicht mit dem Herzen dabei sein. Dann ist es erträglich.

Samuel ist nicht der schlechteste Liebhaber, solange ich geschmeidig bleibe. In dem Fall haben wir langweiligen Blümchensex, was mir sehr gelegen kommt. Ich bin wirklich nicht versessen auf seine dunkle Seite im Bett, in der er dominant, brutal und rücksichtslos ist. Lieber mime ich die Jungfräuliche und Schüchterne, das tut nicht weh, das kennt jede Frau.

In der Missionarsstellung bin ich gezwungen, ihn direkt anzusehen. Er mag den Anblick meiner geschlossenen Lider nicht.

»Schau mich an, Delia, ich bin scharf auf deinen geilen Gesichtsausdruck«, raunt er mir ins Ohr.

Er steckt in mir, und ich recke mich ihm lustvoll entgegen, als er wieder und wieder zustößt. Leider verfügt er über wesentlich mehr Standvermögen als sein Vorgänger, sodass ich sogar ganz froh bin, wenn ich ein wenig körperliche Befriedigung verspüre. Andere Freuden habe ich hier ja nicht, abgesehen von all der Schokolade, die er mir täglich mitbringt. Vermutlich habe ich von der Fresserei bereits zugenommen.

Ich öffne die Augen einen Spalt. »So besser?«

»Viel besser«, lobt er stöhnend. »Oh Gott, ist das schön, du bist einfach perfekt.«

»Du auch«, lüge ich und spiele einen filmreifen Orgasmus vor. »So was wie mit dir habe ich noch nie erlebt. Du bist der Allergrößte!«

Kapitel 30

Gregor

Verstohlen schaue ich aus dem Fenster, aber natürlich hat sich das Auto nicht in Luft aufgelöst. Als ich Samstag das Präsidium verließ, folgte mir ganz unverhohlen ein ziviler Polizeiwagen. Seitdem parkt immer einer maximal fünfzig Meter entfernt vom Eingang. Und als ich heute Morgen ein paar Stunden in die Firma gefahren bin, sind sie mir nicht von der Seite gewichen. Eine Maßnahme der Bullen, die mich provozieren soll. Doch was erhoffen sie sich davon? Schließlich habe ich selbst keine Ahnung, wo Delia abgeblieben ist. Meine Befürchtung, sie könnte mir einen üblen Streich spielen, habe ich gegenüber dem Kommissar nicht laut ausgesprochen, sondern lieber das Schauspiel des besorgten Ehemanns aufgeführt. Ob er es mir abgekauft hat?

Das Klingeln des auf dem Wohnzimmertisch liegenden Handys reißt mich aus den Gedanken. Rasch laufe ich dorthin.

»Hallo, Schatz«, begrüße ich die Anruferin.

»Es ist Montagnachmittag«, poltert Leonie ohne Umschweife los, »und ich habe seit deiner fluchtartigen Abreise nur zweimal kurz von dir gehört. Das ist scheiße! Warum machst du das? Willst du mich abschießen?«

Frustriert stöhne ich auf. »Meinst du, die Welt dreht sich bloß um dich?«, schreie ich. »Hast du eine Vorstellung, was ich gerade durchmache? Delia ist spurlos verschwunden, und die Bullen glauben, ich würde dahinterstecken. Kapierst du überhaupt irgendetwas?«

»Trotzdem könntest du dich melden«, erwidert sie eingeschnappt.

»Wenn unsere Affäre an die Öffentlichkeit gelangt, bin ich geliefert.«

»Affäre?«, kreischt sie. »Mehr bin ich nicht für dich oder was?«

»Beruhige dich gefälligst!«

»Ich beruhige mich, wann ich will.«

»Schatz, wir müssen momentan aufpassen. Unseren Kontakt einschränken. Da führt kein Weg dran vorbei.«

»Und unsere Pläne? Wir wollten nach Mallorca.« Plötzlich wird ihre Stimme weinerlich.

»Das machen wir doch. Aber zuerst muss Delia wieder auftauchen.«

»Super! Ständig muss ich auf deine Frau Rücksicht nehmen. Das macht die absichtlich! Wieso sollte sie entführt worden sein?«

»Leonie, willst du, dass ich im Knast lande?«

»Nein. Und das wirst du auch nicht. Ich kann dir ein wasserdichtes Alibi geben.«

»Dennoch werden sie meine Transaktionen viel kritischer beäugen, sobald sie von deiner Existenz erfahren.«

Sie putzt sich geräuschvoll die Nase, ohne den Hörer wegzunehmen. Das ist ihre Art, mir zu zeigen, wie gemein ich zu ihr war.

»Lass uns das Telefonat beenden. Bestimmt kontrollieren die Bullen meinen Handyanschluss«, appelliere ich an ihre Vernunft.

»Versprichst du mir, dich zu melden?«

»Natürlich, meine Süße. Ich vermisse dich total und kann es kaum abwarten, dich wiederzusehen.«

»Hoffentlich bald.«

»Garantiert. Bis demnächst.« Mit drei Kussgeräuschen verabschiede ich mich von ihr. Genervt lege ich das Telefon beiseite und setze mich im Wohnzimmer an den seit Jahren unbenutzten Kamin. Leonie wird zu einem Problem. Besser wäre es, ich fände einen Weg, mich elegant von ihr zu lösen. Allerdings dürfte sie kein Drama veranstalten – und sie neigt leider sehr zum Dramatischen.

Als müsste meine Ansicht bewiesen werden, signalisiert das Handy den Eingang einer WhatsApp.

»Verdammt!«, brumme ich. »Was willst du denn jetzt?«

Schwerfällig erhebe ich mich und trotte zurück zum Wohnzimmertisch. Zu meiner Überraschung stammt die Nachricht nicht von Leonie, sondern einer mir unbekannten Nummer. Neugierig öffne ich sie.

Heute Abend einundzwanzig Uhr im Stadtwald. Stell dein Auto auf dem Parkplatz vier in der Nähe der Informationstafel ab. Wenn du dort eintriffst, erhältst du weitere Instruktionen.

Wäre meine Ehefrau nicht spurlos verschwunden, würde ich die paar Zeilen für einen Spaß meiner Freunde halten. Doch in Anbetracht der aktuellen Ereignisse ahne ich, dass Delias Entführer Kontakt zu mir aufgenommen hat.

Mit ungutem Gefühl tippe ich eine Antwort ein: *Soll das ein Scherz sein?*

Es dauert nicht lange, bis das Smartphone erneut piept.

Wie amüsant wäre es für die Bullen, von deiner Affäre zu erfahren? Oder von der Unterschlagung der Firmengelder? Ich meine es todernst. Jede Minute Verspätung hat bittere Konsequenzen.

Scheiße!

Das Handy rutscht mir aus den Fingern und landet auf der massiven Holzplatte. Woher kann ein Entführer diese Details kennen? Ob Delia dahintersteckt? Hat sie sich eine neue Handynummer besorgt? Oder arbeitet sie mit einem Komplizen zusammen, den sie entsprechend informiert hat?

Delia hat als Einzige genügend Möglichkeiten, um mir die Veruntreuung zumindest in Ansätzen nachzuweisen. Außerdem kann ich nicht ausschließen, dass sie mir und Leonie auf die Schliche gekommen ist. Mein Instinkt warnt mich vor gewaltigem Ärger. Nachdenklich laufe ich ins Schlafzimmer und überlege bereits, wie ich nachher die Bullen abschütteln kann.

Links neben dem Bett hängt ein Ölgemälde an der Wand, welches sich zur Seite klappen lässt. Dahinter befindet sich ein Tresor. Der Zugangscode ist mit unseren Geburtsmonaten eingestellt. 1102. Ein dreifacher Piepton signalisiert mir die erfolgreiche Eingabe, dann schwingt die Sicherheitsklappe des Safes ein Stück auf. Darin liegen einige wichtige Dokumente, die mich in diesem Moment jedoch überhaupt nicht interessieren. Stattdessen greife ich zu der geladenen Pistole. Ich überprüfe, ob die Waffe gesichert ist und stecke sie hinten in den Hosenbund. Wer auch immer glaubt, mich heute Abend verarschen zu können, wird sein blaues Wunder erleben.

***

Ich muss die Bullen loswerden. Allerdings halte ich es für aussichtslos, dafür ausgebildete Polizisten in einer wilden Verfolgungsjagd abzuhängen. Zum einen würde mich das verdächtig wirken lassen, zum anderen bin ich kein begnadeter Autofahrer, der durch enge Seitenstraßen mit hundert Sachen rast. Nein. Ich muss meinen Schatten auf andere Weise austricksen. Cleverer sein.

Als ich aus dem Haus trete, schaue ich absichtlich in ihre Richtung. In dem dunkelblauen Ford sitzen zwei Männer, die gelangweilt aussehen. Bestimmt sind sie über die sich ankündigende Abwechslung froh. Da Dreistigkeit bekanntlich siegt, schlendere ich zu ihrem Auto. Ich spüre die schwere Pistole am Rücken. Vor meinem inneren Auge spielt sich eine drastische Szene ab: Ich klopfe an ihre Scheibe, der Fahrer senkt das Fenster, und ich knalle die beiden ab. Um mich anschließend ins Ausland abzusetzen. Ohne Leonie oder sonstigen Ballast. Ist Delia tatsächlich entführt worden, kann sie meinetwegen in einem modrigen Verlies verrotten. Will sie mich hingegen aufs Kreuz legen, muss sie irgendwann einsehen, in ihrer Rechnung den viel klügeren Ehemann nicht ausreichend berücksichtigt zu haben.

Die Polizisten mustern mich unverhohlen abfällig. Mit einem Fingerknöchel poche ich an die Autoscheibe. Der jüngere Polizeibeamte lässt die Scheibe hinunter.

»Was gibt's?«, fragt er genervt.

Wahrscheinlich ist er es nicht gewohnt, dass der zu Observierende das Gespräch mit ihm sucht.

»Ich fahre jetzt in die Stadt. Ein Geschäftspartner erwartet mich in der *Blaupause*. Wollen Sie mein Klo benutzen, bevor wir aufbrechen?«

»Nicht nötig.«

»War nur ein freundliches Angebot. Sie könnten mir jedoch einen Gefallen tun: Verhalten Sie sich in der *Blaupause* nicht zu auffällig. Es würde mir schaden, wenn meine Verabredung das mitbekommt. Sollte Ihretwegen ein geplanter Deal platzen, müsste ich gegen das Präsidium eine Schadensersatzklage einreichen.«

Statt die vermutlich unfreundliche Antwort abzuwarten,

drehe ich mich um und gehe zu meinem eigenen Fahrzeug. Als ich einsteige, sehe ich, wie der andere Polizist telefoniert. Offensichtlich benötigen sie für die Fortführung der Überwachung Instruktionen.

Zehn Minuten später erreiche ich den Vergnügungsteil der Stadt, in dem sich zahlreiche Restaurants, Bars und Diskotheken aneinanderreihen und Parkplätze Mangelware sind. Die Blaupause habe ich mir ausgesucht, weil sich gleich nebenan ein Parkhaus befindet. Ob mein Plan aufgeht, entscheidet sich, sobald ich in die Tiefgarage gefahren bin.

Nervös wechsle ich auf die Spur, die unter die Erde führt. Nach ungefähr fünfzig Metern versperrt eine Schranke die Zufahrt. Ich betätige den Fensterheber und blicke dabei in den Rückspiegel. Noch ist der Ford nicht zu erkennen. Ich nehme das Ticket an mich und gebe Gas.

Das Parkhaus verfügt auf einer einzigen Ebene über mehr als eintausend Stellplätze. Es ist so riesig, dass es zwei Ein- und Ausfahrten gibt. Je nachdem, aus welchem Stadtteil man anreist, kann man die passende wählen. Ich rase zu der Ausfahrt, die ich normalerweise nicht benutzen würde, und stecke die Karte in den Automatenschlitz. Wegen der kurzen Verweildauer muss ich nichts bezahlen. Allerdings habe ich fast fünfhundert Meter unterirdisch zurückgelegt. An der ersten roten Ampel gestatte ich mir, Ausschau nach meinen Verfolgern zu halten. Doch sie sind nirgends zu entdecken. Wahrscheinlich werden sie sich bald wundern, warum ich nicht das Restaurant betrete.

***

Der von dem Unbekannten erwähnte Parkplatz ist beinahe

leer. Lediglich ein weißer Transporter steht am anderen Ende des Platzes. Hinter dem Steuer sitzt ein Mann, der eine Schirmmütze und Sonnenbrille trägt. Ich ahne, dass er auf mich wartet. Langsam rolle ich zu der Stellfläche neben der Informationstafel. Es ist drei Minuten vor neun. Unpünktlichkeit kann er mir also nicht vorwerfen.

Kapitel 31

Samuel

Bestimmt hat sich Delia vorhin über mein Verhalten gewundert. Aber es gab keine andere Möglichkeit. Ein Teil ihres Plans hat mich durchaus überzeugt. Gregor muss sterben, damit es eine Zukunft für Delia und mich gibt. Ohnehin hat er es verdient, denn er hat sich doppelt an seiner Frau versündigt. Sie in zweifacher Weise betrogen – wobei auf jede einzelne Tat die Todesstrafe steht.

Während ich mich dem Parkplatz nähere, bin ich mir des Risikos bewusst, das ich eingehe. Er könnte die Bullen alarmiert haben, die mich in eine Falle locken wollen. Zwar sagt mir der Instinkt, dass er das nicht getan hat. Doch ich gehe lieber auf Nummer sicher und bin eine Stunde früher als notwendig losgefahren. Um die Umgebung zu kontrollieren, stelle ich den Transporter ungefähr fünfhundert Meter entfernt ab und laufe in der Abenddämmerung zu dem vereinbarten Treffpunkt. In aller Ruhe mustere ich das Terrain, ohne ein auffälliges Auto oder irgendwelche getarnten Spaziergänger zu entdecken. Nein! Gregor kann es sich gar nicht leisten, die Polizei einzuschalten, schließlich will er Delia um ihr Familienerbe bringen.

Zehn Minuten vor neun kehre ich zum Fahrzeug zurück. Bevor ich den Motor starte, überprüfe ich zunächst das Tablet. Die aus meiner Wohnung übertragenen Bilder sollten ihn überzeugen, dass mit mir nicht zu spaßen ist. Danach öffne ich das Handschuhfach und nehme den Revolver heraus. Gregor wird noch in dieser Nacht krepieren, um mir nicht weiter im Weg zu stehen. Ich werde ihm in den Kopf schießen und seine Leiche in dem nicht mehr benutzten Baggersee knapp außerhalb der Stadt entsorgen, wo sie niemals gefunden wird. Vorausgesetzt, ich bekomme das Auto versenkt. Sein Verschwinden wird wie ein Schuldeingeständnis wirken, und die Cops werden sich darauf konzentrieren, ihm eine Beteiligung an Delias Entführung nachzuweisen. Wenn sie dann irgendwann überraschend an meiner Seite auftaucht, wird der ganze Vorgang zu den Akten gelegt.

Ich habe den Obdachlosen getötet, ohne dass es mit mir in Verbindung gebracht worden ist, und ich habe Julia beseitigt, ohne dafür belangt zu werden. Delia hat sich mir gegenüber geöffnet und sich verliebt. Seitdem ich das Heft des Handelns in die Hand genommen habe, bin ich unbesiegbar. Alles läuft wie am Schnürchen, und Gregor wird das nächste Opfer sein.

Während ich auf ihn warte, erinnere ich mich an Delias Vorschlag. Sie hofft, ich würde sie schon demnächst freilassen, sobald ihr betrügerischer Ehemann aus dem Weg geschafft ist. Diesen Wunsch kann ich ihr allerdings vorläufig nicht erfüllen. Natürlich merke ich, dass sich ihr Verhalten geändert hat. Sie liebt mich und weiß meine Fürsorge mittlerweile zu schätzen. Trotzdem muss ich mir ihrer Liebe sicherer sein, ehe wir einen Schritt weitergehen. Ich werde sie bald prüfen. Den Raum offen stehen lassen und abwarten, wie sie reagiert. Unternimmt sie keinerlei Anstalten zu fliehen, bin ich bereit, ihr einen gehörigen Vertrauensvorschuss zu gewähren.

Doch das ist zunächst noch Zukunftsmusik.

Drei Minuten vor der vereinbarten Zeit taucht Gregor auf und steuert sein Fahrzeug zu der von mir genannten Stelle an der Informationstafel. Ich greife zu meinem Handy und schicke ihm eine Nachricht.

Steig aus und hebe die Hände in die Höhe. Draußen schaltest du für mich sichtbar dein Telefon aus. Danach erhältst du die nächsten Instruktionen.

Ich stecke den Revolver in die Hosentasche und beobachte, ob er den Anweisungen nachkommt.

Tatsächlich dauert es lediglich Sekunden, bis sich die Fahrertür öffnet. Er verlässt das Auto, in der Rechten hält er das Handy, dessen beleuchtetes Display in meine Richtung zeigt. Sein linker Zeigefinger berührt das Smartphone, und kurz darauf erlischt das Licht. Offenbar folgt er meinen Befehlen. Aber retten wird ihn das nicht.

Ihn konzentriert im Auge behaltend, klettere ich aus dem Transporter.

»Wer sind Sie?«, ruft er, als ich im Freien stehe.

»Völlig uninteressant«, erwidere ich.

»Wo ist Delia?«

»Bei mir.«

»In Ihrer Gewalt?«

»Bei mir«, wiederhole ich.

»Was wollen Sie? Lösegeld? Geht es Ihnen darum?«

Uns trennen ungefähr zwanzig Schritte. Trotzdem sprechen wir laut genug, um jedes Wort deutlich zu verstehen. Sollten sich inzwischen Bullen in der Nähe aufhalten, hätte ich ihnen ausreichend Gründe geliefert, um mich zu verhaften. Ich bin jedoch nach wie vor überzeugt, dass er kein Interesse an ihrem Eingreifen hat, und beschließe, das Risiko einzugehen.

»Ja, das ist meine Voraussetzung für ihre Freilassung.«

»Wie viel verlangen Sie?«

»Zwei Millionen.«

»Woher soll ich die auftreiben?«, fragt er entsetzt.

»Nicht mein Problem.«

»Darf ich die Hände runternehmen? Das wird langsam unbequem.«

»Meinetwegen«, sage ich zögerlich.

Er senkt die Hände und lässt sie locker seitlich herunterhängen. »Hören sie«, fleht er. »Ich werde niemals zwei Millionen beschaffen können. Ausgeschlossen!«

»Dir scheint das Leben deiner Frau nicht sonderlich wichtig zu sein.«

»Doch!«, widerspricht er. »Delia bedeutet mir alles.«

»Verkauf die Firma. Beantrage einen Kredit. Oder besorg es dir bei deinen reichen Freunden.«

Er seufzt, und tatsächlich klingt er verzweifelt. Würde ich ernsthaft auf Lösegeld spekulieren, hätten ihn seine Betrügereien in eine unangenehme Lage gebracht, denn natürlich ist er nicht mehr kreditwürdig.

»Ich brauche zunächst einen Beweis, dass sie wohlauf ist.«

»Den kannst du haben.«

Ohne ihn aus den Augen zu lassen, öffne ich die Beifahrerseite des Transporters. Als ich nach dem Tablet greife, muss ich kurz wegschauen, aber er rührt sich währenddessen nicht.

Mein Plan ist einfach: Ich zeige ihm die schockierenden Livebilder aus meiner Wohnung. Den Moment, wenn er abgelenkt ist, werde ich nutzen, um ihn zu erschießen.

»Was ist das?«, will er wissen.

»Komm her. Bis auf zwei Armlängen Abstand. Aber Vorsicht: Wenn du versuchst, mich anzugreifen, erledige ich dich. Hast du von dem Obdachlosen gehört?«

Er begreift sofort. »Das waren Sie?«

Ich zucke lediglich mit den Achseln. Sichtbar beeindruckt kommt er zu mir. Als er nah genug ist, werfe ich ihm das Tablet zu, das er ungelenk auffängt. Unterdessen stecke ich eine Hand in die Hosentasche und umklammere den Griff des Revolvers.

»Was ist das?«, fragt er.

»Liveaufnahmen aus meiner Wohnung.«

Er starrt auf das Display. »Oh mein Gott. Was haben Sie getan?«

Plötzlich sehe ich eine Waffe in seiner Hand.

Fuck!

Kapitel 32

Delia

Ich verstehe die Welt nicht mehr. Wie ein Irrer ist er ins Zimmer gestürmt, und ich hatte befürchtet, er hätte mein Schauspiel durchschaut. Ohne ein Wort zu sprechen, hat er mich ans Bett gefesselt und mir anschließend die Kleider vom Leib gerissen. Auf mein Flehen erfolgte keine Reaktion. Als ich annehmen musste, dass er mich brutal vergewaltigt, ist er gegangen.

Seitdem warte ich ängstlich. Stunden sind vergangen, und es passiert nichts. Wo ist er hin? Was bedeutet das?

Kapitel 33

Gregor

»Du Wichser!«, brülle ich wütend. »Hast du wirklich geglaubt, mich verarschen zu können?«

Ich starre auf den leblosen Körper. Blut tränkt sein graues Oberteil. Die Kugel hat ihn in den Bauch getroffen und zurückgeschleudert. Als er am Boden aufschlug, war er wahrscheinlich bereits tot. Eigentlich eine viel zu milde Strafe, doch ich habe keine andere Chance gesehen, ihn zu erledigen. Jetzt muss ich bloß einen Führerschein oder ein anderes Dokument finden, um seine Adresse ausfindig zu machen. Dann kümmere ich mich um Delia. »Du hättest mir nicht verraten sollen, wie du sie versteckt hältst. Das war dein Todesurteil«, flüstere ich.

Ich beuge mich über ihn und taste ihn ab. Zu meiner Überraschung bemerke ich in seiner Hosentasche einen Revolver.

»Du mieses Schwein!«

Ging es ihm gar nicht um Lösegeld? Wollte er mich beseitigen? Oder hatte er gehofft, die Knarre würde ihn schützen?

In seinen Taschen befindet sich kein Ausweisdokument. Frustriert trete ich ihm in die Rippen, ehe ich mich dem Wagen zuwende. Bestimmt gibt es Wege, anhand des Kennzeichens seine Anschrift zu ermitteln – vorausgesetzt, er hat es nicht gefälscht. Allerdings wäre das mit größerem Aufwand verbunden, und mir wäre es lieber, die Sache heute Nacht zu beenden.

Im Handschuhfach sehe ich zuerst einen Schlüsselbund.

Wunderbar! Damit werde ich mir Zutritt verschaffen. Als mir ein braunes Lederportemonnaie in die Hand fällt, bin ich erleichtert. Im Inneren stecken verschiedene Ausweise, die allesamt auf die gleiche Adresse ausgestellt sind. Nun weiß ich, wohin er Delia verschleppt hat.

Rasch steige ich wieder aus und gehe zu den Türen des Laderaums, die ich eilig öffne. Hier kann ich die Leiche zumindest vorübergehend verstecken. Ächzend schleife ich ihn über den Schotterboden des Parkplatzes, bevor ich ihn hineinhieve. Danach verwische ich mit den Schuhen die Schleifspuren.

Als ich hinter meinem Steuer sitze, frage ich mich, was ich jetzt mit Delia anstellen soll. Ihr strahlender Held sein oder die Gunst der Stunde ausnutzen?

Ich fahre los. Ob die Bullen nach mir fahnden? Vorsichtshalber werde ich Nebenstrecken wählen, um ans Ziel zu gelangen.

Kapitel 34

Delia

Meine Nerven sind aufs Äußerste gespannt. Einerseits fürchte ich Samuels Rückkehr und eine mögliche erneute brutale Vergewaltigung. Andererseits soll er mich endlich von den Fesseln an Händen und Füßen losmachen. Nackt und mit gespreizten Beinen liege ich wie ein X auf dem Bett und drohe durchzudrehen. Um nicht komplett den Verstand zu verlieren, singe ich ein Kinderlied. Summ, summ, summ, Bienchen summ herum … Das mache ich in den letzten Tagen oft warum, weiß ich nicht. Vielleicht eine Form von Hospitalismus, vielleicht ein Überlebenstrieb. Ei, wir tun dir nichts zuleide …

Plötzlich rüttelt jemand an der Tür, ohne sie aufzuschließen. Wie es Julia gemacht hatte.

»Ich bin hier!«, brülle ich wie am Spieß.

Sämtliche Gliedmaßen werden heiß und schmerzen von den hilflosen Bewegungen; vor Panik bin ich völlig außer mir.

Plötzlich geht die Tür auf und ein Mann, mit dessen Anblick ich nicht gerechnet hätte, steht schockiert dort. Gregor! Durch mein Gehirn rattern die verschiedenen Möglichkeiten, wieso er hier auftaucht.

»Oh nein, dieses Dreckschwein!«

Gregor kommt zu mir und legt eine Decke, die auf den Boden gerutscht ist, schützend auf meine Brust und Scham. Mit den Tränen kämpfend macht er sich an den Fesseln zu schaffen. Wir sind beide so aufgewühlt, dass uns nur einzelne und unzusammenhängende Wortfetzen über die Lippen kommen. Als er die Seile entfernt hat, setze ich mich keuchend auf und bekleide mich mit den herumliegenden und zerfetzten Klamotten. Mein Mann hilft mir dabei und scheint völlig überwältigt zu sein. Mein Mann … Auf einmal ist die alte Verbundenheit spürbar. Ich falle ihm weinend um den Hals und beginne zu schluchzen.

»Endlich! Wir müssen weg, ehe er zurückkommt. Die Letzte, die sich Zutritt verschaffte, hat er …«

»Pscht«, sagt er und hält mich an den Schultern auf Abstand, damit ich ihm in die Augen sehe. »Er ist tot, Delia. Du brauchst keine Angst zu haben. Ich habe das Arschloch umgelegt. Mausetot, verstehst du?«

Fassungslos schlage ich die Hände vor den Mund. Es ist vorbei. Samuel wird mir nichts mehr antun, und ich kann nach Hause. Ich ringe nach Luft und weiß nicht, ob ich weiterheulen oder lachen soll. Mein fremdgehender Ehemann hat mir das Leben gerettet und präsentiert sich als strahlender Retter. Fürsorglich streicht er mir die Haare aus der Stirn. Irritiert will ich all die Eindrücke und Informationen sortieren, doch es gelingt mir nicht.

»Ich fasse es nicht, dass du in diesem Loch ausharren musstest. Wie es hier stinkt! Mein armer Schatz, was hat dir dieser Mistkerl bloß angetan? Warst du etwa tagelang gefesselt?«

»Nein, das mit dem Festbinden hat er vorher nicht gemacht. Ich … ich muss hier raus«, schniefe ich und laufe los. Nicht, dass noch etwas passiert, und ich bin wieder gefangen. Er folgt mir. Ich stolpere in die Küche. »Ist er wirklich tot?«

»Wenn ich es dir doch sage.« Er mustert mich. »Setz dich erst mal.«

Ich schüttle den Kopf und bleibe stehen. Ich bin so froh,

mich bewegen zu können, dass ich mein Glück noch gar nicht glauben kann. Das Wort Freiheit bekommt eine neue Bedeutung, wenn man in solch einer Situation wie ich steckte.

»Hast du Hunger? Durst?«, will er wissen, blickt zum Wasserhahn und will sich schon in Bewegung setzen, doch ich halte ihn zurück.

»Wie hast du mich gefunden?«

»Er hat es mir auf seinem Tablet gezeigt. Aufnahmen von dir in dem Zimmer und so. Ich war so … geschockt, dass ich gezwungen war, zu handeln. Niemals hätte ich es ausgehalten, dich weiterhin dieser Bestie ausgeliefert zu lassen. Na ja. Die Adresse habe ich anschließend in seiner Brieftasche entdeckt.«

»Ach, vielleicht hat er mich darum angeleint wie ein Tier. Um dich mit den Livebildern zu schockieren. Na klar, das ist es. Dieses Arschloch. Aber immerhin hat es geklappt, und du hattest ausreichend Motivation, mich aus der misslichen Lage zu befreien. Wer weiß, was du bei harmloseren Aufnahmen getan hättest.«

Wenn ich zynisch klinge, ist das durchaus Absicht. Meine Gefühle fahren Achterbahn – in dem einen Moment könnte ich mich schutzsuchend in Gregors Arme werfen, im nächsten möchte ich ihm Ohrfeigen verpassen. Er räuspert sich verlegen. Sein Blick geht zu Boden.

»Delia, du hast davon erfahren, oder?«

Ich nicke.

»Es tut mir so leid. Alles«, fährt er leise fort.

»Jaja, das interessiert mich ehrlich gesagt gerade nicht besonders. Ich möchte über unsere Probleme jetzt nicht sprechen. Hauptsache, du hast mit dem ganzen Scheiß sonst nichts zu tun!«

»Was?«, entfährt es im entgeistert. »Du glaubst, ich hätte den Typen gekannt?«

»Natürlich kanntest du ihn, Gregor! Tu bloß nicht so!«

»Ja«, gesteht er zerknirscht und sieht aus wie ein Schuljunge, der beim Bonbonklauen erwischt wurde, »aber nur aus der Firma. Ich konnte doch nicht ahnen, wie der in Wirklichkeit drauf ist. Hör mir nur kurz zu. Das ist mir sehr wichtig.«

»Wie wichtig dir unsere Ehe ist, kann ich mir denken.«

»Ich bin ein riesengroßer Idiot, und ich bitte dich um Verzeihung. Dich zu hintergehen, war das Gemeinste, was man seiner Ehefrau antun kann, und ich weiß nicht, ob ich diesen Fehler jemals wieder gutmachen kann. Lass es mich dir erklären, Delia.«

Weinend lasse ich mich auf einen Stuhl sinken. Widersprüchliche Gefühle übermannen mich. Ich hasse ihn, bin aber gleichzeitig dankbar, weil er mich gerettet hat. Gregor zieht ebenfalls einen Stuhl heran, nimmt direkt vor mir Platz und legt seine Hände auf meine Knie. Schluchzend betrachte ich durch den Tränenschleier seine Finger. Die Finger, mit denen er eine andere Frau gestreichelt hat, obwohl er meinen Ring trägt. Ich hasse ihn dafür, dass er mir das angetan hat – ein stärkeres Gefühl als die Dankbarkeit.

»Wie konntest du nur?«, schleudere ich ihm entgegen. »Du hast uns verraten, Gregor, das kann ich dir nie vergeben! Wir sind verheiratet, hast du das etwa vergessen?«

»Nein, das habe ich nie vergessen. Nicht eine Sekunde lang, da musst du mir vertrauen. Aber mir wurde plötzlich alles zu viel, ich weiß auch nicht, was genau in mich gefahren ist. In der Firma gerieten wir in eine Schieflage, was ich zu verantworten habe. Mir ist das so unsagbar peinlich, ein Unternehmen fast gegen die Wand gefahren zu haben, das dein Vater gegründet hat. Ich habe mich wie ein Versager gefühlt und wollte mich …« Er ringt nach Worten.

»… ablenken?«, helfe ich.

»Ehrlich gesagt ja. Typisch Mann, ich weiß, und durch nichts zu entschuldigen. Ich habe mich innerlich von dir entfernt, damit es nicht so wehtut. Abends zu viel gesoffen, ein bisschen zu viel online gewesen, solche Dinge eben.«

»Verarsch mich nicht schon wieder. Als ob du nur zu viel im Internet rumgehangen hättest. Schön wär's!«

»Nein, nein, ich bin auch noch nicht fertig. Herunterspielen will ich nichts. Als Leonie auftauchte, fühlte ich mich auf einmal so lebendig.«

»Wie schön für dich. Eine junge Geliebte muss schließlich ihren Zweck erfüllen.«

Was erzählt er mir für einen Scheiß? Erwartet er jetzt ernsthaft Mitgefühl? Ich ziehe die Beine unter seinen Händen weg.

»Ich war wirklich selten dämlich. Wir Männer sind leicht rumzukriegen, da kann ich mich anscheinend nicht ausnehmen. Hätte nie gedacht, dass ich mal auf so was reinfalle, aber Tatsache ist: Ich bin ihr wie ein verknallter Schuljunge auf den Leim gegangen.«

»Ach, sie ist schuld? Du natürlich nicht. Gregor, erspare uns das bitte, ich habe echt keine Lust auf deine bescheuerten Ausreden. Komm zur Sache, oder halte einfach die Klappe.«

»Okay, Butter bei die Fische. Leonie reagierte anfangs verständnisvoll und baute mich mental auf, weil ich mich wegen der drohenden Pleite wie ein Nichtsnutz fühlte. Nach und nach setzte sie mir den Floh ins Ohr, gemeinsam abzuhauen. Es war ihre Idee, dich finanziell auszubooten und einen Neustart zu wagen. Das ist die beschämende Wahrheit: Ich habe mich von ihr verleiten lassen.«

»Na wunderbar. Damit ist wohl alles gesagt. Ich betrachte unsere Ehe als beendet.«

»Bitte nicht, Liebling! Ich war unsagbar dumm, gemein und selbstsüchtig. Doch durch dein Verschwinden ist mir plötzlich bewusst geworden, wie wichtig du mir bist. Du bist die Liebe meines Lebens. Ich knie vor dir nieder, Delia, wenn du uns nur eine Chance gibst.«

Theatralisch lässt er seinen Worten Taten folgen. Oh Gott, wie erbärmlich. Sollte ich eines in den vergangenen Wochen gelernt haben, dann abzuwarten? Nichts ist offenbar, wie es scheint. Man kann einem Menschen immer nur vor den Kopf gucken, nicht hinein. Warum also nicht mal den Spieß umdrehen? Nachdenklich beobachte ich das unterwürfige Gebaren meines Gatten.

»Ich überleg's mir«, erkläre ich nach einer Weile.

»Danke«, sagt er leise und erhebt sich ächzend.

»Was hast du nun vor?«, frage ich.

»Ich würde gern mit dir in den Wald fahren, falls du dazu bereit bist. Die Leiche muss ja noch entsorgt werden.«

»Ich weiß gar nicht, ob ich das überhaupt wissen will. Wie hast du ihn denn …?«

»Erschossen. Du weißt doch von der Pistole im Safe, die eigentlich für Einbrecher gedacht war. Niemand konnte ahnen, wofür sie dann wirklich taugte. Ganz ehrlich, Delia, ich bereue es kein bisschen, dieses Arschloch umgebracht zu haben, weil er dich sonst weiter gequält hätte. Etwas Besseres als den Tod haben Kreaturen wie er nicht verdient. Aber die Polizei sieht das vermutlich anders und würde mich hart bestrafen. Selbstjustiz ist in unserem tollen Land leider verpönt.«

»Ist mir wohl entgangen, deine Wandlung zum politisch Interessierten«, ätze ich.

Seine Selbstgerechtigkeit kotzt mich mehr denn je an, obwohl ich doch froh über die Rettung sein sollte. Ich bin frei, Samuel ist tot. Was will ich mehr?

»Würdest du mir helfen, ihn loszuwerden?«, fragt er.

»Ich weiß es nicht. Hast du konkrete Vorstellungen, wie das laufen soll?«

»Ja, ich habe einen groben Plan, den ich dir unterwegs verrate. Wollen wir erst mal los? Je mehr wir von der Polizei sprechen, desto nervöser werde ich. Dabei haben *wir* nun wirklich nichts auf dem Kerbholz.«

Nein, *ich* nicht. Aber du.

Nachdem ich mich wortlos erhoben habe, steht auch er auf. Er folgt mir aus der Küche auf den Flur und redet klugscheißerisch wie immer auf mich ein, als ginge es um die korrekte Handhabung eines Elektrogeräts und nicht um die Entsorgung einer Leiche.

»Sobald wir mit der Drecksarbeit fertig sind, sollte einer von uns – wer, muss ich noch überlegen – den Lieferwagen des Psychos irgendwo anders abstellen, damit es keine Spuren gibt. Da kommt mir schon eine brauchbare Idee. Ein paar Tage später kehrst du einfach zurück und tischt der Polizei ein Märchen auf, wo du gewesen bist.«

Das ist wirklich eine hervorragende Idee. Überhaupt nicht aus der Luft gegriffen und völlig plausibel. Ich werde landesweit gesucht, niemand hat eine Ahnung, wo ich stecke – und dann marschiere ich gutgelaunt zur Tür herein und tu so, als habe ich nur mal eine kleine Auszeit in einem Wellnesshotel genossen? Innerlich rolle ich mit den Augen, nach außen mime ich die Zustimmende.

»Einverstanden, so machen wir das«, sage ich, was Gregor mit einem väterlichen Lächeln honoriert. Bevor wir Samuels Wohnung verlassen, bleibe ich in der Diele abrupt stehen. »Mir fällt noch was Wichtiges ein!«

»Was denn, Liebling?«

»Samuel hat mir gleich zu Beginn meinen Ehering abgenommen. Den können wir unmöglich hierlassen, wenn wir nicht mit der Leiche in Verbindung gebracht werden wollen.«

»Stimmt … Hm, vielleicht hat er ihn zu Geld gemacht. Aber möglicherweise liegt er auch hier irgendwo rum. Weißt du, wo er sein könnte?«

»Nein, lass uns ihn bitte schnell suchen. Mein Gefühl sagt mir, dass er ihn nicht verkauft hat. Das passt nicht zu ihm. Sieh du zuerst im Wohnzimmer nach, ich schaue in der Küche.«

»Wie du meinst«, sagt er und tritt ins nächstgelegene Zimmer.

Das Einzige, was ich kurz darauf in der Küche suche, ist allerdings nicht mein Ehering. Andächtig ziehe ich das größte Messer aus dem hölzernen Messerblock und positioniere mich mit der Waffe in der Hand hinter der halb geöffneten Tür. Der Hass ist größer als die Dankbarkeit. Ich glaube ihm keines seiner um Verzeihung heischenden Worte. Im Gegenteil. Ich fürchte, er will mich genauso beseitigen wie meinen Peiniger und beide Leichen verschwinden lassen.

»Ordentlich ist der Typ gewesen, das muss man schon sagen. Richtig spießig«, ruft Gregor vom Flur aus. »Allerdings finde ich den Ring nicht. Wir können auch noch im Schlafzimmer gucken. Oder hast du ihn schon?«

Seine Schritte werden lauter, er kommt näher. Ich spanne den Körper an.

Durchatmen.

Konzentrieren.

Fokussieren.

Als er den Fuß in den Raum setzt, trete ich ein paar Zentimeter vor und drücke ihm wortlos das Messer tief in den Bauch. Er schreit wie ein Pavian und fasst mit den Händen nach mir. Ich weiche aus, sodass er ins Leere greift. Das Geräusch aus den Tiefen seiner Kehle klingt unwirklich und hallt in mir nach. Wie aus einer anderen Welt. Vor Aufregung leise schnaufend, schaue ich ihm in die aufgerissenen Augen. Weiter runter kann ich den Blick nicht wandern lassen, weil ich das Blut nicht sehen will.

Ich will nur sehen, wie Gregor verreckt.

Der Todeskampf zu meinen Füßen, nachdem er am Boden zusammengebrochen ist, dauert nicht lange. Seine Rufe verstummen. Er stirbt leise. Zuletzt drücke ich ihm eines der anderen Messer in die rechte Hand, damit seine Fingerabdrücke darauf zu finden sein werden. Als ich es loslasse, fällt es klirrend zu Boden.

Ich atme tief durch und gehe ins Wohnzimmer, wo ich vorhin Samuels Telefon auf einer Ladestation gesehen habe. Von seinem Festnetzanschluss aus wähle ich die Notrufnummer.

»Guten Tag, mein Name ist Delia Witt. Ich bin die verschwundene Firmenerbin.«

***

Drei Tage sind vergangen, seitdem Samuel und Gregor mich nicht mehr tyrannisieren können. Drei Tage, in denen ich erstaunlicherweise durchgeschlafen, mit gesundem Appetit gegessen und optimistisch in die Zukunft geblickt habe.

Man will mir einen Psychologen aufdrängen, um das Trauma zu verarbeiten. Aber da ist kein Trauma, nur Erleichterung. Die Probleme würden so sicher wie das Amen in der Kirche auftreten, das sei dann posttraumatisch, sagen meine Freunde und die Leute von der Polizei. Ich bezweifle das.

Ich sitze in einem Vernehmungsraum, der gemütlicher aussieht, als ich es aus Krimis kenne. Auf der Fensterbank stehen Grünpflanzen in Terrakottaübertöpfen, die Wände sind mit Landschaftsmotiven aus der Toskana verziert und auf dem dunklen Holztisch, an dem ich gegenüber von Hauptkommissar Overman Platz genommen habe, befinden sich Kaffeebecher und Kekse.

»Frau Witt, nach jetzigem Stand der Dinge gehen wir davon aus, dass Ihr verstorbener Mann und der Entführer zusammengearbeitet haben. Das sind bisher lediglich Vermutungen, doch die Anzeichen sprechen eine recht eindeutige Sprache.« Er schaut mich mitfühlend an und seufzt. »Es tut mir wirklich sehr leid.«

Seine verständnisvolle Art rührt mich. Jeder ist so nett zu mir – ich bin das gar nicht mehr gewöhnt. Auch wenn es schwerfällt, widerstehe ich dem Impuls, mein Herz auszuschütten.

Es gibt Einzelheiten, die ich für immer verschweigen muss. Täte ich es nicht, würden Gregor und Samuel über den Tod hinaus Macht über mich besitzen. Ich muss stark bleiben.

»Es ist einfach unfassbar, wie ich mich in meinem eigenen Mann getäuscht habe. Aber natürlich hatte ich seit seinem Auftauchen in der Wohnung die gleiche Befürchtung. Wie hätte er sonst von der Adresse erfahren können? Außerdem hat er mich bereits zuvor mies belogen und betrogen. Ich habe den Falschen geheiratet – so bitter sieht es wohl für mich aus.«

»Seien Sie nicht zu streng zu sich. Die beiden Herren führten Böses im Schilde, nicht Sie«, rät Overman und streicht mit Zeigefinger und Daumen nachdenklich über seine Lippen. »Also, allem Anschein nach kam es zum Streit zwischen den beiden, in dessen Verlauf Ihr Gatte Samuel Polker getötet hat.«

»Und dann wollte er mich erstechen. Warum sonst hätte er zu dem Messer gegriffen?«

»Wir werden nie erfahren, was genau er vorhatte. Ob er Sie ebenfalls im Wald verscharrt oder behauptet hätte, Polker hätte Sie ermordet. Ich tendiere zu der zweiten Variante.«

»Sein Blick hatte mir so Angst eingejagt. Außerdem war es ja total unlogisch, dass er nicht den Notruf wählen wollte. Das macht man doch zuerst, wenn man seine Frau befreit hat, oder?«

»Ein Unschuldiger hätte wohl so gehandelt, ja«, bestätigt der Hauptkommissar.

»Ich hatte ihn eindringlich darum gebeten, und er hat es abgelehnt. Stattdessen das Messer gepackt. Oh mein Gott! Sie können sich nicht vorstellen, was da in mir vorgegangen ist.«

Ich verstecke mein Gesicht hinter den Händen und schluchze. Der Hauptkommissar tröstet mich gefühlvoll, und nach einer Weile beende ich das Schauspiel. Aber eines muss ich unbedingt in Erfahrung bringen. Die Polizei hat diesen Punkt nie erwähnt, deswegen vermute ich, in Sicherheit zu sein. Trotzdem will ich wissen, ob man mich jemals darauf ansprechen wird, warum ich mich meinem Entführer freiwillig hingegeben habe. Verlegen druckse ich herum und rutsche auf meinem Stuhl unruhig hin und her. »Ähm, hat man eigentlich auf Samuels Computer Kameraaufnahmen gefunden? Ich habe ehrlich gesagt ziemliche Angst davor, dass mich irgendjemand darauf entdecken könnte.«

»Nein, nein, machen Sie sich keine Sorgen«, beruhigt der Beamte mich. »Bei den Kameras handelt es sich um reine Wiedergabemodelle, die über keinerlei Aufnahmefunktion verfügten. Sie hat nur Livebilder übertragen. Niemand wird je Bilder von Ihrer tagelangen Tortur sehen, seien Sie unbesorgt.«

Das bin ich spätestens jetzt tatsächlich. Also kann ich weiterhin behaupten, ständig vergewaltigt worden zu sein. Und dass ich Julia nicht zur Hilfe geeilt bin, wird ebenfalls niemand erfahren.

Seine Miene erhellt sich. »Übrigens gibt es ebenfalls gute Nachrichten, was die transferierten Gelder betrifft. Grundsätzlich fällt es gar nicht in meinen Aufgabenbereich, Sie darüber zu informieren, aber unter Umständen heitert Sie diese Information ein wenig auf. Verdient hätten Sie es. Vielleicht behalten Sie es vorerst für sich.« Er zwinkert mir verschwörerisch zu.

»Ich verrate kein Sterbenswörtchen, Ehrenwort.«

»Prima. Sie werden es aber sowieso bald von allein feststellen, denn das meiste Geld wird Ihnen bereits in Kürze wieder zur Verfügung stehen. Lediglich ein überschaubarer Betrag ist wohl den betrügerischen Machenschaften Ihres Ehemannes zum Opfer gefallen. Der wesentlich größere Batzen gehört allerdings Ihnen. Laut den Kollegen kümmert sich Ihr Bankberater Herr Maier rührend darum, Ihr Familienerbe zu retten. Möglicherweise ist die Firma zwar verloren, aber Sie werden nicht mittellos dastehen.«

»Ach, das ist wirklich beruhigend. Mir fällt ein Stein vom Herzen. Danke für Ihr Vertrauen, das ist sehr nett.«

»Kein Problem. Sie haben genug gelitten. Nun wünsche ich Ihnen, dass Sie die Beerdigung und den Rest der Ermittlungen einigermaßen gefasst hinter sich bringen können.«

Wir verabschieden uns händeschüttelnd voneinander, und ich verlasse das Dienstzimmer. Am Tor des Polizeipräsidiums angekommen, schaue ich mich noch einmal um, bevor ich zu meinem Wagen gehe und den Motor starte.

Endlich bin ich frei.

Bruderlos

Kapitel 1

Der Mörder

Ich beobachte meine Opfer dreißig Tage lang. Haben sie einen Ehemann oder Kinder, bleiben sie verschont. Treffen sie in dieser Zeit ihre Eltern oder Geschwister, erfahren sie niemals, wie nah sie dem Tode waren. Doch ansonsten sterben sie. So vermeide ich unnötige Komplikationen: Menschen, die ich vor der eigentlichen Tat auslöschen muss oder Familienmitglieder, die am Grab der Toten Rache schwören.

Heute ist Tag einundzwanzig. Michelle steht noch immer auf meiner Liste.

Sie wäre perfekt, denn sie entspricht meinen Vorlieben. Ihr Auftreten ist selbstbewusst bis dominant. Letzte Woche habe ich in einem *Starbucks* hinter ihr gestanden und mitgekriegt, wie sie den Angestellten angepampt hat, weil er ihre Bestellung nicht korrekt aufgenommen hatte. Außerdem ist sie sehr attraktiv. Sportliche Figur, feine Gesichtszüge, dunkelbraune, schulterlange Haare. Obwohl ich kein ausgewiesener Stilexperte bin, erkenne ich, dass sie Designerkleidung trägt. Schon der sandfarbene, dünne Mantel, der bei Wind fast wie ein Cape hinter ihr herflattert, wirkt sündhaft teuer.

Eine Frau ganz nach meinem Geschmack. Sie wird nicht elendig um ihr Leben jammern, wenn sie mir in die Hände gefallen ist. Dafür besitzt sie zu viel Stolz. Sie wird ihren finalen Atemzug schmerzverzerrt, aber würdevoll aushauchen.

Allerdings deutet sich ein Problem an. Zum dritten Mal

innerhalb der vergangenen sieben Tage steuert sie dasselbe Gebäude in bester Innenstadtlage an. In dieser Gegend war sie in den ersten zwei Wochen kein einziges Mal – und nun das.

Einmal hat nichts zu bedeuten.

Zweimal könnte Zufall sein.

Dreimal bedeutet ein Muster. Solche Muster zu entdecken, ist meine Spezialität, da sie das Risiko minimieren, eine falsche Wahl zu treffen.

Ich muss herausfinden, was sie in dem Haus zu suchen hat, ohne dass sie mich bemerkt. Schwierig, jedoch nicht unmöglich.

Als sie noch ungefähr zwanzig Meter vom Eingang entfernt ist, beschleunige ich meinen Schritt. Sie zieht unterdessen einen Schlüsselbund aus der Jacke. Ein schlechtes Zeichen. Wenn ich mich nicht täusche, hat sie vorgestern geklingelt. Jetzt hingegen steckt sie den Schlüssel ins Schloss und drückt die Haustür auf. Zielstrebig läuft sie in Richtung Aufzug.

Es geht um Sekundenbruchteile. Ich erreiche die schwere Eingangstür im letzten Augenblick, bevor sie zufällt. Da Michelle noch auf den Lift wartet, drehe ich ihr schnell den Rücken zu. Das schwarze Jackett und die dunkelblaue Jeans werden ihr sicher nicht im Gedächtnis haften bleiben – falls sie mich überhaupt wahrnimmt. Um das Schauspiel zu vervollkommnen, winke ich eine imaginäre Person herbei. Sollte Michelle es bemerken, wird sie vermuten, dass ich jemanden zur Eile antreibe.

Vorsichtig blicke ich genau in dem Moment über die Schulter, als sie den Fahrstuhl betritt. Ich haste Richtung Treppenhaus und nehme jeweils drei Stufen auf einmal. Durch die gläserne Flurtür in der ersten Etage erkenne ich, dass sie nicht in diesem Stockwerk ausgestiegen ist. Langsam außer Atem, renne ich weiter. Zweites Geschoss – dasselbe Ergebnis. In der dritten Etage sehe ich sie gerade noch eine Wohnung am Ende des Flurs betreten. Um niemandem aufzufallen, gehe ich gemächlich wieder nach unten. Im zweiten Stock überprüfe ich, welcher Name zu der Wohnung unter der gehört, in der Michelle verschwunden ist. So kann ich an der Klingeltafel nachsehen, zu wem sie gegangen ist.

Doch die Welt scheint sich gegen mich verschworen zu haben: Neben der Klingel steht ein Allerweltsname. Wie soll ich da etwas über den oder die Bewohner in Erfahrung bringen?

***

Eine halbe Stunde später haben sich meine Befürchtungen bestätigt. Die Kombination aus Nachname und Adresse erbringt ebenso wenig wie die zusätzliche Eingabe von Michelles Namen. Zwar ahne ich, was es zu bedeuten hat, dass sie hier regelmäßig auftaucht, trotzdem will ich mich vergewissern.

***

Im Schutz der Dunkelheit nähere ich mich dem Gebäude, in dem noch einige Lichter brennen. Trotz der zentralen Lage herrscht kurz nach Mitternacht auf der Straße kaum noch Betrieb. Die umliegenden Restaurants haben an diesem Werktag bereits geschlossen, Fußgänger sind nur vereinzelt unterwegs. Sollte ich jemandem auffallen, wird er mich für einen Anwohner halten, der es eilig hat, in seine Wohnung zu kommen.

Vor der Haustür bleibe ich stehen und schaue mich verstohlen um. Dann hole ich ein kleines Lederetui mit meinem Werkzeug aus der Jackentasche. Eine Auswahl erstklassiger Dietriche, mit denen man jedes handelsübliche Schloss mühelos knacken kann.

Der erste Dietrich erweist sich als zu breit, aber schon der zweite passt. Ich schlüpfe in den Hausflur und schleiche in Richtung Treppenhaus.

Bis zum zweiten Stock begegnet mir niemand. Seelenruhig schlendere ich zu der Wohnung am Ende des Flurs, die Augen zu Boden gerichtet. Wohnungstüren sind in der Regel schwerer zu öffnen, besonders wenn von innen Panzerriegel oder Sicherheitsketten angebracht sind. Bisher bin ich aber noch in jede Wohnung gekommen.

Ich erreiche die Tür und knie mich hin. Durch den Spion bin ich jetzt nicht mehr zu sehen. Nachdem ich das Türschloss eingehend inspiziert habe, greife ich zielstrebig zu einem der insgesamt acht verschiedenen Dietriche. Vorsichtig führe ich ihn ins Schloss ein und manipuliere den Schließzylinder. Es dauert nur ein paar Sekunden, dann höre ich das befriedigende Klacken.

Nun wappne ich mich innerlich gegen mögliche Haustiere. Hunde und Katzen sind der allergrößte Dreck und würden mich zum sofortigen Rückzug veranlassen. Langsam schiebe ich die massive Wohnungstür auf. Kein Bellen oder Miauen zu hören. Stattdessen vernehme ich andere, unzweideutige Geräusche. Ein Mann stöhnt rhythmisch, und eine Frau stößt gleichzeitig immer wieder kleine, erregte Schreie aus.

Das Schlafzimmer scheint am Ende des Flurs zu liegen. Ich betrete die Wohnung, zum Glück schluckt der Korkboden meine Schritte. Links von mir ist die Küche, die Tür steht offen. Während der Liebesakt seinem Höhepunkt entgegensteuert, orientiere ich mich nach rechts und schiebe eine nur angelehnte Tür auf. Der Raum wird offensichtlich als Arbeitszimmer genutzt. Ein großer Schreibtisch samt Bürostuhl, zwei Rollcontainer und ein hoher Schrank mit diversen Aktenordnern bilden das spärliche Mobiliar. Auf dem Tisch sehe ich mehrere Briefumschläge, ein paar Schriftstücke und einen Schnellhefter. Vor allem interessiert mich jedoch das Ultrabook.

Ich setze mich auf den Schreibtischstuhl und lasse die Atmosphäre des Zimmers auf mich wirken. Da die Jalousie nicht heruntergelassen ist, fällt etwas Licht von der Straße herein. Ich nehme einen der geöffneten Umschläge zur Hand und ziehe ein Versicherungsschreiben heraus, in dem ein vermeintlich exklusives Angebot unterbreitet wird. Gerade als ich es in den Umschlag zurückschiebe, entfährt dem Mann im Schlafzimmer ein finaler Lustschrei.

Auch Michelle seufzt befriedigt. Ich bin einen Moment lang versucht, auf der Stelle zu ihnen zu stürzen und sie zu überwältigen. Direkt nach dem Akt wären sie leichte Opfer. Ihn könnte ich bewusstlos schlagen oder sofort töten, um mit ihr dann das anzustellen, was er zuvor liebevoll erledigt hat. Bloß dass ich etwas weniger rücksichtsvoll wäre.

Doch ein solches Risiko habe ich bislang bewusst vermieden. Also konzentriere ich mich weiter auf die Unterlagen und entdecke kurz darauf den Grund, warum Michelle diese Adresse in den ersten vierzehn Tagen, in denen ich sie beobachtet habe, nie aufgesucht hat: Der Mann war geschäftlich zwei Wochen im Ausland.

Nachdenklich klappe ich das Ultrabook auf, das sich im Energiesparmodus befindet. Eigentlich habe ich genügend

Informationen und müsste Michelle von meiner Liste streichen. Aber in den vergangenen einundzwanzig Tagen habe ich so viel Energie in ihre Verfolgung gesteckt, dass ich nicht bereit bin, nun einfach aufzugeben. Vielleicht handelt es sich ja lediglich um eine kurze Affäre, über eine Dating-App angebahnt. Ein Intermezzo, das schon bald wieder beendet sein wird.

Deswegen will ich den Computer durchsuchen. Wenn sie sich seit Ewigkeiten E-Mails schicken oder es sonst irgendwelche Anzeichen für eine langfristige Beziehung gibt, werde ich die Lage neu bewerten.

Da der Laptop nicht durch ein Passwort geschützt ist, reicht ein Mausklick, um dort weitermachen zu können, wo der Computernutzer aufgehört hat. In den Mails zu stöbern, ist anschließend gar nicht mehr nötig, denn ich stoße auf ein geöffnetes Grafikprogramm, in dem jemand daran gearbeitet hat, Hochzeitseinladungen zu erstellen. Unter einem roten Herz steht Michelles Name. In drei Monaten will Julian sie ehelichen.

Verdammt!

Die beiden haben sich offenbar das Versprechen gegeben, eine Familie zu gründen. Dabei hat es so viel Mühe gekostet, ihr zu folgen! Sie wäre perfekt! Mein bislang erlesenstes Opfer.

Muss ich sie nun tatsächlich in Ruhe lassen? Oder den zukünftigen Gatten ebenfalls ausschalten?

Bevor ich zu einer Entscheidung komme, reißt mich ein unerwartetes Geräusch aus meiner Grübelei. Die Tür des Schlafzimmers ist aufgegangen.

Fuck!

Schnell klappe ich den Computer zu und erhebe mich lautlos. Wo soll ich mich verstecken? Der Raum bietet keinerlei Möglichkeiten. Unterdessen ist das Licht in der Diele angegangen.

Ich trete hinter die Tür, der einzige Ort, an dem die Chance besteht, dass ich nicht entdeckt werde, falls jemand hereinkommt.

Die Person scheint jedoch direkt ins Badezimmer zu gehen. Ich höre, wie die Klobrille hochgeklappt wird, dann gedämpftes Pinkeln.

Ich warte an meinem Platz und zähle die Sekunden. Nach einer halben Minute wird die Spülung betätigt. Kurz danach rauscht der Wasserhahn, gefolgt von Schritten, die das Badezimmer verlassen. Ich halte den Atem an. Leider bestätigt sich meine schlimmste Befürchtung: Die Deckenlampe des Arbeitszimmers leuchtet auf.

Zum Angriff bereit, verharre ich in meiner beengten Position. Anhand der Geräusche vermute ich, dass der Mann den Raum betreten hat. Anscheinend nimmt er das Ultrabook vom Schreibtisch. Dann geht er wieder hinaus und löscht die Lampe.

Nach einer Weile schaue ich vorsichtig aus meinem Versteck: Tatsächlich, der Laptop steht nicht mehr auf seinem Platz. Ob sie sich jetzt ihre Hochzeitseinladungen ansehen? Zumindest deute ich die Gesprächsfetzen so, dass die Frischverliebten nicht allzu schnell an Schlaf denken werden.

Glücklicherweise stellt sich diese Vermutung rasch als falsch heraus. Nach einer Viertelstunde herrscht Ruhe, auch der Laptop wird nicht zurückgebracht. Um sicher zu sein, gebe ich den Turteltäubchen eine weitere halbe Stunde, dann trete ich den Rückzug an.

* * *

Michelle wird ungeschoren davonkommen – diesen Entschluss fasse ich auf der Heimfahrt. Möge sie ein langes und glückliches Eheleben führen.

Ärgerlich, aber nicht zu ändern. Außerdem bedeutet es nicht das Ende der Welt, da ich natürlich Alternativen parat habe.

Ich schließe den zu meiner Wohnung gehörenden Keller auf. Für meine Bedürfnisse ist er ideal, weil er aus einer Art Vorraum besteht, in dem ich die üblichen Kellerutensilien lagere: Fahrrad, Winterreifen, Regale mit Werkzeug und anderem Kleinkram. Doch hinter einem schmalen, gemauerten Durchgang erstrecken sich zur Linken noch einmal ungefähr vier Quadratmeter Stauraum. Dort steht ein Schreibtisch mit abschließbaren Schubladen. Ich nehme auf dem bequemen Stuhl Platz und entriegle das oberste Schubfach, in dem sich meine Aufzeichnungen befinden. Über alle Frauen, die ich verfolgt habe. Insgesamt siebenunddreißig in den vergangenen fünfzehn Monaten. Die meisten der Gestrichenen habe ich bloß ein paar Tage im Auge behalten, ehe sie ihr Leben unbehelligt weiterführen durften. Michelle ist eine betrübliche Premiere. Alle anderen, denen ich so viel Zeit gewidmet habe, liegen inzwischen unter der Erde.

Ich betrachte die Liste. Carina verfolge ich seit zwölf Tagen, Conny ist mir eine Woche zuvor aufgefallen. Julia könnte ebenfalls ein brauchbares Objekt sein.

Auswahl gibt es genügend, trotzdem ärgert mich die neueste Entwicklung. Mir erscheint es jedoch falsch zu sein, einem Mann die Braut zu entreißen. So schwer es mir fällt: Ich streiche die Notizen zu Michelle durch. Sie ist gerettet.

Um mich zu trösten, öffne ich eine weitere Schublade. Darin bewahre ich Erinnerungsstücke auf. Acht persönliche

Gegenstände, die die Frauen in der Nacht ihres Todes getragen haben. Schmuckstücke oder Kleidung. Ich hole Victorias roten Tanga heraus und rieche daran. Ganz schwach nehme ich noch ihren Geruch wahr. Isabels Höschen hat mir nicht gefallen, weswegen ich ihr weißes Unterhemd an mich genommen habe – trotz des unschönen Blutflecks darauf. Bei den übrigen Opfern habe ich mich entschieden, ihren Schmuck einzustecken. Zwei Ringe, eine Halskette, ein Fußkettchen, zweimal die Ohrringe. Acht tote Frauen.

Michelle hätte die Nummer neun werden können.

Soll ich stattdessen Carina nehmen? Das werden die nächsten Tage zeigen.

Kapitel 2

Der Polizist

»Hast du gestern Abend das Spiel gesehen?«, frage ich meinen Partner Marc Gunter. In voller Uniform schlendern wir durch ein Einkaufszentrum, das in letzter Zeit wegen rasant gestiegener Taschendiebstähle Negativschlagzeilen produziert. Unsere Anwesenheit soll potenzielle Täter abschrecken.

»Klar!« In seiner Stimme schwingt Begeisterung mit. Marc ist ein noch größerer Fan des Fußballvereins unserer Stadt als ich. »Der Mittelstürmer ist echt ein Phänomen. Die meiste Zeit schleicht er teilnahmslos über den Platz, und dann dreht er die Partie kurz vor Schluss mit zwei Wahnsinnstoren innerhalb von drei Minuten.«

»Einfach Weltklasse!«, bestätige ich. »Na ja, kriegt schließlich auch genug Kohle, da muss er schon Leistung bringen.«

»So ist es«, sagt Marc. »Von solchen Summen kann unsereins nur träumen.«

»Ach, was sollten wir schon mit so viel Geld anfangen? Wie viel verdient er eigentlich aktuell? Zwölf Millionen?«

»Inklusive Erfolgsprämien wahrscheinlich eher fünfzehn. Ich wüsste übrigens, wie ich sie anlegen würde. Einen Teil bekäme Rafaela. Dann könnte ich sie endlich beklunkern.«

»Beklunkern?«, frage ich ungläubig.

Marc verdreht die Augen. »Jedes Mal, wenn wir Stress haben, wirft sie mir vor, dass ich ihr nicht genug Schmuck schenke. Ihre Ex-Freunde waren da wohl großzügiger.«

»Tja, vielleicht musste von denen keiner mit dem mickrigen Gehalt eines Polizisten auskommen«, entgegne ich erbost.

Mein Partner winkt lässig ab. »Meistens ist sie gar nicht so eine verwöhnte Tussi«, verteidigt er seine Freundin. »Rafaela ist wirklich die große Liebe meines Lebens. Da darf sie meinetwegen manchmal Quatsch erzählen.«

Die beiden sind seit achtzehn Monaten ein Paar und schmieden sicher mittlerweile Heiratspläne. Ich vermute, Marc wird mich bitten, sein Trauzeuge zu werden. Ein Wunsch, den ich ihm nicht abschlagen würde.

»Große Liebe? Bist du heute Morgen in einen Kitschtopf gefallen?«

»Im Gegenteil. Ich überlege ernsthaft, ihr demnächst einen Antrag zu machen. Besser kann ich es gar nicht treffen.«

Ich deute in Richtung eines Juweliergeschäfts. »Warum hältst du dann nicht nach Ringen Ausschau?«

»Im Dienst?«

»Ich verpfeife dich schon nicht.«

»Bald. Wie sieht's überhaupt bei dir aus? Irgendeine Neue am Start, die du mir bislang verschwiegen hast?«

»Als würde ich mich trauen, dir etwas zu verheimlichen«, erwidere ich.

»Das wollte ich hören, David. Wieso stehen die Frauen bei dir eigentlich nicht Schlange? Du bist doch ein Traumtyp. Eins neunzig, muskulös, intelligent, krisensicherer Job. Na gut, für deine schiefe Nase kannst du nichts, aber ansonsten siehst du ja ganz passabel aus.«

»Hilfe, du machst mich verlegen«, schmunzle ich. »Und die angeblich schiefe Nase bemerkt außer dir niemand. Der Nasenbeinbruch ist in meiner Jugend einfach nicht optimal verheilt.«

»Weiß ich«, sagt Marc. »Woran liegt es also?«

»Vielleicht fürchten die Mädels, dass ich es mir als Polizist nicht leisten kann, sie zu beklunkern.«

Ehe er darauf reagieren kann, bemerke ich einen Typen, der sich ziemlich auffällig verhält. Er trägt trotz des warmen Wetters eine dicke Bomberjacke und läuft dicht hinter einer Frau her, die den Griff ihrer Lederhandtasche mit der linken Hand umklammert.

»Guck mal, der Typ auf elf Uhr. Schwarze Jacke, blaue Jeans.«

Marc sieht sofort, wen ich meine. »Der greift gleich zu.«

»Mein Gedanke.«

Vollkommen synchron beschleunigen wir unsere Schritte. Als uns noch zwanzig Meter von ihm trennen, streckt der Kerl die Hand nach der Tasche aus. Die Frau schreit erschrocken auf, ist allerdings so überrumpelt, dass sie es nicht schafft, sie festzuhalten.

»Stehen bleiben! Polizei!« Ich renne los.

Mein gebrüllter Befehl zeigt die beabsichtigte Wirkung. Der Dieb dreht sich im Laufen um und verliert dadurch an Geschwindigkeit. Es dauert einen Moment, bis er wieder lossprintet. Bis dahin habe ich bereits die Hälfte seines Vorsprungs aufgeholt, Marc ist dicht hinter mir.

»Polizei! Halten Sie den Mann fest!«, ruft mein Partner.

Alle Passanten, die nicht gerade Kopfhörer in den Ohren haben, bleiben stehen und drehen sich um. Damit hat auch Marcs Ruf seinen Zweck erfüllt. Die Leute dienen nun als lebendige Hindernisse, um die der Dieb herumkurven muss. Wir hingegen können dem von ihm gewählten Weg folgen. Einzig die Rolltreppe macht mir Sorgen. Dort könnte er uns entwischen, wenn er sich rücksichtslos durchdrängelt.

Ich lege alle Energie in einen letzten Sprint, um ihn vorher zu stellen. Tatsächlich erwische ich kurz vor der Treppe seine Schulter und reiße ihn herum. Der Typ kommt ins Straucheln. Er schlägt mit der gestohlenen Handtasche nach mir. Ich ducke mich rechtzeitig und spüre den Lufthauch über meinem Kopf. Unterdessen nähert sich Marc in gebückter Haltung und rammt seine Schulter in den Bauch des Mannes, der schmerzhaft aufstöhnt und das Diebesgut fallen lässt. Jetzt ist er für uns ein leichtes Opfer. Mit einer speziellen Fußtechnik bringe ich ihn zum Stolpern. Marc beugt sich über ihn, als er am Boden aufschlägt, und tastet ihn nach versteckten Waffen ab.

»Sie sind vorläufig festgenommen«, erkläre ich dem Taschendieb.

***

Vier Stunden später verlasse ich das Präsidium. Kaum sitze ich im Auto, klingelt mein Handy. Mittels Freisprecheinrichtung nehme ich das Gespräch an, während ich mich gleichzeitig in den fließenden Verkehr einfädle.

»David Storm«, begrüße ich den Anrufer, ohne zuvor auf dem Multimediasystem nachzuschauen, wer mich überhaupt kontaktiert.

»Ich bin's. Alexander.«

»Hey«, erwidere ich. »Welche Ehre! Der Bestsellerautor persönlich ruft bei mir an.«

»Scherzkeks!«

»Wieso? Nicht ein Wort davon ist gelogen.«

»Du hast dich in den vergangenen Monaten auch nicht gerade regelmäßig gemeldet. Wann haben wir uns eigentlich zuletzt gesehen? Vor sechs Wochen?«

Schuldbewusst gestehe ich mir ein, dass es wahrscheinlich noch länger zurückliegt – und dass ich für die kurzfristigen Absagen der beiden geplanten Essensverabredungen verantwortlich war.

»Verzeih. Ich gelobe Besserung. War ein bisschen stressig bei mir.«

»Würde mich freuen«, erwidert er ohne jeglichen Vorwurf in der Stimme.

»Wie geht's dir?«, will ich wissen. »Sehe ich demnächst wieder deinen Namen auf den Bestsellerlisten?«

»Schön wär's«, seufzt er. »Ich könnte dringend mal wieder einen richtig guten Hit gebrauchen.«

Nachdem mein Bruder vor zehn Jahren seinen ersten Thriller veröffentlicht hat, ist es mit seiner Schriftstellerkarriere stetig bergauf gegangen. Nach dem zweiten Buch hat er seinen alten Job an den Nagel gehängt und führt seither als Autor ein sorgenfreies Leben. Dachte ich zumindest bis vor Kurzem.

»Haben die Verkaufszahlen des letzten Buches denn immer noch nicht angezogen?«

»Nicht so richtig. Zwanzig Prozent weniger Verkäufe als bei den früheren Titeln. Ich fürchte, wenn das so weitergeht, gibt der Verlag mir bald einen Tritt in den Arsch. Irgendwie habe ich den Eindruck, dass mein Erfolg seit der Scheidung stetig nachlässt, die Kosten aber explodieren.«

Ich lache mitleidig. »Sonja hat dich echt wie eine Weihnachtsgans ausgenommen.«

»Wem sagst du das? Jedes Mal, wenn ich die Unterhaltszahlung auf dem Kontoauszug sehe, treibt es mir die Zornesröte ins Gesicht. Verdammte Bitch!«

»Blöde Kuh!«, bestätige ich, obwohl ich mich genau erinnere, woran die Ehe gescheitert ist. Einem verheirateten

Mann ist es nicht anzuraten, eine Privatparty mit drei Prostituierten zu schmeißen. Oder wenigstens sollte er sich dabei nicht erwischen lassen – wie es Alexander vor zweieinhalb Jahren passiert ist.

Ich komme an einer roten Ampel zum Stehen und beobachte eine junge, attraktive Frau, die mit einem Handy am Ohr über die Kreuzung geht. Natürlich nimmt sie keinerlei Notiz von mir.

»Hast du dich mal bei Mom und Dad gemeldet?«, reißt mich Alexander aus meinen Gedanken.

»Nein«, entgegne ich kurz angebunden.

»David!«, tadelt er mich.

»Du weißt, wieso.«

»Trotzdem.«

Die Ampel springt um, und ich trete stärker als nötig aufs Gaspedal. »Lass uns über was anderes reden. Was verschafft mir die Ehre deines Anrufs?«

»Hat mit meinem und deinem Job zu tun«, antwortet er kryptisch.

»Hast du eine Recherchefrage?«, vermute ich.

»In gewisser Weise.«

»Rede Klartext!«, fordere ich ihn auf.

»Es geht um diese Mordserie.«

Augenblicklich weiß ich, wovon er spricht. »Was ist damit?«

»Acht ermordete Frauen in fünfzehn Monaten. Das wäre eine perfekte Vorlage für einen Thriller.«

»Dann schreib ihn!«

»Mit Insiderinformationen würde mir das leichter fallen.«

»Ist nicht dein Ernst!«

»Komm schon, Bruderherz. Du hast bestimmt Informationen, die der Öffentlichkeit vorenthalten werden.«

»Ich bin Streifenpolizist«, erinnere ich ihn. »Mit der Mordkommission habe ich nichts zu tun. Und erst recht gehöre ich nicht der extra eingerichteten Sondereinheit an.«

»Aber du kennst garantiert Kollegen, die Zugang zu den Akten haben.«

»Klar. Dennoch …«

»David, bitte. Ich brauche dringend einen neuen Verkaufserfolg. Sonst schmeißt mich der Verlag raus, und ich versinke in Schulden.«

»Deine anderen Bücher waren alle fiktiv. Hat doch wunderbar geklappt.«

»Ja. Und jetzt würde ich gern einen neuen Weg ausprobieren.«

»Was stellst du dir konkret vor?«, frage ich.

»Nur ein paar Details. Sachen, die nicht an die Medien weitergegeben wurden. Habt ihr eine Ahnung, wer der Killer sein könnte?«

»Ey, so etwas dürfte ich dir nicht verraten. Selbst wenn ich es wüsste. Das verstößt gegen meine Verschwiegenheitspflicht. Dafür könnte ich meinen Job verlieren.«

»Wer soll denn davon erfahren?«

»Zum Beispiel meine Vorgesetzten, sobald das Buch erschienen ist?«, antworte ich aufgebracht.

»Ich schreibe unter Pseudonym, schon vergessen?«

»Es gibt genug Kollegen, die von meinem berühmten Verwandten wissen.«

»Irgendwann werdet ihr ihn ja wohl schnappen. Bis der Thriller rauskäme, vergehen noch mindestens zehn Monate. Aber ich muss in einem halben Jahr ein Manuskript abgeben und habe bisher nicht eine Zeile geschrieben. Ich brauche dich! So wie du mich damals gebraucht hast!«

»Das ist jetzt unfair«, beschwere ich mich.

»Wieso? Eine Hand wäscht die andere. Daran ist nichts Verwerfliches.«

»Alexander, ich habe kein gutes Gefühl dabei.«

»Dir wird nichts passieren. Das verspreche ich. Deine Informationen würde ich natürlich sorgfältig verfremden. Ich brauche bloß irgendeinen Ansatz, mit dem ich arbeiten kann. Manchmal glaube ich, dass ich zum ersten Mal in meinem Schriftstellerleben eine echte Schreibblockade habe.«

Sein Appell an mein Gewissen trägt Früchte. Trotzdem fürchte ich unangenehme Konsequenzen. »Ich weiß nicht.«

»David! Du bist als Neunjähriger zu uns gekommen. Quasi als Pflegekind! Natürlich sind wir weitläufig verwandt. Ich behaupte jedoch, dass deine Vorgesetzten meine Bücher gar nicht mit dir in Verbindung bringen. Und wie gesagt: Bestimmt fangt ihr ihn bald. Dann ist das doch überhaupt kein Problem.«

Ich betätige den Blinker, um in die Seitenstraße einzubiegen, in der ich wohne. »Darüber muss ich nachdenken. Ich melde mich. Bis bald!«

»Da…«

Mitten im Wort unterbreche ich das Gespräch.

* * *

Ich sitze auf meinem Balkon und nippe an einer Flasche Bier. Eigentlich hatte ich andere Pläne für den Abend, aber das Telefonat mit meinem Bruder beschäftigt mich noch Stunden später. Während die Sonne langsam untergeht, denke ich an einen Teil meiner Vergangenheit, den ich normalerweise ausblende. Obwohl er so einschneidende Veränderungen nach sich gezogen hat.

Die verzweifelten Hilfeschreie meiner Mutter hallen in meinen Ohren wider, als wäre es erst gestern gewesen. Der cholerische Anfall meines Vaters, sein beinahe animalisches Brüllen. Mir war sofort klar, dass es diesmal besonders schlimm werden würde. Vorsichtig tapste ich aus meinem Zimmer und kroch bis zur Empore, von wo aus ich alles sehen konnte. Die bullige Gestalt meines Vaters über meiner gekrümmt am Boden liegenden Mutter. Der Gürtel in seiner Hand, mit der er sie auspeitschte. Ihr hilfloses Flehen. Irgendwann bemerkte sie mich. Und in ihren Augen sah ich, dass sie von mir gerettet werden wollte.

Obwohl ich noch ein Kind war, wusste ich, was ich zu tun hatte. Ich lief ins Schlafzimmer, wo ein Telefon auf dem Nachttisch stand, und wählte den Notruf der Polizei.

Eine Frau meldete sich, und ich erklärte ihr flüsternd, was gerade eine Etage unter mir geschah. Sie versprach, einen Streifenwagen zu schicken. Danach legte sie nicht auf, sondern blieb in der Leitung, um mich zu beruhigen. Sie versicherte mir, dass alles gut werden würde. Nach einer Ewigkeit teilte sie mir mit, dass der Streifenwagen nun eingetroffen sei. Sofort ließ ich den Hörer fallen und krabbelte zur Empore zurück. Zwei Streifenpolizisten verschafften sich gewaltsam Zutritt. Sie erschienen mir wie strahlende Superhelden, als sie meinen Vater überwältigten. In dem Moment entstand wahrscheinlich der Wunsch in mir, Schutzpolizist zu werden.

Doch meine Mutter konnten selbst diese Helden nicht mehr retten. Mein Vater hatte so fest zugeschlagen, dass sie drei Tage später im Krankenhaus an ihren inneren Verletzungen starb. Meine Mutter tot, mein Vater im Gefängnis. Die Großeltern waren bereits verstorben oder pflegebedürftig. In einem anderen Teil des Landes gab es jedoch eine Cousine meiner Mutter, die einen elfjährigen Sohn hatte: Alexander. Zwar war die Familie finanziell nicht auf Rosen gebettet, trotzdem beschloss sie, mir das Waisenhaus zu ersparen. Eine Mitarbeiterin des Jugendamtes brachte mich dorthin. Ein neuer Lebensabschnitt begann – wegen dem ich Alexander angeblich etwas schulde.

Kapitel 3

Susan

Ich verlasse die Bundesstraße und steuere die erste Tankstelle in der Stadt an. Nachdem ich den Wagen abgebremst habe, zeigt mir ein Blick über die Schulter, dass ich nicht nah genug an der Zapfsäule stehe. An der gegenüberliegenden Säule wird gerade ein Streifenwagen betankt. Die Zapfpistole in der Hand, schaut der Polizist in meine Richtung, während ich ein Stückchen zurücksetze. Rums! Im Schritttempo habe ich ein inzwischen hinter mir stehendes Fahrzeug gerammt.

Ich schalte den Motor aus und öffne die Fahrertür. Ich bin noch nicht mal richtig ausgestiegen, als bereits ein aufgebrachter älterer Herr auf mich losgeht.

»Können Sie nicht aufpassen? Das ist ein Neuwagen!«

Zerknirscht blicke ich zwischen dem Heck meines roten Kleinwagens und der Front seiner champagnerfarbenen Limousine hin und her. Spontan entdecke ich zwar keine Beule, aber dafür eine rötliche Schramme an seinem Fahrzeug.

»Oh nein, das tut mir leid«, stammle ich schuldbewusst. »Ich weiß echt nicht, wie das passieren konnte. Entschuldigen Sie bitte. Ich habe Sie gar nicht gesehen.«

»Kein Wunder«, meint der plötzlich hinzugetretene Polizist, der sich schlichtend zwischen uns stellt und die Arme selbstbewusst in die Seiten stemmt. Ein großer, muskulöser Typ mit beruhigender Ausstrahlung. Er wendet sich an meinen Unfallgegner. »Sie sind ganz schön dicht aufgefahren. Außerdem waren Sie für eine Tankstelle zu schnell. Die junge Frau konnte Sie gar nicht sehen, weil Sie eine Sekunde vorher überhaupt noch nicht da waren.«

»Hm«, brummelt der Alte verlegen. »Aber muss man sich nicht auf jeden Fall vergewissern, ob sich jemand nähert?«

»Nun ja, das ist die Frage. Letztlich haben Sie sich beide nicht ganz korrekt verhalten«, sagt er und lächelt freundlich. »Mal sehen, ob überhaupt ein Schaden entstanden ist.« Er beugt sich vor und streicht mit der Hand über die Karosserie. »Haben Sie zufällig ein Taschentuch dabei?«

»Ja«, antworte ich, greife in die Gesäßtasche meiner Jeans und gebe ihm ein zusammengefaltetes Papiertaschentuch. »Hier.«

Er schaut zwinkernd zu mir hoch. Flirtet er etwa mit mir?

»Habe ich mir doch gedacht«, meint er und entfernt mit dem Tuch den roten Streifen. »Das war nur Farbe. Sonst kann ich nichts finden. Wollen Sie selbst noch einmal schauen, ob alles in Ordnung ist?«

»Meinetwegen«, stimmt der Mann zu. »Na ja, ich bin froh, dass mein Prachtstück unversehrt ist. Immerhin habe ich einen Polizisten als Zeugen, falls doch noch etwas sein sollte.«

»Genau. Ich schlage vor, Sie tauschen für alle Fälle Ihre Adressen aus. Und mein Name steht hier.«

Er tippt sich auf die Brust. *David Storm.*

»Ich hole eben mein Kärtchen aus dem Handschuhfach«, erkläre ich und spüre seinen bewundernden Blick auf meinem Po. Als ich zurückkomme, reiche ich den beiden Männern jeweils eine Visitenkarte.

»Okay«, sagt der Ältere. »Meine Daten notiere ich Ihnen auf einem Stück Papier. Einen Augenblick bitte.« Er geht zu seinem Wagen und lässt mich und den Polizisten, der aufmerksam mein Kärtchen studiert, allein.

»Susan Barner, Webdesignerin, so, so. Nun habe ich Sie in der Hand.«

»Ganz offensichtlich. Danke jedenfalls, dass Sie mir aus der Patsche geholfen haben. Wer weiß, wie die Sache ausgegangen wäre, wenn er die Polizei gerufen hätte.«

Wir lachen. Als ich den Zettel mit der Adresse des anderen Fahrers in Empfang genommen habe, schüttle ich zuerst ihm die Hand, dann ist mein Freund und Helfer David dran.

»Ich muss jetzt wirklich schnell tanken und arbeiten. Bin schon viel zu spät dran«, erkläre ich im Gehen.

»Dann wünsche ich Ihnen einen schönen und entspannten Tag.«

»Danke, das wäre prima – noch mehr Aufregung kann ich absolut nicht gebrauchen.«

Draußen wird es bereits dunkel, als ich den Fernseher einschalte und es mir mit einem Becher Eis auf der Couch gemütlich mache. Genüsslich schiebe ich den Löffel in den Mund, als vor mir auf dem Tisch mein Handy klingelt. Die Nummer auf dem Display ist keinem Namen zugeordnet.

»Hallo?«

»Hallo, hier ist David Storm, der Polizist von heute Mittag. Ich hoffe, ich störe Sie nicht?«

Ich grinse. »Nein, höchstens beim Eis essen, aber ich muss sowieso auf mein Gewicht achten.«

»Ich widerspreche Ihnen nur ungern, aber da bin ich vollkommen anderer Meinung. Sie haben eine Bombenfigur.«

»Finden Sie?«, kokettiere ich. »Nennen Sie mich ruhig Susan.«

»Gerne, und ich bin David. Also, Susan, eigentlich hatte ich überlegt, ob ich bluffe und vorgebe, dich wegen des schweren Verkehrsdelikts strafrechtlich belangen zu müssen. Aber dann dachte ich mir, dass das kein guter Einstieg ist.«

»Kein guter Einstieg für was?«

»Ähm«, stammelt er unbeholfen und kichert. »Mist, jetzt machst du mich verlegen. Das ist mir lange nicht passiert.«

»Ach, das machst du häufiger?«

»Nein, ehrlich nicht. Ich treffe im Dienst fast nie attraktive und sympathische Frauen wie dich. Und wenn, rufe ich sie nachher nicht an – dafür bin ich viel zu schüchtern. Du bist eine absolute Ausnahme.«

»Oh, mein Eis schmilzt. Ich bringe es mal besser zurück ins Tiefkühlfach«, lenke ich ab.

»Du kannst doch einfach weiterlöffeln. In der Zwischenzeit erzähle ich dir von meinem langweiligen Polizeialltag.«

»Dein Job ist bestimmt viel spannender als meiner. Ich sitze die meiste Zeit allein am Schreibtisch und grüble über Grafiken und Bildmaterial nach. Leider scheitere ich regelmäßig an meinen eigenen Erwartungen, weil alles schon mal dagewesen ist. Etwas komplett Neues zu entwickeln wäre toll!«

»Ich würde gern sehen, was du arbeitest«, sagt er mit schmeichelnder Stimme, während ich das Handy zwischen Ohr und Schulter klemme und mit der freien Hand die Kühlschranktür öffne. »Glaubst du, das kriegen wir hin?«

»Ich denke, ja«, flüstere ich. Mein Telefon fängt an zu piepen. »Oh … mein Akku ist gleich leer. David?«

»Hm?«

»Da ich ja nun immer noch Hunger habe, könnte ich

einen Happen essen gehen. In der Nähe meiner Wohnung findet gerade ein Streetfood-Festival statt. Hast du zufällig auch Appetit? Dort könnten wir weiterquatschen. Natürlich nur, wenn du Zeit und Lust hast. Es ist ja auch schon ziemlich spät.«

Seine Stimmt klingt beinahe euphorisch. »Großartiger Vorschlag! Erstens freue ich mich riesig, dass du mich dabeihaben willst, zweitens habe ich ständig Hunger, und drittens wollte ich da sowieso hin. Mir fehlte bisher nur der nötige Tritt in den Hintern – und vor allem die entzückende Begleitung. Treffen wir uns in einer halben Stunde vorm Eingang auf der Flussseite?«

»Ja, bis gleich!«

In Windeseile ziehe ich mich um, erneuere mein Make-up und versuche, so etwas Ähnliches wie eine Frisur hinzubekommen, indem ich die Haare hochstecke. Aufmunternd nicke ich meinem Spiegelbild zu. Sah schon mal besser aus, aber für eine spontane Verabredung wird es vermutlich reichen.

David ist bereits da. Er lehnt in einem engen, schwarzen T-Shirt und grauen Jeans lässig an einer Mauer. Als er mich sieht, stößt er sich ab und breitet strahlend die Arme aus. An Selbstbewusstsein mangelt es ihm anscheinend nicht. Optisch entspricht er ganz meinem Geschmack. Er überragt mich um anderthalb Köpfe, ist ein dunkler Typ und modisch, aber nicht zu bemüht bekleidet.

»Hey«, sagt er, nimmt mich in den Arm und haucht mir links und rechts ein angedeutetes Küsschen auf die Wange. »Schön, dass du mich nicht versetzt.«

»Warum sollte ich?«, antworte ich und weiche ein Stück

zurück. »Immerhin bin ich diejenige, die gleich verhungert. Das riecht ja schon hier absolut verführerisch.«

Wir schlendern über den weitläufigen Platz, der extra für das Streetfood-Festival herausgeputzt wurde.

»Sollte ich mal im Lotto gewinnen, kaufe ich mir einen Foodtruck«, scherzt David und steuert einen mattschwarz lackierten Wagen an, in dem Burger gebraten werden.

Gemeinsam studieren wir das Burger-Angebot und beschließen, erst einmal weiterzugehen. Zwar knurrt mir der Magen, aber ich möchte mich nicht schon am ersten Stand überfuttern, sondern mehrere Sachen probieren. David überlässt mir die Wahl, sodass ich mich für etwas Süßes entscheide.

»Hältst du mich für abartig, wenn ich mit Waffeln starte?«, frage ich. Mir läuft das Wasser im Mund zusammen, als ich an einem hölzernen Verkaufstresen zusehe, wie Vanillesahne auf herzförmige Waffeln gelöffelt wird. Anschließend kommt noch Puderzucker obendrauf. »Ich nehme auch nur eine Miniportion.«

»Ihr Frauen immer mit eurem Gewicht. Lass es dir doch einfach schmecken, Susan, statt dir ständig Gedanken über Kalorien zu machen.«

Ich setze mich mit meiner Waffel an eine Bierzeltgarnitur und warte auf David, der uns am Stand gegenüber Kaffee besorgt. Fürsorglich stellt er wenig später einen Becher Cappuccino so vor mich hin, dass sogar der Henkel in die richtige Richtung zeigt. Neugierig schaue ich ihm direkt in die Augen.

»Was?«, fragt er verunsichert. »Habe ich irgendwas im Gesicht?«

»Nein, alles in Ordnung. Ich überlege nur, wo dein Haken ist.«

Kapitel 4

Der Mörder

Sogar noch nach zwei Tagen habe ich wegen des Rückschlags mit Michelle schlechte Laune. Tagsüber führe ich mein normales Leben – niemandem würde auffallen, wie es in mir gärt. Und ich tue alles, damit das auch so bleibt. Doch sobald ich allein bin, kann ich an nichts anderes mehr denken.

Das Risiko wäre zu groß. So kurz vor der Hochzeit wird sie möglicherweise jede Nacht mit ihrem zukünftigen Ehemann verbringen. Den Typen ausschalten zu müssen, bevor ich mich um die kleine Fotze kümmern kann, birgt zu viele Unwägbarkeiten.

Dennoch werde ich ausnahmsweise meine eigenen Grundsätze über den Haufen werfen: Bei der nächsten Frau kürze ich die Wartezeit einfach ab.

In Gedanken studiere ich noch einmal die Informationen, die ich über Carina gesammelt habe. Laut ihrem Facebook-Profil ist sie achtundzwanzig Jahre alt und Single. Da sie die meisten Inhalte öffentlich teilt, war es gar nicht notwendig, ihr über eines meiner Fake-Profile eine Freundschaftsanfrage zu schicken. Carina scheint zu den Menschen zu gehören, die an chronischer Unzufriedenheit leiden. Oft postet sie Sinnsprüche der Kategorie: *Morgen beginnt ein neuer Tag voller Möglichkeiten.* Außerdem veröffentlicht sie regelmäßig Fotos, die sie mit ihrem Smartphone geschossen hat. Anhand der Ortsangaben kann ich mühelos verfolgen, wo sie sich jeweils aufgehalten hat. Meist sind es Orte, die verliebte Paare aufsuchen. Carina ist jedoch einsam. Sie arbeitet seit einigen Monaten in einer Kanzlei als Rechtsanwaltsfachangestellte, davor war sie fast ein halbes Jahr arbeitslos. In der Zeit hat sie noch deprimierendere Einträge verfasst. Als sich der Todestag ihres Vaters zum dritten Mal jährte, war sie tieftraurig und brauchte den Trost ihrer virtuellen Freunde. Ihre damaligen Einträge haben mir eine Menge Recherchen erspart. Beide Eltern sind kurz nacheinander gestorben, andere Familienmitglieder gibt es nicht.

Ich liebe soziale Netzwerke.

Die wenigen Male, die ich ihr gefolgt bin, um ihr Umfeld auszukundschaften, ist mir nichts aufgefallen, was mich daran hindern sollte, sie in meine Gewalt zu bringen. Sie bewohnt eine Souterrainwohnung in einem Neunparteienhaus. Kellerräume für die Mieter gibt es nicht. Eigentlich ideal, denn niemand wird ihre Schreie hören.

Carinas Fall ist eindeutig. Es gibt keinen Grund, weitere sechzehn Tage zu warten. Sie hat weder Familie noch einen Partner. Ich werde sie von ihrer Qual erlösen. Und mich selbst von dem Drang, endlich wieder zu morden.

Nachdem ich nach Hause zurückgekehrt bin, gehe ich in meine Wohnung. Aus einem Schrank hole ich die Tüte mit meinen neuesten Einkäufen. Produkte einer Billigmodekette. Zigfach im Umlauf, sodass sich hinterlassene Fasern niemals zu mir zurückverfolgen lassen würden. Zumal ich in den Geschäften eh immer nur bar bezahle. Ich ziehe Socken, Unterhose, Hose, T-Shirt und Pullover an, bevor ich die günstigen Sneakers mit Taschentüchern ausstopfe, da sie zwei Nummern zu groß sind. Die Maske, die ich überstreifen werde, sobald ich ihre Wohnung betrete, ist ebenfalls Massenware. Sollte ich jemals verhaftet werden, wird es nicht an meiner Nachlässigkeit liegen. Bei jedem neuen Mord plane ich so sorgfältig wie beim ersten. Viele Täter scheitern an ihrer eigenen Unachtsamkeit oder Arroganz. Mir passiert das nicht.

Ich verlasse das Haus und schlendere zu meinem Auto, das ich absichtlich rund zweihundert Meter entfernt geparkt habe. In einer Tragetasche habe ich Ersatzkleidung dabei. Möglichst unauffällig schaue ich mich im Licht der Straßenlaternen um, entdecke jedoch niemanden, der in einem Fahrzeug sitzt und sich besondere Mühe gibt, mich nicht zu sehen. Bei meinem Wagen angekommen, angle ich nach der Zigarettenpackung in meiner Hosentasche und zünde mir eine Fluppe an. Zwar habe ich das Rauchen schon vor Jahren aufgegeben, aber für manche Zwecke ist das Laster perfekt geeignet. Während ich wie ein penibler Autobesitzer wirke, der nicht den Innenraum vollqualmen will, mustere ich die Umgebung ausgiebig. Es bleibt dabei: Momentan werde ich offenbar nicht verfolgt.

Da es jedoch ein fataler Fehler wäre, mir meiner Sache zu sicher sein, bleibe ich auch unterwegs wachsam. Zunächst fahre ich in eine komplett falsche Richtung und benutze hauptsächlich kleine Seitenstraßen. Mir fällt niemand auf, der mir längere Zeit hinterherfährt.

Meinem Rendezvous steht also nichts mehr im Wege.

***

Den letzten halben Kilometer lege ich zu Fuß zurück. Zum einen hat das den Vorteil, dass ich noch einmal überprüfen kann, ob mich jemand beobachtet. Zum anderen schließe ich so aus, dass sich ein zufälliger Augenzeuge später an mein Kennzeichen erinnern kann. Die Nacht ist sternenklar, und ich genieße die eher kühlen Temperaturen. Die Vorfreude auf das, was ich mit Carina anstellen werde, ist gewaltig. Im Idealfall werde ich eine Stunde lang mit ihr spielen, ehe ich sie erlöse. Zumindest wenn es mir gelingt, mich so lange zurückzuhalten. Während dieser Zeit wird sie sich garantiert wünschen, ihr trostloses, langweiliges Leben zurückzubekommen.

»Hey, du«, ruft plötzlich eine Stimme hinter mir.

Ich zucke zusammen. Da ich mir keinerlei Illusionen mache, nicht gemeint zu sein, bleibe ich stehen und drehe mich um.

»Meinst du mich?«

Ein ungefähr dreißigjähriger Mann kommt mir entgegen. Er wirkt absolut unschuldig, trotzdem bin ich auf der Hut. Wenn er versucht, mich auszurauben, wird er eine böse Überraschung erleben.

»Sorry, dass ich dich um diese Uhrzeit anquatsche.«

Um seine Harmlosigkeit zu unterstreichen, hebt er beide Hände. Beruhigender finde ich allerdings sein Lallen. Auch sein trüber Blick deutet darauf hin, dass er zu viel Alkohol getrunken hat.

»Ich hab die Orientierung verloren«, gesteht er. »Weißt du, wo die Kantstraße ist?«

»Wohnst du da?«, frage ich ihn amüsiert.

»Quatsch! Ich hab 'ne Frau kennengelernt, die da in ihrer Wohnung auf mich wartet.«

»Und wie hast du sie kennengelernt?«

»Übers Internet.« Er zwinkert mir zu.

»Und du meinst, sie empfängt dich zu so später Stunde?«

»Klar. Sie hatte Spätdienst. Das Treffen war ihre Idee.«

»Hast du kein Handy dabei, um dir den Weg anzeigen zu lassen?«

»Vergessen«, brummt er verlegen. »Ich war wohl zu aufgeregt.«

Oder zu betrunken, denke ich.

»Na, dann will ich dir mal helfen«, sage ich in der Hoffnung, dass er sich später nicht an mich erinnern wird, wenn ich ihm die gewünschte Auskunft gebe. Und da ich die Straßennamen hier in der Gegend aufgrund meiner Recherchen kenne, muss ich nur ein wenig in meinem Gedächtnis kramen. »Du gehst da runter bis zur übernächsten Kreuzung, dort biegst du rechts ab und dann die nächste Straße direkt wieder links.«

»Übernächste Kreuzung, rechts, links«, wiederholt er.

»Genau.«

»Danke, Alter. Dafür schulde ich dir was.«

»Vernasch sie für mich mit.«

Er grinst und tippt sich an einen imaginären Hut. Ich sehe ihm hinterher, wie er in die von mir gezeigte Richtung läuft.

Muss ich mich um ihn kümmern? Doch eigentlich bin ich noch weit genug von meinem Ziel entfernt, außerdem vermute ich, dass er nach seinem Date an andere Sachen denken wird. Ich beschließe, meine Pläne seinetwegen nicht zu ändern.

Das Schloss an der Haustür ist ein extrem einfaches Modell, das sich mühelos öffnen lässt. Im Flur warte ich zunächst und lausche auf Geräusche. Es ist vollkommen still, alle Hausbewohner scheinen zu schlafen. Langsam gehe ich ins Souterrain. Vor Carinas Wohnungstür streife ich die Maske über, die mit einem breiten Augenschlitz und einer perfekt passenden Aussparung für den Mund versehen ist. Ich knie mich auf den Boden und probiere den ersten Dietrich aus. Rasch bemerke ich, dass er nicht passt.

Erst drei Versuche später habe ich das Schloss geknackt. Ich erhebe mich und drücke vorsichtig die Tür auf. Wegen einer Facebook-Nachricht, in der sie über ihre Tierhaarallergie klagte, kann ich sicher sein, nicht von irgendwelchen Viechern überrascht zu werden.

Kaum habe ich jedoch einen Schritt in den Flur gemacht, geht die Deckenlampe an.

Hektisch blicke ich mich um, aber Carina ist nicht zu sehen. Im nächsten Moment fällt mir der Sensor am Lampengehäuse auf. Sie hat einen Bewegungsmelder an der Decke angebracht. Möglicherweise, um im Dunkeln nicht nach dem Lichtschalter tasten zu müssen.

Ich orientiere mich in der Wohnung und entdecke zwei geschlossene Türen und eine offene. Auf dem Fußboden liegt allerlei Kram herum; anscheinend hält sie nicht viel von Ordnung. Vorsichtig bewege ich mich in Richtung der geöffneten Tür. Dahinter befindet sich eine Wohnküche mit einem riesigen Sofa, auf dem zahlreiche Kuscheltiere und bunte Kissen liegen.

Carina, es wird Zeit für unser Spielchen. Die hohe Rückenlehne des Sofas bietet ein ideales Versteck. Nun muss ich sie nur noch zu mir locken. Am Kühlschrank hängt ein digitaler Küchenwecker mit Magnet. Ich programmiere ihn so, dass er in sechzig Sekunden seinen Job erledigt, und verziehe mich hinter die Lehne.

Das Gerät fängt relativ schnell an zu piepen. Doch ist es laut genug, um Carina aufzuwecken?

Nach drei Minuten ist die Frage beantwortet. Ich höre, wie

eine Tür aufgemacht wird und jemand ausgiebig gähnt. Carina schlurft in die Wohnküche.

»Was für eine Scheiße!«, murmelt sie, geht zum Kühlschrank und schaltet den Wecker aus. In der Zwischenzeit schleiche ich mich lautlos von hinten an sie heran, trotzdem bemerkt sie mich. Sie dreht sich um, erschrickt – und reagiert unerwartet geistesgegenwärtig.

Statt hilflos zu schreien, wie ich es von ihr erwartet hätte, richtet sie ihre Aufmerksamkeit auf den Messerblock. Sie hat bereits einen der schwarzen Griffe in der Hand, als ich sie erreiche und ihr von hinten mit dem Arm die Kehle zudrücke.

»Lass los!«

Erneut überrascht sie mich mit ihrem Überlebenswillen. Andere Frauen würden spätestens jetzt aufgeben – sie hingegen schafft es, mir den Ellenbogen in den Bauch zu rammen.

Mein Griff lockert sich, und sie nutzt die Gelegenheit, um das Messer aus dem Block zu ziehen. Bevor das hier zu einer echten Gefahr für mich wird, handle ich erbarmungslos. Ein Schlag in die Niere, gefolgt von einem weiteren gegen die Schläfe lässt ihre Gegenwehr erlahmen. Bewusstlos sinkt sie zu Boden. Anstatt sie aufzufangen, lasse ich ihren Kopf auf den Linoleumboden knallen. Strafe muss sein!

Als Carina erwacht, starrt sie mich mit verängstigtem Blick an. Ich habe sie auf einen der Küchenstühle gesetzt und ihre Hände hinter dem Rücken zusammengebunden. Die Füße sind an die Stuhlbeine gefesselt, außerdem steckt ein Geschirrtuch in ihrem Mund.

»Hallo, Carina«, begrüße ich sie. »Tut mir leid, dass ich

meine Maske nicht abnehmen kann. Mir ist das Risiko zu groß, dass ich Haare oder Hautpartikel verliere. Und es wäre doch zu bedauerlich, wenn ich erwischt würde. Du bist schließlich erst die Nummer neun. Das ist mir zu wenig, um schon aufzuhören.«

Ihre Augen weiten sich panisch.

»Bestimmt hast du schon von mir gehört«, fahre ich fort. »Allerdings breiten die Medien ja in solchen Fällen nie sämtliche Einzelheiten aus. Das, was ich gleich mit dir anstelle, wird dir gar nicht gefallen.«

Das Messer, mit dem sie mich in die Flucht schlagen wollte, liegt jetzt zwischen uns auf dem Küchentisch. Ich packe es und halte die Spitze an ihren Kehlkopf.

»Das Einzige, was ich dir anbieten kann, ist Folgendes: Falls du kooperierst, wird es nicht ganz so schmerzhaft werden. Kapierst du das?«

Wegen der Klinge an ihrem Hals nickt sie fast unmerklich.

»Wunderbar«, lobe ich sie. »Dann fangen wir an. Willkommen im bitteren Rest deines Lebens.«

Als ich sie eine Dreiviertelstunde später erlöse, hat sie längst verstanden, dass mein Versprechen wertlos war. Aber was wäre die Aussicht auf den Tod ohne Hoffnung auf ein barmherziges Ende? Nach diesem Prinzip funktionieren schließlich auch die meisten Religionen.

* * *

Kaum bin ich im Auto unterwegs, verfliegt meine Euphorie schon wieder. Nach der ersten Tat hat das Glücksgefühl noch tagelang angehalten – ich war mir wie ein Junkie vorgekommen, der die perfekte Droge entdeckt hat. Doch mittlerweile ist der Rausch überraschend kurzlebig. Kritisch hinterfrage ich meine Entscheidung, von den eigenen Grundsätzen abzuweichen. Hätte ich sie sechzehn weitere Tage beobachten müssen?

Ich beschließe, mein nächstes Opfer wieder einen kompletten Monat ins Visier zu nehmen. Damit habe ich bislang Erfolg gehabt – also sollte ich das Vorgehen beibehalten. Oder wäre es noch besser, eine Pause einzulegen? Würde mit ein wenig zeitlichem Abstand das Hochgefühl wieder länger anhalten?

Drei Kilometer von zu Hause entfernt entdecke ich am Straßenrand eine Mülltonne. Ich stoppe unmittelbar davor und wechsle die Kleidung. Nachdenklich werfe ich alles, was ich am Tatort getragen habe, in den beinahe überquellenden Behälter. Verpackt in der Plastiktüte, in der ich die Ersatzkleidung aufbewahrt hatte. In einigen Stunden wird die Müllabfuhr meine Spuren beseitigen.

Kapitel 5

Der Polizist

Während der Schicht hat mir Alexander eine Nachricht geschickt.

Kannst du anrufen?

Da ich mir denken konnte, was er wollte, habe ich nur kurz geantwortet, ich würde mich nach der Arbeit melden.

Am Ende des gemeinsamen Dienstes verabschiede ich mich vor dem Präsidium von meinem Partner Marc und gehe zu meinem Auto.

Das Versprechen gegenüber meinem Bruder will ich erst von zu Hause aus einlösen. Denn nur in meinen eigenen vier Wänden habe ich das Gefühl, nicht beobachtet zu werden.

»Hi, Bruderherz«, begrüßt er mich.

Eine Anrede, die er eigentlich nur benutzt, wenn er ein bestimmtes Ziel verfolgt.

»Hallo, Alex.«

»Stimmen die Gerüchte?«, fragt er ohne Umschweife.

»Dass ich Rihanna heirate? Bedauerlicherweise hat sie meinen Antrag abgelehnt – obwohl es ihr schwerfiel«, scherze ich.

»Wie witzig. Du weißt genau, was ich meine.«

Natürlich weiß ich das. »Die Sondereinheit geht davon aus, dass es das neunte Opfer des Serienmörders ist.«

»Erzähl!«

»Im Internet findest du genauso viele Informationen, wie ich dir geben kann.«

»Das ist nicht wahr. Wieso wurde sie zum Beispiel so rasch gefunden? In den Nachrichten heißt es, sie sei letzte Nacht umgebracht worden.«

»Stimmt. Gestern hat sie tagsüber ganz normal gearbeitet. Das bezeugt ihr Arbeitgeber. Dass sie so früh gefunden wurde, verdanken wir einem Zufall.«

»Welchem?«

Mit dem Telefon am Ohr gehe ich zum Kühlschrank, hole den Eistee heraus und trinke ihn direkt aus der Packung. »Das ist geheim.«

»David, ich werde dich nicht in Schwierigkeiten bringen«, verspricht er.

»Warum ist das wichtig?«, erkundige ich mich, während ich den Eistee wieder zurückstelle.

»Wegen der Authentizität.«

»Du bist Schriftsteller. Solche Details kannst du doch erfinden.«

Er seufzt genervt, sagt aber nichts. Das war schon in unserer Kindheit seine Taktik, um mich aus der Reserve zu locken. Leider hat er meistens Erfolg damit.

»Das Opfer hat sich einmal im Monat eine Putzhilfe gegönnt«, erkläre ich schließlich. »Die Frau hat einen Schlüssel zur Wohnung und die Tote heute Vormittag entdeckt.«

»Hilft euch das bei der Suche nach ihm?«

»Je frischer die Spuren, desto besser.«

»Hast du den Satz irgendwo abgelesen?«, entfährt es meinem Bruder. »Ich hatte dich um Insiderinformationen gebeten, und du speist mich hier mit polizeilichem Standardwissen ab. Ist das dein Ernst?«

Ich wundere mich, dass er sich so aufregt. Anscheinend leidet er stärker unter den sinkenden Verkaufszahlen seiner

Bücher, als ich für möglich gehalten hätte. Trotzdem hat er kein Recht, mich so anzufahren.

»Was erhoffst du dir eigentlich? Die Leiche ist noch keine vierundzwanzig Stunden alt. Glaubst du, ein Streifenbeamter wie ich loggt sich ins System ein und bekommt dann alle Einzelheiten serviert? So mag das in deinen Büchern funktionieren. In der Realität sieht es anders aus.«

»Herrje, du bist Polizist. Du kennst bestimmt Leute, die in der Sondereinheit arbeiten. Ist es da zu viel verlangt, dass du ein paar interessante Details für mich in Erfahrung bringst?«

Ich verlasse die Küche und gehe ins Schlafzimmer, um mir zu überlegen, was ich abends anziehen könnte. Mein zweites Date mit Susan ist bedeutend wichtiger als Alexanders Neugier.

»Ich habe sogar einen der eingeweihten Kollegen heute Nachmittag ausgequetscht«, überrasche ich ihn.

»Klasse! Ich wusste doch, auf dich ist Verlass. Was hat er erzählt?« Plötzlich wirkt Alexander deutlich zufriedener mit mir.

»Wehe, ich bekomme deinetwegen ein Disziplinarverfahren an den Hals.«

»Das wird nicht passieren«, versichert er.

Ich schiebe die linke Tür des Kleiderschranks auf und mustere meine Hemden. Die Wettervorhersage verspricht für die Abendstunden trockenes, warmes Wetter. Insofern könnte ich etwas Kurzärmliges wählen. Vielleicht imponieren meiner neuen Bekanntschaft meine trainierten Oberarme.

»Die Mordkommission vermutet, dass der Täter seine Opfer über einen gewissen Zeitraum verfolgt, um sich mit ihrem Tagesablauf vertraut zu machen«, gebe ich einen Sachverhalt preis, der bislang nicht in den Medien erwähnt wurde.

»Oh! Wie kommt ihr darauf?«

»Woher soll ich das wissen?«

»Weil du mir zuliebe nachgehakt hast?«

»Alex, jetzt übertreibst du. Das sind ermittlungsrelevante Informationen, die nicht frei zugänglich sind. Na ja, außerdem nehmen sie an, dass er bewusst Frauen auswählt, die keinerlei familiäre Bindungen haben.«

»Stand das nicht schon in der Zeitung?«

»Wir haben es nie offiziell bestätigt.«

»Außerdem, irgendwelche familiären Bindungen hat doch jeder. Selbst du.« Er lacht auf eine Art, die mich verletzt.

»Sehr lustig. Am besten, wir beenden das Gespräch.«

»Entschuldige bitte«, erwidert er genervt. Wahrscheinlich hält er mich mal wieder für übertrieben sensibel.

»Manche der Opfer hatten zwar noch Eltern oder Geschwister, hielten aber keinen Kontakt zu ihnen. Also keine Familienbindungen ersten Grades. So wie ich, da hast du recht. Zudem lebte keine der Frauen in einer festen Beziehung oder hatte Kinder.«

»Folglich wählt er sie aus, wenn sie de facto elternlos, bruderlos, schwesternlos sind?«

»So lautet die Theorie der Kollegen.«

»Super! Damit lässt sich arbeiten. Was kannst du mir noch anbieten?« In seiner Stimme liegt drängende Ungeduld.

»Reicht das nicht?«

»Ernsthaft?«

»Du könntest die Pressestelle kontaktieren. Vielleicht

finden sie dich interessant und laden dich zu einem Plausch ein.«

»David, ist es zu viel …«

»Ja, allerdings! Ich riskiere keine Scherereien deinetwegen«, unterbreche ich ihn gereizt.

»Schwachsinn!«, poltert er. »Ich hab dir schon einmal gesagt: Ihr werdet ihn längst geschnappt haben, bevor mein Buch erscheint. Hast du wirklich nicht mehr?«

»Das war's.«

»Na gut. Für den Anfang nicht schlecht.«

Ich hole ein dunkelblaues, eng geschnittenes Kurzarmhemd aus dem Schrank und hänge es über einen Stuhl.

»Den Anfang? Mehr kann und werde ich für dich nicht in Erfahrung bringen.«

»Du scherzt hoffentlich.«

»Nein.«

Alexander schnaubt abfällig, sagt jedoch nichts. Eigentlich sollte ich kommentarlos auflegen. Leider bin ich nicht so abgebrüht. Doch zumindest schaffe ich es diesmal, ebenfalls still zu bleiben.

»Habe ich dich in den letzten zwanzig Jahren je um einen Gefallen gebeten?«, beendet er das unangenehme Schweigen.

»Und ich dich?«, kontere ich.

»Diesmal wäre es wichtig. Ein kleiner Ausgleich für die Entbehrungen, die ich wegen dir in Kauf nehmen musste.«

»Wovon sprichst du?«

»Wir sind damals nicht im Geld geschwommen«, deutet Alexander an.

»Hab ich gemerkt.« Ich lege mich aufs Bett, um mir die zu erwartenden Vorwürfe anzuhören.

»Bevor du aufgetaucht bist, ging es noch«, fährt er fort.

»Danach konnte ich nie wieder an einer Ferienfreizeit teilnehmen. Den Führerschein musste ich mir selbst verdienen. Und dann …«

»Entschuldige, dass mein Vater nur meine Mutter totgeprügelt hat«, unterbreche ich ihn brüsk. »Manch einer wünscht sich wohl im Nachhinein, er hätte sich auch um mich gekümmert.«

Ehe er etwas erwidern kann, beende ich den Anruf und lasse das Handy auf die Matratze fallen. Was erlaubt er sich, mir das vorzuwerfen?

Insgeheim hoffe ich, dass ihm klar wird, wie ungerecht er zu mir war. Aber das Telefon klingelt nicht mehr, wodurch meine Wut auf ihn weiter angestachelt wird. Nach einer Weile habe ich keine Lust, noch länger zu warten, und wende mich stattdessen wieder meiner Kleiderwahl für den Abend zu.

***

Bevor ich zu dem Streetfood-Markt aufbreche, schicke ich Alexander eine Nachricht.

Ich wollte nicht streiten. Sorry. Würde mich allerdings freuen, wenn du verstehen könntest, dass ich mir wegen der Weitergabe solcher Informationen Sorgen mache. Lass uns morgen Abend in Ruhe telefonieren. Ganz ohne Zank. Einverstanden?

Die Mitteilung wird sofort gelesen, und ein paar Sekunden später sehe ich, dass er antwortet.

Ja. Blöd gelaufen. Kann dich ja verstehen. Meldest du dich, sobald es dir passt?

Er fügt noch zwei Emoticons an: unter anderem einen Indianer, der eine Friedenspfeife raucht.

Ich reagiere auf seinen Vorschlag mit einem erhobenen

Daumen. Erleichtert verlasse ich schließlich meine Wohnung. Streitigkeiten mit meinem Bruder haben mich früher sehr belastet – daran hat sich wohl bis heute nichts geändert.

***

Mangels Alternativen parke ich meinen Wagen in einer fünfhundert Meter entfernten Tiefgarage und lege den Rest des Weges zu Fuß zurück. Unterwegs stelle ich fest, dass mir der Marsch nach dem Ärger guttut. Als ich mich dem Marktgelände nähere, bleibe ich kurz stehen und inhaliere die unterschiedlichen Gerüche, die meinen ohnehin schon großen Appetit anregen.

Susan und ich haben keinen Treffpunkt ausgemacht. Beim ersten Mal hat es sie hauptsächlich zu den süßen Sachen hingezogen. Ob ich sie wiederfinde, wenn ich bei Crêpes und Kuchen Ausschau halte?

Heute tummeln sich hier mehr Leute als gestern. Vor manchen Trucks herrscht dichtes Gedränge. Die überall verteilten Sitzgelegenheiten sind hoffnungslos überfüllt. Vielleicht wäre ein anderer Ort besser gewesen für die zweite Verabredung.

Während ich überlege, Susan eine Nachricht zu schicken, damit wir uns an einem bestimmten Foodtruck verabreden, entdecke ich sie. Sie trägt ein dunkelgelbes Sommerkleid, das ihrer schlanken Figur schmeichelt, und hat ein rotes Band in den Haaren. Momentan konzentriert sie sich auf das Speiseangebot eines Mexikaners – was mir die Möglichkeit gibt, sie ungestört zu beobachten.

Ihre gesamte Erscheinung ist äußerst attraktiv. Mir gefallen sogar die flachen, sandfarbenen Sandalen, in denen ihre nackten Füße stecken, obwohl ich bei Frauen normalerweise Schuhe mit Absätzen bevorzuge. Sie wirkt aufgeschlossen, neugierig und positiv. Mir als Polizist passiert es oft genug, dass Frauen kein Interesse haben, mich näher kennenzulernen, wenn sie von meinem Job erfahren. Susan scheint nicht so zu sein.

Sie dreht den Kopf und entdeckt mich. Sofort umspielt ein Lächeln ihre hellrot geschminkten Lippen. Ich hebe zur Begrüßung eine Hand und gehe ihr entgegen.

»Hi«, sagt sie und haucht mir Küsse auf die Wangen – wobei ich mich wegen ihrer flachen Schuhe bücken muss. »Du hast mich gerade gemustert, stimmt's?«

»Ja«, erwidere ich mit einem unsicheren Lachen. Wie ist ihr das bloß aufgefallen?

»Trotzdem bist du nicht weggelaufen«, fügt sie munter hinzu. »Das werte ich mal als vielversprechendes Zeichen.«

Offenbar findet sie es völlig normal, ausgiebig in Augenschein genommen zu werden – oder andere in Augenschein zu nehmen, denn sie tritt zwei Schritte zurück und mustert mich von oben bis unten.

»Chic«, sagt sie.

Zu dem kurzärmligen Hemd trage ich eine graue Jeans und dunkelblaue Sneakers. Schlichte Kleidung, die anscheinend ihren Geschmack trifft.

»Worauf hast du Appetit?«, frage ich, da ich mit Komplimenten schlecht umgehen kann.

»Mir schmeckt wahrscheinlich alles, was hier zubereitet wird«, erklärt sie schmunzelnd. »Habe mich also noch nicht entschieden. Und du?«

»Keine Ahnung.« Ich wende mich von ihr ab, um mir einen Überblick zu verschaffen, welche Foodtrucks sich in unserer Nähe befinden. Ungefähr zwanzig Meter entfernt entdecke ich einen mit kubanischer Flagge. »Lass uns den Kubaner ausprobieren«, schlage ich vor. »Vielleicht gibt es da *Ropa vieja*. Das liebe ich.«

»Was ist das?«

»Rindfleisch in kreolischer Soße, das so lange geschmort wird, bis es zerfällt.«

»Klingt gut.«

Sie will sich bei mir unterhaken, da ich jedoch nicht damit gerechnet habe, erschrecke ich und zucke leicht zusammen.

»Alles in Ordnung?«

»Ja, entschuldige.«

Ich halte ihr meinen Arm hin, und sie schiebt ihre Hand hindurch. Gemeinsam schlendern wir zu dem kubanischen Stand, an dem zwei alles andere als mittelamerikanisch wirkende Frauen das Essen zubereiten. Die eine ist dunkelblond, die andere eher rothaarig. Trotzdem bieten sie *Ropa vieja* an.

»Wie war dein Tag?«, will Susan wissen, nachdem ich die Bestellung aufgegeben habe.

Sofort fällt mir der Streit mit Alexander ein. »Geht so«, antworte ich. »War ein bisschen stressig.«

Für einen Moment spiele ich mit dem Gedanken, ihr von dem Telefonat zu erzählen, überlege es mir dann aber anders.

Eine der Frauen schöpft aus einer großen Pfanne das Rindfleisch und reicht uns die Portionen.

»Und deiner?«, frage ich, während ich bezahle.

Kapitel 6

Susan

»Im Vergleich zu gestern war mein Tag unspektakulär. Ich hatte weder einen Tankstellenunfall, noch habe ich einen Polizisten mit beeindruckenden Oberarmen kennengelernt.«

Ich grinse, während wir unsere Speisen zu einem niedrigen Tisch tragen, der gerade frei wird und mit einer kuscheligen Lounge-Couch wie gemacht ist für Pärchen. David reagiert nicht auf den kleinen Scherz. Mit ernstem Blick deutet er auf die roten Polster und lässt mir den Vortritt. Vorsichtig stelle ich den Teller ab, streiche mein Kleid glatt und setze mich.

Er hockt sich neben mich, schenkt mir ein pflichtschuldiges Lächeln und sagt: »Wenn es okay für dich ist, besorge ich uns erst in ein paar Minuten Getränke. Ich habe einen wahnsinnigen Hunger, außerdem wird sonst das Essen kalt. Lass es dir schmecken.«

»Danke, du dir auch«, antworte ich.

Schweigend führe ich eine Gabel mit dem köstlichen Rindfleisch zum Mund und denke kurz darüber nach, ob es sich für eine Dame gehört, in die Offensive zu gehen. Doch nach einem knisternden zweiten Date fühlt sich das hier nicht an – und ich bin erwachsen genug für eine eigene Meinung.

»Ist wirklich alles in Ordnung?«

Wie auf frischer Tat ertappt, hält er abrupt inne, legt die Gabel beiseite und mustert mich. Seine Gesichtszüge werden weicher, doch er ist eindeutig anders als gestern.

»Ja, ehrlich, Susan. Übrigens siehst du sehr hübsch aus. Besonders dein Haarband gefällt mir ausgezeichnet.«

Das war nicht die Frage.

»Danke. Aber jetzt bin ich erst recht verunsichert. Du weichst aus.«

»Wieso denn das? Habe ich etwas Falsches gesagt?«

»Nein, natürlich nicht. Aber … es ist, als würdest du vom Thema ablenken und mich beschwichtigen wollen.«

»Ich wollte einfach nicht aufdringlich sein, möglicherweise ist es das. Und nun denkst du, irgendetwas wäre nicht in Ordnung. Tut mir leid. Ich bin ein Idiot.«

Er greift nach einer Haarsträhne, die sich aus dem Band gelöst hat, und streicht sie mir zärtlich hinters Ohr.

»Quatsch, du bist kein Idiot. Vielleicht sehe ich einfach Gespenster. Trotzdem, irgendwie wirkst du distanzierter als gestern. Eben hast du zum Beispiel weder mein Lächeln erwidert noch auf meinen albernen Spruch reagiert. Beziehungsweise auf meine …« Ich stocke.

»Auf deine was?«

»Auf meine Anmache«, flüstere ich. »Wegen deiner Oberarme. Die finde ich nämlich total sexy.«

Er beugt sich vor und streift mit den Lippen mein Ohrläppchen. »Das trifft sich hervorragend«, raunt er. »Ich finde dich ebenfalls total sexy.«

»Trotzdem sollte ich nicht so mit der Tür ins Haus fallen«, wende ich ein. »Weißt du, ich sage immer gern direkt, was ich denke. Manche Leute kommen damit schlecht klar. Ich hoffe, ich überrumple dich nicht mit dieser Eigenart.«

»Nein, überhaupt nicht! Du bist toll und machst alles richtig, Susan. Du hast dir das nicht eingebildet, es liegt in der Tat an mir, und du bist eine ausgezeichnete Beobachterin. Allerdings bin ich nicht wegen dir so komisch, sondern wegen meines Bruders.«

»Oh, ach so. Dann bin ich ja beruhigt. Magst du mir erzählen, was dich bedrückt? Aber nur, falls ich nicht schon wieder zu aufdringlich bin.«

»Quatsch«, meint er, ohne mich anzuschauen. »Ich bin froh, wenn ich mit jemandem darüber sprechen kann. Normalerweise behalte ich so was eher für mich. Lass uns nur eben aufessen. Ist eine längere Geschichte.«

Vor uns auf dem Tisch stehen zwei Gläser Weißwein und ein Schälchen mit Erdnüssen. David hat nach dem Essen dafür gesorgt, dass wir den gemütlichen Platz behalten dürfen, indem er die Betreiberin des Foodtrucks mit zehn Euro bestochen hat.

Er wirkt immer noch sehr ernst, als er sich auf der Couch zurücklehnt und seinen rechten Arm hinter mir auf die Rückenlehne legt. Ich könnte der stummen Einladung folgen und mich an ihn kuscheln. Aber vielleicht ist es auch gar keine Aufforderung, sondern lediglich der Versuch, eine selbstbewusste Körperhaltung einzunehmen. Ich drehe mich ihm zu, bleibe mit dem Oberkörper aber vorn. Zu leicht will ich es ihm nicht machen. Zuerst soll er mir sagen, was es mit seinem Bruder auf sich hat.

»Vorab muss ich dich um etwas bitten«, beginnt er. »Du musst mir versprechen, niemandem zu erzählen, was ich dir jetzt verrate. Okay?«

»Natürlich. Von mir erfährt kein Mensch ein Sterbenswörtchen.« Um mein Versprechen zu unterstreichen, forme ich mit Zeige- und Mittelfinger das Victory-Zeichen.

»Gut, es ist nämlich wirklich absolut geheim. Wenn das jemand erfährt, komme ich in Teufels Küche. Also … mein

Bruder Alex und ich hatten heute einen ziemlich hässlichen Streit. Deshalb bin ich wohl so komisch.«

»Das verstehe ich. Zoff unter Geschwistern ist zwar normal, kann einen aber echt Nerven kosten.«

Er schüttelt leicht den Kopf, als wollte er verneinen, scheint den Gedanken jedoch zu verwerfen und fährt fort.

»Ich weiß nicht, ob du die aktuellen Nachrichten verfolgst, oder ob du lieber auf die ganzen Schreckensmeldungen verzichtest …«

Denkt er, ich bin blöd? »Selbstverständlich verfolge ich die täglichen Nachrichten. Man will schließlich wissen, was sich in der Welt abspielt«, gebe ich in pikiertem Ton zurück.

»Sorry, ich habe mich schon wieder missverständlich ausgedrückt. So meinte ich das nicht … Es geht um den Serienmörder, der derzeit die Region in Atem hält. Hast du mitbekommen, dass es ein neues Opfer gibt?«

»Ja, fürchterlich! Ich habe es im Radio gehört. Als Frau kann einen das wahnsinnig ängstigen. Aber was hat das mit deinem Bruder zu tun?«

»Er möchte mehr über den Fall erfahren und hat mich heute gebeten, ein bisschen aus dem Nähkästchen zu plaudern. Weil ich bei der Polizei arbeite. Dabei bin ich nur ein einfacher Streifenpolizist und nicht bei der Mordkommission.«

»Ach so, er war nur neugierig. Ist das so schlimm für dich?« Ich zwinkere ihm zu und rücke näher an ihn heran. »Da hoffe ich aber, dass ich dir nicht aus Versehen auch mal eine zu intime Frage stelle.«

»Alexander ist Schriftsteller«, erklärt er. »Er möchte sich quasi von einem realen Serienmord inspirieren lassen. Und ich als sein Bruder soll ihn dabei gefälligst unterstützen, meint er. Ich sehe das allerdings etwas anders, das habe ich ihm auch gesagt. Daraufhin wurde er stinksauer und kramte alte Familiengeschichten hervor. Dann gab ein Wort das andere, du kennst das bestimmt. Am Ende weiß man gar nicht mehr genau, wie es überhaupt angefangen hat.«

»Oh ja, der Klassiker.«

»Er denkt halt, weil er Freiberufler ist und seine Einnahmen stark schwanken, müssten ihm sämtliche Verwandte und Freunde helfen. Dabei hat er sich selbst für den Beruf entschieden. Ich kann ihm außerdem gar nicht mit Interna dienen, weil ich nichts Spektakuläres weiß, und selbst wenn, dürfte ich es ihm nicht erzählen. Andernfalls würde ich mindestens ein Disziplinarverfahren riskieren, schlimmstenfalls verliere ich sogar meinen Job.«

»Versteht dein Bruder das denn nicht? «

»Keine Ahnung«, sagt er mit einem Seufzer. »Manchmal werde ich aus ihm nicht schlau. Na ja, es gibt Wichtigeres als diesen albernen Bruderzwist.«

Langsam lasse ich mich gegen die Rückenlehne sinken und lande sanft in seiner Armbeuge. Wir sitzen nun ganz nah beieinander. Vom Stimmengewirr um uns herum bekomme ich kaum noch etwas mit.

»Die Berichte über die getöteten Frauen machen mich jedenfalls immer fix und fertig. Das ist alles so grauenhaft, aber jetzt weiß ich ja, wo ich Schutz finden kann. An der Seite eines starken Polizisten bin ich in Sicherheit.« Ich wage einen tiefen Augenaufschlag, der seine Wirkung nicht verfehlt. Seine Lippen nähern sich meinem Mund. Bevor er mich küsst, gehe ich in die Offensive. »Wollen wir zu mir in die Wohnung gehen? Dort sind wir ungestört.«

Statt eine Antwort zu geben, greift er nach meiner Hand und zieht mich zu sich hoch.

»Lass uns von hier verschwinden.«

David kommt ohne Umschweife zur Sache, sobald wir meine Wohnung betreten. »Welche Tür?«, fragt er, während er sich seiner Schuhe entledigt, ohne sich zu bücken, und sie lässig in eine Ecke kickt.

»Zweite Tür rechts«, sage ich und winde mich aus seiner Umarmung. »Ich gehe noch kurz ins Bad.«

Vorm Spiegel checke ich mein Äußeres und ziehe mir anschließend Kleid und Sandalen aus. Die Klamotten lege ich über den Rand der Badewanne, dann sprühe ich mir Parfüm hinter die Ohrläppchen. Nur noch in Dessous gekleidet, gehe ich ins Schlafzimmer, wo er in T-Shirt und schwarzer Boxershorts vor dem Bett steht und auf mich wartet. Er ist gut gebaut, und seine Erregung ist deutlich zu erkennen. Sein anerkennender Pfiff und die selbstbewusste Haltung erinnern nicht im Geringsten an das abweisende Verhalten zu Beginn unseres Dates. Bewundernd wandert sein Blick von meinem Kopf bis zu meinen Füßen, während er näher kommt und mich rücklings aufs Bett drückt.

Wir sagen beide keinen Ton, was ich normalerweise nicht mag. Jetzt passt es. Die Stimmung ist dermaßen aufgeheizt, da bedarf es nur weniger Worte.

»Ich hoffe, du lässt dich gerne fallen.«

Es klingt mehr nach einem Befehl als nach einem Wunsch. Zielstrebig dreht er mich in die Stellung, in der er mich haben will, und ich lasse mich wie eine Marionette positionieren. Blümchensex sieht anders aus, doch seine dominante Art gefällt mir. Ohne mir ernsthafte Schmerzen zuzufügen, gelingt es ihm, mir einen Orgasmus nach dem anderen zu bescheren. Seine Ausdauer ist gigantisch. Erschöpft und verschwitzt genieße ich seine routinierten Griffe. Absolut klar – hier weiß jemand, wie man Liebe macht. Ich kann gar nicht genug davon bekommen, biege mich ihm entgegen, verliere sämtliche Hemmungen.

»Du hast ziemlich viel Ahnung von Frauen, hm?«, frage ich, als wir nach dem dritten Mal pausieren und ich mich an seine glatte Brust schmiege. Gleichzeitig streichle ich seinen muskulösen Bauch.

»Nein, schön wär's.« Sein Lachen wirkt befreit. »Ich werde Frauen nie verstehen.«

»Ich bin ganz leicht zu durchschauen«, behaupte ich.

»Zumindest für mich.« Er richtet sich auf und beugt sich über mich. »Was du jetzt möchtest, ahne ich zum Beispiel.«

Mit einem Ruck befördert er meine Beine über seine Schultern und macht mit der Zunge da weiter, wo wir vorhin stehengeblieben waren.

»Dein Einrichtungsstil ist toll. Nicht so mädchenhaft wie der vieler Single-Frauen, sondern richtig erwachsen. Fast schon nüchtern«, meint er beim Verlassen des Betts.

Ich beobachte von der Matratze aus, wie er unbekleidet durch mein Schlafzimmer spaziert und jede Ecke neugierig inspiziert. Ungewöhnlich. Den meisten Männern ist so was völlig egal.

»Du kennst also viele Single-Frauen?«, kontere ich. »Suchst du womöglich am Schluss die Beste aus?«

Er dreht sich zu mir und hebt spöttisch die Augenbrauen. Seine unterschiedlichen Facetten faszinieren mich.

»Nein, ich bin ein langweiliger Polizist, dessen Leben gestern beim Tanken eine aufregende Wendung genommen hat. Normalerweise säße ich jetzt mit einem Käsebrot und Cola vorm Fernseher. Öde, oder?«

»Du bist ganz und gar nicht öde,«, gurre ich, stehe auf und tapse nackt zu ihm.

»Apropos Cola«, flüstert er mir ins Ohr, »hast du was zu trinken?«

»Klar, komm, wir setzen uns ins Wohnzimmer. Ich möchte zumindest den Anschein erwecken, als wäre ich eine anständige Person und würde dich nicht ausschließlich ins Schlafzimmer verbannen.«

»Och, damit hätte ich grundsätzlich kein Problem.«

»Dachte ich mir.«

Wir ziehen uns etwas über und gehen nach nebenan, wo er sich wiederum interessiert umschaut. Er denkt, dass ich nicht merke, wie er prüfend den Zeigefinger in die Blumenerde einer Topfpflanze steckt, doch ich sehe es genau. Ist er etwa ein Kontrollfreak?

»Du hast es sehr schön, Susan. Ich fühle mich pudelwohl bei dir.«

Ich bringe ihm ein Glas Cola. »Danke. Ja, ich bin auch gern zu Hause und habe mir nach und nach alles genauso eingerichtet, wie ich es schon immer haben wollte. Wenn man wie ich häufig von daheim aus arbeitet, ist das besonders wichtig.«

Nachdem er einen Schluck getrunken hat, gibt er mir einen Kuss auf die Nasenspitze, stellt das Glas auf den Couchtisch und geht zum Bücherregal.

»Du bist eine Vielleserin.« Sein Blick wandert von Regalbrett zu Regalbrett. »Oh, du hast ja ein ziemliches Faible für Krimis und Thriller.«

»Stimmt, ich mag es spannend.«

»Ungewöhnlich. Keine schnulzigen Liebesromane und keine heitere Frauenliteratur. Oder das, was man so Literatur nennt.« Plötzlich hält er inne und zieht ein Buch heraus. Es ist einer der Krimis von Alex Vento. »Das ist von meinem Bruder«, sagt David überrascht. »Du hast ja lauter Bücher von Alex. Unfassbar!«

»Was?«, frage ich erstaunt. »Alex Vento ist dein Alexander?«

»Ja! Sag bloß, du liest den regelmäßig?«

»Klar. Ich liebe seine Bücher. Sie sind absolut fesselnd und führen mich jedes Mal in die Irre. Ich liege grundsätzlich falsch, wer der Mörder ist.«

Lachend geselle ich mich zu ihm und greife nach einem weiteren Buch des Autors.

»Dann macht er wohl was richtig, mein Brüderchen«, murmelt David und steckt das Buch zurück ins Regal.

»Diese Zufälle im Leben sind faszinierend«, stelle ich fest. »Niemals hätte ich damit gerechnet, dass sich mir einmal die Gelegenheit bieten würde, einen meiner Lieblingsschriftsteller kennenzulernen. Meinst du, es wäre möglich, dass wir uns vielleicht mal zu dritt treffen? Ich würde ihn unheimlich gerne persönlich unter die Lupe nehmen.«

»Können wir machen, gar kein Problem.«

Kapitel 7

Der Mörder

Verdammte Ungeduld!

Ich hätte länger warten müssen, das ist mir jetzt, zwei Tage nach der letzten Tat, endgültig klar. Aber nein! Ich wollte ja unbedingt die Enttäuschung wegen Michelle ausgleichen. Das ist jetzt meine Strafe. So früh haben sie keine der anderen Leichen gefunden. Gleich am nächsten Morgen. Fuck! Hätte ich Carina einen ganzen Monat beobachtet, wäre mir die Putzhilfe vielleicht aufgefallen.

Natürlich bedeutet das nicht automatisch, dass sie mir jetzt auf die Schliche kommen. Trotzdem habe ich ein ungutes Gefühl – zumal es ein weiteres Anzeichen gibt, das mir nicht gefällt.

Bin ich bloß paranoid geworden, oder ist mein Misstrauen berechtigt?

Während ich vor meiner Schatztruhe im Keller sitze, versuche ich die Situation so unaufgeregt wie möglich zu analysieren. Ich gelange zu dem Schluss, dass die eventuellen Beweise gegen mich offenbar nicht ausreichen, um mich zu verhören. Dennoch sollte ich ab sofort noch vorsichtiger sein – und jederzeit damit rechnen, ins Fadenkreuz der Mordkommission zu geraten.

Falls das tatsächlich passiert, werden sie zwangsläufig einen Durchsuchungsbeschluss erwirken. Und dann könnten mich meine kleinen Souvenirs lebenslänglich hinter Gitter bringen.

Schweren Herzens beschließe ich daher, sie übers Stadtgebiet verteilt zu entsorgen.

***

Kurz vor Mitternacht breche ich auf. Ich habe die Kleidungsstücke und den Schmuck einzeln in Küchenpapier eingerollt und alles zusammen in einen Abfallbeutel gesteckt. Den wiederum habe ich in einen Beutel mit meinem Haushaltsmüll gepackt, für den Fall, dass mir jemand im Hausflur begegnet. Dass so ein Verhalten wahnhaft wirken könnte, ist mir völlig egal. Ich werde nicht im Knast landen! Seelenruhig verlasse ich das Haus und gehe zu den Mülltonnen. Die Versuchung, das Ganze einfach hier zu entsorgen, ist riesengroß, doch so leichtsinnig bin ich nicht. Stattdessen nutze ich die Müllbehälter als Sichtschutz. Sollte mich jemand beobachten, kann er unmöglich erkennen, dass ich in den Plastikbeutel greife, um die Tüte mit den Souvenirs herauszuholen und in die Innentasche meiner Jacke zu stopfen. Erst danach werfe ich den normalen Müll weg. Gelassen schlendere ich anschließend zu meinem Fahrzeug, schaue in alle Richtungen und steige ein.

***

Für die ersten drei Andenken fahre ich insgesamt zwanzig Kilometer durch die Stadt. Ich verwende einen am Bürgersteig stehenden Müllcontainer, der morgen früh geleert wird. Außerdem einen Kleidercontainer des Roten Kreuzes und den Abfallbehälter an einer Bushaltestelle, an der zu so später Stunde keine Fahrgäste warten. Als Nächstes will ich einen Ring in den Fluss werfen, der sich durchs gesamte Stadtgebiet schlängelt. Also steuere ich einen Parkplatz in der Altstadt an. Nachdem ich die Hauptstraße überquert habe, laufe ich gut hundert Schritte bis zum Ufer. Unterwegs wickle ich das Schmuckstück aus dem Küchenpapier und stecke es in meine rechte Hosentasche. Je näher ich dem Wasser komme, desto dunkler wird es. Heute Nacht verdecken Wolken den Mond, und das Licht der Straßenlaternen reicht nicht bis hierher. Schließlich muss ich sogar die Taschenlampe meines Handys benutzen, um nicht über einen der Felsen am Ufer zu stolpern.

»Ciao, Gabriela«, nenne ich den Namen des Opfers, dem der Ring gehört hat, und schleudere ihn mit einer weit ausholenden Bewegung ins Wasser.

Nummer vier erledigt, denke ich zufrieden. Bleiben fünf übrig.

Plötzlich erfasst mich der Lichtkegel einer sehr hellen Lampe und blendet mich. Mein Herz setzt vor Schreck aus.

»Was haben Sie da gerade in den Fluss geworfen?«, will eine herrische Stimme wissen.

Ich habe überhaupt nicht gemerkt, dass ich verfolgt werde. Wie konnte das passieren?

»Könnten Sie bitte aufhören, mir mit der Lampe ins Gesicht zu leuchten?«, sage ich und halte mir eine Hand vor die Augen. »Das ist sehr unangenehm.«

Mein Gegenüber erfüllt mir den Wunsch, trotzdem dauert es ein paar Sekunden, bis ich wieder klar sehen kann. Ich entdecke eine im Boden steckende Angelrute. Die dazugehörige Schnur hängt im Wasser.

Wenigstens niemand, der mir gefolgt ist, tröste ich mich über meine Unachtsamkeit hinweg.

»Was haben Sie weggeworfen?«, wiederholt der Mann.

Da er die Lichtquelle mittlerweile auf die Steine gerichtet hat, kann ich ihn mustern. Er ist mindestens fünfundsechzig Jahre alt und wirkt nicht sonderlich kräftig. Kein

Gegner für mich. Allerdings muss ich aufpassen, da Angler oft Messer dabeihaben, um ihren Fang zu töten.

»Wieso interessiert Sie das?«, frage ich zurück und gehe zwei Schritte auf ihn zu.

»Seit fünfzehn Jahren komme ich regelmäßig hierher«, erklärt er. »Doch so schlimm wie in den letzten Monaten war es noch nie.«

»Was denn?«, frage ich.

»Dieser verdammte Müll! Ständig habe ich Unrat an der Angel.« In seiner Stimme liegt Abscheu. »Die Leute haben keinen Respekt mehr vor der Natur.«

»Und jetzt fürchten Sie, ich hätte ebenfalls …«

»Ich bin mir sogar ziemlich sicher. Sie sollten sich schämen!«

Anscheinend deutet er meine ausweichende Antwort als Schuldeingeständnis.

»Aber vielleicht irren Sie sich. Haben Sie etwas dagegen, wenn ich mich zu Ihnen setze?«

Mein Verhalten scheint ihn zu irritieren.

»Meinetwegen«, sagt er zögerlich. »Seien Sie vorsichtig. Ein paar Meter vor Ihnen befindet sich eine kleine Stolperfalle.«

Der Lichtkegel erfasst zwei nebeneinanderliegende Felsen, zwischen denen sich leicht ein Fuß verfangen könnte.

»Danke für die Warnung.« Ich bewege mich langsam vorwärts. »Sind Sie der einzige Angler hier?«

»Sehen Sie sonst noch jemanden?«

»Nein.« Was jedoch nicht viel heißen muss, denn in letzter Zeit scheine ich mit Blindheit geschlagen zu sein.

»Also bin ich wohl ein Unikat.« Er stößt ein spöttisches Lachen aus. »Meine Kollegen tauchen meist gegen fünf Uhr früh auf. Die wollen den Sonnenaufgang miterleben. Dass die Fische nachts besser beißen, kapieren sie nicht.«

»Oder der Müll«, spotte ich.

»Sehr witzig!«

In diesem Punkt versteht er offensichtlich keinen Spaß. »Wollen Sie mir nicht verraten, was Sie weggeworfen haben? Eventuell fische ich es wieder heraus und erinnere mich dann an Sie.«

Genau davor habe ich Angst, alter Mann.

Statt ihm die Frage endlich zu beantworten, betrachte ich im Licht der Taschenlampe den Bereich, den er sich gemütlich eingerichtet hat. Auf einer Fläche von ungefähr zwei Quadratmetern hat er – oder jemand anders – alle Steine beiseitegeräumt, sodass ihm genug Platz zur Verfügung steht. Er benutzt einen Klappstuhl und einen schmalen Klapptisch. Außerdem hat er einen Koffer dabei, in dem er wahrscheinlich die Angelutensilien aufbewahrt. Neben dem Tisch liegt wie befürchtet ein Messer. Zudem besitzt er eine Kühlbox.

»Abfall war es nicht«, behaupte ich schließlich. Ich setze mich auf einen Felsen, der bis zu meinen Knien reicht, und recke meine Arme in die Höhe. Hoffentlich wirkt die Geste harmlos.

»Eine Goldmünze wird es auch nicht gewesen sein«, vermutet der Mann.

»Aber so etwas Ähnliches. Haben Sie den Namen gehört, den ich gerufen habe?«

»Welchen Namen?«

Kann ich ihm seine Ahnungslosigkeit abnehmen? Oder testet er mich?

»Gabriela.«

»Wer ist das?«

»Meine Ex-Verlobte. Ich habe sie mit einem anderen Kerl erwischt.«

»Ups.«

»Um genau zu sein, mit meinem besten Kumpel.«

»Das tut mir leid.« In diesem Moment scheint er mich fast ein wenig sympathisch zu finden. »Scheiß Weiber!«

»So ist es.« Unauffällig halte ich nach einem handlichen Stein Ausschau, dem ich ihn über den Schädel ziehen könnte. »Irgendwie fand ich es nun überflüssig, unseren Verlobungsring weiter zu tragen.«

»Also haben Sie einen Ring in den Fluss geworfen?«

»Ja.«

»In meinen Augen ist das auch Müll«, tadelt er mich.

»Silberschmuck«, entgegne ich.

»Wenn er so wertvoll ist, warum haben Sie ihn nicht verkauft?«

»So wertvoll war er nicht«, räume ich ein. »Ihn wegzuwerfen, hat mir mehr bedeutet als das Geld, das mir ein Juwelier dafür geben würde.«

»Scheiß Weiber!«, wiederholt er.

»Ebenfalls unangenehme Erfahrungen gemacht?«

»Reichlich. Oder glauben Sie, ich würde um Mitternacht angeln gehen, wenn in meinem Bett ein warmer Frauenkörper warten würde?« Der Angler öffnet die Kühlbox und deutet auf eine Flasche Bier. »Wollen Sie?«

»Sehr gern.«

Er reicht mir die Flasche, ohne sich bewusst zu sein, dass er mir damit eine Waffe überlässt. Dann holt er auch eine für sich heraus und stellt sie kurz ab. In seiner Weste steckt ein Flaschenöffner – offenbar ist er bestens ausgerüstet. Das Bier zischt verheißungsvoll, als er die Kronkorken ruckartig vom Flaschenhals trennt.

»Wohl bekomm's«, sagt er.

»Petri Heil«, erwidere ich.

Er lacht, und ich merke, dass ich ihn endgültig auf meine Seite gezogen habe.

Das Bier ist angenehm kühl und herb. So wie ich es mag.

»Jetzt mal ehrlich«, beginne ich. »Beißen die Fische um diese Uhrzeit wirklich besser?«

Er ruckelt an der Rute. »Heute zumindest nicht.«

»Wieso sind Sie dann noch hier?«

Er seufzt unglücklich. »Wenn ich mich zu früh aufs Ohr haue, wache ich meistens um fünf Uhr wieder auf. Deshalb gehe ich lieber spät in die Kiste.«

»Andere Leute würden fernsehen.«

»Läuft doch eh nur Mist. Nein. Die frische Luft tut mir ganz gut.«

»Wohnen Sie weit weg?«

»Drei Kilometer.«

»Wow!«, entgegne ich beeindruckt. »Sagen Sie bloß, die laufen Sie jede Nacht?«

»Quatsch. Dafür bin ich zu alt. Mein Auto habe ich an der Hauptstraße geparkt.«

»Und ich dachte schon, Sie wären ein Vorbild, was den Umweltschutz anbelangt«, schmunzle ich.

Für eine Weile starren wir stumm zum Fluss und nippen an unserem Bier. Keine Ahnung, woran er denkt, ich hingegen wäge die Situation ab.

»Wie lange bleiben Sie normalerweise hier?«

»Bis zwei, halb drei.«

»Das wäre mir zu spät.«

»Tja, Sie müssen wahrscheinlich morgens früh zur Arbeit.«

»Leider. Deswegen sollte ich auch langsam nach Hause fahren.«

»Nehmen Sie es nicht zu schwer. Das mit Ihrer Verlobten. Sie lernen bestimmt schnell eine andere kennen.«

»Ständig«, sage ich lächelnd.

»Die Einstellung gefällt mir.«

Ich trinke den letzten Schluck und ziehe ihm in meiner Fantasie die leere Flasche über den Schädel. Tatsächlich reiche ich sie ihm jedoch völlig friedfertig herüber.

»Hat mich gefreut, Ihre Bekanntschaft zu machen.«

Ich erhebe mich, salutiere und klettere über die Felsen zurück in Richtung Straße. Ich frage mich, ob ich ihn nicht doch besser hätte erledigen sollen. Aber ihn an dem Ort zu ermorden, an dem ich eins meiner Souvenirs entsorgt habe, erscheint mir doch zu riskant.

***

Um Viertel nach zwei ist es endlich so weit. Von meinem Auto aus beobachte ich, wie er schwer beladen zu seinem Fahrzeug läuft, die Sachen in den Kofferraum packt und kurz darauf losfährt. Ich folge ihm im Abstand von knapp zweihundert Metern auf der Hauptstraße. Nach etwa zweieinhalb Kilometern setzt er den Blinker. Ich schalte die Fahrzeugbeleuchtung aus, biege ebenfalls ab und fahre durch diverse Seitenstraßen unbemerkt hinter ihm her. Schließlich sehe ich, wie er vor einem baufällig wirkenden Häuschen zum Stehen kommt.

Er steigt aus und trägt sein Angelzubehör ins Innere. Als er die Haustür zuwirft, fällt mein Blick auf die Mülltonne des Gebäudes, vor dem ich geparkt habe. Ich beschließe, Julias Kette darin zu entsorgen. Bleiben vier Gegenstände übrig, die ich alle noch in dieser Nacht loswerden will.

* * *

Während ich im Bett liege und auf den Schlaf warte, treffe ich eine Entscheidung. Der alte Mann muss sterben. Obwohl mir dieses Todesurteil durchaus leidtut, habe ich keine andere Wahl. Im schlimmsten Fall wird er sonst irgendwann Gabrielas Ring aus dem Fluss angeln und eins und eins zusammenzählen. Die meisten Gegenstände, die ich mitgenommen habe, sind der Mordkommission als fehlend aufgefallen – und sie haben diese Details an die Öffentlichkeit gegeben. Nach jedem neuen Mord finden sich in den Medien Fotos von den Schmuckstücken.

Ausgeschlossen, dass ich ihn davonkommen lasse.

Im Gegenteil.

Ich muss mich zeitnah um ihn kümmern. Am besten bereits morgen Nacht.

Kapitel 8

Der Polizist

»Hast du eine Ahnung, was der Chef will?«, frage ich meinen Partner Marc. Zu Dienstbeginn hatte mir ein Kollege mitgeteilt, dass wir uns bei unserem Vorgesetzten melden sollen.

»Keinen Schimmer. Was hast du ausgefressen?«, antwortet Marc.

»Ich dachte eher an deine Schandtaten.«

»Da ist in den letzten Wochen nichts dazugekommen.«

Auf dem Weg witzeln wir weiter. Doch je näher wir der geschlossenen Tür kommen, desto wortkarger werden wir. Letztlich ist es wie in jedem anderen Job: Zum Boss will man nicht überraschend zitiert werden.

Marc klopft an die Glastür, und im nächsten Augenblick ertönt die tiefe Stimme des Mannes, der nächstes Jahr in Rente gehen wird.

»Hat Sie meine Botschaft also erreicht«, begrüßt uns Walter Frankowski.

»Jawohl!«, antworte ich schneidig.

»Schließen Sie die Tür, und setzen Sie sich.« Er deutet auf die Besucherstühle vor seinem Schreibtisch.

Nichts in seinem Verhalten weist darauf hin, dass er verärgert ist. Ich entspanne mich.

»Worum geht's?«, fragt mein Partner.

»Die Mordkommission hat heute Morgen offiziell um Unterstützung gebeten«, erklärt Frankowski.

»Wegen des Serienmörders?«, hake ich nach.

»Genau. Der Personaleinsatz soll deutlich intensiviert

werden, deshalb hat der Polizeipräsident entschieden, dass aus jeder Abteilung zwei Vollzeitkräfte hinzugezogen werden. Wie Sie sich denken können, begeistert mich das nicht gerade. Die heimsen irgendwann die Lorbeeren ein, während ich mich rechtfertigen muss, wieso nicht genügend Streifenpolizisten durch die Straßen patrouillieren. Trotzdem habe ich Ihre Namen genannt. Ihre Schichten in diesem Monat passen gut in den Anforderungskatalog der Kollegen. Außerdem könnte ich mir vorstellen, dass Sie Spaß an der Tätigkeit haben.«

»Wie lange soll das dauern?«, will Marc wissen.

»Das wird jeden Tag neu festgelegt. Es gibt dem Vernehmen nach ein paar vielversprechende Spuren, die dieses Vorgehen notwendig erscheinen lassen. Sie sollen sich in der dritten Etage bei Hauptkommissar Junker melden. Er wird Ihnen dann auch mitteilen, wenn Ihr Einsatz nicht weiter benötigt wird. Machen Sie mich stolz!«

»Cool«, wispert Marc, nachdem wir das Büro verlassen haben.

»Allerdings«, entgegne ich. *Cool und praktisch*, füge ich in Gedanken hinzu.

Im dritten Stock des sechsgeschossigen Gebäudes nimmt uns eine ältere Kommissarin, die einen Kaffeebecher in der rechten Hand hält, mit in einen großen Besprechungsraum.

»Ich bin auch zu spät«, sagt sie und wirkt fast erleichtert, weil sich die Blicke der Anwesenden nun nicht auf sie allein konzentrieren.

»Marc Gunter und David Storm«, stelle ich uns vor, als ein Mann, bei dem es sich wahrscheinlich um Hauptkommissar Junker handelt, in seinen Ausführungen innehält und uns neugierig mustert.

»Schickt Frankowski Sie?«

Wir nicken, und Junker bittet uns, Platz zu nehmen.

In dem großen Raum sitzen etwa zwanzig Polizisten. Einige von ihnen kenne ich aus anderen Abteilungen – beispielsweise aus dem Raubdezernat oder der Sitte.

»Der Serienmörder hat allem Anschein nach das neunte Mal zugeschlagen. Aber diesmal sind wir auf ein interessantes neues Detail gestoßen. Carina Jacobi – das Opfer – hat vor achtzehn Monaten eine Anzeige wegen Belästigung gestellt. Und zwar gegen einen gewissen Richard Lieberman, der im selben Unternehmen gejobbt hat wie sie. Das wäre nicht weiter erwähnenswert, wenn wir nicht gleichzeitig ermittelt hätten, dass es ebenfalls eine Verbindung zwischen Lieberman und der vierten Toten gibt.«

»Was für eine Verbindung?«, fragt einer der Anwesenden.

»Lieberman und Jessica Weinstein haben vier Monate in derselben Firma gearbeitet. Das ist zwar fünf Jahre her, trotzdem könnte es ein Muster darstellen. Wir wissen über Lieberman, dass er regelmäßig den Job gewechselt hat, bevor er vor einem guten Jahr ein Gewerbe angemeldet hat. Mittlerweile bietet er Hausmeister- und Handwerkerdienstleistungen an.«

»So könnte er auch potenzielle Opfer finden«, ertönt eine nachdenkliche Stimme.

»Oder es erklärt, warum er die Schlösser ohne Probleme knackt.«

Junker hebt die Hände, um die beginnende Diskussion zu beenden. »Schön, wie wir in dieselbe Richtung denken. Dennoch bringt es nichts, wenn wir einfach ins Blaue hinein spekulieren. Stattdessen sollten wir Fakten sammeln. Wir bilden Dreierteams, jeweils unter Führung eines Kriminalkommissars aus dem Morddezernat, und suchen in der Vergangenheit der anderen sieben Ermordeten nach Hinweisen, ob sie Lieberman gekannt haben könnten. Also, ob sie irgendwann denselben Arbeitgeber hatten wie er oder aber die Dienste seiner Firma in Anspruch genommen haben. Ich erwarte Ihre Berichte bis heute Abend auf meinem Schreibtisch! Viel Glück!«

* * *

Marc und ich werden der erst dreißigjährigen Hauptkommissarin Eva Bell zugeteilt. Allerdings habe ich von ihr bereits mehrfach gehört beziehungsweise in der Zeitung gelesen. Trotz ihres jugendlichen Alters hat sie sich schon einen hervorragenden Ruf erworben. Sie ist knapp zehn Zentimeter kleiner als ich, hat ihre dunkelblonden Haare zu einem Pferdeschwanz zusammengebunden und wirkt in dem hellgrünen T-Shirt und der dunkelblauen Cargohose extrem sportlich. Eine attraktive Erscheinung.

»David«, stelle ich mich vor und reiche ihr die Hand.

Ihr Händedruck ist für eine Frau ungewöhnlich fest.

»Eva. Freut mich, mit euch zusammenzuarbeiten.«

Auch Marc nennt seinen Namen, bevor Eva die Initiative an sich reißt.

»Falls die Kollegen aus dem Archiv nicht Schneckenpost spielen, dürften in meinem Büro mittlerweile zahlreiche Akten liegen, die wir aus dem Haus des Mordopfers Gabriela Rizzoli mitgenommen haben. Unsere Aufgabe besteht darin, Verbindungen zu finden, die Richtung Lieberman deuten. Sollten wir keinen Erfolg haben, fahren wir zum Haus des Opfers. Folgt mir! Zimmer dreihundertsieben.«

Eiligen Schrittes führt sie uns durch die verwinkelten Gänge der Mordkommission. Marc ist ziemlich beeindruckt, denn ihn würde ein Wechsel in diese Abteilung reizen. Ich hingegen hege solche Ambitionen nicht.

»Wunderbar!«, sagt Eva, nachdem sie die Tür aufgemacht hat. »Scheint alles da zu sein!«

Drei Kartons und vier Aktenordner stehen auf ihrem Schreibtisch und einem Besuchertisch bereit.

»Schnappt euch einen Stuhl, dann geht's an die Arbeit.«

Anderthalb Stunden später ist ihre Euphorie allerdings verflogen. Obwohl wir jeden Zettel und jeden Kontoauszug überprüft haben, haben unsere Bemühungen nichts erbracht.

»Schade«, murmelt Eva. »Aber so einfach ist es fast nie. Wenn einer von euch noch pinkeln will: nur zu! Ansonsten Abmarsch!«

* * *

Nach einer rasanten Fahrt durch die Stadt, bei der die Kommissarin die Verkehrsregeln nach eigenem Ermessen ausgelegt hat, parken wir vor dem Einfamilienhaus, in dem Gabriela Rizzoli gelebt hat.

»Wow!«, sagt Marc. »Eigentlich müsste ich dir mindestens drei Strafmandate ausstellen. Was für eine Rallye!«

Eva öffnet das Handschuhfach, in dem schon einige Bußgeldandrohungen wegen Falschparkens liegen.

»Pack sie da rein!«, erklärt sie lachend. »Mein Chef kümmert sich um die Stornierungen.«

»Bei dem hast du wohl einen Stein im Brett.«

Sie zuckt mit den Achseln. »Ich habe ein Talent, das in unserem Job ziemlich hilfreich ist. Weswegen die Anzahl gelöster Fälle bei mir über dem Durchschnitt liegt.«

»Welches Talent ist das?«, fragt Marc augenblicklich.

»Ein besonderes Gespür bei Verhören. Meistens merke ich direkt, wenn sich ein Verdächtiger in Widersprüche verwickelt. Und manchmal gelingt es mir sogar, meinem Gegenüber Ungereimtheiten zu entlocken.«

»Also sollten wir in deinem Beisein aufpassen, was wir von uns geben«, folgert Marc.

»Besser ist das.« Sie zwinkert ihm zu.

Amüsiert beobachte ich ihren Schlagabtausch. Was Marcs Freundin wohl zu diesem Beinahe-Flirt sagen würde?

»Ich vermute, das Opfer hat allein hier gewohnt?«, erkundige ich mich, während wir auf das kleine Haus mit dem Flachdach zulaufen.

»Genau«, bestätigt Eva. »Alle Ermordeten waren Singles.«

»Lebt da inzwischen jemand anders?«, frage ich weiter.

»Ein Halbbruder hat das Häuschen geerbt. Er erwartet uns bereits.«

Ehe wir auch nur geklingelt haben, öffnet ein Mann mittleren Alters in schwarzer Jogginghose und weißem Hoodie die Tür.

»Hallo, Frau Kommissarin«, begrüßt er Eva.

»Guten Tag, Herr Buffon.« Sie gibt ihm die Hand und lächelt ihm verständnisvoll zu.

Der Halbbruder wirkt betroffen. Offenbar macht ihm Gabrielas gewaltsamer Tod zu schaffen.

»Sie haben das Schwein noch immer nicht verhaftet«, stellt er beinahe anklagend fest.

»Wir verfolgen aktuell eine vielversprechende Spur. Das sind übrigens die Schutzpolizisten Gunter und Storm.«

Er nickt uns eher gleichgültig zu. »Ich habe die Sachen im Gästezimmer bereitgelegt. Gabriela war selbstständig und hatte zahlreiche Auftraggeber. Da sind eine Menge Telefonnummern zusammengekommen.«

»Je mehr, desto besser. Ich finde den Weg, danke.«

Zielstrebig läuft die Kommissarin in die Diele. Anscheinend ist sie nicht zum ersten Mal an diesem Tatort.

»Also, Jungs. Gabriela war freie Architektin. Wir werden alle ihre Kunden aus den letzten vier Jahren anrufen. Meistens hat sie für Bauträger gearbeitet, gelegentlich aber auch für private Bauherren. Bei den Bauträgern lassen wir uns in die Personalabteilungen durchstellen, um zu erfragen, ob Richard Liebermann in der Vergangenheit Mitarbeiter der Firma war oder Hausmeisterdienste übernommen hat. Bei den Privatpersonen reicht es wahrscheinlich, wenn wir uns nach dem Hausmeisterservice erkundigen. Falls einer von euch einen Treffer landet, gehört der ganze Ruhm natürlich mir.«

Sie grinst – offensichtlich hat sie durch die Autofahrt ihren Optimismus wiedergefunden.

Eine Stunde später ist in unserem kleinen Team erneut Ernüchterung eingekehrt. Zwar haben wir erst etwa die Hälfte der Rufnummern abtelefoniert – es zeichnet sich jedoch keinerlei Erfolg ab.

Nachdem Marc sich bei einem Gesprächspartner bedankt und das Telefonat beendet hat, gähnt er laut.

»Tschuldigung«, murmelt er.

»Was haltet ihr davon, wenn ich Kaffee und Donuts besorge?«, frage ich. »Soweit ich weiß, gibt es hier in der Nähe eine Dunkin'-Donuts-Filiale.«

»Wunderbare Idee«, lobt mich Eva Bell, greift in ihre Hosentasche und wirft mir den Autoschlüssel zu. »Ich will einen doppelten Espresso und einen Double Choc. Und wehe, du fährst mir einen Kratzer rein.«

Marc nennt mir ebenfalls seinen Wunsch, und als ich auf dem Weg nach draußen Gabrielas Rizzolis Halbbruder begegne, biete ich pflichtschuldig an, ihm auch etwas mitzubringen. Er lehnt jedoch dankend ab.

Das Dunkin' Donuts liegt etwa einen Kilometer vom Haus des Mordopfers entfernt. Rasch erreiche ich den dazugehörigen Parkplatz, wo ich zunächst nach meinem Handy greife und Alexanders Mobilnummer anwähle.

»Hi«, begrüßt er mich nach kurzem Klingeln.

»Es gibt gute Neuigkeiten.«

»Was denn?«, fragt er nicht sonderlich interessiert.

»Zumindest für einen kurzen Zeitraum bin ich der Sondereinheit zugeteilt.«

Sofort ändert sich seine Tonlage. »Ist das dein Ernst? Fantastisch. Erzähl mehr!«

In knappen Worten schildere ich ihm, was seit dem Vormittag vorgefallen ist und womit ich in den letzten Stunden beschäftigt war.

»Wie heißt der Verdächtige?«

»Alex, das kann ich dir nicht sagen. Und für deinen Roman ist das außerdem völlig irrelevant.«

»Stimmt. Entschuldige. Da sind wohl die Pferde mit mir durchgegangen. Hast du irgendwelche anderen supergeheimen Infos?«

»Ich hätte einen Vorschlag. Bei einem Treffen heute

Abend wäre ich bereit, dir unter dem Siegel der Verschwiegenheit Einzelheiten mitzuteilen. Ich würde auch noch jemanden mitbringen.«

»Wen denn?«, erkundigt er sich überrascht.

»Eine Frau, die ich kürzlich kennengelernt habe und die ein großer Fan von dir ist.«

»Deine neue Freundin?«

»Sie könnte es werden«, antworte ich ausweichend.

»Jetzt hast du mich endgültig neugierig gemacht. Schafft ihr neunzehn Uhr? Ich müsste allerdings gegen einundzwanzig Uhr wieder los.«

»Was hast du vor?«

»Bruderherz, nicht nur du lernst gelegentlich Frauen kennen.«

Amüsiert über diese Entwicklung, schlage ich unser gemeinsames Lieblingsrestaurant vor. Anschließend rufe ich Susan an, um ihr die Neuigkeit mitzuteilen, erreiche jedoch nur ihre Mailbox.

Sie ruft genau in dem Moment zurück, als ich mit den Donuts und den drei Kaffeebechern auf dem Beifahrersitz gerade losfahren will.

»Hi, Süße. Hast du heute Abend schon was vor?«, frage ich ohne Umschweife, da ich die Kollegen nicht noch länger warten lassen will.

»Irgendwie ja. Ich muss dringend ein Projekt fertigstellen.«

»Shit! Ich bin nämlich mit meinem Bruder zum Essen verabredet und würde dich mitnehmen.«

»Alex Vento?«, hakt sie nach.

»Genau.«

»Um wie viel Uhr?«

»Hast du nicht gesagt, du hättest keine Zeit«, erinnere ich sie schmunzelnd. »Wir treffen uns um sieben. Alex muss aber schon um neun wieder weg.«

»Perfekt! Das kriege ich hin. Holst du mich ab?«

»Habe ich mir denn danach auch eine Belohnung verdient, weil ich die exklusive Signierstunde so zügig organisiert habe?«

Sie lacht. »Ja, hast du. Vorausgesetzt, du versprichst, nicht über Nacht zu bleiben. Das würde wegen des Fertigstellungstermins echt nicht gehen.«

»Kein Problem. Dann sei um Viertel vor sieben abfahrbereit.«

Kapitel 9

Susan

»Wir hatten Viertel vor sieben abgemacht, nicht halb sieben!«, rufe ich durch die Gegensprechanlage. David ist zu früh. Hektisch stopfe ich die weiße Bluse in den knielangen, grauen Rock und drücke auf den Türöffner. »Komm kurz rein, ich bin noch nicht fertig.« Im Schuhschrank fische ich nach passenden Pumps.

»Hatte ich sowieso vor«, tönt es aus dem Hörer.

Er nimmt immer zwei Treppenstufen auf einmal und steht wenig später mit einem breiten Grinsen vor mir. In der einen Hand hält er einen kleinen Blumenstrauß, mit der anderen zieht er mich zu sich heran und drückt mir einen stürmischen Kuss auf die Lippen.

»Hey, konntest du es nicht abwarten?«, flüstere ich atemlos. Seine Leidenschaft ist deutlich spürbar.

»Sozusagen, ich habe mich extra beeilt. Lust auf einen Quickie? Vierzehn Minuten bleiben uns, bis wir losmüssen – das dürfte ich schaffen!«

»Angeber!«, kichere ich. »Danke für die schönen Blumen, das wäre doch nicht nötig gewesen. Ich stelle sie schnell ins Wasser.«

Er folgt mir in die Küche, seine Arme halten mich dabei von hinten umschlungen, sodass wir fast über unsere Füße stolpern. Der bunte Strauß landet in einer Vase, die ich im Eiltempo unter den rauschenden Wasserhahn stelle. Dann drehe ich mich zu ihm um und schaue in seine funkelnden Augen.

»Du bist also absichtlich früher hier aufgetaucht, um

vor der Verabredung mit deinem Bruder noch ein kleines Schäferstündchen einzulegen?«

»Korrekt«, antwortet er, öffnet den Reißverschluss meines Rocks und schiebt ihn samt Slip zu Boden. Zielstrebig gehen seine Finger auf Wanderschaft, während ich ihm aus der Hose helfe. »Das nennt man effizientes Zeitmanagement. Zuerst Liebe, dann Essen, später kannst du in Ruhe deinen Job erledigen.«

»Du denkst ja wirklich mit«, sage ich und lasse mich mitten in der Küche nehmen. »Oh, David …«

Typisch Mann. Er hatte übertrieben und brauchte mehr als vierzehn Minuten, weshalb wir zu spät bei dem italienischen Restaurant am Stadtrand ankommen. Mit quietschenden Reifen hält David in einer Parkbucht und schaltet den Motor aus.

»Da wären wir. Das *Da Capo* ist unser Stammlokal, Alexander und ich treffen uns hier in unregelmäßigen Abständen, wenn wir zu faul zum Kochen sind«, erklärt er, steigt aus und kommt um den Wagen herum, um die Beifahrertür für mich zu öffnen. »Darf ich bitten?«

»Sehr gerne. Hoffentlich ist dein Bruder nicht sauer, dass wir unpünktlich sind. Ich finde so was jedenfalls ziemlich unhöflich. Bestimmt hat er jetzt einen schlechten Eindruck von mir.«

»Ach, das kann doch mal vorkommen. Ihm ist es garantiert egal, Männer sind da nicht so kleinlich. Außerdem haben wir einen triftigen Grund fürs Zuspätkommen.«

»Über den wir aber kein Sterbenswörtchen verraten. Das ist mir zu intim, außerdem gehört sich das nicht.«

»Ach, Gottchen«, murmelt er. »Du bist doch sonst nicht so.«

Statt mit einer schnippischen Antwort zu kontern, hake ich mich versöhnlich bei ihm unter. Wir betreten den Gastraum und werden von einem Mitarbeiter überschwänglich begrüßt.

»Hi, David, welch Glanz in unserer bescheidenen Hütte! Und so eine nette Begleitung. Guten Abend, Signorina.«

»Guten Abend«, sage ich.

»Hallo, Matteo, alles klar?« David zieht mich besitzergreifend an sich und lässt suchend den Blick schweifen. »Sag mal, ist mein Bruder schon da? Ah, hat sich erledigt. Da hinten sitzt er ja.«

»Sì, geht bitte durch.« Der dunkelhaarige Kellner deutet auf einen blonden Mann, der mit dem Rücken zu uns sitzt. »Ich bin gleich mit den Karten bei euch.«

Als wir an seinem Tisch ankommen, erhebt sich der Mann, dreht sich um und streckt mir die Hand entgegen. Verwirrt sehe ich ihn an. Ich erwidere den Händedruck und schüttle irritiert den Kopf.

»Hallo, ich bin Susan«, stelle ich mich mit einem unsicheren Lachen vor.

»Schön, dich kennenzulernen. Ich bin Alexander. Aber das weißt du ja bereits. Hi, David.«

»Hi, Alex. Setz dich doch, Süße.«

Er schiebt mir den Stuhl gegenüber von seinem Bruder zurecht und wählt für sich den Platz neben mir. Wir setzen uns alle drei und schauen von einem zum anderen.

»Ich bin überrascht«, eröffne ich das Gespräch. »Auf den Fotos in Ihren Büchern sehen Sie ganz anders aus. Hoffentlich ist es nicht unhöflich, dass ich Sie so anstarre, aber ich bin echt durcheinander.«

»Wollt ihr euch nicht duzen?«, schlägt David vor. »Wir sind doch sozusagen Familie.«

Wir nicken beide, und ich fahre fort. »Oder ist das ein riesengroßes Missverständnis und Sie, äh, sorry, du bist gar nicht derjenige, für den ich dich halte? Ich habe doch richtig verstanden, oder? Du bist der Bestsellerautor Alex Vento, der Krimis schreibt?«

»Na ja, Bestsellerautor ist relativ«, antwortet er bescheiden. »Aber ja, es stimmt, ich bin Alex Vento. Wobei das natürlich nur ein Pseudonym ist. Mein richtiger Name lautet Alexander Storm. Um Privat- und Berufsleben voneinander zu trennen, aber auch, um mir verrückte Stalker vom Leib zu halten, habe ich mir einen Künstlernamen zugelegt. Alexander gleich Alex. Und Storm gleich Sturm oder Wind … Nicht besonders einfallsreich, doch da kommt trotzdem kaum jemand drauf. *Vento* ist das portugiesische Wort für Wind.«

»Ach so«, sage ich. »Aber ich erkenne keinerlei Ähnlichkeit zwischen deinen Autorenfotos und dir. Ich habe sogar heute extra noch mal geguckt. Da bist du dunkelhaarig und … Na ja, völlig anders eben. Woran liegt denn das?«

Der Kellner bringt uns die Speisekarten, stellt eine Flasche Wasser in den Kühler und rauscht wieder davon.

»Ehrlich gesagt, habe ich ein Problem damit, in der Öffentlichkeit zu stehen. Ich will einfach nur schreiben – nicht mehr und nicht weniger. Aus mir wird in diesem Leben keine Rampensau mehr, auch wenn mein Verlag mich regelmäßig bedrängt und meint, dass sich das positiv auf die Verkaufszahlen auswirken würde. Dennoch bleibe ich mir in dem Punkt treu. Weder halte ich Lesungen ab, noch tummle ich mich auf Buchmessen. Mir liegt das einfach nicht, deshalb kennt auch kein Mensch mein Äußeres. Heutzutage braucht man so was allerdings, vor allem für die sozialen Medien. Um dort ein Gesicht zeigen zu können, habe ich vor einigen Jahren Fotos von einer Agentur gekauft.«

»Alex war schon immer ein schlauer Fuchs«, meint David lachend und tätschelt unterm Tisch mein Knie.

»Und das ist erlaubt?«, hake ich nach. »Kann das jeder machen? Sich einfach so als jemand anders ausgeben?«

»Klar, das ist überhaupt kein Ding. Solange die Bilder nur für solche Zwecke vorgesehen sind, kann ich schamlos behaupten, ich sei der sympathische, ziemlich durchschnittlich aussehende Typ auf dem Cover meines Buchs. Cool, nicht?«

Wir lachen uns an. Tatsächlich ist der reale Alexander attraktiver als der Fake-Alex. Die blonden Haare trägt er fast schulterlang, was er sich mit seiner muskulösen Gestalt und dem markanten Gesicht problemlos leisten kann. Er wirkt maskulin, sportlich und selbstbewusst. Der andere Alex hingegen sieht aus wie der nette Nachbar von nebenan, eher unauffällig und blass.

»Du siehst nicht nur deinem Profilbild nicht ähnlich, sondern auch deinem Bruder nicht«, stelle ich fest.

»Gott sei Dank«, sagt er grinsend.

»Würde mir noch fehlen«, stimmt David zu. »Wollen wir endlich was bestellen? Ich habe Hunger.«

Der Abend verläuft nett, die Atmosphäre ist locker. Wir essen, trinken und plaudern, als würden wir uns alle schon ewig kennen. Es ist leicht, sich mit David und seinem Bruder blendend zu unterhalten, denn sie sind intelligent und reißen immer wieder Witze, über die ich meine Pizza fast vergesse.

Mich interessiert, wie Alexander auf die Ideen für seine

Romane kommt. »Woher nimmst du all die Einfälle? Mir würden irgendwann die Geschichten ausgehen.«

»Inspirationen gibt es eigentlich überall. Man muss nur Augen und Ohren offenhalten. Außerdem greife ich zur Not auf David zurück. Wenn man einen Bruder hat, der bei der Polizei arbeitet, ist das für einen Krimiautor durchaus von Vorteil«, antwortet er und trinkt einen großen Schluck Bier.

»Ihr habt wohl beide ein Faible für Mord und Totschlag. Ist das Zufall?«

David schüttelt den Kopf. »Mir reichen kleinere Delikte vollkommen aus. Ein harmloser Verkehrsunfall mit Lackschaden ist mir deutlich lieber als Frauenleichen. Zur Abwechslung ist so was vielleicht mal ganz aufregend, aber dauerhaft wäre das nichts für mich.« Zwinkernd sucht er meinen Blick und gibt mir einen Kuss auf die Stirn.

»Apropos Frauenleichen, Bruderherz.« Alex schiebt den leer gegessenen Teller von sich weg und beugt sich über den Tisch zu David hinüber. »Was gibt es denn nun für aktuelle Insiderinfos? Du hattest da am Telefon was angedeutet.«

»Aber das muss unbedingt unter uns bleiben, versprich mir das!« Davids Stimme senkt sich, und er schaut sich unauffällig um, ob an den Nachbartischen auch niemand zuhört. »Es handelt sich um streng vertrauliche Ermittlungsinterna. Niemand darf je erfahren, dass ich euch davon erzählt habe.«

Ich nicke zustimmend.

»Mann, David, mach es nicht so spannend. Als ob ich das nicht wüsste. Ich halte die Klappe, versprochen.«

»Okay. Also, ich bin wegen des hohen Ermittlungsdrucks heute einer Sondereinheit zugeteilt worden. Nicht als Einziger – einige Kollegen, die ebenfalls nicht dem Morddezernat angehören, sind mit dabei. Unsere zuständige Kommissarin scheint ziemlich auf Zack zu sein. Sie will keine Zeit verlieren, weil zwischen dem Mord an dem letzten Opfer, Gabriela Rizzoli, und dem aktuellen Fall nur wenige Wochen lagen.«

»Die Rizzoli war die Architektin?«

»Genau. Sie war Single. Und passte somit perfekt ins Muster des Täters. Alle diese Verbrechen wurden an ungebundenen, jungen Frauen verübt.«

»Ich hoffe, ich falle nicht mehr unter die Kategorie Single, das ist ja gruselig«, scherze ich und verziehe den Mund.

»Das hoffe ich auch, mein Schatz.«

Alexander rollt gespielt genervt mit den Augen. »Wenn ich die Turteltauben mal kurz stören dürfte – in erster Linie interessiert mich natürlich, ob es einen Verdächtigen gibt. Wen hat eure Kommissarin im Visier? Und wie heißt sie überhaupt?«

»Das sollte für dich eigentlich keine Rolle spielen. Wehe, du verwendest ihren Namen in einem deiner Bücher!«

»Entspann dich, ich bin nicht blöd. Außerdem dürfte das ja wohl kein Geheimnis sein. Deine ach so spannenden Interna finde ich morgen vermutlich allesamt in den Pressemeldungen des Polizeisprechers.«

»Dass sie Eva Bell heißt, könnte tatsächlich in der nächsten Pressemitteilung stehen. Wer als Serienmörder verdächtigt wird, allerdings nicht.« David lehnt sich mit hinter dem Kopf verschränkten Armen zurück und genießt seine Kunstpause. »Seine Identität kann ich selbstverständlich nicht preisgeben. Nennen wir ihn daher Mister X. Über Mister X haben wir ein beachtliches Detail in Erfahrung gebracht. Carina Jacobi, das aktuelle Opfer, hat ihn nämlich vor anderthalb Jahren angezeigt. Sie kannte ihn von der Arbeit, fühlte sich von ihm belästigt. So, und nun kommt's: Wie sich herausgestellt hat, waren das vierte Opfer, Jessica Weinstein, und Mister X ebenfalls mal in ein und derselben Firma angestellt.«

»Hm. War's das schon? Finde ich nicht wirklich bahnbrechend.«

»Nein, das war's noch nicht ganz. Der Mann ist Handwerker. Unter Umständen ist er deshalb so geschickt darin, Schlösser zu knacken. Wenn es sich bei Mister X um den Killer handelt, sucht er sich seine Opfer möglicherweise bei seinen jeweiligen Jobs aus, um dann ohne Probleme ihre Türen zu öffnen.«

»Okay, danke. Ich nehme an, mehr rückst du nicht raus?« Alexander trinkt sein Glas leer und scheint es plötzlich eilig zu haben. Er schiebt David einen Schein zu. »Bezahlst du bitte für mich mit?«

»Klar, gerne. Du musst jetzt gleich los?«

»Ja, sonst wird es knapp. War nett mit euch.«

»Schade, dass du schon gehst«, sage ich. »Was hast du denn noch vor?«

»Ach du … nicht der Rede wert.« Er weicht meinem Blick aus und steht auf. »Ich wünsche euch noch einen angenehmen Abend. Und tu nichts, was ich im Beisein einer charmanten Frau nicht auch tun würde, David.«

»Du kennst mich doch.«

»Genau deswegen. Vielleicht sehen wir uns bald wieder? Meldet euch. Tschüss, ihr zwei.«

»Tschüss«, echoen wir und machen uns auch bereit zum Aufbruch.

Vor meiner Haustür knutschen wir in Davids Auto herum.

Seinen Versuch, mir an die Wäsche zu gehen, wehre ich lachend ab. Mit der rechten Hand nestle ich am Türgriff, mit der linken schiebe ich David ein Stück von mir weg.

»Ich muss wirklich noch was tun.«

»Ach komm, genehmige mir noch ein Viertelstündchen.«

»Was aus deinem Viertelstündchen wird, habe ich vorhin gemerkt.«

»Ich kann halt nicht genug von dir bekommen«, raunt er. »Da vergeht dann schon mal die Zeit wie im Flug. Bitte, bitte! Außerdem solltest du irgendwann auch mal Feierabend machen.«

»Tja, als Selbstständige ist das nicht so einfach. Tut mir echt leid, aber das Webprojekt, an dem ich gerade arbeite, muss dringend fertigwerden.«

Seufzend löst er sich von mir und schaut mich an.

»Okay, ich werde dich nicht weiter nerven. Allerdings musst du mir versprechen, dass wir uns bald wiedersehen. Sonst gehe ich elendig zugrunde.«

»Das könnte ich unmöglich mit meinem Gewissen vereinbaren. Versprochen.«

Ein letzter Kuss, dann steige ich aus dem Wagen und gehe in meine Wohnung.

Kaum habe ich die Tür hinter mir zugezogen, greife ich zu meinem Handy und schicke David eine mit Herzchen gespickte WhatsApp-Nachricht.

Danke für den wunderschönen Abend. Nicht nur der Anfang war aufregend und sollte schnell fortgeführt werden. Auch dein Bruder ist sehr sympathisch. Wir können das Ganze gerne wiederholen. Ich fühle mich wahnsinnig wohl in deiner Nähe, Susan.

Kapitel 10

Der Mörder

Im Schutz der Dunkelheit knacke ich das Schloss ohne große Mühe. Von der Haustür geht es in wenigen Schritten direkt in den Wohnbereich. Die Möbel scheint der Angler in den Siebzigerjahren bunt zusammengewürfelt zu haben. Im Licht meiner Taschenlampe sehe ich grüne Polstersessel, einen alten, etwas lädierten Wohnzimmerschrank, einen Röhrenfernseher und weiteres Zeug, das alles andere als modern wirkt. An den Wänden hängen verblichene Fotos, die ich mir näher ansehe. Plötzlich ertönt in meinem Rücken ein seltsames Geräusch. Ich drehe mich ruckartig um, und im selben Moment habe ich die Geräuschquelle auch schon identifiziert. Eine Kuckucksuhr, die elf Uhr schlägt. Falls der Angler sich an seinen gestrigen Zeitplan hält, habe ich reichlich Zeit, mich vorzubereiten.

Zunächst suche ich das ganze Haus nach einem Computer ab. Vergeblich. Offenbar hat er niemanden, mit dem er sich E-Mails schreibt oder skypt. Anschließend krame ich hinter Schranktüren und in Schubladen nach Briefen, die er eventuell kürzlich bekommen hat – ohne fündig zu werden.

Wahrscheinlich geht er nachts angeln, weil ihm seine Einsamkeit den Schlaf raubt. Vielleicht war sein Leben früher aufregender, doch heute besteht es bloß noch daraus, auf den Tod zu warten. Ob er dankbar sein wird, wenn ich ihn erlöse?

* * *

Nachdem ich eine Stunde im Sessel gewartet und wegen der Dunkelheit gegen die Müdigkeit angekämpft habe, höre ich, wie die Tür aufgeschlossen wird. Endlich!

Stöhnend betritt der alte Mann sein Haus und schaltet in der Diele die Deckenlampe an. Nun kommt der kritischste Moment. Wenn er mich entdeckt und geistesgegenwärtig reagiert, könnte er draußen um Hilfe rufen, ehe ich bei ihm wäre.

Aber nichts davon passiert.

Den Blick nach unten gerichtet, trägt er das Angelzubehör ins Wohnzimmer. Erst als er die Rute und die Kühlbox abgelegt hat, blickt er hoch – und zuckt zusammen.

»Hallo«, begrüße ich ihn freundlich.

»Was erlauben Sie sich?«, fragt er erbost.

Mir gefällt sein kämpferischer Tonfall. Das hier könnte am Ende sogar Spaß machen. Allerdings nicht, wenn er sich jetzt abrupt umdreht, um zu fliehen. Mittlerweile ist er zwar weit genug von der Haustür entfernt, dass ich ihn problemlos einholen würde, doch ein weniger dramatischer Showdown wäre mir lieber.

»Setzen Sie sich zu mir«, bitte ich ihn.

Aufmerksam beobachte ich seine Körpersprache. Tatsächlich scheint er mit dem Gedanken zu spielen, sein Heil in der Flucht zu suchen. Er zögert und versucht, meine Schnelligkeit einzuschätzen.

»Ich bin eindeutig schneller als Sie. Ersparen wir uns das.«

Befriedigt bemerke ich, wie seine Schultern zusammensacken. Wunderbar! Seufzend schlurft er in meine Richtung. Die linke Hand umklammert eine kleine Tasche.

»Wohin?«, erkundigt er sich.

»Sie sollen es bequem haben. Entscheiden Sie!«

Er nimmt auf der schmalen Couch Platz und legt die dunkelblaue Sporttasche neben sich.

»Wie nennen Ihre Freunde Sie? Anton?«

»Toni«, erwidert er.

»Habe ich mir gedacht. Hallo, Toni. Ich bin Chris.«

Er durchschaut mein Schauspiel sofort – was ich ihm an den hochgezogenen Augenbrauen ansehe.

»Okay, nicht wirklich«, gestehe ich schmunzelnd. »Trotzdem fände ich es schön, wenn Sie mich so anreden würden.«

»Warum sind Sie bei mir eingebrochen? Habe ich Sie gestern Nacht verärgert? Das würde mir leidtun. Vergessen wir das Ganze einfach.« Er spricht so hastig, dass er einen Teil der Silben verschluckt.

»Nein, das hat mich nicht gestört. Im Prinzip hatten Sie ja recht. Es ist eine Schande, Müll ins Wasser zu werfen. Da bin ich ganz Ihrer Meinung.«

»Wieso dann?«

»Mir hat unser Gespräch so gut gefallen, dass ich es unbedingt fortsetzen wollte.«

»Sie wollen reden?«, fragt er irritiert.

»Warum nicht?« Ich zucke mit den Achseln, als wäre es das Selbstverständlichste der Welt, nachts in ein fremdes Haus einzusteigen, um eine Unterhaltung fortzusetzen.

»Einverstanden. Darf ich uns aus der Küche etwas zu trinken holen? Meine Kehle wird schnell rau.«

»Toni, verarschen Sie mich nicht«, warne ich ihn zischend.

Beruhigend hebt er die Hände. »Entschuldigung.«

»Kein Problem.« Ich blicke zu dem Wohnzimmerschrank, der sich links von mir befindet. Hinter einer Glastür steht eine halbleere Whiskyflasche. Selbst Gefangenen, die zum Tode verurteilt sind, werden die letzten Stunden so angenehm wie möglich gestaltet. Ich will also mal nicht so sein.

»Bleiben Sie sitzen!«

Ich stehe auf und hole die Flasche und ein sauberes Glas aus dem Schrank. Um Fingerabdrücke muss ich mir keine Sorgen machen, ich trage Handschuhe. Dann schütte ich ihm das Kristallglas zu drei Viertel voll.

»Genießen Sie es.«

»Danke.« Er beugt sich vor und greift nach dem Glas wie nach einem Rettungsanker. Seine zitternden Hände sprechen Bände. Hoffentlich nimmt ihm der Alkohol die Angst. Ein paar Tropfen landen auf seinem Kinn, während er gierig trinkt.

»Hatten Sie einen erfolgreichen Abend?«

»Sie überfallen mich und fragen ernsthaft, ob ich erfolgreich war?« Der Whisky scheint ihm tatsächlich Mut einzuflößen.

»Ich meine natürlich am Fluss«, erwidere ich.

Er nickt in Richtung der Kühlbox. »Die ist leer geblieben.«

»Schade. War Ihnen Petrus also nicht wohlgesonnen. Das tut mir aufrichtig leid.«

»Es gibt Schlimmeres im Leben.«

»Haben Sie sonst etwas herausgefischt? Zum Beispiel ein Schmuckstück?«

»Sind Sie deswegen hier?«

»Haben Sie, oder haben Sie nicht?«

»Nein.«

»Gut so. Dann wird der Ring vielleicht für immer am Grund liegen bleiben.«

»Wer sind Sie?«, fragt Toni.

»Meinen Namen verrate ich Ihnen nicht. Irgendwie habe ich Sorge, das könnte mir Unglück bringen. Es muss reichen, dass Sie mein Gesicht sehen dürfen. Normalerweise trage ich eine Maske.«

»Sie brechen regelmäßig in Häuser ein?«

»Im Normalfall aus anderen Motiven als heute Abend«, bestätige ich. »Reden wir Klartext. Ich habe Sie nicht belogen, als ich sagte, ich hätte einen Ring entsorgt. Allerdings stammte er nicht von einer Ex-Partnerin.«

»Sondern?«

»Kommt Ihnen der Name Gabriela Rizzoli bekannt vor?«

»Nein.«

Er sieht nicht aus, als würde er lügen.

»Eine wundervolle Frau. Blankrasiert. Achselhöhlen, Muschi, Beine. Selbst die Augenbrauen hat sie sich gezupft. Ihr Parfüm roch nach einer Brise, die über eine frisch gefallene Schneedecke weht. Ihre Schreie hallen mir noch immer in den Ohren wider, obwohl unsere Begegnung schon ein paar Wochen her ist. Sie hat so intensiv um ihr Leben gebettelt wie kaum eine vor ihr. Wollte alles für mich tun. Mir jeden Wunsch erfüllen.«

In seinen Augen spiegelt sich eine erste Spur von Erkennen. Da er sich den Luxus einer Tageszeitung gönnt, hat er vermutlich Berichte über die Mordserie gelesen.

»Gabriela Rizzoli?«

»Ja. Das achte Opfer.«

»Oh, mein Gott!« Er nimmt sein Glas und trinkt es aus.

»Soll ich Ihnen nachschenken?«

»Bitte!«

Nachdem das erledigt ist, stelle ich die leere Flasche neben meinen Sessel.

»Es wäre besser gewesen, wir beide wären uns nie begegnet«, fahre ich fort.

»Das sehe ich genauso.«

»Passiert ist passiert. Ich musste hierherkommen. Vielleicht hätten Sie in einer der nächsten Nächte doch noch den Ring aus dem Wasser gezogen. Und ihn wiedererkannt. Sie wären zu den Bullen gerannt und hätten mich verraten.«

»Nein«, widerspricht er schwach.

»Ach, Toni, es tut mir sehr leid, dass ich genau diese Stelle am Fluss ausgesucht habe. Sie sind ein wirklich netter Mann.«

»Wieso töten Sie diese Frauen?«

»Weil sie es verdient haben. Immer.«

»Womit?«

»Frauen sind am Unglück der Männer schuld. Sie sollten Unheil abwenden, stattdessen schließen sie die Augen und …« Ich halte kurz inne. »Ach, das würden Sie nicht verstehen.«

»Versuchen Sie es! Das waren alles so junge, hübsche Dinger.«

Ich lache dreckig. »Mit Hässlichen hätte ich auch weniger Spaß.«

»Denken Sie überhaupt nicht an die Familien und das Unglück, das Sie verursachen?«

»Witzig, dass Sie das erwähnen, Toni. Denn ja, ich denke daran und suche mir deswegen Alleinstehende aus.«

»Jeder hat Menschen, denen er etwas bedeutet«, sagt er mit schwerer Stimme.

»Wie ist es bei Ihnen? Eine Partnerin haben Sie nicht – das weiß ich ja nun schon.«

»Zwei Kinder«, murmelt er. »Erwachsen.«

»Junge, Mädchen?«

»Jungs.«

»Wie heißen sie?«

»Philip und Oliver.«

»Klassische Namen. Wunderbar. Wann haben die beiden Sie das letzte Mal besucht?«

Statt zu antworten, greift er nach dem Whiskyglas und gönnt sich einen kräftigen Schluck.

»Traurig, oder? Haben Sie sich entzweit?«

»Vor ein paar Jahren«, flüstert er. »Warum habe ich Sturkopf ihnen nur nicht vergeben?«

»Ich bin sicher, Sie hatten gute Gründe.«

»Bitte verschonen Sie mich!«, fleht er plötzlich. »Ich werde niemandem hiervon erzählen. Aber ich will das in Ordnung bringen.«

»Verzeihen Sie, Toni, das ist unmöglich. Ich könnte Ihnen nicht vertrauen.«

»Ich ver…«

»*Ich* verspreche *Ihnen* eine Sache«, unterbreche ich ihn. »Ja, Sie werden heute Nacht sterben. Unversöhnt mit Ihren Kindern. Das ist unvermeidlich und nicht meine Schuld.« Er bricht in Tränen aus. Ich stöhne genervt, ehe ich fortfahre. »Trotzdem mache ich Ihnen ein Geschenk. Die Frauen sind sehr qualvoll aus dem Leben geschieden. Ihnen garantiere ich hingegen einen beinahe schmerzfreien Tod. Ich versichere Ihnen, jedes der neun Miststücke hätte so ein Angebot dankend angenommen.«

Er schluchzt noch einige Sekunden, dann wischt er sich energisch die Tränen aus dem Gesicht.

»So gefallen Sie mir schon viel besser«, lobe ich ihn.

»Haben Sie mich gestern verfolgt?«, will er wissen.

»Fast bis zur Haustür.«

»Warum habe ich das nicht gemerkt?«

»Ich bin gut darin«, tröste ich ihn.

»Erfüllen Sie mir einen letzten Wunsch?«

»Wollen Sie rauchen?«, frage ich spöttisch.

»Ich hab vor zehn Jahren aufgehört, um nicht an Lungenkrebs zu krepieren.« Er lacht verbittert. »In dem Schrank da drüben liegen unten links ein paar Fotoalben. Ich möchte meine Söhne noch einmal sehen, bevor ich sterbe.«

Skeptisch schaue ich über die Schulter. Um die Alben zu holen, müsste ich mich bücken.

Anton nickt.

»Meinetwegen«, erkläre ich seufzend. »Das haben Sie sich wirklich verdient.«

Langsam erhebe ich mich. Meine Beine sind ganz steif vom langen Sitzen in dem alten Sessel. Eher schwerfällig lege ich die kurze Strecke zurück und ziehe die Schranktür auf. Als ich hineinblicke, bestätigt sich meine Befürchtung: Der Angler hat gelogen. Plötzlich knallt ein schwerer Gegenstand gegen meinen Hinterkopf und fällt dann zu Boden. Scheiße! Ich ignoriere den Schmerz und drehe mich um. Der Typ nestelt an seiner Anglertasche, in der wahrscheinlich das Messer steckt, mit dem er die Fische ausweidet. Tatsächlich hält er es bereits in der Hand, als ich ihn erreiche. Mit einer schnellen Bewegung sticht er in meine Richtung. Ich weiche mühelos aus und schlage ihm aufs Handgelenk. Stöhnend lässt er die Waffe fallen. In meinem Gehirn rattert es unaufhörlich. Je mehr Verletzungen ich ihm zufüge, desto schwieriger wird es sein, einen Selbstmord vorzutäuschen.

Anton bückt sich, um das Messer aufzuheben. Wäre er eine dieser Frauen, würde ich ihm nun rücksichtslos ins

Gesicht treten. So stelle ich nur meinen Fuß auf die Waffe, damit er sie nicht in die Finger bekommt.

»Das wäre nicht nötig gewesen.«

Ich drücke seinen Kopf nach hinten und schiebe das Anglermesser ein Stück von ihm weg. Dann versetze ich ihm einen leichten Stoß. Er schwankt, und ich nutze den Moment, um die Waffe aufzuheben.

Ehe er reagieren kann, umklammere ich seinen rechten Arm und ritze ihm die Pulsader auf. Blut spritzt hervor, ich mache einen Satz nach hinten.

Trotz seiner Verletzung will der Mistkerl nicht aufgeben. Er versucht, die lebensgefährliche Wunde mit der anderen Hand abzudecken. Gleichzeitig tritt er nach mir, verfehlt mich allerdings.

In seinen Augen erkenne ich, dass der Blutverlust langsam bedrohlich wird. Auch ihm scheint das klar zu sein. Er nimmt die Hand von der Wunde, um mich mit dem roten Strahl zu besudeln. Doch dieser letzte Akt des Widerstands scheitert, weil ich außerhalb seiner Reichweite bin. Schließlich sackt er entkräftet zusammen. Regungslos beobachte ich, wie er stirbt. In Gedanken bin ich bereits bei der Tatortreinigung.

Kapitel 11

Der Polizist

Obwohl es erst die zweite Besprechung bei der Mordkommission ist, an der ich teilnehme, fühlt sich das Prozedere vertraut an. Nach und nach trudeln die an der Ermittlung beteiligten Polizisten ein. Die Kollegen begrüßen Marc und mich, als gehörten wir seit Ewigkeiten dazu – was mir sehr schmeichelt. Auch Eva Bell scheint gestern nicht unzufrieden gewesen zu sein, denn sie setzt sich direkt neben uns.

»Habt ihr gut geschlafen, Jungs?«, will sie wissen.

»Perfekt. Und dabei schöne Dinge geträumt«, antwortet Marc augenzwinkernd.

Oh Mann! Offenbar hat es ihm die Kommissarin ziemlich angetan.

»Dann warst du nicht ausgepowert genug. Das können wir ändern«, sagt Bell.

Steigt sie wirklich auf den Flirtversuch ein?

»Ich bin offen für jeden Vorschlag«, erwidert Marc.

Doch bevor Eva ihn endgültig um den Finger gewickelt hat, betritt der leitende Hauptkommissar Junker den Besprechungsraum. An seiner Miene ist abzulesen, was der gestrige Einsatz gebracht hat: rein gar nichts. Das Gemurmel verstummt, und alle Anwesenden warten auf die Bekanntgabe der Ergebnisse.

»Morgen«, brummt Junker. »Machen wir es kurz. Wahrscheinlich haben es die meisten eh schon gehört. Der Verdacht gegen Lieberman hat sich bislang nicht erhärtet.«

Enttäuschte Reaktionen bleiben aus, woraus ich schließe,

dass sich die Kollegen von der Mordkommission bereits ausgetauscht haben.

»Trotzdem bleibt er in meinen Augen der Hauptverdächtige«, fährt Junker fort.

Einen anderen habt ihr ja nicht, denke ich beinahe amüsiert. Die Sondereinheit hat uns zwar freundlich aufgenommen, doch das ändert nichts an der Tatsache, dass die Kollegen von der Mordkommission uns Schutzpolizisten gegenüber oft arrogant auftreten.

»Ich habe heute Nacht noch einmal nachgedacht und beschlossen, Lieberman auf den Zahn zu fühlen. Wir werden ihn in kleiner Besetzung zu Hause aufsuchen, uns ein bisschen umsehen und ihn aushorchen. Ahnt ihr, wem ich diese Aufgabe anvertrauen möchte?«

»Natürlich dem menschlichen Lügendetektor«, antwortet einer der Polizisten. »Eva Beeeeeeellllll.« Den Namen spricht er aus wie ein Ansager beim Boxkampf, der die Kämpfer ankündigt.

Über das Gelächter hinweg erhebt und verneigt sich Eva.

»Vielen Dank für die Vorschusslorbeeren. Ich werde euch nicht enttäuschen.«

»Davon sind wir überzeugt«, sagt Junker. »Du hattest eben in meinem Büro gemeint, dass dich maximal zwei Kollegen begleiten sollen.«

»So ist es. Schließlich wollen wir ihn nicht gleich in Alarmbereitschaft versetzen. Ihr wisst ja, wie ich das erledige. Anschleichen, in Sicherheit wiegen, zuschlagen. Fall gelöst.«

Ich blicke zu Marc hinüber, der Eva fasziniert anstarrt.

»Hey«, flüstere ich ihm ins Ohr. »Wie geht es deiner süßen Rafaela?«

Ohne die Augen von Eva abzuwenden, versucht er, mir den Ellenbogen in die Rippen zu stoßen.

»Wer soll dich begleiten?«, fragt Junker.

»Ich würde gern die charmanten Streifenbeamten Storm und Gunter mitnehmen.«

Nun bin ich überrascht. Um das zu überspielen, beuge ich mich noch einmal zu Marc. »Mich hat sie zuerst genannt.«

»Die reinste Taktik, um sich nichts anmerken zu lassen«, flüstert er zurück.

»Was quatscht ihr eigentlich die ganze Zeit?«, fährt uns Eva an.

***

Während wir erneut in den Genuss ihrer rasanten Fahrweise kommen, erläutert Eva uns ihre Strategie.

»Ich werde ihn direkt mit der damaligen Anzeige von Carina Jacobi konfrontieren. Mal sehen, wie er reagiert. Irgendwann werde ich ihm dann Fotos der anderen Ermordeten präsentieren, um zu sehen, ob er die Verbindung zu Jessica Weinstein zugibt.«

»Was ist unsere Aufgabe?«, erkundigt sich Marc.

»Eure Anwesenheit soll ihn einschüchtern. Deswegen wollte ich zwei gut gebaute, äh, groß gewachsene Männer dabeihaben.« Sie lacht dreckig. »Aber ihr dürft nicht mein Gespräch mit ihm unterbrechen. Falls Lieberman nichts dagegen hat, schaut ihr euch in seiner Wohnung ein wenig um.«

***

Lieberman wohnt in der zweiten Etage eines heruntergekommenen Sechsparteienhauses am Ende einer heruntergekommenen Straße. Der Putz blättert von den Außenwänden, und im Dach fehlt ein Ziegel. Die Haustür steht offen, sodass wir direkt in den Flur treten können. Das Treppenhaus wirkt allerdings, als sei es vor relativ kurzer Zeit renoviert worden. Die cremefarbenen, verputzten Wände weisen keinerlei Schmutzspuren auf. Bevor wir hochgehen, wirft Eva einen Blick in Richtung Keller.

»Da unten ist eine Tür. Ich überprüfe sie.« Zügig läuft sie die paar Stufen hinab und rüttelt an der grünen Feuerschutztür. »Abgeschlossen.«

Sie kommt wieder hoch, und wir steigen gemeinsam in den zweiten Stock. Nachdem Eva geklingelt hat, dauert es nur ein paar Sekunden, bis die Tür geöffnet wird.

Der Mann, der vor uns steht, wirkt auf den ersten Blick ungepflegt. Als hätte er sich seinem Umfeld angepasst. In seinem blassen Gesicht sprießen Bartstoppeln, sein volles Haar scheint mehrere Tage nicht gewaschen worden zu sein. Er trägt ein schwarzes Oberteil und einen Blaumann, auf dem ich zwei weiße Farbflecken bemerke.

»Ja, bitte?«, fragt er.

»Richard Lieberman?«

»Wer will das wissen?«

»Eva Bell. Kriminalpolizei«, stellt sich die Kommissarin vor und zeigt ihre Dienstmarke. »Das sind meine Kollegen Gunter und Storm. Sind Sie Herr Richard Lieberman?«

»Ja«, brummt er.

»Wir haben einige Fragen hinsichtlich Ihrer Beziehung zu Carina Jacobi.«

»Nach so langer Zeit?«, wundert sich Lieberman.

»Dürfen wir reinkommen?«

»Sie glauben nicht wirklich, dass ich sie ermordet habe?«, platzt es aus ihm heraus.

»Es wäre mir sehr recht, wenn wir das Gespräch in Ihren vier Wänden fortsetzen könnten«, sagt Eva geduldig.

»Brauche ich einen Anwalt?«

»Brauchen Sie?«

Schon dieser kurze Schlagabtausch zeigt mir plastisch, wie die Kommissarin sich ihren guten Ruf erworben hat. Mit einer einfachen Gegenfrage ist es ihr gelungen, Lieberman in Zugzwang zu bringen.

»Nein«, erwidert er schließlich. »Kommen Sie rein.«

Er führt uns in ein geräumiges Wohn-Ess-Zimmer. Auf der Spüle steht benutztes Geschirr, doch Lieberman deutet nicht auf den Küchentisch, sondern in Richtung einer Sofalandschaft.

»Nehmen Sie Platz.«

»Danke.« Eva folgt der Einladung, gibt uns jedoch einen dezenten Wink, dass wir stehen bleiben sollen.

»Sie haben also gehört, dass Carina ermordet wurde?«, knüpft Eva an die Unterhaltung vor der Wohnungstür an.

»Klar, alle Medien berichten schließlich darüber.«

»Sie haben sie sofort wiedererkannt?«

»Ja. Die Frau hat mir damals einen Riesenärger eingebrockt. So jemanden vergisst man nicht so schnell. Ich würde fast sagen, sie hat es …« Abrupt hält er inne und starrt hinüber zum Fenster.

»… verdient zu sterben?«, vervollständigt die Kommissarin seinen Satz.

»Das hat wohl niemand. Nicht auf so grausame Art«, murmelt er.

»Waren die Vorwürfe falsch?«

Lieberman schaut Eva wieder an. »Allerdings! Sie hat die Tatsachen völlig verdreht.«

»Erzählen Sie mir von Ihrem Verhältnis zu ihr.«

»Wir waren Arbeitskollegen«, erinnert er sich. »Saßen in einem Großraumbüro nur drei Tische voneinander entfernt.«

»Was für eine Tätigkeit war das?«

»Vertrieb. Telefonakquise. In den Pausen hing man gemeinsam ab. So lernten wir uns besser kennen. Ich hatte den Eindruck, wir würden uns gut verstehen. Nach einigen Monaten Zusammenarbeit fragte ich sie, ob sie Lust hätte, mit mir essen zu gehen.«

»Sie lehnte ab«, vermutet Eva.

»Ja.«

»Und danach?«

Lieberman greift zu einer Streichholzschachtel, holt ein Hölzchen heraus und steckt es sich in den Mund. Vermutlich hat er sich irgendwann das Rauchen abgewöhnt – braucht aber in Stresssituationen eine Ersatzhandlung.

»Geben Sie bei der ersten Abfuhr auf?«, will er wissen.

»Nicht, wenn Aussicht besteht, dass die betreffende Person ihre Meinung ändern könnte«, bestätigt Eva.

»So bin ich auch«, sagt er hastig.

»Wie oft haben Sie sie gefragt?«

»Keine Ahnung«, brummt Lieberman. »Wahrscheinlich habe ich es übertrieben. Mein Chef rief mich zu sich und erteilte mir eine Abmahnung.«

»Das hätte mich geärgert«, zeigt die Kommissarin Mitgefühl. »Wegen eines harmlosen Flirts.«

Sie erweckt tatsächlich den Anschein, als würde sie Carinas Reaktion für hysterisch halten.

»Ich war außer mir«, bekennt der Verdächtige. »Aber

sie in der Firma darauf anzusprechen, war mir zu heikel. Deswegen bin ich ihr ein paar Tage später gefolgt.«

»Von der Arbeit?«

»Ja. Sie fuhr in die Tiefgarage ihres Hauses. Ich Idiot bin ihr nachgefahren. Wollte mit ihr reden. Wir stiegen gleichzeitig aus, ein Wort gab das andere, dann flüchtete sie panisch durch einen Ausgang.«

»Was hatten Sie zu ihr gesagt?«

Lieberman fährt sich mit der Hand durchs Gesicht. Auf mich wirkt die Geste, als wollte er etwas abschütteln.

»Nichts Dramatisches. Ich war sauer. Die Abmahnung war vollkommen ungerechtfertigt.«

»Hatten Sie ihr gedroht?«

Natürlich wissen wir aus den Akten, was er Carina zufolge von sich gegeben hat. Wird er das zugeben?

»Ja«, erwidert er kaum hörbar.

»Inwiefern?«

»Mir ist ein saudummer Spruch rausgerutscht. Ich hatte ihn gar nicht so gemeint.«

»Schlampen wie dir sollte man die Beine auseinanderzwängen und Ratten einführen«, zitiert Eva auswendig aus dem Vernehmungsprotokoll.

Seine eigenen Worte aus dem Mund einer Frau zu hören, beschämt Lieberman.

»Mir hat das damals direkt leidgetan«, versichert er.

»Carina erstattete Anzeige, Sie wurden daraufhin entlassen.«

»Tja, angeblich, weil man mit meiner Arbeit unzufrieden war. Tatsächlich war es dieser eine Fehler, der mich den Job gekostet hat.«

»Hätten Sie etwas dagegen, wenn sich die Kollegen hier mal ein wenig umsehen?«

Der abrupte Themenwechsel irritiert ihn. »Nein«, sagt er überrumpelt. »Hauptsache, Sie machen nichts kaputt.«

Eva nickt uns zu. Marc und ich verlassen daraufhin den Raum. Mein Partner sieht sich im Bad um, ich gehe ins Schlafzimmer. Es ist klein und ziemlich vollgestellt. Ein dreitüriger Schrank, ein breites Bett, zwei Kommoden, auf denen zerlesene Taschenbücher liegen. Ich schaue mir ein paar davon an. Fantasy und Science-Fiction. Markiert hat er sie alle auf der ersten Seite mit seinen Initialen RL. Komischer Kauz! Ich öffne den Schrank, in dem sich T-Shirts, Hemden und Pullover befinden. Eher lustlos sehe ich mir die Kleidungsstücke an und stelle fest, dass sich selbst auf einigen der eingenähten Etiketten seine Initialen finden.

Als ich zwanzig Minuten später in den Wohnbereich zurückkehre, liegen auf dem Tisch zwischen der Kommissarin und Lieberman die Fotos aller ermordeten Frauen.

»Kennen Sie ein weiteres der Opfer?«, fragt Eva gerade.

»Ich habe natürlich ihre Bilder in der Zeitung gesehen«, antwortet er.

»Das meine ich nicht. Ich dachte eher an etwas Persönliches.«

»Nein«, behauptet Lieberman.

Ich bin gespannt, ob Eva ihm die Lüge durchgehen lässt, wette innerlich dagegen.

Doch sie enttäuscht mich. Wortlos schiebt sie die Fotos zu einem Stapel zusammen – das letzte Opfer liegt obenauf.

»Leben Sie momentan in einer Beziehung?«, erkundigt sich die Kommissarin.

Lieberman schüttelt zunächst den Kopf. Eva macht keinerlei Anstalten, nachzuhaken, wodurch er sich offenbar in die Ecke gedrängt fühlt.

»Ich bin derzeit beruflich ziemlich ausgelastet«, erklärt er. »Anfang letzten Jahres habe ich ein Gewerbe angemeldet. Ist verdammt viel Arbeit, damit über die Runden zu kommen.«

Am liebsten würde ich mich einmischen und ihn fragen, weshalb wir ihn an einem Werktag vormittags zu Hause antreffen, wenn er doch so beschäftigt ist. Aber wir sollen Eva ja nicht unterbrechen.

»Ich verstehe«, zeigt sie sich mitfühlend. »Mein Vater war Handwerker. Je nach Wirtschaftslage kann das schwierig sein.«

»Gerade herrscht Flaute. Die Leute halten ihre Kröten beieinander.«

»Haben Sie eigentlich für eine der Mordnächte ein Alibi?«

Faszinierend, wie es Eva immer wieder gelingt, ihr Gegenüber zu verunsichern.

»Was, wieso, ich kapier's nicht«, stammelt er erschüttert. »Ein Alibi?«

»Ihre Verbindung zu Carina Jacobi wiegt schwer«, erklärt die Kommissarin. »Es wäre daher sehr hilfreich, wenn Sie ein wasserdichtes Alibi hätten.«

»Die Morde fanden alle nachts statt, oder?«

Eva nickt.

»Da schlafe ich! Woher soll ich …?«

»Manchmal ist man eingeladen. Oder weit weg im Urlaub. Auf Familienbesuch. Mir würde es reichen, wenn Sie an einem der Tage nicht hier in der Stadt gewesen wären. Soll ich Ihnen die Daten aufschreiben? Damit Sie Ihren Terminkalender durchgehen können? Muss nicht sofort sein.«

»Wann war der erste Mord?«

»Vor fünfzehn Monaten.«

»Dann werde ich kein Alibi haben«, stellt er betrübt fest. »Seit ich meine Firma gegründet habe, war ich keinen Tag verreist, und die Abende verbringe ich zu Hause.« Er deutet zum Fernseher, neben dem eine Spielkonsole und ein Controller liegen. »Zocken ist meine Leidenschaft.«

»Bestimmt online, oder?«

»Nein. Ich will beim Zocken meine Ruhe haben und mich nicht mit pickligen Teenagern messen.«

Erst jetzt fällt mir auf, dass die Konsole eingeschaltet ist. Offenbar haben wir den ausgelasteten Mann bei seiner Lieblingsbeschäftigung gestört.

»Schade«, sagt Eva. »Aber nicht zu ändern.« Sie erhebt sich und streckt Lieberman die Hand entgegen.

Der wischt sich seine erst am Hosenbein ab, bevor er sie ihr reicht.

»Danke, dass Sie mit uns kooperiert haben. Wir finden allein hinaus.« Sie steckt die Fotos der ermordeten Frauen in die Innentasche ihrer Jacke und geht zielstrebig zur Tür.

»Habt ihr was gefunden?«, fragt sie, als wir im Auto sitzen.

»Ich war im Schlafzimmer und in der Abstellkammer. Nichts Auffälliges«, beginne ich.

»Im Bad und im Arbeitszimmer auch nicht«, erklärt Marc. »Wobei ich den Computer nicht eingeschaltet habe. Hätte ich das tun sollen? «

»Nicht nötig«, meint Eva nach kurzem Zögern. »Das hätte er uns wahrscheinlich auch nicht erlaubt. Außerdem ist es immer gut, wenn man noch ein Ass im Ärmel hat. Für den Fall, dass wir einen Richter überzeugen müssen, uns einen Durchsuchungsbeschluss auszustellen. Wie fandet ihr ihn?«

»Er wirkt total verdächtig«, platzt es aus Marc heraus. »Besonders seine Behauptung, Julia Weinstein nicht gekannt zu haben. Dreiste Lüge! Wenigstens hat er zugegeben, Carina krass belästigt zu haben. Wenn auch wahrscheinlich bloß, weil es damals eine offizielle Ermittlung gab und wir das natürlich ohnehin schon wussten. Faszinierend, wie du ihn durch den Ring gescheucht hast und mehrfach überrumpeln konntest. Ich bin beeindruckt.«

Eva lächelt erfreut.

»Diese letzte Einschätzung teile ich«, bringe ich mich in die Diskussion ein. »Jedoch habe ich Schwierigkeiten, mir Lieberman als neunfachen kaltblütigen Mörder vorzustellen.«

»Ernsthaft?«, wundert sich Marc.

»Ja. Ich glaube, er ist einfach ein Loser. Ein Spinner, der morgens schon Playstation spielt.«

»Das eingeschaltete Gerät ist dir also aufgefallen«, stellt die Kommissarin fest.

»Klar. Ich spiele auch hin und wieder.«

»Wie schätzt du ihn ein?«, wendet sich Marc an Eva.

»Ich bin unentschlossen«, erwidert sie nachdenklich. »Davids Eindruck verstehe ich absolut. Auf den ersten Blick wirkt er wirklich harmlos. Aber ich habe schon einige Täter überführt, die einen noch harmloseren Eindruck gemacht hatten als Lieberman.«

Kapitel 12

Susan

Jeder Tag fängt bei mir mit einem Kaffee an. Vorher geht gar nichts. Ich kriege morgens noch keinen Happen runter und genieße das heiße Getränk in Ruhe vorm Laptop. Scrolle mich durch die Nachrichten, checke E-Mails und werde langsam wach.

So auch heute. Ich sitze am Küchentisch, neben dem Computer eine Kaffeetasse, und tippe ins Browserfenster den Suchbegriff *Alex Vento* ein. Als Erstes wird mir seine Homepage angezeigt. Ich klicke sie an und muss lächeln, als ich das falsche Agenturfoto auf der Kontaktseite entdecke. Darunter finde ich, wonach ich suche: die Mailadresse des Autors. Da die Gefahr besteht, dass nicht Alexander selbst, sondern seine Literaturagentur das Schreiben erhält, fasse ich mich kurz.

Hallo Alex, maile ich, *würde mich freuen, wenn du mir einmal antwortest, damit ich dich etwas fragen kann. Bitte David nichts verraten! Danke und viele Grüße, Susan.*

Ich trinke den letzten Schluck Kaffee, stelle den Becher in die Spülmaschine und gehe ins Bad, um zu duschen.

Als ich zurückkomme, signalisiert ein blinkender Briefkasten auf dem Bildschirm den Eingang einer Nachricht. Bingo. Alexander hat schon geantwortet.

Hallo Susan, das ist ja eine Überraschung. Du machst mich neugierig. Was gibt es so Geheimnisvolles, dass mein Bruder es nicht erfahren darf? Liebe Grüße, A.

Nachdenklich kaue ich auf einem Fingernagel herum, bevor ich zurückschreibe.

Keine Sorge, ich wollte dich nur um ein persönliches Treffen bitten, nichts Weltbewegendes. Aus Gründen, die ich dir später erkläre, soll David davon erst mal nichts wissen. Hättest du Zeit und Lust auf einen gemütlichen Snack zur Mittagszeit? Würde es dir heute oder morgen passen? Wir können auch gern per Smartphone kommunizieren. Hier meine Nummer.

Ich füge meine Handynummer an. Nur wenige Minuten später vibriert das Mobiltelefon auf der Fensterbank. Ich stehe auf, greife danach und lese.

Um 13 Uhr in der City beim Chinesen, wo man gut draußen sitzen kann? Käme mir gelegen, weil ich anschließend in der Nähe einen Termin habe.

Mit einem Daumen-hoch-Zeichen signalisiere ich meine Zustimmung. Das klappt ja überraschend gut. Bei unserer ersten Begegnung hat Alexander einen aufgeschlossenen und interessierten Eindruck auf mich gemacht. Er ist sicher gespannt zu hören, was ich von ihm will.

Und er scheint ein sehr pünktlicher Mensch zu sein, denn schon wieder ist er als Erster da. Er wartet an einem kleinen Tisch auf mich. Mit ausgestreckten Beinen reckt er lässig das Gesicht der Sonne entgegen.

Sein Outfit ist sportlich, weißes T-Shirt, ein paar Lederarmbänder am Handgelenk, Jeans. Gut, dass ich mich im letzten Moment gegen ein etwas schickeres Kleid und für Jeansrock, schlichtes Shirt und Ballerinas entschieden habe.

»Danke, dass du dir Zeit genommen hast«, sage ich und nehme ihm gegenüber Platz.

»Natürlich, ich bin doch gespannt wie ein Flitzebogen. Das gehört zu meinem Beruf – ist allerdings auch immer für eine Ausrede gut. Außerdem bist du die Freundin meines Bruders, da versteht es sich von selbst, dass ich ganz Ohr bin. Also, was gibt's?«

»Ich bin möglicherweise ein bisschen vorwitzig, wofür ich mich schon mal im Voraus entschuldigen möchte. Auch wenn es vielleicht nach einer billigen Erklärung klingt, aber ich bin in den vergangenen Jahren so oft auf die Nase gefallen, dass ich dieses Mal unbedingt Fehler vermeiden will.«

Sein Handy piept. Er zieht es aus der Hosentasche, entschuldigt sich, schaut kurz aufs Display und legt es dann auf den Tisch.

»Was denn für Fehler? Und wobei bist du auf die Nase gefallen?«

»Bei Männern. Ich habe meistens danebengelegen. Vermutlich bin ich zu naiv, obwohl ich das eigentlich nicht glaube. Es soll eben endlich klappen, verdammt«, sage ich lachend. »Deshalb dachte ich, du könntest mir mit ein paar Auskünften behilflich sein.«

Alexander winkt eine Kellnerin heran und bestellt nach kurzer Abstimmung mit mir zwei Tagesgerichte und eine große Flasche Wasser, die wir uns teilen wollen.

»Du möchtest wissen, ob es bei David einen Haken gibt?«, nimmt er den Faden wieder auf.

»Wenn du es so ausdrücken willst: ja. Ich habe den Eindruck, mit uns könnte es etwas Längerfristiges werden. Es ist ja fast zu schön, um wahr zu sein.«

»Ich stehe dir gerne Rede und Antwort, kein Problem. Wo soll ich anfangen?«

»Hm, ganz vorn, bei der Kindheit vielleicht? Keine Ahnung. Wie du es für richtig hältst.«

Nachdenklich beobachte ich, wie die Kellnerin uns Wasser eingeschenkt. Dann setze ich mein Glas an den Mund

und höre zu, wie Alexander aus der Vergangenheit der Storms zu erzählen beginnt.

»Wir sind keine richtigen Brüder, wusstest du das?«

»Was?« Ich reiße erstaunt die Augen auf. »Nein, das ist mir neu.«

»David kam in unsere Familie, als er neun Jahre alt war. Sein Vater hat seine Mutter regelmäßig misshandelt, und eines Tages schlug er so brutal zu, dass sie starb. David musste alles mit ansehen – und verlor auf einen Schlag beide Eltern. Der Vater im Knast, die Mutter tot. Eigentlich sollte der Kleine ins Heim.«

»Das ist ja schrecklich. Der Arme.«

»Hm«, macht Alexander zustimmend. »Mit Sicherheit haben ihn diese Erlebnisse traumatisiert. Er kam dann in unsere Familie, weil wir entfernt miteinander verwandt sind und meine Eltern Mitleid mit ihm hatten. Er nahm sogar unseren Nachnamen an.

Unsere Mütter waren Cousinen – andere Bezugspersonen gab es nicht. Ich wurde also mit elf Jahren urplötzlich zum großen Bruder und habe mich dann auch viel um ihn gekümmert. Soweit mir das eben möglich war, ich war ja selbst noch ein Kind. Aber es ist mir wohl ganz gut gelungen. Seitdem schaut er gewissermaßen zu mir auf, ich bin Teil seiner Rettung.«

»Das verstehe ich gut.«

In dem Moment werden die Teller mit dem Chop Suey vor uns hingestellt, und wir fangen schweigend an zu essen.

Nachdem Alexander mir weitere Details über die Kindheit von David erzählt hat, erkundige ich mich nach seinem eigenen Leben.

»Und du? Hat dich der plötzlich aufgetauchte Bruder

auch in irgendeiner Form geprägt? Was war zum Beispiel, als ihr anfingt, euch für Mädchen zu interessieren?«

Bei der Erinnerung an vergangene Zeiten schweift sein Blick ab. Grinsend sagt er: »Da ging der Spaß natürlich los. Es war wie zuvor: Ich fing an, weil ich der Ältere war, der kleine David legte nach. Aber wir kamen uns mit den Mädels nie in die Quere. Unsere Geschmäcker waren unterschiedlich.«

»Äußerst beruhigend.« Ich lächle ihm verschwörerisch zu, er zwinkert zurück. »War David denn später meistens in einer festen Beziehung, oder ist er insgesamt mehr der Single-Typ?«

»Ach, ich denke, er nimmt es, wie's kommt. Er kann gut allein sein, doch wenn er die Richtige trifft, möchte er sie am liebsten immer um sich haben. So wie man es bei euch jetzt ja auch sieht. Seine letzte ernsthafte Beziehung liegt schätzungsweise zwei Jahre zurück. Da war er sogar verlobt.«

»Oha. Das klingt ja fast ein bisschen altmodisch.«

»Mag sein. Aber es ging sowieso in die Brüche. Sie hat die Verlobung gelöst, und nach dem ersten Schock hat er ausgiebig seine Freiheit genossen. Typisch Mann eben. Seine Verflossene war so weit ganz okay, besonders gut kannte ich sie allerdings nicht. Davor hatte er zwei langjährige Beziehungen. Und du?«

»Ach«, winke ich ab. »Pleiten, Pech und Pannen. Es ist heutzutage gar nicht so leicht, einen bindungswilligen Mann zu finden. Die meisten wollen sich nicht festlegen. Schreibst du gerne über solche Dinge? Liebesbeziehungen und so … Bei dem Thema wimmelt es ja nur so von Mordmotiven. Ich erinnere mich an eine Szene in deinem Trucker-Roman. Wie du die Einsamkeit des Truckers und seiner Frau beschrieben hast, die ständig voneinander getrennt waren, fand ich sehr gelungen.«

»Danke, das hört man gerne. Doch, klar, das ist immer wieder ein spannendes Thema, und jeder Mensch kennt die Gefühlspalette. Sex, Eifersucht, Rache … Romantische Geschichten liegen mir zwar weniger, aber ich versuche, das Zwischenmenschliche mit hineinzubringen.«

»Ich weiß schon, warum du zu meinen Lieblingsschriftstellern gehörst. Kaum zu glauben, dass ich hier live und in Farbe mit dir sitze. Das ist so toll!«

Er guckt mich stirnrunzelnd an, presst die Lippen zusammen. »Ähm, na ja, ich bin ein völlig normaler Mensch, nichts Besonderes. Und du bist Davids Freundin.«

»Ach, komm …« Ich beuge mich über den Tisch und sehe ihm tief in die Augen. Er räuspert sich und schaut zur Seite. »Erzähl mir ruhig ein wenig über *deine* Erfahrungen mit Frauen. Nun weiß ich über Davids Liebesleben ein bisschen Bescheid, da möchte ich auch was über die Damenbekanntschaften in deinem Leben wissen. Ich finde das irre interessant.«

»Jetzt fühle ich mich aber doch etwas ausgehorcht, Susan.«

»Oh, entschuldige! Echt? Hui, das wollte ich natürlich nicht. Da sind die Pferde wohl mit mir durchgegangen. Sorry.«

Ich nestle nervös an meinem Dekolleté und atme hastig ein und aus.

»Ist schon gut. Ich will auch immer alles bis ins kleinste Detail wissen. Wie sieht es denn eigentlich bei dir aus? Hast du Geschwister? Bist du eher ein Familientyp oder Einzelkämpferin?«, dreht er den Spieß um.

»Ich muss bekennen, dass ich keine großartige Bindung

an meine Familie habe. Meine Eltern … na ja, die kannst du vergessen. Kennst du noch diese Brustbeutel, die man damals als Kind auf Klassenfahrten ständig um den Hals tragen musste?«

»Klar, diese hässlichen Dinger hatte doch jeder. Obwohl sie ehrlich gesagt sehr praktisch waren. Dennoch war es superpeinlich, wenn man den Abdruck durchs T-Shirt erkennen konnte.«

»Haha, richtig. Einen Brustbeutel *über* dem Pulli zu tragen, war allerdings ein totales No-Go. Nun, ich musste täglich damit rumlaufen. Meine Eltern haben von früh bis spät gearbeitet, ich hab sie nicht mal zum Frühstück gesehen. Morgens musste ich alleine aufstehen, und wenn ich mittags aus der Schule kam, wartete niemand auf mich. Wenn sie abends nach Hause kamen, waren sie zu kaputt und genervt, um sich noch mit mir zu beschäftigen. Nach ihrer Meinung hatte ich alles, was man zum Leben braucht. Einen Wohnungsschlüssel und Geld im Brustbeutel, das musste reichen.« Energisch greife ich nach meinem Glas und lache aufgesetzt. »Was uns nicht umbringt, macht uns nur härter. Der Vorteil ist, dass ich früh gelernt habe, allein für mich zu sorgen. Mich haut so leicht nichts um.«

»In der Hinsicht gibt es also Parallelen zwischen Davids und deinen Erfahrungen.«

»Ja, erstaunlich«, stimme ich zu. »Und genau wie er habe ich kaum nennenswerte Verwandtschaft. Noch nicht einmal einen falschen Bruder wie dich, haha.«

»Falscher Bruder – wie das klingt«, meint er amüsiert. »Du, ich muss jetzt echt gleich aufbrechen. Bist du denn nun beruhigter, was David betrifft? Oder habe ich irgendwas Fatales über ihn ausgeplaudert?«

»Ich habe selbst noch jede Menge zu tun. Danke, dass

du dir Zeit für mich genommen hast.« Mit der Papierserviette tupfe ich meinen Mund sauber und lege sie auf den Teller. »Nein, nein, du hast mich definitiv beruhigt. Wir halten fest: Er hatte langjährige Beziehungen, eine Frau wollte ihn sogar heiraten – ein Monster kann er also schon mal nicht sein.«

»Absolut nicht«, stimmt Alexander zu und winkt einen Mitarbeiter zum Bezahlen heran.

»Bitte erzähl ihm trotzdem nichts von unserem Gequatsche, ja?«, sage ich.

Erstaunt hält er inne und schaut mich an. »Okay …? Wenn du meinst. Aber dass wir uns getroffen haben, darf er wissen, oder?«

»Nein, auch nicht. Mir wäre das lieber. Ich möchte vermeiden, dass er denkt, ich schnüffle ihm hinterher. Geht das in Ordnung für dich?«

»Ehrlich gesagt, finde ich es etwas schräg. Wir hatten schließlich kein geheimes Date, sondern haben uns ganz normal unterhalten. Aber bitte, wenn du möchtest, erfülle ich dir diesen Wunsch natürlich. Du bist ja quasi meine Schwägerin.«

»Danke, Schwager.« Lächelnd lege ich für einige Sekunden meine Hand auf seine Hand. »Das ist wirklich nett von dir. Du hast was bei mir gut.«

Kapitel 13

Der Mörder

Diese Fragen! Diese endlose Fragerei! Was hat sie damit bloß bezweckt?

Ungeduldig trommle ich mit den Fingern auf die Tischplatte. Ich habe ihren Namen schon in Suchmaschinen eingegeben und die Ergebnisse auseinandergenommen. Doch das bringt mich nicht weiter. Denn Google ist nicht in der Lage, mir zu verraten, ob sie demnächst einen Zugriff plant.

Im Keller liegen keinerlei Beweisstücke mehr. Trotzdem fürchte ich, dass sie es mir irgendwie nachweisen können. Wo war mein Fehler? Was habe ich übersehen?

In allererster Linie beschäftigt mich jedoch etwas anderes: Wie soll ich mich von nun an verhalten?

Es gibt drei Alternativen: Entweder ich warte ab und hoffe darauf, dass sie mir die Taten nie beweisen können. Oder ich fliehe und lebe ab sofort mit der Angst, jederzeit verhaftet werden zu können. Als dritter Ausweg bliebe noch die Möglichkeit, mit einem großen Knall stilvoll abzutreten.

Ich schiebe den Stuhl zurück und tigere unruhig durch die Räume. Wie kann ich in Erfahrung bringen, was sie vorhaben?

Durch mein Wohnzimmerfenster blicke ich nach draußen. Allerdings werden sie kaum so dumm sein, einen Streifenwagen vor mein Haus zu stellen. Nachdem ich eine Weile hinausgestarrt habe, treffe ich eine Entscheidung. Freiheit ist mir das Allerwichtigste. Selbst wenn ich dadurch einige Annehmlichkeiten aufgeben muss.

Rasch überprüfe ich online meinen Kontostand. Irgendwann werden sie meine Konten sperren und so meine Bewegungsfreiheit eingrenzen. Oder sie kontrollieren zuerst die Kontobewegungen, um meinen Standort zu ermitteln. Ich muss also auf der Hut sein.

Ich hole eine Reisetasche aus meinem Schlafzimmer und stopfe sie mit Kleidungsstücken voll. Für den Fall, dass ich beobachtet werde, darf ich nicht zu viel ins Auto schleppen. Nach nur fünf Minuten bin ich fertig. Fast schon wehmütig schaue ich mich in meinen eigenen vier Wänden um. Bevor ich das erste Mal zugeschlagen habe, habe ich mir nie Gedanken über das Ende gemacht. Doch sogar mit meinem jetzigen Wissen hätte ich mich damals wohl nicht zurückhalten können. Das Verlangen war zu stark.

Achtlos werfe ich die Tasche in den Kofferraum, steige ein und fahre los. Zunächst brauche ich einen Geldautomaten. Danach werde ich die Karre volltanken und die Stadt verlassen. Ein paar hundert Kilometer zwischen mich und meine Verfolger bringen. Aber ich bin noch keinen Kilometer weit gekommen, als ich hinter mir Scheinwerfer bemerke. Das Fahrzeug hält gut zehn Wagenlängen Abstand. Scheiße! Kann so was mitten in der Nacht Zufall sein?

Bei der nächsten Gelegenheit biege ich rechts ab. Der Wagen folgt mir. Mein Puls rast, und ich bin versucht, einfach aufs Gaspedal zu treten und mein Heil in einer rasanten Flucht zu suchen. Vorläufig warte ich jedoch ab. Ich nähere mich einer Kreuzung, die Ampel ist rot. An der Haltelinie bremse ich abrupt. Das Auto hinter mir rollt deutlich langsamer, doch da die Rotphase andauert, kommt es ebenfalls zum Stehen. Am Steuer sitzt eine junge Frau, die in diesem Moment gähnt und dabei zur Seite schaut.

Werde ich paranoid?

Endlich springt die Ampel um. Ich fahre in normalem Tempo an. In einigen hundert Metern besteht die Möglichkeit, abzubiegen. Was ich auch tue, ohne den Blinker zu setzen und mit quietschenden Reifen. Die Frau hinter mir bleibt auf der Hauptstraße. Mein Fahrmanöver scheint sie überhaupt nicht zu interessieren.

***

Bei der Bankfiliale angekommen, steige ich aus und sehe mich unauffällig um. Auf den letzten fünf Kilometern ist mir kein Verfolger mehr aufgefallen. Vielleicht habe ich mir das wirklich nur eingebildet. Trotzdem beeile ich mich und fordere am Geldautomaten die Höchstsumme an, die ich an einem Tag abheben kann. Die ganze Zeit ist kein Mensch zu sehen. Meine Furcht war wohl ein wenig übertrieben. Bis sie merken, dass ich verschwunden bin, werde ich mir einen schönen Vorsprung verschafft haben.

***

Kurz vor der Autobahnauffahrt gibt es einen großen Pendlerparkplatz. Eine halbe Stunde nach Mitternacht ist er allerdings bis auf einen Wohnwagen und zwei Autos vollkommen leer. Aus dem Campingwagen dringt schwaches Licht durch eine weiße Gardine. Einer der Pkw wirkt so, als gehörte er eher auf einen Schrottplatz.

Bevor ich die Stadt hinter mir lasse, will ich noch einmal anhalten und in Ruhe überlegen, ob ich das Richtige tue oder mich gerade völlig kopflos verhalte.

Ehe ich meine Gedanken ordnen kann, klopft plötzlich

jemand an die Beifahrerscheibe. Erschrocken zucke ich zusammen. Wie konnte ich bloß so unaufmerksam sein, dass ich die Person gar nicht bemerkt habe?

Ich betrachte die Frau teils durchs Fenster, teils durch den Außenspiegel. Sie trägt nichts außer einer roten Corsage, halterlosen Strümpfen und hochhackigen Schuhen. Ihre Lippen sind pink angemalt, die Augenbrauen stark betont. Die Frage, wem der Wohnwagen gehört, ist damit wohl beantwortet.

Ich drehe den Zündschlüssel, um anschließend das Beifahrerfenster hinunterzulassen. Sofort steckt die Frau ihren Kopf ins Wageninnere. Ihr Anblick weckt in mir den Wunsch, ihre langen, schwarzen Haare zu packen und dann die Scheibe wieder hochgleiten zu lassen. Ob man so einen Menschen töten könnte?

»Hi, Süßer«, gurrt sie. »Ich bin Kimberly.«

»Hi, Kim.«

»Bist du meinetwegen hierhergekommen, oder ist unsere Begegnung Zufall?« Ihr osteuropäischer Akzent ist nicht zu überhören, obwohl sie versucht, ihn mit ihrem zuckersüßen Tonfall zu übertünchen.

»Deinetwegen?«

»Vielleicht hat dir ja jemand eine Empfehlung gegeben. Meine Stammfreier sind sehr begeistert. Neukunden haben meist vorher von mir gehört.«

»Schön für deine Geschäfte.«

»Also war es Zufall.«

Ihr Gehabe zerrt an meinen Nerven. Doch gleichzeitig spüre ich, wie sich in mir das bekannte Verlangen breitmacht. Ob die Polizei schnell darauf käme, dass ich hinter dem Mord stecke?

»Nennen wir es Schicksal«, antworte ich.

Sie lacht übertrieben. »Schicksal! Das finde ich geil! Bist du ein Dichter?«

Ich zucke mit den Schultern.

»Süßer, ich biete Spitzenleistung zu fairen Preisen. Alle Positionen, Girlfriendsex, erotische Massage, Dildospiele, Spanisch, Facesitting, Körperbesamung und Analverkehr, was ich aber von deiner Größe abhängig mache. Da bin ich nämlich ein bisschen empfindlich.«

»Gut zu wissen. Ich will dir ja nicht wehtun.«

»Du bist so ein Lieber. Wonach steht dir der Sinn?«

»Hast du Oralverkehr ohne Kondom im Angebot?«

»Ja«, bestätigt sie. »Ohne Schlucken.«

Den Gedanken, dass das zu beweisen wäre, behalte ich für mich.

»Willst du nur einen Blowjob? Und dann in meiner Hand kommen? Würde dich fünfunddreißig Mäuse kosten.«

»Was kostet richtiger Sex?«

»Halbe Stunde fünfzig. Ganze Stunde achtzig. Du darfst so oft abspritzen, wie du kannst. Zweimal kriegen wir bestimmt hin, oder?« Sie zwinkert auf ekelerregende Weise.

Lohnt es sich, meine Flucht ihretwegen aufzuschieben? Ist sie das Vergnügen wert? In meinem Unterleib pocht es mächtig – trotzdem bin ich unsicher, was ich machen soll.

»In meinem Wohnwagen gibt es ein wirklich bequemes Bett«, nennt sie einen vermeintlichen weiteren Anreiz.

»Muss ich fürchten, dass in der Zwischenzeit dein Zuhälter kommt und mein Auto ausräumt?«

»Ich habe gar keinen Zuhälter«, reagiert sie empört. »Wir sind beide schön allein und können auch ganz laut sein. Du brauchst keine Angst zu haben.«

Am liebsten würde ich ihr den Rat geben, potenziellen Freiern solche Informationen besser nicht preiszugeben.

»In deinen Campingwagen gehe ich nicht«, stelle ich klar.

Ich bin nicht vorbereitet und will keine Spuren hinterlassen. In meinem Auto wäre es sicherer.

»Das ist doch viel praktischer als in deinem Auto«, versucht sie mich zu überzeugen.

»Vielleicht stehe ich auf Autosex.«

»Du bist der Boss.«

In Sekundenschnelle überlege ich, wie ich sie am leichtesten erledigen könnte. Ich müsste meine Hände einsetzen. Sie erwürgen. Ihr den Schädel einschlagen. Ich würde Fingerabdrücke an ihr hinterlassen. Könnte ich die anschließend alle beseitigen?

»Hast du irgendwo Wasser, damit ich mich hinterher säubern kann?«

»Klar. Alles da.«

»Einen Wasserschlauch?«

»Was? Nein. Wieso einen Schlauch?«, stammelt sie überrascht.

»War nur so ein Gedanke.«

Das Pochen meines Schwanzes wird unerträglich. Das Verlangen will endlich gestillt werden. Aber bislang war ich bei jedem Mord so sorgfältig. Soll ich tatsächlich nachlässig werden und mich auf eine Situation einlassen, die ich nicht unter Kontrolle habe? Nein, damit würde ich alles nur noch schlimmer machen. Ich beschließe, dem Drängen nicht nachzugeben, sondern meine Flucht fortzusetzen.

»Hast du dich entschieden? Wie soll ich es dir besorgen?«

»Ja, ich habe mich entschieden.«

»In deinem Auto?« Sie zieht den Kopf zurück und öffnet die Beifahrertür.

»Mach zu!«, befehle ich.

»Warum?«

»Mach die Tür zu!«

Endlich folgt sie meiner Aufforderung, beugt sich dann aber gleich wieder ins Innere und sieht mich fragend an. »Lieber im Wohnwagen?«

»Nein, du blöde Schlampe! Du stinkende Fotze!«

»Spinnst du?«, schreit sie.

Ich fahre die Scheibe hoch. Ruckartig springt Kim zurück, verliert das Gleichgewicht und setzt sich auf den Po.

»Arschloch!«, brüllt sie.

Woher soll sie wissen, dass sie mir eigentlich dankbar sein müsste?

Kapitel 14

Der Polizist

Als Marc und ich am nächsten Morgen bei Dienstbeginn in der dritten Etage Richtung Besprechungsraum laufen, hören wir hinter uns einen überraschten Ausruf.

»Marc! David! Was macht ihr denn hier?«

Eva Bell schaut uns fragend an. Ich ahne, was das zu bedeuten hat.

»Ist die Besprechung verschoben?«, fragt mein Partner, der nicht so schnell schaltet.

»Hat man euch nicht Bescheid gesagt? Wie blöd!«

Nun fällt auch bei ihm der Groschen.

»Wir sind draußen?«, entfährt es ihm ungläubig.

»Nur vorübergehend«, versichert die Kommissarin. »Kommt mit in mein Büro. Ich erzähle euch die Einzelheiten.«

Wir gehen hinter ihr her, ohne ein Wort miteinander zu wechseln. Doch ich spüre Marcs Verärgerung über die Entwicklung deutlich.

»Setzt euch«, bittet Eva.

Um nicht unhöflich zu wirken, folgen wir der Aufforderung.

»Haben wir irgendwas falsch gemacht?«, erkundigt sich Marc.

»Quatsch! Die Spur Lieberman überzeugt Junker einfach nicht, weswegen wir quasi von vorn beginnen«, erklärt sie.

»Ihr haltet ihn für unschuldig?«, wundere ich mich.

»Nicht unbedingt. Es gibt bloß keine Anhaltspunkte, die aktuell einen erhöhten Personaleinsatz rechtfertigen. Deshalb wurden alle Kollegen aus den anderen Abteilungen wieder zurückgegeben.«

»Uns hat niemand informiert«, beschwert sich mein Partner.

»Das muss ein Missverständnis gewesen sein. Tut mir leid«, sagt Eva.

»Du kannst ja nichts dafür«, erwidert Marc. »Trotzdem verstehe ich es nicht. Vor zwei Tagen klang es noch so, als würde der Einsatz einige Wochen dauern.«

»Soweit ich weiß, steht ihr weiterhin auf Abruf zur Verfügung. Sollte sich der Verdacht gegen Lieberman erhärten oder sich eine neue Spur ergeben, wärt ihr wieder im Boot. Und ich würde mich dann ganz persönlich um euch kümmern«, fügt sie in Richtung Marc hinzu.

»Irgendwie habe ich gerade den Eindruck, überflüssig zu sein«, stelle ich amüsiert fest.

Bevor einer von ihnen reagieren kann, klingelt das Telefon auf Evas Schreibtisch.

»Oh, das ist Junker«, sagt sie nach einem kurzen Seitenblick. »Wir reden bei günstigerer Gelegenheit.«

Letzteres ist eindeutig an Marc gerichtet.

»Würde mich freuen«, murmelt er, als wir uns erheben.

Zu meiner Überraschung nimmt Eva das Telefonat erst entgegen, als wir ihre Bürotür hinter uns geschlossen haben.

Marc hält sich zurück, bis wir im Treppenhaus sind.

»Schweinerei!«, schimpft er. »Ich bin doch keine Schachfigur, die man einfach hin- und herschieben kann.«

»Das sehen die Alphatiere offenbar anders.«

»Ist dir das total egal? Mir hat es jedenfalls Spaß gemacht, an einer so großen Mordermittlung beteiligt zu sein.«

»Mir auch«, gestehe ich. »Aber davon, dass wir jetzt raus sind, geht nicht die Welt unter.«

»Hast du gemerkt, dass Eva das Gespräch nicht angenommen hat, solange wir noch im Raum waren?«, fragt er verbittert.

»Ist mir aufgefallen«, bestätige ich.

»Kaum brauchen sie uns nicht mehr, werden uns die Informationen vorenthalten. Als ob wir ein Sicherheitsrisiko darstellen würden.«

Automatisch denke ich an Alexander. Über die neue Entwicklung muss ich ihn bald informieren. Er wird nicht erfreut sein.

***

Nachdem wir uns bei Frankowski, der über die veränderte Situation ebenfalls nicht informiert worden ist, zurückgemeldet haben, erhalten wir den Auftrag, in einem Streifenwagen Dienst zu schieben. Auf den ersten Kilometern schweigen wir, doch dann kann ich meine Neugier nicht länger zurückhalten.

»Läuft eigentlich was zwischen dir und Eva?«

»Vielleicht demnächst«, erwidert Marc mit einem süffisanten Lächeln.

»Ist das dein Ernst?«, frage ich. »Und Rafaela?«

Marc seufzt. »Bei uns herrscht gerade Krisenstimmung.«

»Ehrlich gesagt bin ich davon ausgegangen, dass ihr noch dieses Jahr heiratet.«

»Sie setzt mir förmlich die Pistole auf die Brust, um Frau Gunter zu werden. Und ich frage mich, ob mir das nicht alles viel zu schnell geht.«

»Feigling«, lache ich. »Ihr seid doch schon seit zwei Jahren zusammen.«

»Das kannst du nicht verstehen«, blafft er und wechselt

schnell das Thema. »Wenn mich Rafaelas Freundinnen nach einem brauchbaren Junggesellen fragen, bin ich immer versucht, dich ins Spiel zu bringen. Aber du bindest dich ja nicht. Bist du einfach klüger als ich? Oder läuft was zwischen dir und deiner Tankstellenbekanntschaft?«

»Das werde ich dir in ein paar Wochen berichten können.«

Er schaut mich interessiert an, ich winke scheinbar gelassen ab.

»Wirf dein Glück nicht achtlos weg«, warne ich ihn. »Soweit ich das beurteilen kann, passt ihr beiden perfekt zusammen. Es sei denn, du hast in den letzten Jahren viel gelogen.«

»Nein, habe ich nicht«, bekennt er und verfällt dann in Schweigen.

Jeder hängt seinen eigenen Gedanken nach, bis uns ein Ruf aus der Zentrale erreicht.

»Wagen siebenunddreißig, wie ist eure aktuelle Position?«

Da Marc am Steuer sitzt, greife ich zum Sprechteil des eingebauten Funkgeräts und teile dem Kollegen mit, wo wir uns befinden.

»Ich hätte euch am anderen Ende der Stadt gebraucht. Da habt ihr Glück gehabt, und ich muss mir einen anderen Dummen suchen.«

»Was ist passiert?«, erkundige ich mich.

»Nachbarn haben gemeldet, dass ein alter Mann, der allein lebt, seit einigen Tagen nicht gesehen wurde, und dass seinem Haus ein *seltsamer Geruch* entströmt«, erklärt der Kollege. »Wollt ihr den Fall haben? Ich fürchte, da kommt es auf eine Viertelstunde oder so auch nicht mehr an.«

»Hätten wir ja gemacht«, ruft Marc. »Leider müssen

wir hier in einem Streitfall schlichten, sonst weitet sich das noch zu einer Riesenschlägerei zwischen rivalisierenden Banden aus.«

»Ja, ja, schon gut. Ihr seid eh zu weit weg. Hoffentlich kann ich euch dafür eine andere Schweinerei aufs Auge drücken.«

»Traurig«, sagt Marc, nachdem ich die Verbindung zur Zentrale unterbrochen habe. »Bestimmt liegt der Opi seit Wochen tot in seinem Wohnzimmer, und niemand hat ihn vermisst.«

»Gerade deshalb solltest du die Sache mit Rafaela nicht leichtfertig aufs Spiel setzen«, empfehle ich ihm. »Sonst bist du im Alter nachher genauso einsam.«

»Dann halte ich mich an dich«, gibt er schmunzelnd zurück.

Eine halbe Stunde später hören wir, wie zwei Kolleginnen Meldung an die Zentrale machen. Sie berichten von einem Toten mit aufgeschnittenen Pulsadern. Ein ungeklärter Todesfall, für den sie ein Team der Mordkommission anfordern müssen – obwohl die äußeren Umstände auf Selbstmord hindeuten.

»Scheiße«, murmelt Marc. »Ob da so ein armer Knacker das Alleinsein nicht länger ausgehalten hat?«

»Wahrscheinlich.« Das Klingeln meines Handys erspart mir weitere Spekulationen.

»Entschuldige, das ist mein Bruder«, sage ich.

»Kein Problem.«

»Hallo, Alex«, begrüße ich den Anrufer.

»Hi, David. Ist bei dir alles gut?«, will er wissen.

»Klar, warum fragst du?«

»Darüber möchte ich nicht am Telefon sprechen. Können wir uns möglichst kurzfristig treffen? Am besten gleich zum Mittagessen?«

Ich schaue zu Marc rüber. In gemeinsamen Schichten machen wir normalerweise gemeinsam Pause.

»Eigentlich will ich mit meinem Partner was futtern.«

»Könntest du das ausnahmsweise mal ausfallen lassen?«

»Moment. Ich frage ihn.«

Vorsichtig lege ich das Handy auf meinen Oberschenkel, damit Alex nicht alles verstehen kann. Marc winkt unterdessen schon ab.

»Kein Ding«, beruhigt er mich.

»Danke.«

Ich nehme das Mobiltelefon wieder ans Ohr. »Okay. Schwebt dir ein bestimmtes Restaurant vor?«

»Was hältst du von dem Araber am Friedensplatz?«

»Zwölf dreißig?«

»Bis gleich«, gibt Alex sein Einverständnis und beendet anschließend das Gespräch.

»Das klang dringend«, stellt Marc fest. »Was wollte er denn?«

»Hat er nicht gesagt«, erkläre ich wahrheitsgemäß. »Seltsam. So ist er sonst gar nicht. Sorry, dass ich dich in der Mittagspause versetzen muss.«

***

Mein Bruder ist bereits da und hebt den Arm, als er mich kommen sieht. Er hat einen der wenigen Plätze draußen vor dem Restaurant ergattert. Nachdem ich fast den ganzen Vormittag im Auto zugebracht habe, bin ich froh, an der frischen Luft zu sein.

Ich nicke ihm zur Begrüßung zu und setze mich ihm

gegenüber. Eine aufmerksame Kellnerin bemerkt mich sofort, bringt mir die Speisekarte und nimmt meinen Getränkewunsch entgegen.

Ich sehe Alexander an, dass er etwas auf dem Herzen hat, das ihm unangenehm ist. Er ist etwas blasser als gewöhnlich – vielleicht hat er zu wenig geschlafen –, und seine Hände sind pausenlos in Bewegung. Er nimmt sein Telefon, legt es wieder weg, schlägt noch einmal die Speisekarte auf, fährt sich mit den Fingern durch die Haare, kratzt an seinen Bartstoppeln.

»Was ist los?«, frage ich ihn.

»Gleich«, vertröstet er mich. »Lass uns erst bestellen.«

Kurz darauf taucht die Bedienung mit meiner zuckerfreien Cola auf, und wir entscheiden uns beide für ein Lammgericht.

Erwartungsvoll schaue ich Alexander an, sage jedoch keinen Ton. Er trinkt einen Schluck von seinem Wasser, ehe er endlich erklärt, warum er mich so dringend sehen wollte.

»Ich hatte gestern Kontakt zu Susan«, beginnt er.

»Kontakt?«

»Sie hat mir eine E-Mail geschickt, weil sie mich treffen wollte.«

»Und das habt ihr gemacht?«

»Genau, wir haben zusammen zu Mittag gegessen.«

Dann erzählt er, wie Susan ihn über mich ausgequetscht hat und später auch noch einiges über ihn in Erfahrung bringen wollte. Er unterbricht seinen Redefluss bloß, als das Essen gebracht wird.

»Wieso hat sie das gemacht?«, murmle ich.

»Angeblich, um sich ein genaueres Bild von dir machen zu können. Weil sie die Hoffnung hat, dass aus euch beiden etwas Ernstes werden könnte.«

»Glaubst du ihr das?«

»Ganz abwegig wäre es nicht, oder?«

»Aber diese Fragen nach meiner Kindheit. Das passt doch nicht ins Bild. Erkundigungen über Ex-Freundinnen, klar, das verstehe ich. Ihre Kindheit interessiert mich hingegen überhaupt nicht. Zumindest aktuell nicht.«

Wir essen eine Weile schweigend.

»Meinst du, sie weiß etwas?«, erkundige ich mich schließlich.

»Nicht von mir«, antwortet Alexander rasch.

»Sicher? Ist dir wirklich nichts rausgerutscht? Sie ist eine attraktive Frau. Ich könnte nachvollziehen, wenn man da ins Plaudern gerät.«

»Bist du bescheuert?«, fährt er mich laut an. Vom Nebentisch schaut jemand neugierig zu uns herüber.

Wie zur Beruhigung putzt er sich mit der Stoffserviette den Mund ab und trinkt sein Wasser aus. Dann beugt er sich zu mir.

»Ich habe genauso wenig Interesse daran, dass unser Familiengeheimnis publik wird, wie du«, flüstert er. »Ich bin Schriftsteller. Das könnte meine Karriere ruinieren.«

»Oder den Verkauf deiner Bücher ankurbeln«, wende ich ein. »Die Leute gaffen bei schweren Unfällen. Vielleicht wärst du für Leser interessanter, wenn sie deine Vorgeschichte kennen würden. Ich dagegen …«

»Du wärst als Polizist untragbar«, beendet er meinen Gedanken.

»So ist es.«

»Ich habe kein Wort darüber verloren.«

Ein Blick in seine Augen verrät mir, dass er die Wahrheit sagt. Ich winke der Kellnerin, um die Rechnung anzufordern.

»Wirst du es ihr erzählen?«, fragt Alexander.

»Das hier?«

Er nickt. Ich ziehe unterdessen mein Portemonnaie aus der Hosentasche und lege meinen Anteil auf den Tisch.

»Zahlst du?«

»David! Beantworte meine …«

»Keine Ahnung«, bekenne ich. »Ich finde, sie hatte kein Recht dazu. Aber vielleicht hatte sie gute Gründe. Das erfahre ich nur, wenn ich sie darauf anspreche.«

»Mir wäre lieber, du würdest es nicht tun.«

Ich zucke mit den Schultern. »Mir wäre es lieber gewesen, du hättest nicht so viel gequatscht. Ciao!« Ich stehe auf und verlasse das Restaurant.

»Hey, schon fertig?«, begrüßt mich Marc in dem vietnamesischen Restaurant schräg gegenüber. »Setz dich!«

Die Schüssel vor ihm ist noch zu einem Viertel mit einem lecker aussehenden Nudelgericht gefüllt.

»Wie geht's deinem Bruder?«

»Eigentlich ganz okay«, behaupte ich. »Es gibt wohl Probleme mit unseren Eltern.«

»Was Ernstes?«

»Ich glaube nicht. Er sieht das allerdings anders. Manchmal ist er so ein Hasenfuß.«

Marc lacht. »Deswegen bist du Polizist geworden, während er nur über Verbrechen schreibt.«

»Ich schicke mal eben Susan eine Nachricht.« Rasch greife ich zu meinem Handy.

Hi, Baby. Hast du heute Abend Zeit? Ich würde dich gern sehen. Bin zu allem bereit. Du darfst entscheiden.

Ich füge ein paar Smileys an, bevor ich die Mitteilung abschicke. Es dauert nicht lange, bis sie antwortet, ich könne zu ihr kommen, sie würde uns etwas zu essen zaubern.

Kapitel 15

Susan

Gedimmtes Licht, auf dem gedeckten Tisch das stimmungsvolle Flackern zweier Kerzen, im Hintergrund die Klänge meiner neuen Lounge-CD – eigentlich sollte man annehmen, dass eine solche Atmosphäre für erotische Stimmung sorgt. Doch David kaut nur wortkarg auf meinem Boeuf bourguignon herum. Stundenlang habe ich es im Ofen schmoren lassen, dazu Bandnudeln aus dem Feinkostladen besorgt und für den Salat sogar Pinienkerne geröstet.

»Noch etwas Rotwein?«, frage ich.

»Nein, danke.« Sein Lächeln wirkt aufgesetzt. »Schmeckt ausgezeichnet. Du bist eine tolle Köchin.«

»Man tut, was man kann.« Ich halte kurz inne. »Du bist schon wieder so komisch. Genau wie neulich. Stört dich irgendwas, mache ich irgendwas falsch? Oder brauchst du nur immer ein bisschen Zeit, um aufzutauen? Vielleicht wirke ich aufdringlich, aber dein Verhalten verunsichert mich irgendwie.«

Er räuspert sich und starrt auf seinen Teller. Ich sehe, wie es in ihm arbeitet.

»Es ist so«, beginnt er, legt sein Besteck zur Seite und schaut mir ernst in die Augen. »Ich habe mit meinem Bruder gesprochen.«

Ich schlucke und beiße mir auf die Unterlippe. Auf eine Antwort verzichte ich vorerst.

»Du kannst dir bestimmt denken, was er mir erzählt hat. Ich finde es ehrlich gesagt ziemlich seltsam, dass du ihn über mich ausgefragt hast. Warum hast du das getan?«

Nervös spiele ich mit meiner Serviette. »Du beschämst mich.«

»Nein, du beschämst mich, Susan. Glaubst du, ich bin ein Monster? Warum misstraust du mir? Alexander auszuhorchen, ist ganz schön starker Tobak. Du hättest mich doch direkt ansprechen können, anstatt hinter meinem Rücken zu spionieren.«

»Du hast recht. Es tut mir wirklich leid. Vergibst du mir?«

»Ohne eine Erklärung? Ich weiß nicht.«

»Doch, ich will es dir erklären, auch wenn es mir schwerfällt. Ich habe das bisher nur sehr wenigen Menschen anvertraut. Aber du bist mir wichtig. Also … ich hatte mal einen Stalker.«

»Oha! Echt?« Davids Pupillen weiten sich, und er greift über den Tisch nach meiner Hand. Zärtlich streichelt er meine Finger und nickt mir aufmunternd zu. »Das muss schlimm gewesen sein. Wann war denn das?«

»Vor etwa sechs Jahren. Ich hatte massive Probleme mit ihm und bin deshalb bis heute extrem misstrauisch. Was du nun ausbaden musst. Bitte entschuldige, dass ich dich mit diesem Idioten quasi in einen Topf geworfen habe.«

»Natürlich. Jetzt verstehe ich dein Verhalten schon viel besser. Ich hatte beruflich mehrfach mit Stalking zu tun und weiß, was die Opfer durchmachen müssen. Der Druck, dem sie ausgesetzt sind, ist immens. Hinzu kommen die Scham und das Gefühl, dass einem sowieso niemand glaubt.«

»Genau!«, rufe ich aus. »Man kommt sich so unsagbar blöd vor. Schließlich ist man selbst schuld, weil man einem solchen Irren vertraut hat. Meistens stammen Stalker ja aus dem persönlichen Umfeld und sind keineswegs Fremde.«

Davids Appetit ist zurückgekehrt, und er dreht Nudeln um seine Gabel. Genüsslich nimmt er einen Bissen.

»Das kann man so nicht unbedingt sagen. Es gibt auch viele Psychopathen, die sich ihre Opfer willkürlich aus Internetforen oder sonstigen anonymen Plattformen fischen. Eine Menge Promis werden zum Beispiel gestalkt. Genau wie Blogger. Andererseits gibt es natürlich auch Fälle, in denen der Gestalkte seinen Stalker kennt. Wie bei dir offenbar?«

»Ja, bei mir war von Anfang an klar, wer es auf mich abgesehen hatte.«

Ausführlich berichte ich von Christian, meinem Ex. Die Atmosphäre entspannt sich, bereitwillig lässt David sich Rotwein nachschenken und lobt erneut meine Kochkünste, während das Essen auf meinem Teller kalt wird. Das stört mich allerdings nicht, denn ich will noch Platz lassen fürs Dessert, das im Kühlschrank wartet.

»Wir waren ein knappes Jahr zusammen. Ist eine gefühlte Ewigkeit her, doch wenn ich darüber spreche, kommt es mir wieder vor, als wäre es gestern gewesen. Ich fürchte, die Wunden sind immer noch nicht ganz verheilt.«

»Ich habe kein Problem mit deinen Narben, Süße«, schmeichelt mir David. »Du hättest es mir vorher sagen sollen, aber natürlich verstehe ich auch, dass du dich nicht getraut hast. Wahrscheinlich hast du große Angst, noch einmal an einen Psychopathen zu geraten.«

»Dabei ist das völlig absurd, denn vor mir sitzt der tollste Mann der Welt.«

Ich stehe auf und gehe um den Tisch herum. Eilig

schiebt er seinen Stuhl ein Stück nach hinten, zieht mich auf seinen Schoss und küsst mich liebevoll. Nach einer Weile nehme ich seine Gabel und drücke sie ihm in die Hand.

»Iss bitte, es wäre jammerschade um das teure Fleisch. Wir machen später dort weiter, wo wir stehen geblieben sind.«

»Okay, dann erzähl mal ausführlicher, ich will alles über diesen Idioten Christian wissen.«

Zurück auf meinem Platz greife ich den Faden wieder auf. »Die Beziehung fing prima an. Christian war ein echter Gentleman. Großzügig, loyal und sehr verliebt. Er erfüllte mir jeden Wunsch, ehe ich ihn überhaupt ausgesprochen hatte. Auf so was fahren wir Frauen ab.«

»In Fachkreisen auch Beklunkern genannt«, sagt er grinsend.

»Nie gehört«, bekenne ich. »Was ist damit gemeint?«

»Wenn Männer ihre Weiber von oben bis unten mit Schmuck behängen, um in ihrer Gunst zu steigern. Beklunkern eben.«

»Weiber?«

Kritisch spitze ich die Lippen und verenge die Augen zu schmalen Schlitzen.

»Entschuldige«, sagt er hastig. »Blöd von mir. Frauen wollte ich sagen. Als Junggeselle gewöhnt man sich schnell eine unmögliche Ausdrucksweise an.«

»Ach was, ist doch nicht schlimm. Ich rede selbst oft Blödsinn. Jedenfalls hat Christian mich auch beklunkert. Und mir gefiel das natürlich. Welche Frau fühlt sich nicht wie eine Königin, wenn sie verwöhnt und umschmeichelt wird?«

»Keine Ahnung. Ich bevorzuge Beziehungen, die auf

Augenhöhe stattfinden und solche albernen Gesten nicht nötig haben«, sagt er ein wenig schroff.

Bevor dies nun in einer unnötigen Grundsatzdebatte endet und ich ihm erkläre, dass das eine mit dem anderen rein gar nichts zu tun hat, komme ich zurück auf das Thema Stalking.

»Na ja, er wurde jedenfalls schnell extrem besitzergreifend. Seine Eifersucht ging so weit, dass er sogar ein Problem damit hatte, wenn ich zu lange mit dem Gemüsehändler quatschte. Am liebsten wäre ihm gewesen, ich hätte mit keinem anderen männlichen Wesen kommuniziert. Woran ich mich selbstverständlich nicht hielt. Irgendwann wurde es mir zu bunt, und ich machte Schluss.«

»Den Rest kann ich mir denken. Er ließ dich nicht in Ruhe.«

»Korrekt. Er weigerte sich schlichtweg, die Trennung zu akzeptieren. Ich versuchte ihm klarzumachen, dass wir nicht zueinander passen. Dass es bestimmt eine Frau gibt, die besser für ihn ist und es genießt, die Einzige zu sein. Ich bin nun mal jemand, der die Kommunikation mit anderen Menschen braucht wie die Luft zum Atmen, egal ob Männlein oder Weiblein. Aber keine Chance. Anstatt mich loszulassen, bombardierte er mich mit Anrufen, SMS, WhatsApp-Nachrichten. Tag und Nacht. Rund um die Uhr. Sieben Tage die Woche.«

»Fürchterlich. Bist du denn auch mal richtig sauer geworden?«

»Ja, klar«, sage ich seufzend, stehe erneut auf und wandere durch den Raum. Mit den Händen unterstreiche ich meine Worte. »›Christian‹, habe ich ihn angebrüllt, ›lass mich endlich in Frieden und verschwinde aus meinem Leben. Sonst gehe ich zur Polizei. Das grenzt schon an

Stalking, was du hier treibst!‹ Daraufhin wurde es aber nicht besser, sondern eher schlimmer. Er fing an, mir per Post Drohbriefe zu schicken, in denen stand, dass er mich verfolgen und fertigmachen würde. Natürlich ohne Absender. Wenn ich unterwegs war, fühlte ich mich ständig beobachtet – und manchmal entdeckte ich ihn tatsächlich hinter Hausecken oder Bäumen versteckt, das komplette Programm eben. Ich war fix und fertig. Niemand kann sich vorstellen, wie grauenvoll es ist, einen solchen Psycho an den Hacken zu haben.«

»Du hast ihn hoffentlich angezeigt, oder?«

»Nein. Das bringt eh nichts. Ich hatte ja keine handfesten Beweise, sondern lediglich Vermutungen. Man liest doch immer wieder, wie Opfer zu Tätern stilisiert werden. Am Ende ist die Frau sowieso die Dumme, und ihr wird geraten, einfach nicht mehr auf die Provokationen zu reagieren. Darauf hatte ich keine Lust. Heutzutage haben wir Frauen ja sogar bei einer Vergewaltigung kaum eine Chance, weil wir ernsthaft nachweisen müssen, dass wir uns gewehrt haben oder mit K.-o.-Tropfen wehrlos gemacht wurden – als ob das ohne Weiteres möglich wäre! Mann, mich regt dieses Thema echt auf!«

»Hm.«

Nachdenklich schiebt er seinen leeren Teller beiseite. »Ist jetzt eh zu spät, aber hey, vor dir sitzt ein waschechter Polizist, dein Freund und Helfer.« Wir lachen befreit auf, doch dann wird seine Miene wieder ernst. »Verrätst du mir seinen Namen? Damit ich dich in Zukunft vor ihm beschützen kann?«

»Ach, David, nimm das bloß nicht persönlich. Ich habe mit dem ganzen Mist endgültig abgeschlossen und will an dieses Arschloch nicht mehr erinnert werden. Außerdem lebt er weit weg in einer anderen Stadt. Ich habe sämtliche Kontaktmöglichkeiten gekappt, damit er mich nicht mehr nerven kann. Darum ist jetzt auch schon längst Ruhe. Mich findet man zum Beispiel nicht in den sozialen Netzwerken. Meine Privatsphäre bedeutet mir extrem viel.«

»Das Internet nutzen wir doch alle«, wendet David ein. »Wie will man heute noch vernünftig arbeiten, ohne im Netz unterwegs zu sein?«

»Stimmt, aber das ist dann eben der Job. Meinen Beruf könnte ich ohne Internet natürlich nicht ausüben. Privat allerdings: Fehlanzeige.«

David kommt zu mir ans Fenster und nimmt mich fest in den Arm. Ich schmiege mich an seine Brust und lasse mir den Rücken streicheln.

»Wie heißt er, Baby?«, flüstert er mir ins Ohr.

»Christian Dorint«, sage ich mit leiser Stimme und füge hinzu: »Ich vertraue dir.«

»Danke. Das weiß ich zu schätzen und werde es nicht missbrauchen.«

»Komm, ich zeige ihn dir auf Facebook. Da hat er sein Profil auf öffentlich gestellt, sodass man ihn gut erkennen kann. Aber nimm auf gar keinen Fall Kontakt zu ihm auf, hörst du? Ein zweites Mal würde ich den Wahnsinn nicht durchstehen.«

»Das würde ich niemals tun, Süße. Ich will schließlich, dass es dir gut geht.«

»Ich wüsste, wie es mir noch besser gehen könnte«, hauche ich und wandere mit den Fingern unter sein T-Shirt.

Knutschend tapsen wir zum Sofa, lassen uns drauffallen und machen ein bisschen rum. Er scheint nicht besonders neugierig auf den Stalker sein, oder falls doch, lässt er es sich nicht anmerken. Seine Erregung steigt sichtlich. Vorsichtig bremse ich ihn aus.

»Bringen wir es hinter uns«, sage ich, löse mich aus seinen Armen und ziehe den Laptop auf dem Couchtisch näher zu uns heran.

Auf der Startseite gebe ich Christians Namen als Suchbegriff ein und warte, was der Computer ausspuckt. Den ersten Link klicke ich an; es ist tatsächlich sein Profil bei Facebook.

David studiert aufmerksam die Infos. Christian Dorint sieht wie ein harmloser Businesstyp aus, blond, blauäugig, und lächelt freundlich in die Kamera. Er lebt im Norden des Landes, hat an einer bekannten Universität studiert und ist begeisterter Freizeittaucher.

»Kein Mensch käme auf die Idee, dass er ein Stalker ist«, meint David. »Ich kann gut verstehen, dass du auf ihn reingefallen bist. Dich trifft absolut keine Schuld, Susan.«

»Danke. Das ist sehr lieb von dir.«

»Ich muss dir übrigens auch ein Geständnis machen.«

»Oha, jetzt kommt's. Ich hab doch gewusst, dass die Sache einen Haken hat«, unke ich ironisch. »Hauptsache, du bist kein Stalker. Mit allem anderen kann ich leben. Sofern du keine kleinen Kinder zum Frühstück verspeist.«

»Quatsch.« Liebevoll zwickt er mich am Bauch. »Zum Frühstück bevorzuge ich Kaffee und Toast. Ähm, möglicherweise bin ich aber auch ein Stalker.«

Verwirrt senke ich den Blick.

»Natürlich kein richtiger«, fügt er verschämt hinzu. »Ich wollte mehr über dich erfahren und habe dich gegoogelt. Sagt man doch so, oder?«

Ich brumme zustimmend. »Ja, schon. Aber wenn ich mich bei deinem Bruder nach dir erkundige, ist das übergriffig – und wenn du mich googelst, ist das legitim? Ich meine ja nur …«

»Touché.« Mit Hundeblick hebt er die Arme und formt einen Schmollmund.

Lachend drücke ich ihm einen Kuss auf die Lippen. »Alles in Ordnung, Süßer, ich konnte es natürlich selbst nicht lassen und habe nach Internetprofilen von dir gesucht.«

»Da waren wir wohl beide nicht sehr erfolgreich«, meint er. »Jetzt verstehe ich auch, warum du dich so zurückhältst.«

»Genau. Und du? Warum gibt's von dir fast nichts? Dein Facebook-Profil habe ich zwar gefunden, aber das meiste ist ja nur für Freunde sichtbar.«

»Mein Vorgesetzter sieht es nicht gern, wenn wir Privates öffentlich machen«, erklärt er und zieht den Laptop auf seinen Schoß. »Grundsätzlich ist es ein ungeschriebenes Gesetz, dass Polizisten sich im Netz bedeckt halten sollten.«

Aufmerksam verfolge ich, wie er sich mit Benutzernamen und Kennwort in seinen Account einloggt.

»Hier, jetzt weißt du alles über mich.« Lächelnd klickt er auf eins seiner Fotoalben und dreht den Bildschirm in meine Richtung. »Ich am Strand. Ich mit meinem Kollegen und Kumpel Marc. Ich als Kind. Langweilig, was?«

»Ganz im Gegenteil. Ich find's spannend.«

»Ach, ich sehe auf Fotos immer doof aus.«

Zärtlich schmiege ich mich an ihn. »Erstens denkt das jeder über sich. Und zweitens finde ich dich wahnsinnig attraktiv. Und …« Ich nestle an seinem Hosenknopf und schiebe den Laptop beiseite.

»Und was?«, stöhnt er erregt.

»… und sexy.«

Kapitel 16

Der Mörder

Als ich in den Wagen steige, muss ich an vorgestern denken. Ich fuhr bereits auf der Autobahn, als mir plötzlich klar wurde, dass ein Leben auf der Flucht völlig verrückt wäre. Immer auf der Hut sein, nirgendwo länger bleiben können. So stelle ich mir meine Zukunft sicher nicht vor. Deswegen nahm ich schon nach wenigen Kilometern die nächste Ausfahrt und raste zurück. Eher würde ich effektvoll von der Bühne abtreten, als wie ein Hase vor dem Fuchs davonzurennen. Zu Hause angekommen legte ich mich hin und schlief sofort ein. Normalerweise komme ich mit drei Stunden Schlaf aus, spätestens nach vier Stunden bin ich hellwach und wälze mich von einer Seite auf die andere. Als ich diesmal jedoch nach fünf Stunden die Augen erfrischt aufschlug, wusste ich, dass ich die richtige Entscheidung getroffen hatte. Vor der Prostituierten muss ich mich sicher nicht fürchten, denn sie dürfte es gewohnt sein, wie ein Stück Dreck behandelt zu werden.

Nun, anderthalb Tage später, bin ich erneut unterwegs. Doch bevor ich mein Ziel ansteuere, fahre ich durch Seitenstraßen, mache Umwege und wende insgesamt dreimal um hundertachtzig Grad. Die ganze Zeit bemerke ich niemanden, der mir folgt.

Ob Michelle in den Armen ihres Verlobten liegt? Mich reizt auf einmal der Gedanke, in eine Wohnung einzusteigen, in der ich mit doppeltem Widerstand rechnen muss. Außerdem kann ich Michelle einfach nicht vergessen. Im Gegensatz zu meinen bisherigen Opfern ist sie die perfekte

Frau. Ausgeschlossen, dass ich mir das Vergnügen einer Vereinigung entgehen lasse. Dafür muss ich allerdings erst ihren Julian ausschalten, am besten im Schlaf. Ich habe ein Seil in meiner Tasche, das ich ihm um den Hals schlingen werde, um es anschließend erbarmungslos zuzuziehen. Sobald er tot ist, werde ich mich dann liebevoll um seine Beinahe-Gattin kümmern.

* * *

Das Haustürschloss stellt kein großes Hindernis dar. Nachdem ich allerdings den Eingangsbereich betreten habe, höre ich, dass sich der Aufzug bewegt. Im nächsten Moment erklingt eine weibliche Roboterstimme: »Erdgeschoss. Ground floor.«

Jetzt heißt es, im Bruchteil einer Sekunde zu reagieren. Schaffe ich es unbemerkt ins Treppenhaus? Das charakteristische ›Pling‹ der sich öffnenden Fahrstuhltür dringt an mein Ohr. Panisch drehe ich mich um, reiße die Haustür auf und stürze hinaus. Ohne mich auch nur einmal umzusehen, laufe ich etwa hundert Meter bis zu einem schwarzen Wagen. An der Beifahrertür hole ich meinen Schlüssel aus der Tasche, damit es so aussieht, als wäre es mein Auto. Erst jetzt traue ich mich, über die Schulter zu schauen. Ich kann jedoch niemanden entdecken. Falls gerade jemand das Gebäude verlassen hat, muss er oder sie in die andere Richtung gegangen sein und hat meine verzweifelte Reaktion höchstwahrscheinlich gar nicht mitbekommen.

* * *

Einige Minuten später stehe ich vor der Wohnungstür und

ziehe die Maske aus meiner Hosentasche. Ehe ich sie überstreife, blicke ich noch einmal zum Fahrstuhl. Irgendwie habe ich ein komisches Gefühl, vielleicht sollte ich das Ganze abblasen. Aber ich kann Michelle nicht schon wieder davonkommen lassen. Also unterdrücke ich die dunkle Vorahnung.

Mit dem richtigen Dietrich ist das Schloss der Wohnungstür rasch geknackt. Ich stecke ihn zurück in die rollbare Werkzeugtasche und klemme sie mir unter den Arm. Dass ich schon einmal hier war, verschafft mir zwei entscheidende Vorteile: Ich weiß, dass es keine Haustiere gibt, außerdem habe ich eine grobe Vorstellung vom Grundriss der Wohnung. Bevor ich Julian ausschalte, will ich mich mental auf die Tat und den eventuell zu erwartenden Kampf einstellen. Außerdem muss ich bedenken, was ich mit Michelle anstelle, während ich ihren Typen erledige. Deshalb gehe ich erstmal ins Arbeitszimmer. Im Schein meiner Handytaschenlampe sehe ich, dass der Laptop an seinem alten Platz steht. Ich schließe die Tür, lege meine Tasche neben das Ultrabook und setze mich auf den Schreibtischstuhl. Wie weit das Paar wohl mit den Hochzeitsvorbereitungen gekommen ist? Nachdem ich den Rechner hochgefahren habe, dauert es nicht lange, bis ich im Grafikprogramm die inzwischen fertiggestellten Einladungskarten finde. Neidlos erkenne ich an, dass sie sehr ansprechend sind. Hätte ich auch nur das geringste grafische Talent, würde ich meinen weiblichen Kontakten unsere gemeinsame Nacht auch auf diese Art ankündigen.

Schließlich bemerke ich einen kleinen, unscheinbaren Satz am unteren Rand der Karte: ›Damit ihr keine Ausreden habt: Diese Info vorab per E-Mail – eine postalische Einladung folgt.‹

Interessant!

Eine fiese Idee schießt mir in den Kopf. Ich rufe das Mailprogramm auf und werde tatsächlich fündig. Michelles Verlobter hat eine Empfängerliste mit dem Namen ›Hochzeitsgäste‹ erstellt.

Soll ich das wirklich tun?

Die Versuchung ist zu groß, ich kann ihr einfach nicht widerstehen. Ich öffne eine neue E-Mail und wähle als Empfänger die eingeladenen Gäste aus. Der Text ist schnell geschrieben.

Bedauerlicherweise muss ich die Hochzeit absagen. Die Braut ist überraschend verstorben. Es tut mir leid für eure Umstände. Bereits gekaufte Geschenke könnt ihr bestimmt noch zurückgeben.

Mein Zeigefinger schwebt über der linken Maustaste. Einen Moment zögere ich, doch was soll schon passieren? Wenn sich die ersten Leute morgen früh die Mail anschauen, sind Michelle und ihr Verlobter Geschichte. Grinsend drücke ich auf ›Senden‹. Anschließend schalte ich den Laptop aus und beschließe, mich noch ein wenig umzusehen.

Ich trete an den hohen Schrank mit den Aktenordnern. Eher lustlos sehe ich mir Julians Steuerunterlagen an. Mir wird bewusst, dass ich Zeit schinde. Zuvor musste ich nie einem Typen die Lichter auspusten, um mein Betthupferl vernaschen zu dürfen. Dass ich die einstudierten Abläufe diesmal ändern muss, weckt ein ungutes Gefühl in mir. Wütend über meine eigene Feigheit, stelle ich den Steuerordner zurück. Ich gehe jetzt einfach zu ihnen rüber, erwürge den Mistkerl und schenke Michelle eine vorgezogene Hochzeitsnacht.

Als ich gerade die Klinke hinunterdrücken will, höre ich ein Geräusch und halte inne. Der Klingelton schwillt ab, ehe er wieder lauter wird. Extrem vorsichtig öffne ich die Tür des Arbeitszimmers, um zu lauschen.

»Hallo?«, erklingt eine gedämpfte, müde wirkende Stimme durch die geschlossene Schlafzimmertür. Danach ist es erst mal still. Bis Julian verwirrt weiterredet.

»Hier ist alles in Ordnung. Michelle geht's wunderbar. Wieso fragst du?«

Er hört seinem Gesprächspartner relativ lange zu.

»Wann hast du die Mail bekommen? Gerade eben?«

»Was ist los?«, schaltet sich Michelle ein.

»Das ist Bodo. Er hat gerade eine komische Nachricht gekriegt.«

»Deswegen ruft er nachts an?«

»Von meinem Account, Schatz«, erklärt Julian.

»Kapier ich nicht. Wir haben doch geschlafen. Oder warst du wach?«

Soll ich verschwinden? Noch sind sie im Schlafzimmer, und ich könnte unbemerkt entkommen. Sie hätten keinerlei Anhaltspunkte, wer hinter der Botschaft steckt.

»Natürlich nicht!«, antwortet er. »Aber das ist gar nicht der Punkt. Der Wortlaut der Mail ist viel schlimmer. Lies mir den mal genau vor, Bodo, ich schalte dich auf Lautsprecher.«

Ich höre ein leises Knacken, dann eine dritte Stimme.

»Hi, Michelle.«

»Hallo, Bodo.«

»Bitte nicht erschrecken. Das ist wahrscheinlich nur ein fieser Witz.«

»Spann mich nicht länger auf die Folter«, bittet Michelle.

»›Bedauerlicherweise muss ich die Hochzeit absagen. Die Braut ist überraschend verstorben. Es tut mir leid für eure Umstände. Bereits gekaufte Geschenke könnt ihr bestimmt noch zurückgeben.‹« Der Anrufer hustet kurz. »Das war's.«

»Schrecklich«, murmelt Michelle. »Wer denkt sich so etwas aus?«

»Und das wurde von meiner Mailadresse verschickt?«, hakt ihr Verlobter nach.

»Hundertprozentig.«

»Da hat jemand meinen Account gehackt«, mutmaßt Julian. »Oh Gott! Wenn meine Eltern das morgen lesen, kriegt mein Vater einen Herzinfarkt. Ich muss sie vorwarnen.«

»Vor allem solltest du deinen Computer mit einem guten Virusprogramm prüfen.«

Mittlerweile habe ich genug gehört und husche in die Diele. Die beiden zu überfallen, während ein unbeteiligter Dritter zuhört, ist zu gefährlich. Bodo würde die Polizei benachrichtigen, und mir bliebe keine Zeit, mein Werk genüsslich zu vollenden.

»Stimmt«, bestätigt Julian. »Schatz, holst du mir mal den Laptop?«

Bevor ich die Wohnungstür erreiche, öffnet sich unerwartet früh die Tür des Schlafzimmers. Überrascht drehe ich mich um und sehe Michelle. Sie trägt ein tailliertes, orangefarbenes Nachthemd mit Spaghettiträgern. Ihre Figur ist so atemberaubend, wie ich sie mir in meiner Fantasie ausgemalt habe.

Da der Überraschungseffekt auf ihrer Seite größer ist, dauert es einen Moment, bis sie reagiert. Sie sieht mich – beziehungsweise eine maskierte Gestalt –, zuckt zusammen und erstarrt. Dann stößt sie einen Schreckensschrei aus.

»Was ist los?«, ruft Julian.

Ich gehe leicht in die Knie, um mich kleiner zu machen als ich bin.

Michelle und ich starren uns an. Ich mache zwei Schritte nach vorne, wodurch sie ihre Schockstarre abschüttelt. Sie dreht sich um und flüchtet zurück ins Schlafzimmer. Unterdessen taucht Julian neben ihr auf.

»Hier ist ein Einbrecher!«, schreit er. »Bodo, du musst die Polizei alarmieren.«

»Ich kapier …«

»Ruf die Bullen! Bitte!«

Die Schlafzimmertür wird zugeknallt, der Schlüssel im Schloss herumgedreht. Sie sind außerhalb meiner Reichweite. Trotzdem rüttle ich an der Klinke. Ein hysterischer Schrei ertönt.

»Hilfe!«, höre ich Julian kurz darauf rufen. »In unserer Wohnung ist ein Einbrecher!« Anscheinend verlässt er sich nicht darauf, dass sein Kumpel den Notruf richtig absetzt. Er nennt die Adresse und das Stockwerk.

Ich sehe ein, dass es keinen Sinn hat, renne aus der Wohnung, reiße die Tür zum Treppenhaus auf und stürze die Stufen hinunter. Als ich das Erdgeschoss fast erreicht habe, geht völlig unerwartet der Feueralarm los.

Scheiße! Ob Julian und Michelle die Idee hatten?

Statt die Maske noch im Gebäude abnehmen zu können, muss ich sie nun auflassen, denn mir könnten verschreckte Hausbewohner entgegenkommen und sich später an mein Gesicht erinnern.

Ich erreiche die Haustür, ohne jemandem zu begegnen, und reiße sie auf. Der ohrenbetäubende Alarm übertönt alle anderen Geräusche, sodass ich nicht einschätzen kann, ob sich von irgendwoher Polizeisirenen nähern. Ich wende mich nach rechts und sprinte die Straße entlang. Nach ungefähr dreißig Sekunden höre ich die Sirenen. Woher kommen sie? Laufe ich ihnen direkt entgegen?

Jetzt wage ich es, die Wollmaske auszuziehen. Doch hier kann ich sie nicht entsorgen, deshalb stopfe ich sie in meine Hosentasche. Falls ich von einer aufmerksamen Streife angehalten werde, wird es einiges an Überzeugungskraft erfordern, um nicht verdächtig zu wirken. Gut, dass ich mein Auto fast einen Kilometer entfernt geparkt habe. Ich werde langsamer und versuche, meine hektische Atmung zu kontrollieren.

Meine Gedanken rasen. Ob die Polizisten den Zusammenhang mit den Serienmorden sofort erkennen und eine Großfahndung auslösen? Vorläufig erscheint mir das eher unwahrscheinlich, denn Michelle und Julian passen als Pärchen nicht in das übliche Muster. Ich könnte es also schaffen, unerkannt meinen Wagen zu erreichen und nach Hause zu fahren.

Um mich abzulenken und nicht zu viel nachzudenken, zähle ich meine Schritte. Bei vierhundertsiebenunddreißig komme ich an einem geschlossenen Restaurant vorbei. Ich gehe um das Gebäude herum und steuere die Mülltonnen auf dem Hinterhof an. Zwei streunende Katzen nehmen Reißaus, als ich mich ihnen nähere.

Die graue Tonne ist zu etwa drei Vierteln gefüllt. Ich stopfe die Maske, das unbenutzte Seil und mein schwarzes Oberteil hinein. Hose, T-Shirt und Schuhe behalte ich an, um auf der Straße nicht allzu sehr aufzufallen. Bevor ich zurück auf den Bürgersteig gehe, schaufle ich etwas Müll auf meine Klamotten. Wenn ich Glück habe, fällt den Restaurantmitarbeitern nichts Ungewöhnliches auf, und sie begraben meine Hinterlassenschaften am nächsten Morgen unter weiterem Unrat.

Als ich nach einem kilometerlangen Umweg endlich bei meinem Auto ankomme, ist es fast halb vier Uhr morgens. Unterwegs bin ich niemandem begegnet, der mir besonders viel Aufmerksamkeit geschenkt hätte. Beruhigt steige ich ein und starte den Motor.

Kapitel 17

Der Polizist

Marc und ich stehen kurz vor Dienstbeginn in der Umkleidekabine herum, als sein Handy den Eingang einer Nachricht meldet.

»Die ist bestimmt von Rafaela«, necke ich ihn. »Hast du vergessen, den Müll runterzubringen?«

»Nein, die ist von Eva Bell«, erwidert er, selbst überrascht, als er aufs Display schaut.

»Oha. Habt ihr etwa regelmäßig Chatkontakt? Finde ich entweder dumm oder mutig von dir. Muss ich drüber …«

»Wir sollen uns sofort zur Besprechung in der dritten Etage einfinden«, unterbricht er mich. »Die Sondereinheit wird Lieberman heute Vormittag verhaften.«

»Krass!«

Rasch ziehen wir unsere Uniformen an und eilen nach oben.

Zeitgleich mit Junker kommen wir im bereits gut gefüllten Besprechungsraum an. Eva hat uns zwei Plätze freigehalten und begrüßt uns mit einem Nicken.

»Schön, Sie alle zu sehen«, beginnt der Hauptkommissar unterdessen. »Einige von Ihnen wissen es bereits, ich will die neuesten Ereignisse jedoch noch einmal zusammenfassen, damit das gesamte Team auf demselben Stand ist.« Er greift zu einem Wasserglas und trinkt einen Schluck. Langsam ebbt das Gemurmel im Raum ab.

»Der Killer hat gestern erneut zugeschlagen. Beziehungsweise: Er hat es versucht.« Junker lächelt beinahe schadenfroh. »Diesmal hat er sich keine alleinstehende Frau ausgesucht, sondern ist in die Wohnung eines Paares eingedrungen. Das war ein Fehler.«

»Das passt doch gar nicht zu seiner Vorgehensweise«, wirft einer der Kommissare ein.

»Stimmt«, bestätigt Junker. »Aber es gibt genügend Parallelen. Beispielsweise die Uhrzeit und Faserspuren, die er am Tatort hinterlassen hat. Allerdings ist das nicht das Entscheidende, denn er hat … Moment, besser der Reihe nach. Er ist mitten in der Nacht in die Wohnung eingedrungen, das Schloss hat er wie üblich mit einem Dietrich geknackt. Bevor es zu einer Konfrontation mit dem Pärchen kam, verschickte er vom Laptop des Wohnungsbesitzers eine Nachricht. Julian Klagenfurt und Michelle Spangenberg wollen demnächst heiraten. Die Einladungen haben sie vorab per Mail versendet. Der Eindringling nutzte die Empfängerliste, um die Hochzeit abzusagen. Mit der Begründung, die Braut sei überraschend verstorben. So weit, so dreist. Diese Aktion hat ihm jedoch das Genick gebrochen. Einer der Empfänger war nämlich noch wach und rief Herrn Klagenfurts Mobilnummer an, wodurch er die beiden Schlafenden weckte. Sie dachten erst, der Account wäre gehackt worden. Frau Spangenberg wollte den Computer aus dem Arbeitszimmer holen und sah sich plötzlich in der Diele einer maskierten Gestalt gegenüber.«

»Konnte sie ihn beschreiben?«, stellt jemand eine naheliegende Frage.

»Nicht sonderlich aussagekräftig. Er trug eine schwarze Maske. Frau Spangenberg ist sich sicher, dass er mindestens eins achtzig, eher eins fünfundachtzig groß ist. Schlanke Statur. Er versuchte jedenfalls, sie zu überwältigen, doch sie konnte sich glücklicherweise ins Schlafzimmer retten und die Tür hinter sich abschließen. Ihr Verlobter und der befreundete Anrufer, der die beiden geweckt hatte, wählten den Notruf. Der Einbrecher muss das mitgekriegt haben, denn er verschwand überstürzt. Tatsächlich ist es ihm gelungen, unbehelligt zu entkommen. Allerdings hat er etwas im Arbeitszimmer vergessen.« Junker legt eine dramatische Pause ein und trinkt sein Wasserglas leer.

»Spannen Sie uns nicht auf die Folter!«, ruft eine Polizistin.

»Geduld!« Der Leiter der Sondereinheit lässt sich nicht aus der Ruhe bringen. »Also, auf dem Schreibtisch fanden die alarmierten Streifenbeamten eine Werkzeugtasche mit verschiedenen Dietrichen. Einer der Beamten zog die richtigen Schlüsse und rief mich an. Hat mich zwar ein paar Stunden Schlaf gekostet, aber das war es wert. Ich habe mich direkt unbeliebt gemacht und einen Techniker angefordert. Der hat inzwischen die Türschlösser von zwei früheren Mordopfern überprüft und mir vor einer Dreiviertelstunde mitgeteilt, dass sie mit dem gefundenen Werkzeug hätten geknackt werden können. Weitere Schlösser werden in den nächsten Stunden getestet.«

»Und deswegen Ihre Vermutung, dass es sich um unseren Mann handelt«, folgert ein Kommissar.

»Ja«, bestätigt Junker. »Den wichtigsten Hinweis habe ich mir allerdings bis zum Ende aufgehoben. Im Inneren der Werkzeugtasche haben wir Initialen in schwarzer Schrift gefunden. R. L.«

»Richard Lieberman«, meint Eva Bell.

»So ist es.«

Ich hebe die Hand.

»Was gibt's?«, fragt Junker.

»Das habe ich in seiner Wohnung gesehen«, erkläre ich.

Plötzlich sind alle Augenpaare auf mich gerichtet.

»Sie haben die Werkzeugtasche bei seinen Sachen bemerkt und niemandem Bescheid gegeben?«, hakt einer der Anwesenden nach.

»Nicht die Tasche«, präzisiere ich. »Die Initialen. In seinem Schlafzimmer habe ich mir einige Bücher und Kleidungsstücke angesehen, und sie waren alle mit den Initialen RL gekennzeichnet.«

»Ist Ihnen an den Buchstaben etwas aufgefallen?«, erkundigt sich Junker.

Ich überlege kurz, bevor ich antworte: »Das R wirkte komisch. Nicht rund, sondern irgendwie zackig.«

Da ich merke, dass nicht alle Kollegen verstehen, was ich meine, erhebe ich mich und gehe zu dem Whiteboard, das hinter Junker an der Wand hängt. Dort schraube ich die Kappe von einem Stift und demonstriere, was ich meine. »Wenn ich ein R schreibe, ist der Bogen oben rund. In Liebermans Sachen war er aber eher eckig. Ungefähr so.« Ich zeichne einen Strich und rechts daneben im oberen Bereich ein liegendes V. »Verstehen Sie, was ich meine?«

»Und wie ich das verstehe«, sagt Junker absolut begeistert. »Und dieses R befindet sich in Liebermans Büchern?«

»Genau. Und in seiner Kleidung.«

»Perfekt!«

Der Hauptkommissar holt ein Foto von der Werkzeugtasche aus der Innentasche seines Sakkos. Zu meiner Überraschung zeigt er es zuerst mir. Mein Blick fällt auf die Initialen.

»Das R ist identisch«, stelle ich fest.

»So ist es. Ihre Beobachtung ist Gold wert. Wir haben den Mistkerl!«

* * *

Als wollte man mich für meine aufmerksame Ermittlungsarbeit belohnen, werden Marc und ich dem zwölfköpfigen Team zugeteilt, das eine Viertelstunde später aufbricht, um den Verdächtigen in seiner Wohnung zu verhaften. Junker ist allerdings nicht dabei, da der Polizeipräsident unmittelbar nach der Festsetzung des Serienmörders mit dem verantwortlichen Kommissar vor die Presse treten will. Wir sitzen in Evas Auto und rasen zu Liebermans Adresse.

»Wieso war er so dumm und hat eine Tasche mit an den Tatort genommen, die wir bis zu ihm zurückverfolgen können?«, wundert sich Marc.

»Wahrscheinlich hatte er nicht vor, sie dort zu vergessen«, entgegne ich.

»Ich vermute, er hat sie früher für was anderes benutzt«, meint Eva, »und nicht mehr an die Initialen gedacht.«

»Komische Marotte, sein Eigentum so zu markieren. Das würde ich bei einem Kind erwarten, aber nicht bei einem Erwachsenen«, sinniert Marc.

»Die Kriminalpsychologen werden das bestimmt hochinteressant finden«, vermutet die Kommissarin und schüttelt unwirsch den Kopf. Im letzten Moment zieht sie auf die linke Spur, um einen Kleinwagen zu überholen.

»Das würde ich gern noch miterleben«, stöhnt Marc und klammert sich an den Haltegriff über der Beifahrertür.

»Angsthase!«

* * *

Vor dem Aufbruch vom Präsidium sind die Aufgaben präzise verteilt worden. Insgesamt drei Einsatzkräfte sollen die

Straße sichern; Marc und ich wurden auserkoren, den Zugang zum Keller zu bewachen. Die übrigen sieben Kollegen sollen in die Wohnung des Verdächtigen stürmen und ihn schon allein durch ihre zahlenmäßige Überlegenheit davon abhalten, sich zur Wehr zu setzen.

So schwärmen wir direkt aus, als wir bei Liebermans Adresse ankommen, und rennen zur Haustür, die auch diesmal wieder offen steht. Mein Partner und ich postieren uns oben an der Kellertreppe, die anderen laufen in den zweiten Stock.

Als keiner von ihnen mehr zu sehen ist, ziehe ich meine Dienstwaffe und flüstere Marc zu: »Lass uns nachschauen, ob er im Keller ist.«

»Nein«, widerspricht Marc. »Das ist nicht unser Auftrag!«

»Spießer!« Ich verdrehe die Augen. »Was soll denn passieren? Wenn er tatsächlich da unten ist, überwältigen wir ihn und werden als Helden gefeiert. Ist er oben, nehmen ihn die Kollegen fest.«

»Ich will nicht eigenmächtig handeln.«

Zwei Etagen über uns wird eine Tür gewaltsam geöffnet. Anweisungen werden gerufen, doch es deutet nichts darauf hin, dass jemand Widerstand leistet.

»Ich geh jetzt runter. Gib mir Deckung.«

»David!«

Ohne ihn zu beachten, steige ich die Stufen hinab. Vorsichtig drücke ich die Klinke der grünen Feuerschutztür hinunter, die sich quietschend öffnet.

»Scheiße! Bleib stehen!«

Unsere Funkgeräte erwachen knarzend zum Leben.

»Lieberman ist nicht in seiner Wohnung«, ertönt Evas frustrierte Stimme. »Ende.«

In dem düsteren Kellerdurchgang sehe ich links und rechts jeweils mehrere Lattenverschläge. An der Decke hängt eine Lampe, die ich jedoch nicht einschalte. Plötzlich wird eine der Türen geöffnet, und jemand tritt heraus. In der Hand hält er einen Gegenstand.

»Lieberman!«, rufe ich laut. Trotz der Dunkelheit glaube ich, ihn wiederzuerkennen.

»Was wollen Sie?«, fragt er genervt.

»Er ist hier! Bewaffnet!«, schreie ich.

»Was wollen Sie?«, wiederholt er und macht einen Schritt auf mich zu.

»Waffe weg!«

Er hebt seinen Arm. Mir scheint, der Gegenstand könnte eine Axt sein.

Als er einen weiteren Schritt auf mich zu kommt und ich gleichzeitig von oben die Kollegen heranstürmen höre, schieße ich zweimal. Bereits die erste Kugel trifft und schleudert ihn zurück. Auch die zweite scheint ihr Ziel nicht zu verfehlen.

»Er hat eine Axt!«, brülle ich.

Hinter mir kommen Leute die Kellertreppe heruntergerannt. Satzfetzen dringen an mein Ohr.

»Was hast du getan?«

»Ist er außer Gefecht?«

»Wieso hast du nicht gewartet?«

»Lebt er noch?«

Zwei Polizisten laufen in Richtung des am Boden liegenden Mannes. Unterdessen richte ich meine Pistole nach unten.

»Er hatte nur einen Hammer.«

»Was?«, flüstere ich. »Scheiße, ich dachte, das wäre eine Axt.«

»Hat schon jemand einen Notarzt gerufen?«

»Den brauchen wir nicht«, erklärt einer der Anwesenden frustriert. »Unser Rambo hat ganze Arbeit geleistet. Der Verdächtige ist tot.«

»Fuck!«

Ich taumle gegen die Wand. Eva Bell kommt zu mir und legt mir beruhigend eine Hand auf die Schulter.

»Du musst mir deine Dienstwaffe aushändigen.«

»Was?«

»Deine Waffe!«

»Was ist mit ihr?«

»Du musst sie mir geben.«

»Wieso? Ich habe mich bloß verteidigt.«

»Das ist nach tödlichem Waffengebrauch Vorschrift. Gib sie mir bitte ganz vorsichtig.«

Ich lege den Sicherungshebel um und reiche ihr die Pistole. Eva nimmt sie entgegen, holt das Magazin heraus und überprüft, ob sich im Lauf noch eine Patrone befindet.

»Ich brauche einen Beutel«, sagt sie mit fester Stimme.

Sekunden später hält ihr ein Kollege einen offenen Beweismittelbeutel hin, in den sie meine Waffe gleiten lässt.

»Und nun?«, frage ich leise.

»Das besprechen wir im Präsidium. Ich muss allerdings hierbleiben. Liebermans Wohnung auf den Kopf stellen.« Sie dreht sich um. »Marc, fährst du ihn ins Präsidium? Du kannst meinen Wagen haben.« Sie wirft ihm den Zündschlüssel zu.

»Klar.«

»Stefan, du begleitest die beiden«, bestimmt die Kommissarin.

»Ist nicht dein Ernst!«, entgegnet der Angesprochene. »Ich soll den Babysitter spielen?«

»Es ist wichtig! Sonst flippt Junker aus.«

»Tut er eh schon«, meint ein anderer Kollege. »Er ist gerade per Funk informiert worden und verflucht den Polizeipräsidenten, weil der ihn aufgehalten hat.«

»Stefan!«

»Wir brauchen keinen Aufpasser. Ich finde den Weg zurück allein«, sagt Marc.

»Meine Anweisung liegt in eurem eigenen Interesse«, erklärt Eva.

»Scheiße! Meinetwegen!«, gibt Stefan klein bei. »Komm, Rambo! Ab ins Präsidium.«

Ohne auf die Provokation einzugehen, schleppe ich mich nach draußen. Die kritischen Blicke der Kollegen folgen mir. Marc klemmt sich wortlos hinters Steuer, für mich öffnet unser Anstandshündchen eine der hinteren Türen. Ich rutsche durch, und er setzt sich neben mich. Sofort fährt Marc los. Wir sind noch keinen Kilometer von Liebermans Unterschlupf entfernt, als er mich im Rückspiegel ansieht.

»Ich hab dir doch gesagt, lass uns warten«, meint er vorwurfsvoll.

»Das war nicht …«

»Hey«, unterbricht uns Stefan. »Ich darf später alles, was ihr jetzt redet, zu Protokoll geben. Insofern lautet mein gut gemeinter Ratschlag, dass ihr besser den Mund haltet.«

»Wenn's sein muss!«, brummt Marc und drückt wie zum Trotz das Gaspedal weiter hinunter.

Ich starre unterdessen aus dem Fenster.

Kapitel 18

Susan

»Storm hat Lieberman erschossen?« Fassungslos starre ich meinen Vorgesetzten Diego Dettmer an, der mir in seinem weiß getünchten Büro am gläsernen Schreibtisch gegenübersitzt. Kein einziges Bild hängt an der Wand, noch nicht mal ein Kalender. »Wieso hat man ihn nicht daran gehindert? Das überschreitet ja wohl erheblich seine Kompetenzen. Ich verstehe nicht, wie das passieren konnte.«

»Tja, begeistert ist sicher niemand von der Aktion. In seinem Team wurde er kurzerhand in Rambo umbenannt. Die Kollegen wussten ja nicht, dass wir ihn im Visier hatten, und haben ihn ärgerlicherweise im Alleingang in den Keller marschieren lassen. Einer wollte ihn angeblich noch zurückhalten, wird gemunkelt. Das wird auf dem kleinen Dienstweg geklärt. «

»Wir *haben* ihn im Auge. Nicht *hatten*«, korrigiere ich Dettmer.

»Frau Holland, bei allem Respekt, unsere Aufgabe ist es, die lokale Polizei zu unterstützen. Wir sind nicht dazu da, uns unmittelbar an den Ermittlungen zu beteiligen. Insofern bitte ich Sie, innerhalb Ihres Aufgabenbereichs weiterhin einen kühlen Kopf zu bewahren. Wir wägen genau ab, welche Konsequenzen David Storms Verhalten hat. Das ist alleinige Sache der Leitung und nicht Ihre Entscheidung. Meine Formulierung, dass wir Storm im Auge *hatten*, war im Übrigen durchaus bewusst gewählt.«

Das war deutlich. Streng ruht sein Blick auf mir, und ich

schaue wie ein gescholtenes Schulmädchen zu Boden. Es stimmt natürlich, dass ich lediglich als ausführendes Organ vorgesehen bin. Maßlos ärgern tut es mich trotzdem. Ich bin fast am Ziel, man kann mich doch nicht einfach wie eine Spielfigur beliebig hin und her schieben!

David hat nicht den blassesten Schimmer – und das, obwohl er sich für unglaublich clever hält. Ich gestehe, dass mich dieser Umstand an dem Fall zusätzlich reizt. Den Brüdern Storm, die der Meinung sind, die ganze Welt an der Nase herumführen zu können, würde ich wahnsinnig gern das Handwerk legen. Das würde meinem Ego schon einen gewaltigen Kick geben. David ist mir voll auf den Leim gegangen. Er glaubt ernsthaft, ich wäre Grafikdesignerin und hätte mich in ihn verliebt.

Es kommt nicht so häufig vor, dass ich besonders clevere Menschen unter die Lupe nehme. Die aktuelle Mordserie aufzuklären, könnte ein wichtiger Meilenstein in meiner Karriere als verdeckte Polizistin bei der Bundesbehörde bedeuten. Ich muss Dettmer davon überzeugen, dass ich am Ball bleiben darf, fürchte jedoch, er will mich abziehen.

»Entschuldigen Sie.« Ich drücke den Rücken durch und setze mich kerzengerade hin. »Wie ist denn jetzt das weitere Vorgehen?«

»Wir werden der Presse den Fall als gelöst präsentieren. Das bietet sich einfach an und entspricht ja wohl auch der Wahrheit. Die Akte wird geschlossen – das bringt endlich Ruhe in die verunsicherte Bevölkerung.«

Mir steht der Mund vor Staunen offen. Wir lassen Storm laufen? Niemals, das kann ich nicht zulassen. Nur mit größter Mühe reiße ich mich am Riemen. Wut wird bei Frauen als Hysterie gedeutet, bei Männern als Durchsetzungsfähigkeit. Eine himmelschreiende Ungerechtigkeit, aber derzeit nicht zu ändern.

»Ich fasse zusammen: Aufgrund der Aufzeichnungen von Überwachungskameras in unmittelbarer Nähe eines der Tatorte sind wir auf David Storm aufmerksam geworden«, stelle ich beherrscht fest.

»Richtig, jedoch nicht zur Tatzeit, sondern als er vor dem Mord mit einem Eis in der Hand dort herumgeschlendert ist.«

»Ich weiß«, erkläre ich selbstbewusst. »Dennoch war es auch unsere Behörde, die auf seine Verbindung zu zwei Opfern gestoßen ist. Storm und zwei der Frauen waren im selben Sportverein beziehungsweise in derselben Stadtteilvereinigung.«

»Aber nur für kurze Zeit«, wendet er ein. »Das war kein weltbewegender Fund. Darf ich Sie daran erinnern, dass der Verdacht gegen Storm von Anfang an auf wackligen Füßen stand und es Vorbehalte gegen die Undercoveraktion gab?«

»Das ist mir durchaus bewusst. Und ich war Ihnen für die Fürsprache dankbar. Inzwischen bin ich mir dank meines Vorgehens absolut sicher, dass er Dreck am Stecken hat. Er muss das alles von langer Hand geplant haben. Und wir lassen uns von diesem Quatsch blenden? Initialen in der Werkzeugtasche … Ist das Ihr Ernst? Und dann wird Lieberman ausgerechnet von Storm erschossen. Wie praktisch. Diese Notwehrstory können wir doch nicht ernsthaft als glaubwürdig einstufen! Davon rate ich dringend ab.« Ich hebe mein Kinn leicht an. »Selbst wenn das meine Kompetenzen überschreitet.«

»Frau Holland, Sie haben natürlich das Recht, Ihre persönliche Einschätzung kundzutun. Es geht ja gewiss nicht darum, die Ergebnisse Ihrer Arbeit infrage zu stellen.

Bloß …« Er steht auf, geht zum Fenster und dreht mir den Rücken zu. »Bisher haben Sie keinerlei Beweise gesammelt, die auf Storm als Täter hindeuten.«

»Aber ich arbeite daran. Geben Sie mir noch etwas Zeit.«

Er schaut aus dem Fenster und redet unbeirrt weiter, als hätte ich nichts gesagt. »Die Konfrontation zwischen Lieberman und Storm im Keller muss purer Zufall gewesen sein. Oder glauben Sie etwa, Storm hätte das arrangiert?«

»Nein«, bestätige ich. »Da hat er wohl einfach Glück gehabt.«

»Dann sind wir uns in dem Punkt ja einig. Die örtliche Polizei weiß absolut nichts von unserem Verdacht. Somit kann auch keiner der beteiligten Polizisten ein irgendwie geartetes Interesse daran gehabt haben, Storm zu warnen.«

Hält Dettmer mich für doof? Er muss mir nicht alles erneut vorkauen, damit ich es kapiere. Ich begreife auch so: Kaum bietet sich die Gelegenheit, Lieberman die Morde in die Schuhe zu schieben, werde ich überflüssig. Ich frage mich, warum man mich dann überhaupt auf Storm angesetzt hat.

Geschäftig kehrt Dettmer an seinen Platz zurück, schlägt eine Unterschriftenmappe auf und fängt an, mit einem silbernen Federhalter Schriftstücke zu unterzeichnen. Währenddessen richtet er das Wort wieder an mich. Innerlich koche ich so sehr, dass ich mir vorerst selbst ein Schweigegelübde auferlegt habe.

»Wie Sie wissen, gab es in der Abteilung von Anfang an Bedenken gegen die Undercover-Aktion«, erklärt er mit hochgezogenen Augenbrauen. »Die wurden nicht wirklich weniger, seit Sie eine intime Beziehung mit dem Verdächtigen angefangen haben.«

»Wenn das heißen soll, dass ich das aus Spaß an der Freud mache, muss ich deutlich widersprechen!«

»Das soll überhaupt nichts heißen. Es ist lediglich eine Tatsache. Sie könnten inzwischen befangen sein.«

»Ich bin nicht befangen!«, rufe ich aus. »Ich handle ausschließlich im Sinne der Ermittlung und folge den dienstlichen Anweisungen!«

»Jaja, nun beruhigen Sie sich mal wieder.«

Sein väterlicher Ton kotzt mich an. Er hat mich beleidigt – und behandelt mich wie eine aufgebrachte Jugendliche. Wenn das so weitergeht, werde ich noch zur Emanze. Eine Frechheit ist das.

»Da habe ich mich ein wenig unglücklich ausgedrückt.«

Ich brumme etwas Unverständliches und lege die Stirn in Falten. Dettmer soll meine Verärgerung ruhig bemerken. »Nichtsdestotrotz möchte ich Sie über meine neuesten Überlegungen ins Bild setzen.«

Er schaut mich an und breitet die Arme aus. »Nur zu, ich bin ganz Ohr.«

»Ich halte Alexander Storm ebenfalls für verdächtig. Vielleicht arbeiten er und David sogar zusammen. Ausschließen würde ich es nicht.«

»Ach, das ist ja absurd.« Genervt rollt er mit den Augen und schüttelt den Kopf. »Ich will von solchen Verschwörungstheorien nichts wissen. Wir sind hier nicht in Hollywood. Sie brüten da irgendwelche abstrusen Ideen aus und verrennen sich total.«

»Das sehe ich völlig anders. Meine Gespräche mit den Brüdern waren …«

»Frau Holland«, unterbricht er mich unwirsch. »Machen wir es kurz: Der Einsatz wird abgebrochen. Basta.«

»Das kann ich nicht akzeptieren.«

»Tja, das werden Sie wohl müssen. Es tut mir leid, und ich bedanke mich für Ihr Engagement. Die Entscheidung steht, wir haben das im Team vorhin in aller Ruhe final abgewogen. Lieberman hat die Morde auf dem Gewissen und kann aufgrund der Vorkommnisse leider nicht mehr zur Rechenschaft gezogen werden. Aber immerhin können die Frauen unserer Stadt nun wieder unbesorgt vor die Haustür gehen.«

»Und wenn nicht? Möglicherweise wird David Storm jetzt erst richtig wild und mordet nach Lust und Laune weiter!«

»Nein.«

Wutschnaubend erhebe ich mich.

»Dann ist das wohl Ihr letztes Wort.« Statt einer Antwort ernte ich Schweigen. »Kann ich mir denn wenigstens Urlaub nehmen, um den Kopf freizubekommen?«

»Selbstverständlich. Ich melde gleich an die Personalabteilung, dass ich Ihnen eine Woche freigegeben habe. Gehen Sie nach Hause, oder fahren Sie ein paar Tage weg.«

»Danke«, murmle ich, ohne ihn anzugucken, und verlasse das Büro.

* * *

Eine Tüte Weingummi später habe ich mich immer noch nicht beruhigt. Ich fasse es nicht, wie Dettmer mich abserviert hat. Wütend zerknülle ich die leere Süßigkeiten-Verpackung und pfeffere sie in den Papierkorb neben meinem heimischen Schreibtisch. Ich kann unmöglich hier herumsitzen und tatenlos auf die Pressemitteilung warten, in der der erschossene Lieberman zum Serienmörder erklärt wird.

Ich will mich auch nicht gefrustet ins Bett verkriechen,

sondern wissen, ob mein Instinkt mich trügt oder auf meinen siebten Sinn wie gewohnt Verlass ist. Dass mit David irgendwas nicht stimmt, steht für mich außer Frage. Alexander kommt mir ebenfalls verdächtig vor. So was spüre ich grundsätzlich, ganz so, als schlage ein Lügendetektor in meinem Innern aus, sobald ein Mörder vor mir steht. Bei David läuteten schon beim ersten Aufeinandertreffen alle Alarmglocken.

Wenn mein Chef mich abzieht, mache ich eben auf eigene Faust weiter.

Die Beschützerrolle des großen Bruders nehme ich Alexander irgendwie nicht ab. Wäre ein normaler Junge nicht genervt gewesen über das plötzliche Auftauchen eines traumatisierten Neuankömmlings in der Familie? Schenkt man seinen Ausführungen Glauben, hat er sich allerdings sofort aufopferungsvoll um David gekümmert und lässt bis heute ihm gegenüber Milde walten. Dabei hat es ihm definitiv nicht gefallen, dass David anfangs keine Interna über die Mordserie rausrücken wollte – offensichtlich ist er richtig ungemütlich geworden und hat seinen Halbbruder unter Druck gesetzt. Vorausgesetzt, es stimmt, was mir David erzählt hat. Dennoch bin ich mir nicht sicher, ob Alexander seine Finger im Spiel hat oder ob ich Gespenster sehe.

Und David kaufe ich die Nummer von dem harmlosen Streifenpolizisten nicht ab. Er ist gewitzt, stets auf der Hut und wurde sofort misstrauisch, als er erfuhr, dass ich Alexander nach ihm ausgefragt hatte. Ein Mann wie er fühlt sich nicht ausgefüllt in so einem Job. Ich bin zwar keine Profilerin, aber ein bisschen Ahnung von Psychologie habe ich schon. Zu viele Zufälle, zu viele Ungereimtheiten.

Um mich abzulenken, ziehe ich mir meine Trainingsklamotten an. Vielleicht hilft frische Luft dabei, meine Gedanken zu sortieren. In kurzer schwarzer Hose, schwarzem Tanktop und gelben Laufschuhen trete ich vor meiner Haustür auf den Bürgersteig und schaue nach rechts und links, bevor ich mich über die Straße in Richtung Wasser in Bewegung setze. In den frühen Abendstunden laufe ich besonders gern am Flussufer entlang und genieße die letzten wärmenden Sonnenstrahlen des Tages auf der Haut.

Herrlich – das Wetter ist perfekt. Nicht zu warm, nicht zu kühl, dazu eine leichte Brise. Schnell finden meine Füße einen Rhythmus, und ich spreche im Geist mit. Eins, David, zwei, Alex, eins, David, zwei, Alex … Tatsächlich tritt der gewünschte Effekt ein, und ich werde ruhiger. Sport macht mich klarer, hilft mir, meine Sinne zu schärfen. Wie kriege ich die beiden dran, was soll ich ohne Erlaubnis meines Chefs riskieren, und womit gefährde ich womöglich meinen Job? Auf ein Disziplinarverfahren bin ich nicht gerade scharf.

In gleichmäßigem Tempo erreiche ich den Schotterweg und nehme die anderen Jogger kaum noch wahr. Gedanklich bin ich bei David … Unsere bisherige Liaison hat für mehr Kribbeln in meinem Bauch gesorgt hat als geplant. Aber gut, so bin ich wenigstens glaubhaft und viel näher an ihm dran, als ich es mit jeder anderen Methode wäre. Natürlich werde ich weiterhin die Verknallte mimen.

Ob David in mich verliebt ist? Oder spielt er mir das nur vor? Ist er überhaupt zur Liebe fähig? Auf jeden Fall ist er neugierig, misstrauisch und vermutlich besitzergreifend. Das könnte Probleme geben. Hoffentlich kontaktiert er nicht Christian, dann wäre ich geliefert. Der hat mich zwar tatsächlich gestalkt, allerdings nicht so exzessiv, wie ich es David geschildert habe.

Wirklich dämlich von mir, dass ich keine fiktive Person genannt habe – in der Hinsicht war ich schlecht vorbereitet. Nun ist das Kind in den Brunnen gefallen. Zum Glück habe ich zu der Zeit noch nicht als Undercover-Polizistin gearbeitet. Christian weiß lediglich von meinem damaligen Job in der Abteilung für Cyberkriminalität. Was ihn – wie sich später herausstellte – nur noch mehr anstachelte. Er fühlte sich unangreifbar, weil eine Spezialistin für Mobbing im Word Wide Web machtlos gegenüber seinen Attacken war.

Gott sei Dank half mir letztlich doch mein berufliches Know-how, dem Spuk ein Ende zu bereiten. Im Netz löschte ich das meiste, was man über mich finden konnte – oder ich ließ es löschen. Zum Teil illegal, aber wozu sind wertvolle Kontakte da? Dieses Wissen ist auch nützlich beim Erstellen von Tarnidentitäten im Internet. Susan Barner. Webdesignerin. Dank meiner Fähigkeiten habe ich eine Person erschaffen und ihr im Internet Leben eingehaucht. Hätte ich doch genauso einen ausgedachten Stalker aus dem virtuellen Boden gestampft. Unglaublich, dass mir so ein Fehler unterlaufen konnte.

Als ich am Stadtpark ankomme, verlangsame ich mein Tempo. Ich bin ziemlich aus der Puste, habe Durst und beschließe, eine Abkürzung zurück nach Hause zu nehmen. Immerhin herrscht wieder Ordnung in meinem Kopf. Es sind nicht nur Trotz und verletzte Eitelkeit, weswegen ich David weiterhin observieren will. Es ist die innere Gewissheit, dass die ganze Angelegenheit zum Himmel stinkt.

Kapitel 19

Der Bruder

Seit gestern kennen die Nachrichten bloß noch ein Thema: Ein Streifenpolizist hat den mutmaßlichen Serienmörder Richard L. während dessen Verhaftung in Notwehr getötet. Anfangs habe ich diese Neuigkeit interessiert zur Kenntnis genommen und auf Davids Anruf gewartet – der jedoch ausblieb. Spätabends versuchte ich, ihn meinerseits zu erreichen, und schmiedete unterdessen meine eigenen, überfälligen Pläne. Aber ich bekam ihn nicht an den Apparat. Am nächsten Morgen erfuhr ich auch den Grund. David ist der Polizist, der die Todesstrafe ohne vorherige Verurteilung vollstreckt hat. Die größte Tageszeitung der Stadt hat sein Bild abgedruckt. Die meisten Kommentare im Internetportal der Zeitung sind ausgesprochen wohlwollend. Fast niemand kritisiert David wegen des Schusswaffeneinsatzes; in den Augen der Leser ist er ein Held.

Doch allmählich würde ich gern mal persönlich mit ihm sprechen, um nicht alle Informationen nur aus zweiter oder dritter Hand zu bekommen. Warum reagiert er nicht auf meine unzähligen Anrufversuche und Chatnachrichten?

Als ich ihm gerade eine neue Mitteilung schicken will, bemerke ich, dass sein Status auf ›online‹ wechselt. Die Chance lasse ich mir nicht entgehen und wähle seine Handynummer an.

»Hallo, Bruder«, meldet er sich mit müder Stimme.

»David! Endlich! Wieso hast du nicht schon längst zurückgerufen? Ich mache mir Sorgen.«

»Entschuldige.«

»Wo bist du?«

»Gerade aus dem Präsidium raus.«

Ich sehe ihn förmlich mit hängenden Schultern und dunklen Augenringen neben seinem Wagen stehen.

»Was ist passiert? Ich will Einzelheiten hören.«

Ich setze mich an meinen Schreibtisch, über dem ein kleines Bücherregal mit meinen eigenen Werken hängt. Während ich auf eine Antwort warte, ziehe ich den Thriller heraus, der damals meinen Durchbruch bedeutet hat. Das Cover der Taschenbuch-Neuauflage ziert eine Frauenleiche, die am Ufer eines Flusses liegt. In der Ursprungsversion war da bloß ein blutiges Messer abgebildet – für den Neudruck habe ich die Veränderungen angeregt und durchgesetzt.

Nach einer gefühlten Ewigkeit seufzt David. »Alles scheiße gelaufen«, murmelt er. »Aber ich fahre jetzt nach Hause, Alex. Kann ich mich in zwanzig Minuten bei dir melden?«

»Versprichst du es?«

»Ja, ja. Bis gleich«, antwortet er genervt.

Die Wartezeit überbrücke ich damit, im Internet nach Umschlagmotiven zu suchen. Zwar habe ich als Autor letztlich keinen Einfluss auf das Buchcover, trotzdem habe ich es mir angewöhnt, vor dem Schreiben eines neuen Romans ein Umschlagbild zu basteln, das ich dann als Bildschirmschoner benutze. Ich wähle aus meiner Lesezeichenliste einen Anbieter aus, bei dem man lizenzfreie Bilder kaufen kann, und gebe den Suchbegriff ›verängstigte Frau‹ ein. Sofort werden mir unzählige Motive angezeigt. Das Telefon klingelt, bevor ich mir auch nur ein Drittel der infrage kommenden Fotos angeschaut habe.

»Schieß los!«, fordere ich David auf.

»Was willst du wissen?«, fragt er überflüssigerweise.

Ich verdrehe die Augen, lasse mir allerdings meine Ungeduld nicht anmerken. »Am liebsten alles, was du erzählen darfst. Wie habt ihr den Verdächtigen ausfindig gemacht, und wieso kam es zu einer Schießerei?«

David atmet einmal hörbar aus, ehe er stockend zu berichten beginnt. Ohne dass er konkret würde, erfahre ich von einem Beweisstück, das der Mörder bei seiner überhasteten Flucht an einem Tatort zurückgelassen hat.

»Gestern Morgen bin ich den Kollegen zugeteilt worden, die ihn verhaften sollten.«

»Ungewöhnlich, oder?«

»Warum?«

»Weil du bloß ein einfacher Streifencop bist?«

»Ein paar von uns Fußabtretern sind eigentlich immer dabei«, erwidert er pikiert. »Außerdem hatte ich eine wichtige Einzelheit beizutragen.«

»Welche?«

»Erinnerst du dich, dass ich dir von den Initialen in den Sachen des Verdächtigen erzählt habe?«

»Klar. Du meintest, er hätte seine Anfangsbuchstaben in alle Bücher und Klamotten reingeschrieben.«

»Genau. Und genau diese Initialen habe ich an dem Beweisstück wiedererkannt. Vor allem die Form des Buchstabens ›R‹.«

»Du hattest sie als eckig beschrieben.«

»Zumindest sah es recht ungewöhnlich aus. Und auf dem Corpus Delicti war es identisch.«

»Das klingt nach einem relevanten Puzzlestück.«

»Wahrscheinlich war das einer der Gründe, weshalb Marc und ich mitdurften.«

Ausführlich berichtet er, wie das vielköpfige Team zu dem Mietshaus fuhr und er mitsamt Partner für die Überwachung des Kellers eingeteilt wurde.

»Als wir mitbekamen, dass Lieberman nicht in seiner Wohnung war, bin ich die Treppe zum Kellergeschoss runtergegangen. Marc gab mir Rückendeckung«, fährt er fort. »Und tatsächlich hielt sich der Killer da unten auf. Er kam mir entgegen. Mit einem Gegenstand in der Hand.«

»Einer Waffe?«

»Ich vermutete eine Axt.«

»Es war aber keine«, schließe ich aus seiner Wortwahl. »Sondern?«

»Ein stinknormaler Hammer.«

»Damit kann man auch Menschen verletzen oder töten.«

»Du darfst das niemandem erzählen«, beschwört David mich. »Die Pressestelle hat entschieden, es so darzustellen, dass der Verdächtige bewaffnet war.«

»Keine Sorge. Das bleibt unter uns.«

»Nach dem Schuss musste ich meine Dienstpistole abgeben und wurde wie ein Verbrecher ins Präsidium gebracht.« Seine Stimme klingt bitter.

»Inzwischen feiern sie dich hoffentlich als Helden«, versuche ich ihn aufzumuntern.

»Schön wär's.«

»Sag nicht, du bist …«

»Suspendiert. Genau.«

»Schweinerei.«

»Na ja, ehrlich gesagt habe ich da unten im Keller zu panisch reagiert. Das muss ich mir ankreiden lassen.«

»Quatsch! Du bist ein Held! Hast der Allgemeinheit einen langwierigen Prozess erspart. Endlich können die Frauen in unserer Stadt wieder ruhig schlafen.«

»Ich weiß nicht.«

»Red nicht so! Spätestens in meinem Buch wirst du die gebührende Anerkennung erfahren. Was passiert jetzt?«

»Morgen früh habe ich einen Anhörungstermin bei der Dienstaufsicht.«

»In meinen Romanen sind das oft die Schlimmsten. Verräter in den eigenen Reihen.«

David lacht. »In der Realität ist das wohl anders. Mein Vorgesetzter hat mich beruhigt, die Kollegen haben fast alle selbst Streifenerfahrung. Sie wissen, was im Einsatz schiefgehen kann.«

»Du musst mich unbedingt informieren, sobald die Anhörung beendet ist.«

»Versprochen.«

»Allerdings erreichst du mich nur übers Handy.«

»Wo bist du denn?«, fragt er neugierig.

»Bei Mom und Dad.«

»Oh.«

»Du könntest nachkommen«, schlage ich vor. »Ein paar Tage raus aus dem Scheinwerferlicht.«

»Nein, danke. Ich bin nicht in Stimmung für Carola und Peter.«

»David! Nenn sie nicht so. Du weißt, wie ich das hasse. Das ist total respektlos!«

»Respekt muss man sich verdienen. Außerdem habe ich gerade echt andere Sachen im Kopf.«

»Wie lange warst du eigentlich schon nicht mehr bei ihnen?«

»Alex, lass uns später darüber sprechen.«

»Zwei Jahre? Drei? Vier?«

»Je länger, desto besser«, sagt er zornig.

»Du übertreibst!«

»Wir wissen beide, dass ich nicht über …«

»Sie haben dich aufgenommen«, erinnere ich ihn.

»Und mich deutlich spüren lassen, welche Opfer sie dafür gebracht haben. An meinem achtzehnten Geburtstag bin ich rausgeflogen.«

»Sie hatten ihre Gründe.«

»Und ich habe meine, um den Kontakt auf ein absolutes Minimum zu reduzieren. Immerhin melde ich mich an Geburtstagen, zu ihrem Hochzeitstag und an Weihnachten.«

»Wie ehrenhaft!«, spotte ich.

»Grüß schön!«, erwidert er sarkastisch, bevor er das Gespräch beendet.

Er ist und bleibt genauso dickköpfig wie meine Eltern!

* * *

Nach einer fast dreistündigen Autofahrt erreiche ich die Ausläufer des kleinen Dorfes, in dem ich aufgewachsen bin. Die Einfamilienhäuser haben sich seit meiner Kindheit nicht verändert. Die meisten Bewohner lieben die Abgeschiedenheit und bleiben ein Leben lang hier – lediglich zur Arbeit zieht es sie tagsüber in die umliegenden Städte. Dass David und ich in derselben dreihundert Kilometer entfernten Großstadt gelandet sind, war wohl Zufall. Oder hat es mich damals in seine Nähe gezogen? Nach dem elterlichen Rauswurf war er der Erste, der den Schritt in die unbekannte Gegend wagte. Ich bin zwei Jahre später nachgezogen, weil ich die dörfliche Enge nicht mehr aushielt.

Auf der Straße bemerke ich ein altes Ehepaar. Die Benders sehen mich ebenfalls und heben automatisch die Hand zum Gruß. Als wäre ich nie fortgegangen.

Nachdem ich dreimal abgebogen bin, taucht schließlich

das Haus meiner Eltern auf. In der Garagenauffahrt parkt der Chevrolet meines Vaters, den ich ihm vor einigen Jahren geschenkt habe. Ohne mich würde er wahrscheinlich noch immer seinen verrosteten Ford fahren. Ich komme genau vor der Haustür zum Stehen. Seitdem sie Rentner sind, verbringen meine Eltern die meiste Zeit vor der Glotze. Deswegen habe ich mich nicht angemeldet. Irgendwer wird schon zu Hause sein. Ehe ich aussteigen kann, öffnet sich bereits die Tür. Meine Mutter steht im Eingang und wirkt einen Moment überrascht. Dann ringt sie sich ein schwaches Lächeln ab.

»Hallo, Mom«, sage ich und klettere aus dem Wagen.

»Das ist ja eine Überraschung. Warum hast du nicht angerufen? Wir hätten fort sein können.«

»Das Risiko bin ich gern eingegangen.« Ich gehe zum Kofferraum und hole meine schwarze Sporttasche heraus.

Unterdessen tritt mein Vater neben meine Mutter. »Bleibst du länger?«, fragt er. Er ist kein Mann, der Wert auf Förmlichkeiten legt. Selbst wenn man sich mehrere Monate nicht gesehen hat, ist das kein Grund für eine anständige Begrüßung.

»Ein paar Tage, falls es euch recht ist.« Langsam schlendere ich ihnen entgegen. Fast rechne ich damit, dass sie mir den Zutritt verweigern. Stattdessen nimmt mich meine Mutter kurz in den Arm, dann dreht sie sich hektisch um und läuft ins Haus.

»Ich mache das Gästebett fertig.«

Mein Vater und ich sehen uns einen Augenblick stumm an. Dann zeigt er in den Flur. »Ich verfolge gerade eine Sportübertragung, Mutti bereitet das Abendessen vor. Gibt Pilzcremesuppe.«

»Prima.«

»Na ja. Gelingt ihr ja meistens nicht so toll.«

Ob ich es jemals erleben werde, dass er sich nach meinem Wohlergehen erkundigt? Oder Mutter für ihre Kochkünste lobt?

* * *

Beinahe schweigend löffeln wir die Suppe, die meines Erachtens ziemlich gut gelungen ist. Ich versuche immer wieder, ein Gespräch in Gang zu bringen, doch meine Eltern antworten eher einsilbig. Auch Fragen nach den Nachbarn werden schnell abgehakt. Ich vermute, ihnen brennt etwas auf den Nägeln, und sie trauen sich nicht, das Thema anzusprechen.

»Das war ausgesprochen lecker«, sage ich.

Meine Mutter quittiert das Lob mit einem Lächeln, während mein Vater kritisch brummt.

»Habt ihr die Sache mit David gehört?«, erkundige ich mich schließlich.

Sie wechseln einen kurzen Blick, ehe mein Vater sich den Mund mit einer weißen Stoffserviette abputzt.

»Steht sogar bei uns in der Zeitung«, erklärt er. »Ehemaliger Einwohner des Dorfes tötet im Dienst einen Serienmörder.«

Ihm ist deutlich anzumerken, dass ihm die zwischen den Zeilen steckende Anerkennung nicht gefällt.

»Ja«, bestätige ich. »Demnächst werden sie ihn wohl auszeichnen.«

Meine Mutter stößt einen ungläubigen Laut aus. »So weit sind wir heutzutage gekommen.«

»Mom, der Killer hatte mehrere Frauen auf dem Gewissen.«

»Wahrscheinlich hat David unverhältnismäßig reagiert«, vermutet mein Vater. »Polizisten sollen Verdächtige verhaften, nicht erschießen.«

»Ich verstehe euch nicht. Ihr könnt stolz sein! Ihm haben wir zu verdanken, dass es zu keinem teuren Prozess kommt. Ihr ärgert euch doch sonst über jede Verschwendung von Steuergeldern.«

»Wie kannst du nur?«, meint meine Mutter. Hastig schiebt sie ihren Stuhl nach hinten, erhebt sich ruckartig und stapelt die drei Suppenteller.

»Was denn?«

Sie trägt die Teller in die Küche. Als sie zurückkommt, sehe ich Tränen in ihren Augen.

»Wieso verteidigst du ihn? Nach allem, was er getan hat.«

»Wir waren jung«, erwidere ich.

»Sag nicht ›wir‹«, schimpft mein Vater. »Du hast damit nichts zu tun.«

»Könntet ihr diese Episode endlich mal vergessen?«

»Niemals!«, erwidert er verbittert. »Du kannst jeden im Dorf ansprechen. Sie erinnern sich alle! Und gerade jetzt kocht das wieder hoch. Weil sein Bild in der Zeitung abgedruckt ist. Sogar das Fernsehen berichtet darüber. David, ein Held? Mir wird schlecht, wenn du das behauptest.«

»Er hat einen bösen Menschen getötet!«, nehme ich meinen Halbbruder in Schutz.

»Er ist selbst böse. Kein Wunder bei seinem Erzeuger«, kontert mein Vater.

»Entschuldigt mich. Ich bin in meinem Zimmer.« Während ich aufstehe, wird mir klar, dass es keine gute Idee war, in mein Elternhaus zurückzukehren.

Kapitel 20

Der Polizist

Die Tür zum Büro der Dienstaufsicht öffnet sich, und ein etwa fünfzigjähriger Mann steckt den Kopf heraus. Er entdeckt mich auf einem der beiden Besucherstühle im Gang und lächelt mir aufmunternd zu.

»Noch einen kurzen Moment Geduld. Wir haben gerade Schwierigkeiten mit der Technik.«

Ich nicke beiläufig. Der Beamte schließt die Bürotür, und ich bleibe allein in dem unangenehm grell beleuchteten Flur zurück. Fehlt bloß eine flackernde Neonröhre, um das Klischee zu vervollständigen. Machen die das absichtlich, damit ich nervös werde? Falls sie darauf spekulieren, schätzen sie mich völlig falsch ein. Entspannt schließe ich die Augen und lasse die Konfrontation im Keller noch einmal Revue passieren. Richard Lieberman, der einen Gegenstand in der Hand hielt. Ein harmloser Hammer, den man für eine Axt hätte halten können.

Ich habe mich bedroht gefühlt und ihn aufgefordert, das Ding fallenzulassen – was er nicht getan hat. Selbst schuld. Wäre er meinem Befehl gefolgt, hätten wir ihn einfach festnehmen können.

Nach circa fünf Minuten werde ich endlich hereingebeten. Zwei Männer teilen sich den Raum, ihre Schreibtische stehen im spitzen Winkel zueinander. Genau in der Mitte der freien Fläche zwischen der Tür und den Schreibtischen befindet sich ein Bürostuhl, der anscheinend für mich reserviert ist, denn der ältere Cop deutet darauf.

»Nehmen Sie Platz, Herr Storm.«

Natürlich fällt mir auf, dass er meinen Dienstgrad nicht erwähnt. Ein schlechtes Zeichen?

»Danke.«

Der jüngere Polizist, der ungefähr in meinem Alter sein müsste, hantiert an einem Tonbandgerät.

»Hakt es schon wieder?«, fragt der Ältere. »Verdammter Schrott! Wann werden wir endlich vernünftig ausgerüstet?«

»Alles gut«, beruhigt ihn sein Partner.

»Herr Storm, möchten Sie einen Kaffee?«

»Nein, momentan nicht.«

»Sagen Sie Bescheid, wenn Sie Durst bekommen oder eine Pause benötigen. Wir richten uns nach Ihren Bedürfnissen. Aus dienstrechtlichen Gründen müssen wir das Gespräch allerdings aufzeichnen«, informiert mich der Wortführer.

»Das ist ganz in meinem Sinne«, erwidere ich. Plötzlich registriere ich, dass der Jüngere auf meine Hände starrt. Habe ich Anzeichen von Nervosität gezeigt? Was soll ich mit den Händen anstellen? Sie vor der Brust zu verschränken, würde als abweisende Geste fehlinterpretiert werden. Schließlich falte ich sie wie zum Gebet und lege sie auf meinem Bauch ab.

Als der Jüngere den Aufnahmeknopf drückt, beginnt die Befragung, die über meine berufliche Zukunft entscheiden wird.

»Herr Storm, ich bin Polizeihauptkommissar Wiener«, stellt sich der Ältere vor, »und das ist Polizeikommissar Lasse. Sie haben das Recht, von einem Anwalt, den Ihnen die Polizeigewerkschaft kostenfrei stellen kann, vertreten zu werden.«

»Darauf verzichte ich.«

»Diesen Entschluss können Sie jederzeit revidieren. Bitte nennen Sie uns zunächst Ihren Dienstgrad und seit wann Sie im Stadtbezirk West eingesetzt sind.«

Ich beantworte die einfachen Fragen, und es folgen weitere Routinepunkte, die wir rasch klären. Dann spricht Wiener die Ermittlungen der Sondereinheit an und will wissen, inwieweit ich darin involviert war.

Ich berichte von meinen ersten beiden Einsätzen, vor allem jedoch, wie ich mich in Liebermans Wohnung umgesehen habe und dabei die Initialen in seinen Sachen entdeckte.

»Danach wurden Sie aber erst einmal nicht mehr benötigt«, sagt Wiener.

»Genau.«

»Hat Sie das verärgert?«

»Natürlich nicht. Wieso sollte es?«

»Bloß ein Gedanke«, beruhigt er mich. »Kommen wir zu den vorgestrigen Ereignissen. Wer hat Sie zu der Sonderkommission zurückbeordert?«

»Mein Partner Marc Gunter bekam eine Textnachricht von Kriminalkommissarin Bell, in der sie uns bat, zu ihrer Besprechung zu stoßen.«

»Ein ungewöhnlicher Dienstweg«, urteilt Lasse.

Ich zucke mit den Schultern. »Die beiden pflegen einen lockeren, privaten Kontakt. War wahrscheinlich der schnellste Weg, um sicherzugehen, dass wir die Sitzung nicht verpassen. Während der Dienstbesprechung erfuhren wir von dem Beweisstück, das auf Richard Liebermans Schuld hindeutete.«

»Sie hatten an dieser Besprechung einen nicht unerheblichen Anteil«, zeigt sich Lasse gut informiert.

Wir vertiefen dieses Detail, und sie fragen, ob ich absolut

sicher war, was die Schreibweise des Buchstaben ›R‹ anbelangte.

»Total«, bestätige ich.

»Stimmt es, dass Sie unter anderem wegen dieser Beobachtung dem Einsatzteam zugewiesen wurden, das die Verhaftung vornehmen sollte?«, will Wiener wissen.

»So explizit wurde das nicht dargestellt, doch ich vermute es.«

»Dann schildern Sie uns bitte nun haarklein, was nach Ihrer Ankunft in dem Mietshaus geschah, in dem der Verdächtige wohnte.«

Ich erzähle alles, woran ich mich erinnere. Beinahe zwei Minuten lang rede ich ohne Unterbrechung, bis ich zu dem Punkt gelange, an dem die Kollegen feststellten, dass Lieberman nicht in seiner Wohnung war. »Also schlug ich meinem Partner vor, einmal im Keller nachzusehen.«

»Entsprach das der Aufgabe, die Ihnen zugeteilt worden war?«

»Nein«, gebe ich zu. »Eigentlich sollten wir nur den Zugang zum Keller bewachen.«

»Also haben Sie eigenmächtig gehandelt«, sagt Wiener.

»Leider ja.«

»Hat Ihr Partner nicht versucht, Sie aufzuhalten?«, hakt Lasse nach.

»Er war nicht begeistert, gab mir jedoch Rückendeckung.« Marc wird dieser Darstellung nicht widersprechen – dessen bin ich mir sicher. »Ich ging langsam nach unten und öffnete die Feuerschutztür. In dem Gang war es ziemlich düster, als plötzlich aus einem der Holzverschläge ein Mann trat, der einen Gegenstand in der Hand hielt.«

»Haben Sie den Mann erkannt?«

»Ja.«

»Trotz des fahlen Lichts haben Sie erkannt, dass es Lieberman war?«, wundert sich Lasse.

»Absolut.«

»Fahren Sie fort.«

»Ich ging davon aus, dass es sich bei dem Ding in seiner Hand um eine Axt handelte, und forderte ihn auf, sie fallen zu lassen.«

»Sie haben ihn eindeutig identifiziert, allerdings nicht sehen können, ob es tatsächlich eine Axt war?«, fragt Wiener ungläubig.

»So ist es.«

»Ist er der Aufforderung nachgekommen?«

»Nein. Im Gegenteil. Er kam auf mich zu und hob den Arm. Es sah gefährlich aus. Wahrscheinlich bin ich in Panik geraten.«

»Sie fühlten sich bedroht?«

Ich nicke. Wiener deutet stumm auf das Aufnahmegerät.

»Ja, ich fühlte mich bedroht«, stimme ich laut zu.

»Haben Sie ihn ein zweites Mal aufgefordert, die Waffe fallen zu lassen?«

»Ich glaube schon.«

»Aber Sie sind sich nicht sicher?«

»Nein.«

»Und dann haben Sie geschossen«, fasst Lasse die nachfolgenden Ereignisse zusammen.

»Zweimal«, bestätige ich. »Im nächsten Moment stürmten auch schon die Kollegen herbei, und Kommissarin Bell forderte mich auf, ihr meine Dienstpistole auszuhändigen. Jetzt hätte ich übrigens gern einen Schluck Wasser.«

Die Befragung zieht sich weitere zwanzig Minuten hin.

Nach manchen Sachverhalten, die ich bereits erläutert habe, fragen sie erneut, wenn auch mit anderem Wortlaut. Doch ich erkenne die Stolpersteine und bleibe stur bei meinen Aussagen. Schließlich bedankt sich Wiener für meine Kooperation und verkündet, dass das Gespräch damit beendet sei. Er beobachtet, wie Lasse das Tonbandgerät stoppt.

»Ist es wirklich aus?«, vergewissert sich der Ältere.

»Hundertprozentig.«

Wiener steht auf, geht um seinen Schreibtisch herum und streckt mir die Hand entgegen. Überrumpelt schüttle ich sie noch im Sitzen.

»Ich möchte Ihnen danken.«

»Das haben Sie schon«, erinnere ich ihn.

»Dann drücke ich mich klarer aus. Ich gratuliere Ihnen, weil Sie den Bastard erschossen haben.«

Verwundert erhebe ich mich, um nicht weiterhin zu ihm hochsehen zu müssen. »Ernsthaft?«

»Nach allem, was ich bislang gehört habe, wird es wohl schwierig werden, Lieberman die Taten nachzuweisen. An keinem der Tatorte haben die Ermittler verwertbare DNA-Spuren gefunden. Ohne Ihren Einsatz – so überhastet er gewesen sein mag – hätte der Mistkerl mithilfe eines gewieften Anwalts womöglich einen Freispruch erwirken können. Glauben Sie mir, ich habe in den vergangenen dreißig Dienstjahren zu oft erlebt, wie Gerichte Schuldige haben laufen lassen. Das kotzt mich so an.«

»Kann ich verstehen«, antworte ich möglichst neutral, da ich nicht weiß, ob mir der Polizeihauptkommissar eine Falle stellen will.

Wiener scheint meine Zurückhaltung richtig zu deuten. Er zwinkert mir zu, um danach erneut förmlich zu werden.

»Vorläufig bleiben Sie suspendiert, ich gehe jedoch davon aus, dass Sie in zwei bis drei Tagen wieder zum Dienst erscheinen dürfen. Bis dahin sollten Sie für uns greifbar sein, falls es aufgrund der Tonbandauswertung Rückfragen gibt.«

»Einverstanden.«

»Genießen Sie Ihre freie Zeit, und machen Sie sich keine Sorgen. Das wird in Ihrem Sinne ausgehen. Allerdings rate ich Ihnen eindringlich, immer bei Ihrer Aussage zu bleiben, dass Sie geglaubt haben, er hätte eine Axt in der Hand gehabt.«

»So war es ja auch.«

Wiener lächelt verschmitzt und dreht sich um. »Sie wissen, wie der Hase läuft. Respekt!«

* * *

Nachdem ich ein paar Kilometer zwischen mich und das Präsidium gebracht habe, halte ich in einer leeren Parkbucht und atme tief durch. Ich muss dringend mit jemandem reden, sonst werde ich wahnsinnig. Wenn Alexander nicht bei seinen Eltern wäre, würde ich wohl ihn kontaktieren, doch für einen Anruf zu Hause fühle ich mich zu erschöpft. Stattdessen suche ich Susans Nummer heraus.

»Hallo, mein Held«, meldet sie sich nach kurzem Klingeln erfreut.

»So habe ich mich gerade gar nicht gefühlt«, entgegne ich. Ich hatte sie gestern Abend angerufen und ihr von der bevorstehenden Befragung berichtet.

»Wie ist es gelaufen?«

»Ganz gut«, behaupte ich.

»Damit speist du mich aber nicht ab! Erzähl mehr!«

Ich fasse die Vernehmung in knappen Worten zusammen und erzähle ihr sogar, dass mir der Kommissar anschließend gratuliert hat.

»Dazu hatte er allen Grund«, meint Susan anerkennend. »Ich finde, du hast richtig gehandelt. Ein mieses Schwein weniger auf der Welt.«

»Hoffentlich sieht das die Kommission, die über meine berufliche Zukunft entscheidet, genauso«, erwidere ich.

»Bestimmt! Wann erfährst du das Ergebnis?«

»In ein paar Tagen.«

»Und was machst du bis dahin?«

»Ich hab noch keine konkreten Pläne.«

»Was hältst du davon, heute zu mir zu kommen?«, schlägt sie vor. »Wir haben uns ja seit Ewigkeiten nicht gesehen.«

»So kommt es mir auch vor«, sage ich schmunzelnd.

»Neunzehn Uhr?«

»Alles klar.«

»Ich freue mich. Bis später.« Mit einem Kussgeräusch beendet sie das Telefonat.

* * *

Statt direkt nach Hause zu fahren, lande ich in der Innenstadt und stelle meinen Wagen in einem Parkhaus ab. Ich schlendere durch eine Einkaufspassage, gönne mir zwei Kugeln Eis und betrachte die Auslagen in den Schaufenstern. Zwischendurch schaue ich immer mal wieder über die Schulter, um auszuschließen, dass mir Reporter oder sonstige Schmeißfliegen folgen, aber ich entdecke niemanden.

Als ich an einem Dessous-Geschäft vorbeikomme, beschließe ich spontan, Susan ein schönes Teil mitzubringen. So etwas macht man doch schließlich in einer normalen

Beziehung, der wir uns ja langsam annähern. Ich denke an Marc und seine Freundin Rafaela. Vielleicht sollte ich eher Schmuck besorgen? Andererseits, was hätte ich davon? Nein. Ein reizvolles Dessous scheint mir die bessere Wahl zu sein, denn daran werden wir beide Spaß haben. Ich betrete den Laden.

»Hallo«, begrüße ich die junge, hübsche Angestellte, die gerade Wäschestücke ordentlich aufhängt.

»Guten Tag«, erwidert sie und wendet sich mir zu.

Im nächsten Moment verziehen sich ihre dunkelrot geschminkten Lippen zu einem bezaubernden Lächeln.

»Sind Sie nicht der … Sie sind es, oder?«

»Wen meinen Sie?«

»Der Polizist, der den Serienmörder ausgeschaltet hat.«

»Ja«, gebe ich zu.

Begeistert kommt sie auf mich zu und schüttelt mir die Hand. Ihre Berührung elektrisiert mich.

»Dank Ihnen kann ich endlich wieder ruhig schlafen. Sie sind ein Held. Wow! Wenn ich das meinen Freundinnen erzähle. Sie hier! In meinem Geschäft! Wunderbar!«

Ihre Begeisterung wirkt plötzlich befremdlich auf mich. Ich versuche, mir nichts anmerken zu lassen, und trete ein paar Schritte zurück.

»Suchen Sie etwas Bestimmtes?«, schaltet sie in einen professionellen Modus um.

»Ich möchte meiner Liebsten eine Freude machen.«

»Was schwebt Ihnen vor?«

»Ich habe keine Ahnung.«

Die Verkäuferin lacht. »Wir werden schon etwas finden. Versprochen. Im Zweifel führe ich Ihnen einfach verschiedene Modelle vor. Macht mir nichts aus.«

Das glaube ich ihr aufs Wort.

Kapitel 21

Susan

Mit Alkohol könnte ich ihn zum Reden bringen. Und mit Kuchen. Genau. Das ist es. Ich werde ihn verwöhnen. Männer stehen darauf, wenn man für sie backt. Für sie ist das der ultimative Liebesbeweis, weil sie dann sicher sein können, Heilige und Hure in Personalunion an ihrer Seite zu haben. Irgendwie will jeder Mann eine Mischung aus Mutti und Sexbombe. Das einzige Problem: Ich kann nicht backen.

Im Internet wuhle ich mich durch zahllose Rezepte. Oje. Klingt gar nicht so einfach, wie ich mir das vorgestellt hatte. Mir schwebt eine Torte mit Widmung vor, die einem sofort ins Auge springt. Aber bei den halbwegs brauchbar aussehenden Backwaren werden lauter schwierige Zutaten wie Marzipanrohmasse und Gelatine gebraucht. Zudem sind mehrere Arbeitsgänge nötig, bei denen der Teig jeweils stundenlang ruhen muss. Das ist nichts für einen ungeduldigen Menschen wie mich. Bei mir muss es schnell gehen, zumal David schon heute Abend aufkreuzt.

Noch ein paar weitere Klicks, und die Entscheidung ist gefallen: Ich werde umgehend eine Konditorei aufsuchen.

»Wie lange würde es dauern, mir eine richtig eindrucksvolle Torte herzustellen? Mit Aufschrift, Dekor und allem Pipapo?«, frage ich die junge Verkäuferin in blütenweißer Schürze und hellblauen Rüschen.

»Wenn ich jetzt gleich in der Zentrale anrufe, müsste sie in zwei Tagen fertig sein.«

»Oh nein, so viel Zeit habe ich nicht. Ich brauche sie spätestens zum Feierabend.«

Sie reißt die Augen in ihrem Puppengesicht auf, sodass sie kugelrund erscheinen. »*Heute* Abend? Ähm, das geht leider nicht. Aber wir haben frischgebackene Torten in allen Größen vorrätig. Mögen Sie einmal schauen?« Sie weist auf die üppig bestückte Auslage.

»Hm, ich weiß nicht, ich möchte etwas Personalisiertes.« Ratlos schaut sie mich an, offenbar hat sie das Wort nie zuvor gehört. Nicht überheblich werden, ermahne ich mich selbst, Arroganz bringt mich nicht weiter. »Ich meinte, mit Zuckerschrift. Kann man meinen Text vielleicht einfach auf eine fertige Torte nachträglich draufschreiben?«

»Ja, das müsste funktionieren.« Sie atmet erleichtert auf. »Gefällt Ihnen denn eine hiervon? Eventuell die Torte aus Nougat, die ist recht schlicht. Da würde sich die bunte Schrift gut abheben. Meine Kollegin hat eine sehr ruhige Hand und könnte das sofort erledigen. Soll ich sie fragen?«

»Gerne! Ausgezeichnet, so machen wir das. Vielen Dank.«

***

Unter dem roten Morgenmantel aus Seide, der mir nur knapp über den Po reicht, bin ich nackt. Heute gebe ich alles. Zwei Flaschen Wodka, eine Torte und eine willige Frau – das sollte genügen. Betrunken habe ich David noch nie erlebt, und ob er sich überhaupt abfüllen lässt, weiß ich nicht. Leider ist er vermutlich nicht so dumm, unter Alkoholeinfluss ein Geständnis abzulegen, aber ich spekuliere darauf, dass zumindest seine Zunge etwas gelöst wird und er mir mehr über seinen Bruder erzählt. Keine Ahnung, ob ich richtig liege, aber mein Gefühl sagt mir, dass Alexander der Schlüssel zur Mordserie ist.

»Oha, ist das etwa für mich?«, frage ich überrascht, als David mit einer noblen Tragetasche aus festem, schwarzem Karton vor mir steht. Die Goldschrift verrät mir, dass sie aus dem nobelsten Dessous-Laden unserer Stadt stammt! Ich setze ein breites Grinsen auf, als er die Wohnungstür hinter sich schließt und die Tüte vor meinen Augen hin und her schwenkt.

»Klar. Oder glaubst du, ich ziehe selbst Damenunterwäsche an?«

»Das ist ja süß von dir«, schnurre ich wie ein rolliges Kätzchen und schmiege mich an ihn. »Ich dachte, du willst eine Beziehung auf Augenhöhe und findest Geschenke überflüssig.«

»Im Moment finde ich das Geschenk auch tatsächlich überflüssig«, sagt er und öffnet mit der freien Hand das Band meines Morgenmantels. »Wieso solltest du dich anziehen, wo du kaum noch was anhast? So wie jetzt ist es mir deutlich lieber.«

»Ich kann es ja hinterher anziehen …«

»Gute Idee, das regt den Appetit für die zweite Runde an«, raunt er, schiebt mich ins Schlafzimmer und fällt über mich her.

Wieder ist der Sex mit ihm großartig. Er verwöhnt mich auf eine Art und Weise, wie nur wenige Männer es hinbekommen. Besitzergreifend und doch nicht egoistisch. Dominant, ohne brutal zu sein. Eigentlich schwer nachzuvollziehen, warum er es trotzdem nötig haben sollte, unschuldige Frauen umzubringen. Es ist sogar völlig unverständlich. Wieso sollte ihm das, was er offensichtlich im Bett draufhat, nicht ausreichen? Und wann würde wohl der Schalter umgelegt werden? Wann der Punkt kommen, an dem er beschließt: Die Alte mache ich kalt?

Um mich kaltzumachen, müsste er schon äußerst geschickt vorgehen. Ich habe keine Angst. Hinter einer versteckt eingebauten Klappe am Kopfteil meines Bettes liegt eine Pistole, mit der ich ihm im Nullkommanichts das Gehirn aus dem Schädel pusten könnte. Im Nachttisch befindet sich ein Messer, das nur darauf wartet, an seine Kehle gehalten zu werden. In jedem Raum habe ich Waffen deponiert, falls er mit mir das vorhaben sollte, wovon ich ihm dringend abraten würde.

»Susan, du bist der Wahnsinn«, stöhnt er, als ich mit den Lippen tiefer wandere. »Du könntest mit deinen Tricks als Edelnutte arbeiten, weißt du das?«

Da ich anderweitig beschäftigt bin, kann ich nicht antworten. Er ist offenbar kurz davor, den Verstand zu verlieren. Und mich erregt es auf eine nahezu perverse Art, mit einem Killer Sex zu haben. Solch ein Monster zu beherrschen, gibt mir den ultimativen Kick. Auch wenn ich immer noch nicht weiß, ob er wirklich ein Mörder ist oder nicht.

»Hast du Durst?«, frage ich, als er verschwitzt auf mir liegt und mich anlächelt.

»Ich habe soeben vermutlich einen Liter Körperflüssigkeit verloren – natürlich habe ich Durst!«

»Gut, dann komm mit in die Küche, ich hab uns was vorbereitet. Außerdem will ich endlich mein Geschenk auspacken.«

Er greift neben sich auf den Boden, wo die schwarze Tüte steht. »Das kannst du hier machen. Hast du auch gleich was zum Anziehen.«

Vorsichtig winde ich mich aus seiner Umarmung und setze mich auf. Hoffentlich hat er keinen albernen Krankenschwestern- oder Kellnerinnendress gekauft. Erwartungsvoll löse ich die rote Kordel und öffne das knisternde Geschenkpapier. Der Kerl hat Geschmack! Ein cremefarbenes Negligé mit passendem Slip und halterlosen Strümpfen. Stilvoll und kein bisschen nuttig. Ergeben lächle ich ihn an.

»Sehr, sehr hübsch, David, danke.«

»Ich hoffe, ich habe die richtige Größe erwischt. Die Verkäuferin war unglaublich engagiert. Wenn ich geahnt hätte, wie zuvorkommend man beim Einkauf von Unterwäsche behandelt wird, hätte ich das schon öfter gemacht.«

»Haha, tja, man lernt nie aus. Die Größe ist genau richtig.«

Ich schwinge mich aus dem Bett, schlüpfe in die seidigen Dessous und werfe ihm einen kessen Blick über die Schulter zu. »Kommst du?«

Nachdem er sich seine Boxershorts angezogen hat, folgt er mir in die Küche. Zwischen Tellern, Kuchengabeln und Longdrink-Gläsern thront mitten auf dem Tisch seine Torte. Im Flaschenkühler daneben wartet der hoffentlich eiskalte Wodka.

»Wow.« Entzückt betrachtet er den Kuchen, auf dem in hellblauer Schnörkelschrift *Mein Held* geschrieben steht. Den Rand hat die Konditorin mit gleichfarbigen Zuckerherzen versehen. Wenn man es nicht besser wüsste, könnte man wirklich denken, der Kuchen wäre extra für ihn gebacken worden.

»Süße Susan, du verwöhnst mich!« Er drückt mir einen Kuss auf die Stirn.

»Lass uns anstoßen«, sage ich und schenke uns die Gläser voll. Gott sei Dank – kalt.

»Ich muss dich warnen: Vielleicht bin ich doch kein Held, sondern ein Schlappschwanz. Viel vertrage ich nämlich nicht. Zwei, drei Drinks, und ich bin total betrunken.«

Gut. Das ist wahnsinnig gut. Dann singt mein Vögelchen hoffentlich.

»Ach, ich vertrage auch nichts«, behaupte ich. Dabei habe ich bereits als Teenager sämtliche Jungs unter den Tisch gesoffen. Niemand weiß, warum ich so viel abkann, eine logische Erklärung gibt es dafür jedenfalls nicht. Weder trinke ich ständig Alkohol, noch bin ich Quartalssäuferin. Ich vermute, es liegt daran, dass ich mich mehr als andere Menschen im Griff habe. Ich hasse Kontrollverlust und kämpfe vehement dagegen an, wenn ich merke, dass meine Sinne sich benebeln. Ich hebe mein Glas und proste ihm zu. »Auf uns!«

Anfangs nippt er lediglich an seinem Wodka, doch offenbar will er tatsächlich vermeiden, dass ich ihn für ein Weichei halte, und trinkt wenig später einen großen Schluck. Innerhalb kürzester Zeit haben wir unsere Gläser geleert. Ich schneide die Torte an, reiche ihm ein Stück und setze mich mit meinem Teller auf die Arbeitsfläche, sodass meine Beine herunterbaumeln. David nimmt auf einem Stuhl Platz, füllt sich Wodka nach und fängt an zu essen.

»Hm, köstlich. Morgen habe ich ein Kilo mehr auf den Rippen.«

»I wo, das trainieren wir wieder ab.«

»Soso, gleich noch mal?«

»Natürlich«, bestätige ich. »Aber erstmal Kraft tanken. Außerdem finde ich Sex mit einem kleinen Schwips reizvoll. Hatte ich ewig nicht.«

»Du bist mir ja eine. Na gut, du hast recht, man sollte

sich auch mal gehen lassen. Es ist so wichtig, im Hier und Jetzt zu leben.«

»Denkst du nicht gerne an die Vergangenheit?«, nutze ich die Chance.

»Eher nicht.« Sein Lächeln erlischt. In hastigen Zügen leert er den zweiten Wodka. Das klappt ja wie am Schnürchen. »War alles nicht so prickelnd in meiner Kindheit, falls du *die* Vergangenheit meinst.«

»Wir haben doch alle mit unserer Familie zu kämpfen. Davon kann man sich nicht freimachen, keine Chance. Ich hatte es früher jedenfalls alles andere als geborgen und fühlte mich immer furchtbar allein und unverstanden.«

»Hm«, brummt er. »Ich weiß, was du meinst. So einer war ich auch.«

»Du hattest immerhin deinen Bruder. Um das Verhältnis zu Alexander beneide ich dich wirklich. Es muss schön sein, jemanden zu haben, dem man voll und ganz vertraut und der alles von einem weiß.«

»Stimmt schon, wir haben eine ungewöhnlich innige Beziehung. Angeblich verbindet es ja sehr, wenn man gemeinsam schlechte Zeiten erlebt hat. Vielleicht hänge ich deshalb so an Alex. Ohne ihn hätte ich das alles nie durchgestanden. Er war *wirklich* mein Held.«

»Du bist auch mein Held«, wispere ich, rutsche von der Arbeitsplatte und kuschle mich auf seinen Schoss. »Was ist denn damals nur geschehen, dass du auf einmal so traurig aussiehst?«

»Ach, nicht der Rede wert. Ich möchte dich nicht langweilen.«

»Du langweilst mich nicht. Mich interessiert deine Familiengeschichte. Ich weiß ja, dass du nicht gut fandst, wie ich Alexander über dich ausgefragt habe. Aber inzwischen kenne ich dich schon ein bisschen besser und würde so gern aus deinem Mund hören, was damals passiert ist.«

»Jetzt bin ich richtig froh über den Wodka. Alkohol ist auch eine Lösung«, scherzt er und kneift mir albern in den Hintern.

Wir genehmigen uns einen weiteren Drink. Er bekommt gar nicht mit, dass ich weniger trinke als er, so sehr ist er mit sich beschäftigt. Allmählich fängt er schon an zu lallen. »Mein Vater war ein solches Arschloch, Susan, das ahnst du nicht. Mich hat er meistens verschont, doch was meine arme Mutter aushalten musste …«

Ich schlinge die Arme um seinen Hals. »Wie furchtbar für euch. Und du musstest tatenlos zusehen?«

»Ja, ich war doch ein Kind. Ein Nichts. Wahrscheinlich habe ich sowieso nur die Spitze des Eisbergs mitgekriegt. Wer weiß, was er noch alles mit ihr angestellt hat, wenn ich in der Schule war oder geschlafen habe. Es reichte aus, dass ihm ihr Essen nicht geschmeckt hat, und schon setzte es eine Tracht Prügel. Dummerweise wechselten seine Launen ständig. Man konnte sich einfach auf nichts einstellen. Ich war immer auf der Hut. Sie auch. Bis … na ja. Ich glaub, ich hab schon gewaltig einen sitzen. Füllst du mich etwa ab?«

»Ich? Haha, Quatsch. Mir ist selbst schon ganz schummrig. Dass du nicht über den vermutlich schlimmsten Tag deines Lebens sprechen magst, kann ich mir vorstellen. Du hast bestimmt ein Trauma erlitten. Gut, dass Alexanders Eltern sich um dich gekümmert haben.«

»Und Alex hat sich um mich gekümmert«, lallt er. »Mein großer Bruder. Mein großer *Fast*-Bruder!«

»Wie war es denn, als du zu ihnen gekommen bist? Für den kleinen traumatisierten Jungen, der du warst, muss es doch sehr schwierig gewesen sein, sich in der fremden Umgebung einzuleben. Alles neu, alles anders.«

»Zuerst ging's, was mich im Nachhinein selbst wundert. An meine Mutter durfte ich nicht denken, dann fing ich sofort an zu heulen. Aber insgesamt war ich wohl erleichtert, der ständigen Gewalt entkommen zu sein. Ich orientierte mich komplett an Alex.«

»Zuerst? Und was war später?«

»Ach, Baby, lass uns noch mal ins Bett gehen, bevor ich nicht mehr kann. Du siehst so scharf aus in dem Fummel. Ich fänd's wahnsinnig ärgerlich, wenn mein kleiner David versagt.«

Gierig steckt er seine Nase in mein Dekolleté. Erregend finde ich ihn jetzt nicht mehr. Betrunkene Männer sind widerlich. Doch da muss ich durch. Ich streichle ihm anzüglich über die Hose und setze das Verhör fort.

»Das wäre wirklich sehr ärgerlich, Süßer. Nun sag mir noch schnell, was du für Probleme mit Alexander hattest, dann geht es in die zweite Runde.«

»Ich hatte noch nie … noch nie, ich schwöre … noch nie hatte ich Probleme mit Alex! Er hat sogar zu mir gehalten, als ich Schwierig…, äh, Schwierigkeiten gemacht habe.«

»Schwierigkeiten? In der Pubertät, oder wann?«

»Ach, keine Ahnung, zu lange her. Ich will es sofort mit dir treiben, Abmarsch, dies ist ein Befehl der Polizei!«

Zwanzig Minuten später liegt er neben mir und schnarcht. Endlich habe ich Gelegenheit, die neuen Informationen in Ruhe durchzugehen. Vorhin war das nicht möglich, denn David hat mich dermaßen ungeschickt geliebt, dass die Vorstellung, er könnte ein Serienmörder sein, geradezu absurd erscheint. Er frisst mir ja förmlich aus der Hand. Wie ich es auch drehe und wende – ich kann mir einfach keinen Reim darauf machen, wie Durchschnittstyp und Killer zusammenpassen sollen.

Alexander hingegen wird immer rätselhafter. David versucht, ihn zu decken, ihm eine weiße Weste zu verpassen. Er lässt absolut nichts auf seinen großen Ziehbruder kommen. Doch warum? Weil Alex die Frauen umgebracht hat? Oder weil David ihn dabei sogar unterstützt hat? Was verbindet die beiden, außer ihrer Zufallsverwandtschaft?

Kapitel 22

Der Bruder

Die ungewohnten Geräusche im Haus reißen mich aus dem Schlaf. Ich taste im Dunkeln nach meiner Armbanduhr, die ich gestern Abend auf den kleinen Nachttisch gelegt habe.

»Oh nein«, stöhne ich, nachdem ich das Ziffernblatt beleuchtet habe. »Scheiße!«

Es ist kurz nach fünf – selbst für einen Menschen wie mich, der mit wenig Nachtruhe auskommt, eindeutig zu früh. Ich drehe mich auf die Seite, um wieder einzuschlafen, merke jedoch schnell, dass es sinnlos ist.

Wann war ich eigentlich das letzte Mal über Nacht in diesem Haus? In den vergangenen Jahren bin ich meistens vormittags angereist und nach dem Abendbrot wieder aufgebrochen. Meinen Eltern fehlt jedes Verständnis für mein Leben. Die Schriftstellerei sehen sie nicht als ernst zu nehmenden Beruf an.

Sogar als ich auf den Bestsellerlisten stand, musste ich mir von meinem Vater die Frage gefallen lassen, ob ich irgendwann auch wieder *richtig* arbeiten würde. Insofern haben wir uns meist rasch nichts mehr zu sagen und kaschieren das, indem wir unser Wiedersehen möglichst knapphalten.

Doch diesmal bin ich aus einem bestimmten Grund in meine Heimat gefahren. Eine Literaturzeitschrift hat mir den Auftrag erteilt, einen Essay über meine Jugendjahre zu verfassen. Sie zahlen tausendfünfhundert, wenn ich viertausend Wörter und acht Fotos abliefere. Das Honorar erhöht sich um fünfhundert, wenn ich zusätzlich Videomaterial erstelle, das sie online verwenden können.

Keine überragende Bezahlung, aber in meiner aktuellen finanziellen Situation durchaus hilfreich. Ich habe beschlossen, das Ganze als Reise in die Vergangenheit aufzuziehen. Wo habe ich mich früher gern aufgehalten, und was ist aus den Orten geworden?

Ich hatte David unter anderem wegen dieses Projekts gebeten, nachzukommen, denn ich hätte ihn als Person einbauen können, um die notwendige Wörterzahl zusammenzukriegen. Nun muss es eben ohne ihn gehen.

Als ich um halb sechs die Toilettenspülung höre, gebe ich endgültig auf. Sobald meine Eltern wach sind, kriege ich in dem hellhörigen Haus ohnehin kein Auge mehr zu. Dann kann ich auch gleich aufstehen.

***

Während ich noch im Auto sitze, nutze ich die Diktierfunktion meines Handys, um ein paar Stichworte aufzusprechen.

»Das Café Elise war in meiner Pubertät *der* Anlaufpunkt für die Jugendlichen der Stadt. Hier traf man sich, da es außer einer Eisdiele und einem winzigen Kino sonst nichts gab. Der Name des Cafés geht auf seine erste Besitzerin Elise Goldbeck zurück. Von meinen Eltern weiß ich, dass sie vor gut zehn Jahren gestorben ist und ihre Nichte Melanie den Laden übernommen hat. Mal schauen, ob ich da an einem Werktag überhaupt jemanden antreffe, den ich kenne.«

Ich steige aus und gehe langsam Richtung Eingang. Soweit ich das auf den ersten Blick erkennen kann, hat sich zumindest außen nichts verändert. Ich erreiche den überdachten Bereich vor dem Eingang und ziehe die Tür auf. Geläut ertönt – genau wie früher.

An einem Tisch sitzt ein Paar mit zwei kleinen Kindern. Ein reichhaltiges Frühstück ist vor ihnen aufgebaut. Bei ihrem Anblick regt sich keinerlei Erinnerung. Entweder Zugezogene oder Leute auf der Durchreise – wozu das Wohnmobil auf dem Parkplatz passen würde.

Hinter dem Tresen blättert eine etwa fünfunddreißigjährige Frau in einer Illustrierten. Sie blickt zu mir hoch und stockt. Plötzlich lächelt sie breit.

»Das gibt's doch nicht. Alexander!« Ohne noch einmal hineinzusehen, schlägt sie die Zeitschrift zu. Offenbar bin ich interessanter als die bebilderten Berichte über Prominente im fernen Hollywood.

»Melanie!«, begrüße ich sie. »Schön, dich zu sehen.« Ich trete an die Theke und reiche ihr die Hand.

»Gleichfalls. Seit wann bist du in der Stadt?«

»Seit gestern.«

»Bleibst du länger?«

»Wahrscheinlich ein paar Tage«, erwidere ich vage.

»Dann musst du unbedingt noch einmal hereinschauen. Ich würde mir gern Bücher von dir signieren lassen. Du Superstar!«

»Du übertreibst maßlos!«

»Im Gegenteil. Du bist mein Lieblingsschriftsteller. Deine Thriller sind unglaublich spannend. Realistisch. Manchmal denke ich mir: ›Oha, wer so eine Fantasie hat, vor dem muss man sich in Acht nehmen.‹«

Ich ziehe einen Hocker zurück und setze mich darauf. An der Wand hinter Melanie hängt eine Tafel mit den Getränken, die sie im Angebot hat. Darunter steht ein moderner Kaffeeautomat.

»Machst du mir einen Cappuccino? Der Filterkaffee bei meinen Eltern war wieder mal ungenießbar.«

»Na klar. Meiner wird dir schmecken.« Sie dreht mir den Rücken zu und stellt eine große Tasse unter den Auslauf. Dann drückt sie auf eine Taste. Während die Bohnen gemahlen werden, schäumt sie in einer silbernen Kanne Milch auf. Am Schluss verziert sie die Milchhaube mit ein wenig Kakaopulver. »Genieß ihn!«

»Danke.«

»Arbeitest du gerade an einem neuen Thriller?«

»Ich arbeite immer«, antworte ich schmunzelnd. »In der Stadt bin ich allerdings aus anderen Gründen.«

»Aber nicht wegen der Beerdigung, oder?«

»Beerdigung?«

»Haben dir deine Eltern das nicht erzählt? Frauke Siebers ist gestorben. Sie wird ...« Melanie blickt auf ihre Armbanduhr. »Die Trauerfeier läuft seit etwa einer halben Stunde. Anschließend will ein Teil der Trauergäste hierherkommen. Ich habe in der Küche bereits alles angerichtet.«

»Frau Sievers«, murmle ich. »Meine Grundschullehrerin.«

»Vierundachtzig ist sie geworden. Komisch, dass du das nicht wusstest.«

»Frau Sievers und meine Eltern hatten ein paar Differenzen. Oder anders ausgedrückt: Sie konnten sich nicht ausstehen. Die Sievers war wohl an meinem Vater interessiert, bevor er meine Mutter kennengelernt hat.«

»Ist ja witzig. Du wärst also beinahe ein Pädagogenkind geworden?«

»Gott bewahre.« Ich trinke einen Schluck.

»Was führt dich denn dann hierher?«

Mir fällt auf, dass sich Melanie etwas zu weit über die Theke beugt. So komme ich in den Genuss, ihr tief in den Ausschnitt zu blicken. Sie war schon früher leicht zu haben, hat allerdings keine Beziehung geführt, die länger als vier Monate dauerte. Zwischen uns beiden lief nie etwas, sie entsprach einfach nicht meinem Frauengeschmack.

»Ich soll für eine Literaturzeitschrift etwas über meine Teenagerjahre schreiben.«

»Wow. Du bist so berühmt.« Ihr Augenaufschlag und die gehauchten Worte wirken eher peinlich als erotisch.

»Ich kann ganz gut davon leben«, erwidere ich, lasse die Rückschläge der letzten Zeit aber lieber unerwähnt.

»Schaffst du es, heute Abend vorbeizukommen? Vielleicht nach Feierabend? Ich würde die Bücher von zu Hause holen, sobald Jette hier ist. Sie übernimmt nämlich immer die Nachmittagsstunden, wenn kaum was los ist.«

»Deine kleine Cousine Jette?«

»Klein? Die ist zwanzig«, klärt mich Melanie auf.

»Wahnsinn!«

»Haben wir nachher ein Date?«

Ehe ich mir eine diplomatische Antwort zurechtlegen kann, lenken uns Motorengeräusche ab. Eine Wagenkolonne nähert sich. Die ersten biegen bereits auf den Parkplatz ein.

»Ist die Trauerfeier schon zu Ende? Mist! Nicht vom Fleck rühren. Ich muss eben die Schnittchen aus dem Kühlschrank holen.«

Ob ich ihr meine Hilfe anbieten sollte? Doch wahrscheinlich würde sie die Geste missverstehen und sich unnötig Hoffnungen machen. Also bleibe ich sitzen und genieße den Rest meines Cappuccinos.

Als Melanie mit zwei Tabletts zurückkehrt, öffnet sich die Tür des Cafés. Die Neuankömmlinge sind alle schwarz gekleidet. Sie unterhalten sich jedoch keineswegs gedämpft, sondern klingen geradezu fröhlich – zumindest bis zu dem Moment, in dem ich von einem der Männer erkannt werde.

»Was willst du denn hier?«, fragt er, ohne mich zuvor in irgendeiner Weise zu begrüßen.

Ich blicke ihn kurz an und nippe dann noch einmal an der leeren Kaffeetasse. »Wüsste nicht, was ausgerechnet dich das angeht.«

»Eine ganze Menge«, behauptet er.

Melanie merkt, wie die Stimmung umschlägt, und versucht zu vermitteln. »Ich habe hinten alles für euch vorbereitet. Geht bitte schon mal durch. Ich komme gleich und nehme die Getränkebestellungen auf.«

Die meisten folgen ihrer Aufforderung. Aber drei Trauergäste, die ich nur zu gut aus meiner Kindheit kenne, bauen sich vor mir auf. Rainer, Frank und Juliane. Wir sind im selben Alter und waren lange Zeit Freunde – bis zu einem gewissen Ereignis kurz nach meinem siebzehnten Geburtstag. Demonstrativ gelassen hole ich den zum Cappuccino servierten Keks aus der roten Verpackung und beiße ein Stück ab.

»Wie es der Zufall will, musste ich in den vergangenen Tagen oft an dich denken«, erklärt Rainer. »An dich und deinen *Bruder*«, fügt er verächtlich hinzu.

»Schön für dich«, murmle ich.

»David soll ein Held sein? Dass ich nicht lache!«, schleudert er mir entgegen.

»Und du ein erfolgreicher Schriftsteller«, mischt sich Frank ein. »Wundert mich nicht. Woher deine kranke Fantasie kommt, wissen wir alle nur zu genau.«

»Lasst mich einfach in Ruhe! Geht zu den anderen und schnorrt euch auf Frau Sievers' Kosten durch.«

»Von dir lasse ich mir nichts befehlen!«, zischt Rainer.

Mein Blick wandert genervt zu den anderen Trauergästen. Die meisten sind in Frau Sievers' Alter. Lediglich eine Frau sticht heraus. Meike Cramer. Sie ist zwar im Gespräch, schaut aber immer wieder zu uns herüber. Auch Meike hat der alten Clique angehört. Erstaunlich, dass sie mich nicht ebenfalls bedrängt, sie war schließlich Jasmins beste Freundin.

»Ich hab schon überlegt, ob sich die Medien für die damaligen Geschehnisse interessieren würden«, meint Juliane.

Wütend schaue ich sie an. »Warum sollten sie?«

»Nun ja. David wird als Held verehrt, und du bist berühmt. Was meint ihr, Jungs, was springt dabei für uns raus?«

»Mindestens eine vierstellige Summe«, vermutet Frank.

»Eine Klage wegen Verleumdung«, entgegne ich und schiebe den Hocker nach hinten.

»Drohst du uns?«, faucht Rainer.

»Nein! Ich mache euch nur darauf aufmerksam, dass ich verdammt gute Anwälte habe.«

»Scheiß Großstädter! Damit jagst du mir keine Angst ein. Wir haben auch gute Anwälte.«

»Die sich in Medienrecht auskennen? Würde mich wundern. Böswillige Verleumdungen könnten sich negativ auf meine Verkaufszahlen auswirken. Die entgangenen Einnahmen würde ich mir von euch zurückholen.« Ich entnehme meinem Portemonnaie einen Fünfer und klemme ihn unter die Kaffeetasse.

»Schwachsinn! Wir würden ja bloß über die Rolle deines Bruders bei Jasmins Tod reden«, klärt mich Frank auf. »Die

Verbindung zu dir würden die Pressefritzen bestimmt ganz allein herstellen. Irgendwo lassen sich die alten Akten garantiert auftreiben.«

»Es war ein Unfall«, erinnere ich ihn.

»Behauptet ihr!«, entgegnet Rainer.

Ich trete dicht vor ihn und starre ihn wütend an. Da er knapp zehn Zentimeter kleiner ist als ich, muss er zu mir aufblicken. »Unterstellst du mir, dass ich lüge?«

»Genau das tue ich. Ihr habt damals gelogen! Das steht fest!«

»Das hat die Polizei aber anders gesehen. Meinst du, sie hätten uns absichtlich gedeckt? Das ist doch totaler Schwachsinn.«

»Sie konnten es euch halt nicht beweisen und hatten keine Lust auf eine langwierige Ermittlung.«

»Bullshit!«

Das Verlangen, ihm einen überraschenden Schlag in die Magengrube zu versetzen, wird immer stärker. Trotzdem beherrsche ich mich und zwänge mich schließlich an ihm vorbei Richtung Ausgang.

»Verpiss dich ruhig!«, ruft mir Frank hinterher.

Ich drehe mich noch einmal um und strecke ihm den Mittelfinger entgegen.

Wäre ich bloß nicht hierher zurückgekehrt. Die Reportage lässt sich wahrscheinlich auch aus der Erinnerung schreiben. Ich hätte mir eine Menge Ärger ersparen können, wenn ich außerhalb ihres Radars geblieben wäre.

***

Vor dem Haus meiner Eltern bleibe ich im Auto sitzen. Ob sie sich wundern, wenn ich ihnen eröffne, dass ich doch schon wieder abreise? Oder werden sie sogar erleichtert sein? Jasmins Tod und die Fragen, die anschließend auftauchten, haben nicht bloß ihr Verhältnis zu David erschüttert. Sie haben auch die Beziehung zwischen ihnen und mir beschädigt. Daran haben selbst großzügige Geschenke wie ein Auto nichts geändert.

Gedanklich gehe ich die Erinnerungsorte durch, über die ich schreiben will. Einige müsste ich für den Artikel fotografieren, aber das kann ich auch vom Wagen aus erledigen. Es gibt keinen Grund, weitere Begegnungen mit Leuten aus meiner Vergangenheit zu riskieren.

Als ich aussteige, bemerke ich einen stahlgrauen, altersschwachen Kleinwagen, der in unsere Straße biegt. Ich erkenne das Kennzeichen, bevor ich die Fahrerin sehe.

Was will die denn hier? Gerade eben hat sie sich doch als Einzige einigermaßen anständig verhalten. Da ich keine Hoffnung hege, dass sie zufällig hier auftaucht, lehne ich mich gegen den Kofferraum und warte.

Meike stoppt drei Meter vor meinen Füßen und öffnet eilig die Fahrertür.

»Versuchst du, dich aus dem Staub zu machen?«, fragt sie aggressiv.

»Bist du genauso bescheuert wie die anderen? Ich hätte dich klüger eingeschätzt.«

»Du hast recht«, entgegnet sie mit einem triumphierenden Unterton in der Stimme, der mich beunruhigt. »Ich *bin* klüger als die anderen. Immerhin bin ich die Einzige, die die Wahrheit herausgefunden hat.«

»Wovon redest du?«

Sie sieht mich herausfordernd an. »David ist schuld an Jasmins Tod.«

»Ich kann diesen Scheiß nicht mehr hören!«, fluche ich. »Warum geben alle ihm die Schuld? Jasmin ist auf einem zugefrorenen Teich eingebrochen, weil sie sich zu früh mit ihren beschissenen Schlittschuhen darauf getraut hat. Was kann mein Bruder dafür, dass sie ertrunken ist?«

»Ihr wart in der Nähe!«

»Ja. Wir sind durch die Gegend gestreunt. Irgendwann haben wir ihre Hilferufe gehört und versucht, sie zu retten.«

»Du warst siebzehn. Die Zeiten, in denen du gemeinsam etwas mit deinem fünfzehnjährigen Bruder unternommen hast, waren lange vorbei.«

»An dem Tag war es halt anders. Wahrscheinlich hatte ich Langeweile. Oder Mitleid, weil er keine Freunde hatte.«

»Er hat sie verfolgt.«

»Spinnst du?«

»Jasmin und ich waren beste Freundinnen. Erinnerst du dich?«

»Und sie hat dir erzählt, dass er sie verfolgt hat?«, frage ich vorsichtig.

»Nein. Es stand in ihrem Tagebuch.«

Überrascht sehe ich sie an. »Welches Tagebuch?«

»Das, was seit über einem Jahrzehnt bei mir zu Hause liegt.«

»Wieso bei dir?«

»Als ich von dem Unglück gehört habe, bin ich zu Jasmins Eltern gefahren, um sie zu trösten. In einem unbeobachteten Moment bin ich in ihr Zimmer geschlichen und habe das Buch eingesteckt.«

»Warum das denn?«

»Sie hatte Sachen über mich geschrieben, die niemand erfahren durfte. Es wäre mein Untergang gewesen.«

»Ihr wart Lesben«, folgere ich beinahe amüsiert.

Genervt schüttelt sie den Kopf. »Ihr Männer denkt immer nur an Sex. Wir haben mit Drogen experimentiert, und sie hat alles haarklein notiert. Wie der Trip für mich war, wie für sie. Ich hatte Angst, deswegen im Knast zu landen. Oder zumindest nicht zur Abi-Prüfung zugelassen zu werden. Was weiß man schon als Siebzehnjährige? Kannst du dir meine Überraschung vorstellen, als ich das Tagebuch durchgeblättert habe? Sie hat bestimmt von einem Dutzend unheimlicher Begegnungen mit David berichtet. Er war besessen von ihr.«

»Ist das dein Beweis?«, frage ich und versuche, überheblich zu klingen.

»Der Teich ist vor einigen Jahren ausgetrocknet. Rate, was am Grund lag.«

»Sag es mir!«

»Ein großer Stein, der dort nicht hingehört hätte. Von mir und ein paar anderen abgesehen, hat den Fund niemand mit Jasmins Tod in Verbindung gebracht. Ich habe jedoch meine ganz eigene Theorie. David hat den Stein absichtlich aufs Eis geworfen, und nur deshalb ist Jasmin eingebrochen und ertrunken.«

Ich stoße einen empörten Laut aus, der ihr klarmachen soll, wie weit hergeholt ihre Idee ist.

»Wieso hast du ihn eigentlich gedeckt und behauptet, ihr wärt zusammen unterwegs gewesen?«

»Das war die Wahrheit.«

»Du bist ein schlechter Lügner.«

»Und du eine noch viel schlechtere Geschichtenerzählerin. Die Leser würden mir meine Bücher um die Ohren hauen, wenn ich sie mit derart abwegigen Vermutungen abspeisen würde.«

»Tja, mal sehen, wie sie reagieren, wenn rauskommt, dass du einem Mörder geholfen hast.«

»Auch gegen deine Verleumdungen werde ich knallhart vorgehen«, warne ich sie.

Meike zuckt lässig mit den Achseln. »Darauf lasse ich es ankommen, ich habe schließlich nichts zu verlieren. In meinem Leben ist in den letzten Jahren alles schiefgegangen. Aber jetzt dreht sich der Wind. Die Medien werden mir garantiert einen ansehnlichen Betrag für das Tagebuch zahlen. Der strahlende Streifenpolizist David Storm. Ein besessener Stalker, der von dem erfolgreichen Krimiautor Alexander Storm gedeckt wird. Wie viel schätzt du, bringt das ein? Fünfzehn Mille? Zwanzig?«

»Lächerlich! Du kriegst keine fünfhundert.«

»Tja. Ehrlich gesagt, würden mir zehntausend reichen, um aus dem gröbsten Schlamassel rauszukommen. Ich gebe dir vierundzwanzig Stunden, um mir das Geld zu besorgen.« Sie tritt an die Fahrerseite ihres Autos und umklammert den Türrahmen.

»Spinnst du?«

»Vierundzwanzig Stunden. Für zehn Mille überlasse ich euch das Tagebuch. Andernfalls kontaktiere ich Fernsehsender und Zeitungen. Irgendwer wird mir die Kohle bezahlen. Rede mit David! Sein guter Ruf ist ihm bestimmt einiges wert. Wo er gerade so gefeiert wird.«

Meike steigt in ihren Wagen, und ich sehe ihr fassungslos hinterher.

Unglaublich, wie nahe sie der Wahrheit gekommen ist.

Ja, David war damals wie besessen von Jasmin. Ist ihr gefolgt. Auch an jenem verhängnisvollen Tag. Erstaunlicherweise ist ihr nie aufgefallen, dass auch ich hinter ihr her war. Offenbar habe ich mich bei meinen Nachstellungen geschickter verhalten.

Der folgenreiche Wintertag spielt sich vor meinem inneren Auge so deutlich ab, als wäre es gestern gewesen. Wir wussten beide, wohin Jasmin gehen würde, denn unabhängig voneinander hatten wir sie in den Tagen zuvor beobachtet, wie sie auf der Eisfläche Pirouetten übte. Also warteten wir nachmittags in der Nähe des Teiches, jeder für sich. Und überraschten einander. Wollten wissen, was der andere dort zu suchen hatte. Dann tauchte sie auf und brachte uns in unserem Versteck zum Schweigen. Während ich mich damit zufriedengab, sie zu beobachten, griff David plötzlich zu einem schweren Stein und lief zu ihr. Ich weiß bis heute nicht, warum. Wollte er es seinem großen Bruder beweisen? Ich erinnere mich, wie sie erschrocken zusammenzuckte. Er verlangte, dass sie ihr Oberteil auszog. Sie lachte ihn aus. Forderte ihn auf, zu verschwinden. Ohne Vorwarnung warf er ihr den schweren Brocken direkt vor die Füße. Da es in der Nacht getaut hatte und die Eisfläche ohnehin noch nicht so dick war, reichte der Aufprall, um das Eis zu brechen. Mit einem spitzen Schrei versank sie im Wasser. David blieb wie angewurzelt am Ufer stehen. Sah zu, wie sie kämpfte, um an der Oberfläche zu bleiben. Kam ihr nicht zu Hilfe. Genauso wenig wie ich. Ich trage beinahe die gleiche Schuld. Konnte mich nicht von ihrem Anblick lösen. Bis sie endgültig unterging.

Es dauerte ein paar Minuten, ehe wir realisierten, was passiert war. Ehe wir wussten, dass wir uns eine Geschichte ausdenken mussten, um keinen Ärger zu bekommen. Die Bedenken, die dennoch aufkamen, hatten sicher mit Davids Vergangenheit zu tun. Er war in der Kleinstadt immer ein Außenseiter geblieben. Die Leute hätten ihn gern für den

Tod der Schulschönheit verantwortlich gemacht. Doch die Bullen glaubten uns: Wir waren gemeinsam durch die Landschaft gestreunt und hatten uns über Gott und die Welt unterhalten. Brudergespräche geführt. Bis wir einen Schrei hörten. Wir waren sofort in die Richtung gerannt und hatten das Loch im Eis gesehen. Da wir unser eigenes Leben nicht riskieren wollten, waren wir zu unserem Elternhaus zurückgelaufen und hatten die Polizei alarmiert. Die konnten Jasmin nur noch tot aus dem Wasser fischen. Ende der Erzählung.

Lässt uns Meike nach so vielen Jahren auffliegen?

Ich greife zum Handy, um David zu informieren, werde aber direkt zu seiner Mailbox umgeleitet.

»Du musst dringend herkommen. Es geht um J. Ruf mich so schnell wie möglich zurück.«

Kapitel 23

Der Polizist

»Ich mache mich sofort auf den Weg«, erkläre ich meinem Vorgesetzten am Telefon, während ich aus Susans Wohnzimmerfenster blicke.

»Wie lange brauchen Sie?«

»Zwanzig Minuten, höchstens.«

»Beeilen Sie sich!«

Er legt auf, trotzdem halte ich mir noch eine Weile das Handy ans Ohr, um mich ein wenig zu sammeln. Frankowskis schroffe Art zu telefonieren ist zwar weithin bekannt, doch gerade wirkte er besonders kühl.

»Bis gleich«, sage ich schließlich. Ich kann Susans Anwesenheit in meinem Rücken deutlich spüren.

Kaum habe ich das Smartphone beiseitegelegt, schmiegt sie sich an mich.

»Gibt's Probleme?«, fragt sie.

»Ich soll sofort ins Präsidium kommen.«

»Weswegen denn?«

»Hat mein Chef nicht gesagt.«

»Vielleicht gibt es Personalmangel, und sie heben deine lächerliche Suspendierung auf.«

»Das wäre gut. Wobei mir die freien Tage auch gefallen haben.« Ich drehe mich um und gebe ihr einen flüchtigen Kuss. Gedanklich bin ich jedoch ganz woanders.

***

»Sie sollen sich bei der Dienstaufsicht melden«, erklärt mir Frankowski, sobald ich sein Büro betreten habe.

»Aus einem bestimmten Grund? Wird die Suspendierung aufgehoben?«

Mein Chef verzieht den Mund. »Die Kollegen setzen Sie ins Bild. Ich will da nichts vorwegnehmen. Aber ich informiere Polizeihauptkommissar Wiener, dass Sie eingetroffen sind.«

»Danke.«

Als ich im Treppenhaus an der dritten Etage vorbeilaufe, öffnet sich die Zwischentür, und Eva Bell kommt mir entgegen.

»Hi, David«, sagt sie verwundert. Anscheinend hat sie nicht damit gerechnet, mich hier zu sehen.

»Du jetzt auch?«

»Was meinst du?«

»Seitdem ich das Präsidium betreten habe, werde ich wie ein Aussätziger angestarrt. Ich soll bei den Internen antanzen, allerdings verrät mir mein Chef nicht, warum.«

»Es gibt neue Entwicklungen im Fall Lieberman.«

»Welche?«

»Lass dir das von den Kollegen erklären. Ich muss eh zu einem Einsatz.«

Sie klopft mir aufmunternd auf die Schulter und macht sich auf den Weg nach unten. Ich schaue ihr einen Moment hinterher, dann raffe ich mich auf und nehme die letzten Stufen im Eiltempo.

Die Tür zu Wieners Büro steht offen. Er sieht mich, als ich noch ein paar Schritte entfernt bin.

»Herr Storm«, ruft er.

Wieder kein Dienstgrad.

»Herr Hauptkommissar.« Ich betrete den Raum.

Wiener blickt zur Uhr. »Polizeikommissar Lasse dürfte jeden Augenblick wieder hier sein. Am besten warten wir so lange. Wollen Sie etwas trinken?«

»Nein, danke. Lieber würde ich endlich erfahren, warum ich so schnell herkommen sollte, und wieso ich von den Kollegen geschnitten werde.«

»Werden Sie das?«

»Ohne Zweifel!«

Wiener seufzt. »Es gibt frische Erkenntnisse im Fall Lieberman, wodurch Ihr Erscheinen unumgänglich wurde.«

»Habe ich bereits vermutet. Geht es genauer?«

Ehe sich Wiener entscheidet, wie viel er mir in Lasses Abwesenheit mitteilen kann, taucht sein Partner auch schon auf und legt drei schwarze Aktenordner geräuschvoll auf seinem Schreibtisch ab.

»Sie sind ja schon da. Wunderbar!« Er wirkt völlig unvoreingenommen. »Legen wir direkt los, oder?«

Wiener nickt, und Lasse schließt die Tür.

»Setzen Sie sich«, bittet er mich. »Das Prozedere kennen Sie ja.« Er deutet auf das Aufnahmegerät.

»Natürlich.«

Der Kommissar drückt die Aufnahmetaste. »Herr Storm, möchten Sie einen Anwalt hinzuziehen?«

»Dafür gibt es keinen Grund«, entgegne ich selbstbewusst.

»Sehr schön«, übernimmt Wiener die Gesprächsführung. »Es gibt einige neue Fakten, was den Verdächtigen Richard Lieberman anbelangt. Die Kollegen der Sondereinheit haben mittlerweile einen Computer ausgewertet, der im Keller stand, und interessantes Filmmaterial entdeckt.«

»Von den Tatorten?«

»Das nicht. Lieberman hatte umfangreiches Pornomaterial gespeichert. Die Darstellerinnen wirken minderjährig.«

»Ein Pädophiler?«, wundere ich mich.

»Möglicherweise. Wobei wir nicht ausschließen können, dass die Produzenten bewusst Frauen gecastet haben, die mädchenhaft aussehen. Experten der Fachabteilung Kinderpornographie nehmen sich das Material vor. Allerdings kann die Auswertung eine Weile dauern.«

»Das sind keine schlechten Neuigkeiten, oder?«, vergewissere ich mich.

»Leider sind es die einzigen guten«, sagt Lasse.

Ich spüre die bohrenden Blicke der beiden Männer. Da keiner von ihnen weiterspricht, breite ich die Hände aus.

»Könnten Sie bitte aufhören, mich auf die Folter zu spannen«, sage ich. »Reden Sie Klartext!«

Wiener erbarmt sich. »Lieberman hat ein wasserdichtes Alibi für die Nacht, in der er vermeintlich seine Werkzeugtasche in der Wohnung des Paares vergessen hat.«

»Fuck!«, fluche ich.

»Sie sagen es«, bestätigt Lasse.

»Wasserdicht?«

»Ja. Er war zweihundert Kilometer entfernt auf einer Familienfeier.«

»Könnte er nicht rechtzeitig zurückgekehrt sein?«

»Lieberman hat auf der Couch seines Bruders übernachtet und ist erst morgens zurückgefahren.«

»Lügt der Verwandte?«

»Warum sollte er?«

»Um die Ehre der Familie zu retten«, schlage ich vor.

»Dafür gibt es keinerlei Anhaltspunkte«, erwidert Wiener. »Der Mann würde einen Eid schwören.«

»Scheiße! Ich glaube ihm nicht!«

»Wir tun es.«

Mit einer Hand fahre ich mir durchs Gesicht. »Und jetzt?«

»Der Bruder besteht darauf, dass wir spätestens morgen die Presse informieren«, erklärt der Hauptkommissar. »Sonst macht er es. Außerdem droht er, in Richards Namen eine Klage gegen uns einzureichen. Das einzige Druckmittel, das wir noch haben, sind die Pornofilme.«

»Idiot!«

»Irgendwie können wir ihn verstehen. Sie haben doch auch einen Bruder, oder?«, erkundigt sich Lasse.

»Keinen leiblichen.«

»Trotzdem würden Sie seinen Ruf schützen wollen.«

»Natürlich. Also gehen Sie davon aus, dass Lieberman unschuldig war.«

»So ist es.«

Ich springe fluchend auf und wende ihnen den Rücken zu. »Was für eine Rotze!«

»Setzen Sie sich«, sagt Wiener.

Widerwillig komme ich der Aufforderung nach.

»Haben Sie eine Ahnung, was das bedeuten könnte?«, fragt Lasse.

Sorgfältig wäge ich meine nächsten Worte ab. »Entweder der tatsächliche Mörder trägt zufällig auch die Initialen RL.«

»Oder?«

»Er hat bewusst irreführende Spuren gelegt.«

Wiener nickt – eine Geste, die gleichzeitig Zustimmung und Nachdenklichkeit ausdrückt. »Aber dann hätte er irgendwoher die Information mit den Initialen …«

»Moment!«, unterbreche ich ihn. »Was, wenn in die

Wohnung des Paares gar nicht der Serienkiller eingedrungen ist? Vielleicht war bereits diese Annahme falsch.«

»Ein Nachahmungstäter?«, vergewissert sich Lasse, ob er mich richtig verstanden hat.

»Warum nicht? Es war doch ungewöhnlich, dass er in dem Fall keine alleinstehende Frau als Opfer ausgewählt hat.«

Die beiden Kommissare schauen sich an, als wäre ihnen diese Idee bisher nicht gekommen.

»Den Gedanken gebe ich an die Sondereinheit weiter. Obwohl er mir unwahrscheinlich erscheint«, erklärt Wiener. »Sie waren derjenige, dem die Buchstaben in Liebermans Sachen aufgefallen waren, richtig?«

»Das wissen Sie!«

»Inklusive der außergewöhnlichen Schreibweise«, fährt er fort.

»Ja.«

»Haben Sie mit irgendjemandem darüber gesprochen?«

»Natürlich nicht!«

»Sicher?«, hakt Lasse nach.

»Hundertprozentig.«

»Mit niemandem?«

Ich schüttle den Kopf. »Meine Antwort wird immer die gleiche sein – egal, wie oft Sie fragen.«

In den nächsten Minuten stellen sie mir weitere, in eine ähnliche Richtung gehende Fragen, die ich stets verneine. Ich habe keine Veranlassung, Alexander zu erwähnen. Denn damit würde ich mich eines schweren Dienstvergehens schuldig bekennen. Die Konsequenzen mag ich mir gar nicht ausmalen.

»Okay«, sagt Wiener schließlich unzufrieden. »Ich denke, für heute können wir die Befragung beenden. Sie sollten allerdings noch mal in sich gehen. Manchmal vergisst man scheinbar unbedeutende Details. Ihre Suspendierung wird vorläufig aufrechterhalten.«

»Wie lange noch? Ich will endlich wieder arbeiten.«

»Das wird der Verlauf der Ermittlungen zeigen«, weicht Wiener aus.

»Haben Sie in den nächsten Tagen vor, die Stadt zu verlassen?«, erkundigt sich Lasse.

»Nein.«

»Gut. Es wäre uns nämlich sehr recht, wenn Sie weiterhin jederzeit greifbar wären.« Er stoppt die Tonbandaufnahme und beendet dadurch das Verhör.

Bevor sie es sich anders überlegen können, verabschiede ich mich und verlasse das Büro.

Erst im Auto schalte ich mein Handy ein, das ich während der Vernehmung ausgeschaltet hatte. Kaum ist es im Netz, signalisiert mir das System den Eingang einer Mailboxnachricht von meinem Bruder. Missmutig höre ich sie ab.

»Du musst dringend herkommen. Es geht um J. Ruf mich so schnell wie möglich zurück.«

Seine fast panische Stimme steigert mein Unbehagen. Es wird Zeit. Ich muss Entscheidungen treffen. Aber zuerst will ich wissen, was genau in unserem Heimatort vorgefallen ist. Als ich mich vom Besucherparkplatz des Präsidiums in den fließenden Verkehr einfädle, erreiche ich Alexander.

»Wo warst du, gottverdammt?«

»In einer dienstlichen Besprechung. Was ist passiert?«

Ausführlich berichtet er mir von den Ereignissen der vergangenen Stunden.

»Ich komme zu dir«, beruhige ich ihn. »Ich breche gleich auf.«

»Beeil dich! Ich kann das Problem nicht allein lösen.«

»Keine Sorge. Ich kümmere mich darum.«

Kapitel 24

Susan

Während ich die Plastiktüten mit meinen Einkäufen im Kofferraum verstaue, vibriert mein Smartphone. Ich schließe die Heckklappe und ziehe das Handy aus der Gesäßtasche meiner Jeans. Ach, sieh an, mein Boss, welche Überraschung.

»Herr Dettmer?«, begrüße ich ihn so neutral wie möglich. Ich bin immer noch sauer, schiebe aber vorsichtshalber ein fröhliches »Alles okay?« hinterher.

»Guten Tag, Frau Holland. Tut mir leid, Sie in Ihrer kleinen Auszeit zu stören.«

Auszeit. Pfft. Wenn es nach ihm ginge, befände ich mich wohl eher auf dem Abstellgleis als in einer Auszeit. Gut, dass er nicht weiß, wie aktiv ich bin.

»Hallo. Kein Problem. Was gibt's denn?«, frage ich harmlos.

»Ich dachte, der neueste Stand der Ermittlungen interessiert Sie vielleicht. «

»Auf jeden Fall. Schießen Sie los.«

Ohne von der Hektik auf dem Parkplatz Notiz zu nehmen, setze ich mich hinters Lenkrad und atme tief durch, als mein Vorgesetzter mit seinem Bericht beginnt. Ich muss auf jeden Fall besonnen bleiben und darf mir nichts anmerken lassen.

»Wäre es Ihnen möglich, sich wieder an die Fersen von David und Alexander Storm zu heften?«

Ich kann Dettmer schlecht verraten, dass David erst vor wenigen Stunden bei mir war und ins Präsidium aufgebrochen ist, nachdem er von dort einen Anruf erhalten hatte.

»Klar, das kriege ich sicher hin. So viel Zeit ist ja noch nicht vergangen. Wieso?«

»Weil Sie vielleicht doch nicht ganz falsch mit Ihrer Annahme lagen. Lieberman hat ein wasserdichtes Alibi. Er war unschuldig.«

»Das wundert mich nicht«, entgegne ich kühl, verkneife mir aber weitere Spitzfindigkeiten.

»David Storm wurde gerade von den Kollegen der Dienstaufsicht vernommen. Seine Panik, als sie ihm von Liebermans Alibi berichteten, sei deutlich zu spüren gewesen, meinte der verantwortliche Kommissar. Irgendwas stimmt da nicht. Nehmen Sie die beiden Brüder genau unter die Lupe, Frau Holland.«

»Wird erledigt.«

Ich grinse siegessicher, beende das Gespräch und starte den Motor, um die Einkäufe zügig nach Hause zu schaffen.

***

»David, hast du was vergessen?« Ohne Vorankündigung steht er erneut vor meiner Tür. Das ging ja schnell. Ich schenke ihm ein verliebtes Lächeln und ziehe ihn am Ärmel herein. »Jedenfalls eine schöne Überraschung, dass du schon wieder hier bist.«

»Ich hatte Sehnsucht nach dir, außerdem möchte ich dich was fragen. Ich störe doch nicht, oder?«

»Du störst nie, Baby«, hauche ich. »Ich war eben einkaufen und wollte mir gerade einen Tee kochen. Magst du auch einen?«

»Gerne.«

Wir gehen in die Küche, wo ich die letzten Lebensmittel im Vorratsschrank verstaue. David setzt sich auf einen Stuhl. Er wirkt aufgewühlt und fährt sich dauernd nervös mit den Fingern über Mund und Augen. Kein Wunder, nach den Neuigkeiten im Präsidium. Ihm geht der Arsch auf Grundeis.

»Alles klar? Gab es schlechte Nachrichten bei der Arbeit? Was wollten die eigentlich von dir?«

»Ach, das sind solche Idioten, Susan. Die machen Stress wegen meiner Aktion im Keller.«

»Was?« Ich reiße die Augen auf. »Die sollten froh sein, dass der Mistkerl tot ist und keinem mehr was zuleide tun kann. Ich begreife einfach nicht, wie man in so einer Situation auf den Polizisten rumhacken kann, die ihre Pflicht getan haben!«

»Tja, so ist das in unserem Rechtsstaat. Und es kommt noch besser. Angeblich war Lieberman gar nicht der Serienmörder. Für eine der Tatzeiten habe er ein Alibi, hat mir mein Chef gerade erklärt.«

Ich stelle zwei Becher auf den Tisch und streichle David liebevoll über die Haare. Fast könnte er mir leidtun. Aber nur fast.

»Die sind doch total bescheuert. Als wenn du was dafür könntest! Was hast du denn nun vor?«

»Ich muss dringend den Kopf freibekommen«, sagt er mit einem tiefen Seufzer. »Vielleicht hilft etwas räumlicher Abstand.«

»Das verstehe ich. Hier, trink mal einen Schluck. Nicht, dass du mir aus den Latschen kippst.«

Vorsichtig nippt er an dem heißen Tee und schaut dankbar zu mir auf, während ich ihm eine dunkle Haarsträhne aus der Stirn streiche.

»Ich will für ein paar Tage zu meinen Eltern fahren. Da kann ich hoffentlich abschalten. Außerdem ist Alex auch dort. Die Vorstellung von Heimat und Behütetsein finde ich gerade irgendwie ganz angenehm.«

»Oh, wirklich? Darfst du das bei so einer heiklen Ermittlung überhaupt? Ich dachte, ihr seid dann unabkömmlich. Kenne ich zumindest so aus Krimis.«

»Absolut nachvollziehbar, dass dich das überrascht«, entgegnet er mit schwacher Stimme. »Vermutlich werden meine Vorgesetzten tatsächlich nicht begeistert sein. Aber sie reißen mir deswegen schon nicht den Kopf ab.«

»Und wann willst du los?«

»Jetzt gleich. Darum bin ich direkt hergekommen.«

»Um dich zu verabschieden, ach so.« Mit gespielter Traurigkeit schiebe ich die Unterlippe vor und mime das untröstliche Mädchen. »Wann meldest du dich denn wieder bei mir?«

Räuspernd erhebt er sich und greift nach meinen Händen. Erwartungsvoll schaue ich ihm in die Augen.

»Ich bin nicht gekommen, um mich zu verabschieden, sondern um dich zu fragen, ob du mitfahren möchtest. Nachdem du Alexander schon nach mir ausgefragt hast, will ich dir die Chance geben, auch meine Pflegeeltern kennenzulernen. Dann weißt du endgültig alles über mich.«

Ich weiche seinem Blick aus und kaue betreten auf einem Fingernagel herum.

»Bist du noch böse wegen der Schnüffelei?«, frage ich zaghaft.

»Würde ich dich dann mitnehmen?«, gibt er zurück. »Susan, du bedeutest mir viel. Ich würde mich freuen, wenn du mich begleitest.«

»Das kommt natürlich überraschend, aber klar …

Warum nicht? Meinen aktuellen Auftrag muss ich erst nächste Woche fertigstellen, das passt also. Hm, und ich sollte ein paar Sachen für den Aufenthalt bei deiner Familie einpacken.«

»Pflegefamilie.«

»Entschuldige. Gut, lass mich überlegen, was brauche ich alles? Am besten, du trinkst in Ruhe deinen Tee. Da drüben in der Dose sind Kekse. Bitte bedien dich. Ich packe in der Zwischenzeit meine Tasche.«

»Danke, aber das Gespräch im Präsidium ist mir auf den Magen geschlagen, ich kriege keinen Bissen runter. Lieber würde ich mit dir quatschen. Irgendwie beruhigt mich deine Gegenwart. Jedenfalls war ich auf dem Weg hierher noch viel aufgewühlter.«

Das fehlt mir noch, dass er mich auf Schritt und Tritt verfolgt. Scheiße. Ich muss unbedingt Dettmer Bescheid geben. Aber wie soll ich das anstellen, wenn David wie eine Klette an mir hängt? Er hat die Arme von hinten um mich geschlungen, das Gesicht an meinen Rücken geschmiegt und bleibt selbst dann noch im Watschelgang an mir dran, als ich mich in Bewegung setze.

»Hey«, sage ich lachend, »darf ich mich kurz aus deinem Klammergriff befreien?«

»Niemals«, antwortet er albern, »ich lass dich nicht mehr los.«

Und so folgt er mir ins Schlafzimmer, setzt sich irgendwann endlich auf die Bettkante und beobachtet, wie ich Hosen, Shirts und Unterwäsche in meine lederne Wochenendtasche packe. Entweder ist er tatsächlich bis über beide Ohren in mich verliebt. Oder er misstraut mir.

»Jetzt noch die Kulturtasche«, brummle ich kaum hörbar.

Dummerweise befindet sich das Bad direkt neben dem Schlafzimmer, und ich wage nicht, abzuschließen. Das würde ihn sicher noch misstrauischer machen. Ich klappe den Klodeckel hoch und sorge für allerlei Geräusche. Blitzschnell ziehe ich mein Smartphone aus der Hosentasche und tippe eilig eine SMS an Dettmer. WhatsApp wäre zu riskant, denn dann könnte David sehen, dass ich online bin.

Fahre mit DS zu seinen Eltern. Hat mich eingeladen. AS auch dort. Abfahrt in Kürze. Bitte nicht antworten! Er ist in der Nähe.

Nachdem ich die Toilettenspülung betätigt habe, befördere ich meine Kosmetikartikel in die Kulturtasche. Als ich wieder ins Schlafzimmer komme, liegt David rücklings auf dem Bett und lässt die Beine baumeln. Wie soll ich nur unbemerkt meine Dienstwaffe aus der Nachttischschublade schmuggeln? Langsam werde ich unruhig. Seine gelassene Attitüde wirkt aufgesetzt, als wollte er mich in Sicherheit wiegen. Dabei lässt er mich in Wirklichkeit nicht aus den Augen. Wie zwei Raubtiere auf der Jagd pirschen wir umeinander herum.

»Verflucht, ich finde meine Sonnenbrille nicht. Wo habe ich die bloß hingetan?« Hektisch wühle ich in Schubladen und Schränken.

Der Plan funktioniert. David kommt ächzend hoch und verlässt das Zimmer in Richtung Balkon. Ich greife rasch in den Nachttisch und werfe meine Pistole in die Reisetasche. Geschafft, Gott sei Dank! David kommt bereits zurück und hält triumphierend meine Brille hoch.

»Bitte schön, hier ist sie«, erklärt er stolz.

»Ah, super, du bist ein Schatz. Woher wusstest du das?«

»Habe ich eben im Vorbeigehen gesehen, als ich aus dem Fenster geguckt habe. Ihr Frauen seid eben ohne uns aufgeschmissen.«

»Das stimmt.« Er hat sich einen leidenschaftlichen Kuss verdient.

»Hast du dann alles?«, unterbricht er meinen körperlichen Einsatz. Neugierig schielt er zu der verschlossenen braunen Tasche. »Ach, du bist ja schon fertig …«

»Ja, ich denke, ich habe nichts vergessen. Von mir aus können wir aufbrechen.«

»Prima. Wir müssen nur noch schnell bei mir vorbeifahren und meine Sachen holen. Der Koffer ist aber bereits gepackt, ich muss nur noch Zahnbürste und Deo einstecken. Du kannst ja im Auto warten. Meine chaotische Junggesellenbude mag ich dir so unvorbereitet nicht zumuten.«

Aber gerne doch. Habe ich wenigstens vor unserem Aufbruch zu Familie Storm noch ausreichend Gelegenheit, ein paar Nachrichten zu versenden und die Waffe besser zu verstecken.

Kapitel 25

Der Bruder

Mein Handy meldet den Eingang einer Nachricht. Ich lege das iPad beiseite, mit dem ich die letzten Stunden totgeschlagen habe – genervt von der extrem langsamen Internetverbindung. Natürlich haben meine Eltern kein WLAN. Technisch leben sie, vom Pay-TV abgesehen, absolut hinterm Mond.

Wie erhofft, stammt die Nachricht von David. Ob ihm etwas eingefallen ist, wie wir das Problem lösen können?

Hi Bruderherz. Ich packe gerade meine Sachen zusammen und fahre dann los. Erwarte uns am späten Nachmittag.

Uns? Ist das sein Ernst?

Susan?, frage ich.

Wer sonst?

Warum bespricht er das nicht vorher mit mir? Erbost über sein eigenmächtiges Vorgehen, drücke ich die Anruftaste.

»Du hast ja eine Sehnsucht nach mir«, begrüßt er mich mit spöttischem Unterton.

»Was soll das?«

»Wovon sprichst du?«

»Susan! Wieso bringst du sie her?«

»Sie ist meine Partnerin und freut sich bestimmt, *Mum* und *Dad* kennenzulernen.«

Kapiert er nicht, wie brüchig im wahrsten Sinne des Wortes das Eis unter unseren Füßen geworden ist?

»Sie macht das Ganze nur noch komplizierter. Wir müssen uns in Ruhe austauschen können. Meike erpresst uns. Wir brauchen eine Strategie.«

»Keine Sorge, wir werden ausreichend Gelegenheit finden, ungestört zu reden.«

»Kannst du sie nicht zu Hause lassen?«

»Nein. Sie wartet schon im Auto. Es ist notwendig, dass sie mitkommt. Glaub mir.«

Ich kenne seinen Dickschädel gut genug, um zu wissen, dass er sich nicht umstimmen lassen wird. »Wenn du meinst. Wo wollt ihr eigentlich schlafen? Hier im Haus ist kein Platz für euch.«

»Als ob ich das nicht wüsste. Außerdem hab ich eh kein Interesse, mit ihnen unter einem Dach zu schlafen. Gibt's das Motel noch?«

»Ja. Ich bin schon dran vorbeigefahren und habe Autos davorstehen sehen.«

»Also wäre die Übernachtungsfrage auch geklärt.«

»Ich halte es für einen Fehler. Aber beeil dich wenigstens.« Abrupt beende ich das Telefonat.

Nachdem ich mich abgeregt habe, beschließe ich, unseren nichtsahnenden Eltern den Tag zu versauen. Ich gehe nach unten, wo Vater vor der Glotze sitzt und eine Golfübertragung schaut. Seine Begeisterung für diese Sportart verstehe ich absolut nicht. Er hat in seinem ganzen Leben kein einziges Mal einen Golfschläger in der Hand gehabt. Selbst vorm Minigolfspielen hat er sich immer gedrückt. Doch im Fernsehen kann er sich das stundenlang ansehen.

Mutter hat es sich im Sessel bequem gemacht und häkelt.

»David kommt nachher vorbei.«

Ihre Reaktion ist absolut synchron. Sie blicken zu mir hoch und wirken gleichermaßen entsetzt.

»Weshalb?«, will Vater wissen, sobald er seine Sprache wiedergefunden hat.

»Wir müssen dringend etwas klären.«

»Hier? Bei uns?«

»Ist nicht zu vermeiden.«

»Warum regelt ihr das nicht in der Stadt?«

»Weil es ein Problem vor Ort betrifft.«

Als aus dem Fernseher Applaus ertönt, greift mein Vater zur Fernbedienung und stellt den Ton leiser. Dann steht er auf und sieht mich herausfordernd an.

»Was habt ihr vor?«

»Das geht dich nichts an.«

»Ihr wollt euch das Haus unter den Nagel reißen!«, schreit er ohne Vorwarnung los. »Vergiss es. Da spielen wir nicht mit.«

»Diese Bruchbude? Daran verschwende ich nicht einen Gedanken.«

»Bruchbude? Was erlaubst du dir?«

»David bringt übrigens einen Gast mit«, nehme ich ihm den Wind aus den Segeln.

»Wen?«, fragt Mutter.

»Seine Freundin. Susan. Eine sehr sympathische Frau.«

»Spinnt der?«, brüllt Vater. »Der kann nicht einfach … die kommt mir nicht ins Haus.«

»Sie draußen vor der Tür stehen zu lassen, wäre wohl äußerst unhöflich. Sollen sich die Nachbarn deswegen das Maul zerreißen?«

Ich wende mich ab und gehe zurück nach oben. Für weitere Diskussionen fehlt mir der Nerv.

* * *

Wie angekündigt treffen sie am späten Nachmittag ein. Ich beobachte von meinem Fenster aus, wie David vorfährt.

Tatsächlich sitzt Susan auf dem Beifahrersitz. Idiot! Zu allem Überfluss lässt er den Motor aufheulen, bevor er ihn ausschaltet. Ich eile nach unten, um meinen Eltern zuvorzukommen.

Seine Begleitung steigt zuerst aus und sieht sich interessiert um.

»Hi«, rufe ich laut.

Susan hebt die Hand zum Gruß. David geht um den Wagen herum und legt einen Arm um ihre Hüfte. Hinter mir betreten meine Eltern die Diele. Ich mache ihnen Platz und sehe amüsiert zu, wie sie Davids Freundin neugierig mustern.

»Guten Tag«, ergreift die das Wort. »Ich bin Susan. Nett von Ihnen, dass ich Sie kennenlernen darf.«

Sie reicht meiner Mutter die Hand. Diese Charmeoffensive scheint meine Erzeuger regelrecht zu überwältigen.

»Ja. Sicher. Äh, ich meine, wir freuen uns, Sie kennenzulernen«, stammelt Mutter.

Ich verkneife mir ein Grinsen. Eigentlich ist die Frau für David wie geschaffen, denn sie gleicht seine oftmals schroffe Art perfekt aus.

***

Beim Abendbrot treten jedoch die Grenzen von Susans Charme zutage. Es entwickelt sich kein richtiges Gespräch, meistens starren wir alle nur auf unsere Teller. Anfangs hat sich Susan wirklich bemüht, doch irgendwann hat sie aufgegeben. Als die letzte Scheibe Brot verdrückt ist, wische ich mir den Mund mit der Papierserviette ab.

»Wäre es okay für euch, wenn David und ich uns kurz zurückziehen?«

»Anschließend brechen Susan und ich übrigens direkt auf«, fügt David hinzu.

»So früh?«, wundert sich seine Freundin.

Er nickt.

»Meinetwegen«, brummt Vater.

Fast zeitgleich stehen wir Brüder auf.

Ich achte peinlich genau darauf, dass die Tür zu meinem Zimmer fest verschlossen ist, bevor ich versuche, den Wortlaut meines Gesprächs mit Meike möglichst exakt wiederzugeben.

»Wie sollen wir mit der Drohung umgehen?«, frage ich David schließlich.

»Auf jeden Fall lasse ich mich nicht erpressen«, erwidert er.

»Hast du auch einen konkreten Vorschlag, was wir *tun* sollen? Oder bloß, was wir *nicht* tun sollen?«

»Die Medien werden sich dafür ohnehin nicht interessieren.«

»Sicher?«

»Das liegt so viele Jahre zurück.«

»Ich kann mir keinen Skandal leisten. Schlimmstenfalls nutzt der Verlag die Geschichte, um mir den Laufpass zu geben.«

»Ehrlich gesagt ist das im Moment nicht deine größte Sorge.«

Alarmiert sehe ich ihn an.

»Lieberman war unschuldig!«, verkündet David.

»Jetzt doch?«

»Er hat ein wasserdichtes Alibi für den Einbruch, bei dem die Kollegen die Werkzeugtasche mit den Initialen gefunden haben.«

»Und?«

»Die Dienstaufsicht ist misstrauisch geworden. Weil ich die Form der Buchstaben so präzise wiedergeben konnte. Sie haben mich mehrfach gefragt, ob ich mit irgendjemandem über den Fall gesprochen hätte. Sie vermuten, der wahre Mörder könnte falsche Spuren gelegt haben. Die haben sich sogar nach dir erkundigt.«

»Fuck! Ich habe niemandem davon erzählt. Warum sollte ich auch? Ich wollte die Details nur für meinen Roman verwenden. Das musst du mir glauben.«

»Das bezweifle ich doch auch gar nicht«, wiegelt er ab. »Beruhige dich! Ich habe steif und fest behauptet, keinerlei Details weitergegeben zu haben.«

»Das würde ich selbstverständlich bestätigen, falls man mich danach fragen sollte. Trotzdem halte ich Meike im Moment für das drängendere Problem«, gebe ich zu bedenken.

Natürlich verstehe ich, dass er aktuell um seinen Job fürchtet. Dennoch könnte uns die Sache mit Jasmin in größere Schwierigkeiten bringen. David ist für ihren Tod verantwortlich – und ich habe ihn gedeckt. Ich mag mir gar nicht ausmalen, wie tief die Bullen graben würden, wenn die Medien erst einmal über den Fall berichten. Besonders jetzt, wo David sich ohnehin in ihrem Fokus befindet.

»Ich kümmere mich um Meike«, sagt er plötzlich.

»Wann?«, erwidere ich überrascht.

Mein Bruder wirft einen Blick auf den Radiowecker, der neben meinem Bett steht. »Heute ist es zu spät.«

»Aber direkt morgen früh? Gegen Mittag läuft ihr Ultimatum ab.«

»Wo erreiche ich sie denn?«

»Ich könnte ihr eine Nachricht schicken, dass sie ins Café Elise kommen soll.«

»Mach das. Bestell sie für zehn Uhr.«

»Was wirst du ihr sagen?«

Er lächelt mich auf eine Art an, die mich beinahe beunruhigt. »Vertrau mir einfach! An Meike wirst du ab morgen nicht mehr denken müssen.«

Kapitel 26

Der Polizist

»Sorry, Baby«, entschuldige ich mich, als wir im Auto sitzen. »Ich hoffe, du hast die paar Minuten bei den Alten heil überstanden.«

»Viel geredet haben wir ja nicht«, meint Susan schmunzelnd. »Aber immerhin hat mir deine Mutter nach dem Abendbrot einen leckeren Schokocookie angeboten. Angeblich selbstgebacken.«

»Niemals«, widerspreche ich. »Wenn er lecker war, hat sie ihn gekauft. Sie kann nämlich gar nicht backen.«

»Geschmeckt hat er trotzdem. Was hattest du denn so Geheimes mit Alex zu besprechen?«

Ich seufze. »Familienkram. Willst du das wirklich wissen?«

»Klar. Irgendwie gehöre ich doch auch ein bisschen dazu.«

Nachdem ich einen Gang hochgeschaltet habe, lege ich meine Hand auf ihren Oberschenkel. »Das stimmt. Ich hatte fast den Eindruck, sie mögen dich. Wobei mir das eigentlich auch egal ist.«

Sie nimmt meine Hand und küsst mir die Fingerspitzen. »Falls du nicht drüber reden willst, ist es auch okay.«

»Irgendwann erfährst du es ja eh. Besser von mir als von Alex.« Ich räuspere mich, um den dramatischen Effekt zu verstärken. Wenn ich ihr schon Lügen auftische, dann richtig. »Alex und ich überlegen, Peter und Carola in einem Heim unterzubringen. Zu ihrer eigenen Sicherheit.«

»Wieso das denn?«

»Sie leiden an Demenz.«

»Beide?«

»Ja, leider. Im Anfangsstadium, allerdings schreitet die Erkrankung zügig voran.«

»Ist mir gar nicht aufgefallen«, wendet sie ein.

»Weil du sie nicht kennst. Alex ist regelmäßig bei ihnen. Mehrfach hat er in letzter Zeit Herdplatten ausgeschaltet, die sie vergessen hatten. Einmal saß Peter nur in Unterhose am Frühstückstisch. Mitten im Winter!«

»Sie wirkten so normal.«

»Ja, heute habe ich auch bloß Kleinigkeiten bemerkt. Na ja. Wahrscheinlich haben sie gerade eine gute Phase.«

»Sie ahnen nichts von euren Plänen?«

»Dann würden sie Amok laufen. Ihr Haus ist ihr Ein und Alles.«

»Wie wollt ihr vorgehen?«

Jetzt muss ich mir schnell etwas einfallen lassen, denn so weit habe ich mein Märchen noch nicht ausgeschmückt. »Alex wird einen Makler kontaktieren. Der soll den Wert des Hauses schätzen. Ich verdiene nicht genug, um das Pflegeheim zu bezahlen, und Alex hatte auch schon länger keinen richtigen Bestseller mehr. Während der Makler sich umsieht, muss irgendjemand dafür sorgen, dass Peter und Carola nicht anwesend sind. Ich hatte da ein bisschen gehofft, du könntest uns helfen.«

»Ach, ist das traurig«, sagt Susan.

»Ich weiß.«

»Aber natürlich würde ich euch unterstützen. Für wann plant ihr das?«

»Übermorgen. Vorausgesetzt, Alex erreicht morgen den Makler.«

***

Die Rezeption des Motels ist hell erleuchtet, trotzdem ist die Tür verschlossen. Ich hämmere gegen das Glas, und nach einer Weile kommt eine Angestellte angeschlurft. Ich erkenne sie bereits von Weitem: Andrea Ehlert. Zumindest hieß sie früher so, als sie mit mir in eine Klasse ging.

Sie braucht etwas länger, um mich einzuordnen. Zwei Schritte von der Glastür entfernt bleibt sie abrupt stehen, mustert mich, meine Begleitung, dann wieder mich.

»Mach auf!«, rufe ich. »Draußen steht, dass ihr Zimmer frei habt.«

Mürrisch verzieht sie den Mund und schließt die Tür betont langsam auf.

»Hallo, Andrea«, begrüße ich sie übertrieben freundlich.

»Was willst du hier?«

»Rate mal! Bestimmt nicht tanken.«

»Warum schläfst du nicht bei deinen Eltern?«

»Da belegt Alex das Gästezimmer.«

»Hab gehört, dass er in der Stadt ist und …«

»Ich bin nicht zum Quatschen hergekommen«, unterbreche ich sie, um zu verhindern, dass sie irgendetwas ausplaudert, was Susan nicht zu wissen braucht. »Meine Verlobte und ich hätten gern ein Zimmer für zwei Nächte.«

Susan schaut mich überrascht an, ich zwinkere ihr lächelnd zu.

»Deine Verlobte?« Plötzlich wirkt Andrea viel aufmerksamer und nimmt Susan in Augenschein.

»Hallo«, sagt die.

Andrea geht hinter den Tresen und reicht mir einen Zettel, auf dem sie drei Stellen markiert.

»Ich brauche deinen Namen, deine Anschrift und eine

Unterschrift. Zwei Nächte kosten neunzig. Ohne Frühstück. Bezahlung im Voraus.«

»Im Voraus?«, wundere ich mich. »Das ist ungewöhnlich.«

»Anweisung des Chefs.«

»Kein Problem.« Nachdem ich die gewünschten Angaben gemacht habe, hole ich zwei Fünfziger aus meinem Portemonnaie. »Ich hab's sogar bar. Für den Fall, dass eure Kartengeräte nicht funktionieren.«

Sie gibt mir das Wechselgeld und einen Schlüssel. »Nummer zwölf. Ganz hinten. Dann seid ihr ungestört.«

»Perfekt«, erwidere ich.

»Was war das denn?«, fragt Susan, sobald ich die Zimmertür von innen abgeschlossen habe. »Woher kennt ihr euch?«

»Alte Klassenkameradin.«

»Und warum kann sie dich nicht leiden? Die war ja wahnsinnig unfreundlich!«

»Lange Geschichte.«

»Erzähl sie mir! Ich bin noch gar nicht müde.«

»Herrje!«, blaffe ich sie an. »Wieso musst du immer in allem rumbohren?«

»Entschul…«

»Das nervt kolossal! Du hättest Polizistin werden sollen. Bist ja richtig besessen davon, Leute zu verhören.«

»David, ich wollte dich nicht …«

»Sei mal ein bisschen weniger neugierig.«

»Ich finde es halt komisch, wenn ein wundervoller Mann wie du so unfreundlich angemacht wird.«

»Hast du in deiner Schulzeit jeden leiden können? Herzlichen Glückwunsch. Bei mir war das jedenfalls nicht so. Als Zugezogener war ich oft Außenseiter.«

Unsanft lasse ich meine Reisetasche fallen. Dann schnappe ich mir meinen Kulturbeutel, rausche ins Bad und schlage die Tür krachend hinter mir zu.

Ein paar Minuten später komme ich wieder raus und bemühe mich, einen zerknirschten Eindruck zu machen. Susan liegt auf dem Bett und hat sich bereits ein Nachthemd angezogen.

»Entschuldige«, murmle ich und schaue schuldbewusst zu Boden. Ich setze mich zu ihr auf die Matratze.

»Macht nichts«, erwidert sie gepresst.

»Doch. Ich war unfair zu dir. Ohne Grund. Das Wiedersehen mit meinen Pflegeeltern …« Ich stocke einen kurzen Moment. »Die Entscheidungen, die Alex und ich zu treffen haben. Die blöde Kuh Andrea, die mich früher schon genervt hat. Das war echt zu viel. Aber ich hätte es nicht an dir auslassen dürfen. Verzeihst du mir?«

Sie lässt mich ein paar Sekunden zappeln, ehe sie mein Gesicht streichelt. »Na klar. Hauptsache, wir streiten uns nie wieder wegen solch einem Quatsch.«

»Das wäre mir sehr recht.«

Nachdem wir uns zur Versöhnung geküsst haben, schwingt sie ihre Beine aus dem Bett.

»Ich mache mich eben fertig.«

»Okay.«

Sie holt den Kulturbeutel aus ihrer Reisetasche und verschwindet im Bad. Sobald ich allein bin, beuge ich mich zu meiner Tasche hinunter, öffne sie und krame nach der Wasserflasche, die ich darin versteckt habe.

Dann lehne ich mich ans Kopfende des Bettes und schraube den Deckel ab. Im Badezimmer betätigt Susan derweil die Klospülung. Es dauert anschließend nicht lange, bis sie ins Zimmer zurückkehrt. Auffordernd halte ich ihr die Flasche hin.

»Hier. Trink einen Schluck.«

»Danke.«

Susan nimmt die Plastikflasche, wendet mir dabei jedoch den Rücken zu. Sie legt den Kopf in den Nacken.

»Wo ist der Verschluss?«, fragt sie schließlich.

»Den habe ich. Gib her.«

In dem Moment entdeckt sie den hellblauen Deckel, greift danach und schraubt die Flasche selbst zu, ehe sie sie auf ihrer Seite des Bettes abstellt.

»Gute Nacht, Süßer«, sagt sie und gibt mir einen Kuss.

»Schlaf gut.«

Susan löscht das Licht. Plötzlich stöhnt sie.

»Was ist los?«

»Mir ist … komisch.«

»Komisch?«

»Schwindlig. Ich glaube, ich geh noch mal ins Bad.«

»Bleib besser liegen«, empfehle ich, aber sie ist bereits aufgestanden und tastet sich im Dunkeln vor.

Ohne Zwischenfall erreicht sie den Nebenraum und schaltet das Licht an. Kaum hat sie die dünne Holztür zugedrückt, höre ich einen Knall.

»Susan?«

Keine Antwort.

»Liebling?«

Sie bleibt stumm.

Ich lasse die Deckenlampe aufleuchten und sehe, dass Susan beim Aufstehen die Flasche umgekippt hat. Offenbar hatte sie den Deckel nicht richtig zugedreht, denn der Inhalt hat sich auf den Teppich ergossen.

»Scheiße!«

Einem getarnten Seitenfach meiner Tasche entnehme ich das Seil und einen Knebel. Dann bewege ich mich langsam in Richtung Bad und reiße die Tür auf. Ich muss auf alles gefasst sein. Susan liegt regungslos am Boden. Bei dem Sturz hat sie ihre Kulturtasche heruntergerissen, der Inhalt hat sich teilweise um ihren Kopf herum verteilt. Ihr Anblick löst direkt das bekannte dunkle Verlangen in mir aus. Ich könnte nun über sie herfallen und sie bestrafen. Doch schnell rufe ich mir in Erinnerung, dass ich vorläufig andere Prioritäten habe. Sorgfältig überprüfe ich ihren schwachen Puls und die flache Atmung. Ich fürchte, sie hat nicht genug von den K.-o.-Tropfen zu sich genommen; fürs Erste muss es jedoch reichen, denn ich kann ihr nachträglich nun nichts mehr einflößen. Rasch fessle ich ihre Hände am Abflussrohr des Waschbeckens. Dann stecke ich ihr den Knebel in den Mund. Sobald ich hierher zurückkehre, ist sie fällig.

Andrea hat mir mit dem Zimmer ganz hinten unwissentlich einen großen Gefallen getan. Aber jetzt heißt es, endlich Rache zu nehmen.

Kapitel 27

Susan

Rums. Die Außentür wird mit einem lauten Knall zugeworfen. Die Luft ist rein. Hoffe ich zumindest. Den Geräuschen nach zu urteilen, hat David nicht nur das Bad verlassen, sondern auch unser Motelzimmer.

Ich schlage die Augen auf, sehe mich in dem abgewohnten, hellgrün gekachelten Bad um und bringe meine Atmung wieder in Schwung, indem ich in immer schnellerem Rhythmus Luft ein- und ausstoße. Endlich kommt mir die langweilige Fortbildung vom letzten Jahr zugute, bei der wir mittels autogenen Trainings gelernt haben, eine Bewusstlosigkeit vorzutäuschen. Damals dachte ich, so was würde ich niemals brauchen, weil ich mich auch einfach so totstellen könnte. Doch weit gefehlt – nur mit dieser speziellen Atemtechnik habe ich es geschafft, eine Verlangsamung meines Pulses zu bewirken. Die Sache hätte gründlich aus dem Ruder laufen können, wenn mir das nicht gelungen wäre.

Gar nicht so dumm von David, meinen Pulsschlag zu checken. Aber schlau genug, um zu merken, dass ich sein Spiel durchschaut habe, war er nicht. Aus der manipulierten Wasserflasche habe ich nur einen winzigen Schluck getrunken. Mein Schauspiel im Bad diente in erster Linie dazu, ihn zu entlarven. Was mir somit gelungen ist. Außerdem sind hier die Chancen größer, mich selbst zu befreien.

Der Knebel fängt an, lästig zu werden. Ich muss mich konzentrieren. Nur nicht panisch werden, einen Schritt nach dem nächsten planen. Glücklicherweise ist es mir bei dem vorgetäuschten Sturz gelungen, die Kulturtasche mit auf den Boden zu reißen. Sie liegt nun in der Nähe meiner linken Kniekehle. In der buntgemusterten Tasche steckt ein Messer, an das ich irgendwie rankommen muss. Damit will ich die Fesseln lösen, mit denen das Arschloch mich am Abflussrohr des Waschbeckens festgebunden hat.

Durch langsame Drehbewegungen meiner Beine gelingt es mir, die Kulturtasche nach und nach zu meinen Füßen zu schieben. Kalter Schweiß läuft mir über den Rücken; ich kann nur hoffen, dass David nicht so bald zurückkommt, denn sonst hätte ich ein ernsthaftes Problem.

Er ist skrupellos, hat offensichtlich zwei Gesichter. Eben noch verliebter Motel-Gast, der sich um seine Pflegeeltern sorgt. Einen Augenblick später ein eiskalter Krimineller, der ganz bestimmt nicht auf der Suche nach einem Platz im Altenheim ist, sondern ein weiteres Verbrechen plant. Bloß welches? Und warum? Wie viel Zeit bleibt mir, es herauszufinden?

Seine Geilheit, nachdem er mich überwältigt hatte, war deutlich zu spüren. Er schien heftig mit sich zu ringen. Wahrscheinlich habe ich es nur meinem Schutzengel zu verdanken, dass er mich verschont hat. Nein, es besteht für mich kein Zweifel mehr: David ist mindestens Mittäter, wenn nicht gar allein verantwortlich für die Frauenmorde. Fieberhaft versuche ich, die Puzzlestücke zusammenzusetzen. Welche Rolle Alexander in dem abgekarteten Spiel hat, ist mir völlig schleierhaft. Hat er etwas mit der Sache zu tun, oder wird er von seinem Bruder nur benutzt?

Ah, endlich schaffe ich es, den Kulturbeutel mit einem schwungvollen Tritt zu meinen Ellenbogen zu befördern! Die Atmung durch die Nase wird allmählich problematisch, ich bin froh, gleich den verdammten Knebel los zu sein. Jetzt sind es nur noch wenige Zentimeter, bis ich mit den zusammengebundenen Händen den Kulturbeutel greifen kann. Geschafft. Ich schicke ein Stoßgebet zum Himmel und fische nach dem kleinen Messer, das ich im Boden meiner Puderdose versteckt habe. Glücklicherweise hat David mich nur mit einem dünnen Tau gefesselt, ich brauche also nicht lange, um es durchzuschneiden. Dann reiße ich mir den schwarzen Latexknebel aus dem Mund. Das Ding sieht aus, als hätte er ihn in einem Sexshop gekauft. Würde ins Bild passen. Ein Wunder, dass er mich nicht mit professionellen Handschellen festgebunden hat. Ein Segen vor allem.

Ich komme vorsichtig hoch, schleiche auf Zehenspitzen zur Tür, lege mein Ohr an das grün gestrichene, abgesplitterte Holz und lausche. Nichts. David wartet entweder mucksmäuschenstill wie eine Schlange auf ihre Beute. Oder er ist weg, wovon ich jetzt mal ausgehe. Das Risiko muss ich eingehen, andere Möglichkeiten sehe ich nicht.

Ich habe mich entschieden, Alexander zu vertrauen, und werde ihn kontaktieren. Es erscheint mir äußerst unwahrscheinlich, dass David gerade seinen Bruder abholt, um mich gemeinsam mit ihm umzubringen. Nein, das würde keinen Sinn ergeben. Wesentlich logischer erscheint es mir, dass er auf dem Weg zu seiner Familie ist und dort etwas Übles plant. Will er die Familie auslöschen? Ist in seiner Kindheit mehr passiert als das, was er mir erzählt hat? Er hätte mich direkt abmurksen können wie all die anderen Frauen. Stattdessen hat er mich kaltgestellt. Also muss es etwas geben, was ihm wichtiger ist, als seinen Trieb an mir zu befriedigen.

Ich halte mir das Messer vor den Bauch und öffne beherzt die Tür. Mit jeder Faser meines Körpers bin ich auf einen Angriff vorbereitet. Wenn er sich auf mich stürzt, werde ich mich mit einem gezielten Tritt in seine Genitalien verteidigen. Nicht umsonst beherrsche ich diverse Kampfsportarten. Mein Blick schnellt durch den Raum, der nur mit dem Nötigsten eingerichtet ist: Bett, Nachttischchen, Kleiderschrank, Tisch, Stuhl. Meine Reisetasche sieht unverändert aus, er hat offensichtlich nicht darin gewühlt. Ich kann also davon ausgehen, dass er die Pistole nicht gefunden hat, sondern sofort losgestürmt ist. Wenn ich ganz viel Glück habe, hat er sogar das Smartphone in meiner Hosentasche gelassen. Bingo! Er muss also geglaubt haben, ich wäre ausgeschaltet. Gut so. Auf der Bettkante sitzend, ziehe ich mir mit der einen Hand umständlich die Jeans an und berühre gleichzeitig mit der anderen das Hörer-Symbol auf meinem Telefon, um Alexander Storm anzurufen. Er nimmt das Gespräch augenblicklich an.

»Hallo?«, ertönt seine Stimme. Zögerlich, fast misstrauisch.

»Hallo, hier ist Susan. Pass auf …«

»Ist was mit David?«, unterbricht er mich.

Verdammt. Hat mich mein Gefühl getäuscht, und er steckt doch mit seinem Bruder unter einer Decke? Ach, Quatsch.

»Ja. Ich glaube, er ist auf dem Weg zu euch.«

Inzwischen habe ich die Jeans hochgezogen und schäle mich aus dem Nachthemd. Um es mir über den Kopf ziehen zu können, muss ich das Handy von einem Ohr zum anderen wechseln. Alles an mir fliegt, ich bin fahrig und unruhig. David könnte theoretisch jeden Moment reinkommen. Weil mir die Zeit fehlt, verzichte ich auf den BH und schlüpfe gleich ins T-Shirt.

»Warum klingst du so gehetzt, Susan? Was ist daran beunruhigend, wenn David vielleicht hierherkommt? Ich verstehe nicht, wovon du sprichst. Es ist doch nicht ungewöhnlich, dass er noch mal aufgebrochen ist.«

»Das nicht. Aber es ist ungewöhnlich, dass er mich überwältigt und gefesselt hat.« Ich lege eine kurze Pause ein, es kommt jedoch keine Reaktion. Komisch. »Ich mache mir Sorgen, dass er noch Schlimmeres vorhat.«

»Aha«, sagt Alexander mit monotoner Stimme.

Ich hätte ihm nicht vertrauen sollen. Er klingt nicht gerade überrascht. Beinahe hat es den Anschein, als wäre es keine Besonderheit, wenn der kleine Bruder mal eben seine Partnerin misshandelt. Ist das etwa normal für ihn? Ist das normal für beide?

»Ähm, na ja«, erkläre ich, »jedenfalls wollte ich Bescheid …«

Plötzlich ist er weg, die Leitung tot. Scheiße, hoffentlich ist ihm David nicht dazwischengekommen! Ich muss sofort Meldung machen! Hektisch steige ich barfuß in meine Schuhe und rufe meine Kollegen an.

»Informiert die lokale Außenstelle. Die sollen sofort mindestens zwei Wagen, besser drei, zu Storms Eltern schicken. David ist flüchtig, nachdem er mich zuvor außer Gefecht gesetzt hat. Eltern und Bruder sind vermutlich vor Ort. Ich schätze, er ist auf dem Weg dorthin. Ich bin auch gleich da.«

»Keine Alleingänge, Susan! Bleib vorsichtshalber, wo du bist.«

Ich eile um das Bett herum, greife in meine Reisetasche und atme erleichtert auf. Alles da. »Nein, ich kann nicht untätig hier rumsitzen. Mein Motel ist nicht weit von den Storms entfernt. Außerdem habe ich meine Dienstwaffe dabei. Ich muss jetzt Schluss machen, um den Notruf zu wählen.«

Die Pistole im Hosenbund alarmiere ich die örtliche Polizei und verlasse die Unterkunft.

Kapitel 28

Der Bruder

Obwohl ich mich direkt ins Bett gelegt habe, als David und Susan weg waren, finde ich keinen Schlaf. Zu viele Gedanken schwirren in meinem Kopf herum. Was hat Davids neuerliche Befragung im Präsidium zu bedeuten? Die Bullen vermuten, dass der wahre Schuldige bewusst falsche Beweisstücke hinterlassen hat. David hat die Initialen ja eindeutig wiedererkannt.

Zwar wehre ich mich dagegen, doch mein Gehirn arbeitet wie ein Schweizer Uhrwerk. Rädchen greifen ineinander. Ich verdiene seit über einem Jahrzehnt meinen Lebensunterhalt damit, mir Thriller auszudenken. Meine Fans lieben es, wenn ich auf den letzten dreißig Seiten die Story in eine völlig neue Richtung lenke, die dennoch logisch ist. Wer bei der Lektüre meiner Bücher aufpasst, hat immer die Chance, den Täter zu einem recht frühen Zeitpunkt zu enttarnen.

Ein an Mordermittlungen beteiligter Polizist, der in den Sachen eines Verdächtigen Initialen entdeckt. Ein paar Tage später muss der Serienmörder übereilt von einem Tatort fliehen und lässt eine Tasche zurück, in der die Ermittler ebenfalls die besagten Buchstaben finden. Bei der versuchten Festnahme erschießt der Polizist den Verdächtigen versehentlich. Nach dessen Tod stellt sich jedoch heraus, dass der Mann ein wasserdichtes Alibi hatte.

»Scheiße«, flüstere ich in die Dunkelheit.

Kann das sein?

Jasmins erschrockener Gesichtsausdruck, als David

plötzlich am zugefrorenen Teich auftauchte, steht mir noch deutlich vor Augen. Ob sie seine Abgründe damals schon durchschaut hatte?

David musste zusehen, wie seine Mutter von seinem Vater zu Tode geprügelt wurde. Was richtet das in der Seele eines Kindes an? Dann kam er zu uns, wo das Leben ebenfalls kein Zuckerschlecken war.

Mein Vater.

Ich halte inne und erinnere mich auf einmal an Ereignisse, die ich vergessen geglaubt hatte.

Wie oft war er nachts in mein Zimmer gekommen? Hatte sich zu mir ins Bett gelegt?

Das Ganze fand ein Ende, nachdem meine Eltern David aufgenommen hatten.

Ich habe nie hinterfragt, weshalb. Habe es einfach dankbar zur Kenntnis genommen.

Hat sich mein Vater stattdessen an David vergangen?

Allerdings hat der das mir gegenüber nie erwähnt.

Das Licht an meinem Smartphone leuchtet auf, bevor es zu vibrieren beginnt. Ich drehe mich zur Seite, um danach zu greifen.

Susans Rufnummer. Um diese Uhrzeit?

»Hallo?«, melde ich mich zögerlich.

»Hallo, hier ist Susan. Pass auf …«

»Ist was mit David?«, unterbreche ich sie. Nur das kann ihren Anruf erklären.

»Ja. Ich glaube, er ist auf dem Weg zu euch.«

Ich versuche, die Wahrheit zu verleugnen. »Warum klingst du so gehetzt, Susan? Was ist daran beunruhigend, wenn David vielleicht hierherkommt? Ich verstehe nicht, wovon du sprichst. Es ist doch nicht ungewöhnlich, dass er nochmal aufgebrochen ist.«

»Das nicht. Aber es ist ungewöhnlich, dass er mich überwältigt und gefesselt hat.«

Sie schweigt kurz. Ich will gerade antworten, als ich ein seltsames Geräusch höre und mit dem freien Ohr lausche.

»Ich mache mir Sorgen, dass er noch Schlimmeres vorhat.«

»Aha.«

Hat jemand das Haus betreten?

»Ähm, na ja, jedenfalls wollte ich Bescheid …«

Ich höre einen Schrei, danach einen Schuss. Hastig beende ich das Gespräch.

Fuck!

Der nächste Schuss.

Mir bleiben bloß Sekunden. Es gibt keinen Grund für ihn, mich zu töten. Es gibt keinen Grund für ihn, mich zu verschonen.

David ist ein Serienmörder. Komplett ausgetickt.

Endlich kann ich mich aus meiner Erstarrung lösen. Meine Möglichkeiten sind allerdings beschränkt. Das Treppenhaus ist keine Option. Er könnte mich einfach abknallen.

Ich muss durchs Fenster raus. Das habe ich als Teenager oft gemacht. Ein dicker Ast des Baumes in unserem Garten reicht fast bis zum Haus. Ist er in den letzten Jahren morsch geworden, oder wird er mein Gewicht tragen? Mir bleibt nichts anderes übrig, als es auszuprobieren.

Rasch schlüpfe ich in Jeans und braune Sneaker und schiebe die Scheibe hoch. Zuletzt greife ich zu einem Gegenstand, von dem ich hoffe, dass er mir das Leben retten kann. Ich stecke ihn in meine linke vordere Hosentasche.

Scheiße! War der Ast schon immer so weit weg?

Wenn ich mich nicht irre, kommt jemand die Treppe rauf. Gut, dass ich die Tür abgeschlossen habe. Das wird ihn kurzzeitig aufhalten. Trotzdem kostet es mich Mühe, meine Angst in Schach zu halten. Ich klettere auf die Fensterbank und schwinge ein Bein nach draußen. Der Sims an der Hauswand ist glücklicherweise breit genug, dass ich mich daraufstellen kann.

Ich höre etwas und blicke über die Schulter zur Tür. Die Klinke wird langsam hinuntergedrückt. Jetzt oder nie! Warum sollte David mich verschonen? Der Abstand zwischen Mauervorsprung und Ast beträgt ungefähr einen Meter. Ich nehme allen Mut zusammen und springe. Mein rechter Fuß knickt beim Aufkommen ein wenig um, sodass ich beinahe das Gleichgewicht verliere. Es gelingt mir, mich zu stabilisieren, als ein neuerlicher Schuss ertönt. Feuert er auf das Schloss? Ich hangle mich von Ast zu Ast zügig nach unten. Unterdessen fliegt in meinem Zimmer krachend die Tür auf. Ich lande auf relativ weichem Boden und renne los. Aus dieser Entfernung könnte er mich wie ein Tier hinterrücks erschießen. Ich rechne jederzeit mit dem finalen Schuss. Oder werde ich ihn gar nicht mehr hören, weil die Kugel mich trifft, bevor der Schall mein Ohr erreicht?

Als ich auf die Straße renne, knallt es tatsächlich. Doch er hat mich verfehlt. Meinen Wagen muss ich zurücklassen, ich habe den Schlüssel nicht dabei. Ich laufe um mein Leben. Hundert Meter, zweihundert, dreihundert. Die ersten Nachbarhäuser lasse ich links liegen, denn dort wird er mich bestimmt suchen. Irgendwann lässt mich aber meine Kondition im Stich. Ich habe Seitenstechen, japse nach Luft und komme kaum noch voran. Zögerlich laufe ich in den Garten eines alten Ehepaars, das früher mit meinen Eltern befreundet war. Ob er mich hinter dem Komposthaufen vermutet? Oder wird er an dem Grundstück vorbeilaufen?

Kapitel 29

Der Polizist

Endlich sind sie tot. Gerichtet von meiner eigenen Hand. Was für ein herrliches Gefühl.

Nachdem ich das Haus betreten hatte, bin ich direkt ins Schlafzimmer gegangen und habe sogar das Licht angeschaltet. Sie sind sofort wach geworden. Carola stieß einen erschreckten Schrei aus, ehe ich ihr eine Kugel in den Kopf jagte. Peter starrte mich entsetzt an, brachte aber keinen Ton heraus.

»Du Kinderficker!«, ist das Letzte, was er in seinem erbärmlichen Leben zu hören bekommen hat.

Natürlich hat Peter die größere Schuld auf sich geladen. Doch letztlich war er genau wie mein leiblicher Vater das machtlose Opfer seiner Triebe. Die Frauen hingegen haben immer bloß zugesehen. Meine Mutter hat sich nicht gewehrt, wenn Vater gewalttätig wurde. Carola hat Peter nie aufgehalten. Als ich alt genug war, das zu begreifen, war in mir die Erkenntnis erwacht, dass Frauen die eigentlichen Verursacher meines Leids waren.

Nun ist jedoch erst mal Alexander an der Reihe. Wie ich ihn an der Nase herumgeführt habe, als ich behauptete, mich um Meike zu kümmern. Natürlich hatte ich das nie vorgehabt, denn es gibt für mich keinen Grund, seinen Ruf zu schützen. Im Gegenteil! Er hätte mich beschützen müssen, das wäre seine Aufgabe als großer Bruder gewesen! Doch wahrscheinlich war er froh, dass Peter ihn in Ruhe gelassen hat, nachdem ich aufgetaucht war. Wir haben nie darüber gesprochen. Allerdings wäre es unwahrscheinlich, dass der perverse Trieb bei dem Alten erst durch mich geweckt wurde. Nein! Vor mir war Alexander an der Reihe, und er hat nichts unternommen, um mich vor demselben Schicksal zu bewahren. Dafür wird er jetzt bezahlen.

Auf dem Weg nach oben muss ich an Jasmin denken. An meine Verwunderung, als ich feststellte, wie ähnlich Alex und ich uns in gewisser Hinsicht waren. Trotzdem änderte ich meine Pläne nicht. Ich hatte lange davon fantasiert, sie zu vergewaltigen und mich anschließend den Bullen zu stellen. Ein Verbrechen begehen, um weitere zu verhindern. Im Knast hätte der Alte mich nicht mehr anfassen können, denn es war mir nie gelungen, mich gegen den Missbrauch zu wehren. Also zog ich es durch. Es lief jedoch komplett anders ab als geplant. Jasmin starb, ohne dass ich sie berührt hatte. Zuzusehen, wie sie unterging, war so erregend gewesen. Dann passierten unerwartete Dinge. Alexander flehte mich an, den Bullen eine falsche Story aufzutischen. Er wollte mich decken. Zum ersten Mal lohnte es sich, einen Bruder zu haben. Die Polizisten glaubten uns tatsächlich. Wir spürten zwar ihr Misstrauen, kamen aber unbehelligt aus der Sache heraus. Wobei das nicht die größte Überraschung war, denn nach dem Vorfall legte sich Peter kein einziges Mal mehr zu mir ins Bett. Offenbar hatte er plötzlich Angst vor dem, wozu ich fähig war.

Damals lernte ich, dass man sogar mit einem Mord davonkommen kann.

Vorsichtig drücke ich die Türklinke des Gästezimmers hinunter. Alexander will ich nicht vorab wecken. Ihm gönne ich zumindest die Gnade, im Schlaf zu sterben.

Abgeschlossen!

Hat er etwas geahnt? Hätte ich ihm nicht von der neuerlichen Vernehmung erzählen dürfen?

Ich feuere zweimal mit der Pistole auf das Schloss. Zeige ich eben keine Gnade. Nun lässt sich die Tür leicht aufstoßen. Zu meiner Verwunderung ist er nicht im Zimmer. Dafür steht das Fenster offen. Ich renne hin und sehe Alexander gerade noch Richtung Straße flüchten.

Haben ihn die Schüsse im Erdgeschoss alarmiert?

Ich feuere ihm einmal hinterher, ohne zu treffen. Weitere Versuche spare ich mir vorläufig. Ich hatte zehn Patronen im Magazin. Da ich keine Ersatzmunition dabeihabe, muss ich damit auskommen. Ihm wird es kaum gelingen, zu Fuß vor mir abzuhauen. Er versucht nicht, ins Auto einzusteigen, also gehe ich davon aus, dass er den Schlüssel vergessen hat.

Alexander, du gehörst mir!

Beinahe freue ich mich auf die Jagd, während ich mich umdrehe und aus dem Zimmer stürme.

* * *

Unten angekommen, höre ich plötzlich Sirenengeheul.

Susan muss sich befreit haben. Hätte ich sie doch bloß gleich kaltgemacht.

Fuck!

Ich habe schon früh vermutet, dass sie Polizistin ist und undercover ermittelt. Nun bin ich mir absolut sicher. Okay, dann endet das Ganze halt in einem großen Feuerwerk!

Wo ist Alexander? Er ist kein sehr sportlicher Typ, also kann er nicht ewig gerannt sein. Bestimmt versteckt er sich in einem Mauseloch.

An den ersten Häusern laufe ich einfach vorbei. Als ich

langsam die Anstrengung des Dauerlaufs spüre, beginne ich die Grundstücke und Gärten zu überprüfen. Das Licht des Dreiviertelmondes und die Straßenbeleuchtung helfen mir dabei. Außerdem haben viele Anwohner Bewegungssensoren installiert, die anspringen, sobald ich in die Nähe komme.

Ich will zuerst Alexander und dann Susan erledigen. Anschließend sollen mich Polizeikugeln durchsieben.

»Bruderherz!«, rufe ich laut. Vielleicht lässt er sich ja so aus seinem Versteck locken.

Nichts rührt sich.

Ich komme an einem Haus vorbei, in dem Freunde meiner Pflegeeltern wohnen. Im Garten erkenne ich in einer Ecke einen Komposthaufen, außerdem einen kleinen Sandkasten und eine Plastikschaukel – wahrscheinlich für die Enkelkinder. Zwei Mülltonnen stehen neben dem Haus.

»Bist du hier? Zeig dich mir, dann lasse ich dich leben. Ich will dir nur erklären, warum Peter und Carola sterben mussten. Und ich will die Wahrheit von dir hören. Hat Peter sich auch an dir vergangen?«

Keine Reaktion. Aber mein Gefühl sagt mir, dass er auf diesem Grundstück hockt. Ist das unsere brüderliche Verbindung, oder bilde ich mir das bloß ein?

Kapitel 30

Susan

Die Eltern tot im Schlafzimmer. Ein aufgeschossenes Schloss in der ersten Etage. Allerdings keine Spur von Alexander und David.

Habe ich Alexander warnen können? Ist er geflohen? Oder steckt er mit David unter einer Decke?

Ich trete aus dem Haus und schaue hoch zu dem offenen Fenster. Ein Erwachsener hätte sich mithilfe der ausladenden Äste des Baumes retten können.

Da beide Autos vor dem Grundstück stehen, scheinen Alexander und David zu Fuß unterwegs zu sein.

Ohne den örtlichen Polizisten Bescheid zu geben, laufe ich die Straße hinunter und ziehe unterwegs meine Waffe.

Kapitel 31

Der Bruder

Scheiße! Wodurch habe ich mich verraten? Hat er mich trotz der Dunkelheit hinter dem Komposthaufen entdeckt, oder spielt er mit mir?

»Bist du hier? Zeig dich mir, dann lasse ich dich leben. Ich will dir nur erklären, warum Peter und Carola sterben mussten. Und ich will die Wahrheit von dir hören. Hat Peter sich auch an dir vergangen?«

Meint er das ernst? Für einen Moment will ich ihm glauben. Aber die Wahrheit wird ihm nicht schmecken. Also muss ich versuchen zu fliehen. Auch auf die Gefahr hin, dass er mich dann rücklings abknallt.

Im diffusen Mondlicht bemerke ich, wie er sich langsam dem Komposthaufen nähert. Vorsichtig hole ich den Gegenstand aus der Hosentasche.

»Steck die Pistole weg, und ich komme raus«, rufe ich.

Er lacht laut. »Bruderherz, du bist nicht in der Position, Forderungen zu stellen. Dir zuliebe richte ich den Lauf aber auf den Boden. Einverstanden?«

»Ja.«

Er hält tatsächlich sein Wort. Ich überprüfe, ob der Schalter an der richtigen Stelle eingerastet ist, dann komme ich hoch. Wir sehen uns kurz in die Augen, ehe ich den Knopf drücke. Helles Licht flackert stroboskopartig auf und blendet ihn. Er stößt einen überraschten Schrei aus und feuert. Ich renne los, um seine kurze Desorientierung zu nutzen. Es ist meine einzige Überlebenschance.

Kapitel 32

Der Polizist

Ich registriere das Ding in seiner Hand zu spät. Gleißendes Licht, das mir die Netzhaut zu verbrennen scheint. Rasch blicke ich beiseite und feuere in seine Richtung. Ich höre Schritte, kann ihn also nicht getroffen haben. Wohin läuft er? Das sich nähernde Sirenengeheul übertönt jetzt jedes andere Geräusch. Ich muss warten, bis ich wieder etwas sehen kann. Allmählich verblassen die weißen Flecken vor meinen Augen. Wenn ich mich nicht täusche, rennt er zum Elternhaus zurück. Ich hetze ihm hinterher.

Kapitel 33

Susan

Eine Gestalt kommt mir entgegen.

»Stopp!«, rufe ich und ziele mit der Waffe.

»Ich bin's. Alexander. David ist hinter mir her. Nicht schießen!«

Ich lasse ihn näherkommen. »Wo ist er?«

Alexander deutet hinter sich. »Vier Häuser weiter. Ich habe ihn mit einer Taschenlampe geblendet.«

Daher also das grelle Licht, das plötzlich aufgeleuchtet hatte. Wenn David da hineingeblickt hat, dürfte es eine Weile dauern, bis er wieder richtig sehen kann.

»Gib mir die Taschenlampe!«

Er reicht sie mir, ohne meine Forderung zu hinterfragen.

»Jetzt renn zu den Polizisten und berichte ihnen, was passiert ist.«

Während ich mich auf die Straße konzentriere, befolgt er meine Anweisung. Alexander hatte recht, David ist hinter ihm her. Mein Herz rast. Wie wird er reagieren? Uns trennen maximal fünfzig Schritte, als er stehen bleibt und in Schussposition geht.

»Mach das nicht!«, schreie ich. »Ergib dich!«

Hastig schalte ich die Lampe ein. Ich blende ihn und kann ihn gleichzeitig besser ins Visier nehmen. Er feuert trotzdem. Ich ducke mich, dann ziele ich auf seine Schulter und schieße. Im nächsten Moment schreit er schmerzerfüllt auf und stürzt zu Boden. Die Pistole rutscht ihm aus den Händen. Ich nähere mich ihm vorsichtig. Blut tränkt sein T-Shirt. Doch er atmet.

Epilog

Susan

Sie haben mir fünfzehn Minuten gegeben, um ihn zu befragen, denn in den ersten Tagen hat er jegliche Kooperation verweigert. Es wird schwierig werden, ihm die Serienmorde zu beweisen, trotzdem wird er garantiert zu lebenslanger Haft verurteilt. Daran hege ich keinerlei Zweifel.

Er sitzt auf einem Stuhl und trägt hellblaue Gefängniskleidung. Hand- und Fußgelenke sind mit schweren Ketten gefesselt. Arrogant blickt er zu mir hoch, als ich den Raum betrete.

Ich setze mich ihm gegenüber an den Tisch.

»Hallo, David«, sage ich gelassen.

Er antwortet nicht, zeigt keinerlei Regung. Ich stelle ihm mehrere Fragen, aber er schweigt.

»Okay«, sage ich schließlich. »Ich kann dich nicht zur Zusammenarbeit zwingen. An der lebenslänglichen Haftstrafe ändert das allerdings nichts. Die Morde an deinen Pflegeeltern können wir dir hundertprozentig nachweisen. Schmauchspuren an den Händen. Faserspuren im Zimmer. Au…«

»Stell mir endlich die richtigen Fragen«, unterbricht er mich plötzlich. »Ich warte darauf, dass irgendjemand schlau genug ist. Eigentlich hatte ich das von dir erwartet. Du enttäuschst mich.«

»Welches sind die …«

Er schüttelt vehement den Kopf. »So funktioniert das nicht.«

Ich sehe ihm in die Augen, er hält meinem Blick stand.

»Wann hast du mich durchschaut?«, frage ich einer Eingebung folgend.

Er lächelt. »Von Anfang an.«

»Glaube ich dir nicht.«

»Ich hatte ziemlich schnell einen Verdacht«, behauptet er.

»Wieso?«

»Du warst ein zu perfekter Traum. Dennoch hätte es natürlich sein können. Warum sollte sich keine Frau in mich verlieben? Doch nachdem du so überraschend in meinem Leben aufgetaucht warst und ich den Verdacht hatte, dass du ein mieses Spiel treibst, musste ich Maßnahmen ergreifen. Unter anderem habe ich einen Trojaner auf Alexanders Handy geschmuggelt. Bei dir war mir das zu heikel, doch ich wusste, du würdest den Kontakt zu ihm suchen, wenn du diejenige wärst, für die ich dich gehalten habe. Du liebst die Bücher meines Bruders und lernst mich an der Tankstelle kennen? Lächerlich! Wer glaubt schon an so dumme Zufälle? Dank des Trojaners konnte ich immer verfolgen, mit wem er telefoniert und Nachrichten austauscht. Ich konnte sogar hören, was in seiner Umgebung gesprochen wurde. Also bekam ich mit, wie du ihn nach mir ausgefragt hast. Da wusste ich spätestens Bescheid. Ich hatte recht gehabt.«

»Trotzdem bist du nicht verschwunden.«

»Ich habe mit dem Gedanken gespielt und ihn verworfen.«

»Warum?«

»Weil ich eine bessere Idee hatte.«

Ich weiß sofort, was er damit meint. »Lieberman.«

Sein Lächeln wird breiter. »Genau.«

»Du hattest gehofft, auf die Art deinen Hals aus der Schlinge zu ziehen. Aber du konntest vorab nicht ahnen, dass du eine Gelegenheit bekommen würdest, ihn zu töten.«

»Stimmt. Es hätte ja gereicht, wenn er wegen der Morde verurteilt worden wäre. Diese Konfrontation im Keller war ein willkommener Bonus.«

»Wie hättest du dich verhalten, wenn der Plan aufgegangen wäre?«

»Zunächst einmal Ruhe gegeben. Irgendwann hättest du mich verlassen, richtig? Auftrag erledigt. Sobald der Trieb zu stark geworden wäre, hätte ich auf andere Weise getötet. Ohne erkennbaren Zusammenhang zur ersten Mordserie. Vielleicht wäre ich sogar weggezogen. Wer weiß?«

»Nach dem Vorfall an der Tankstelle hast du mich angerufen. Was mir sehr gelegen kam. Wieso hast du das getan?«

»Weil mich mein Partner dazu gedrängt hat. Er fand dich interessant. Redete mir ein, du hättest mir schöne Augen gemacht. Der Anruf diente zunächst meiner Tarnung.«

»Und ich bin drauf eingestiegen.«

»Ja. Aber nicht aus Interesse an mir. Das wissen wir beide.«

»Ich hatte tatsächlich nie Gefühle für dich«, behaupte ich – obwohl ich mir eingestehen muss, dass es nicht ganz der Wahrheit entspricht. »Das war alles bloß gespielt.«

»Genau wie meine. Und wir sind uns in noch einem anderen Detail sehr ähnlich.«

»In welchem?«

»Wir sind beide nicht zur Liebe fähig.«

Er grinst selbstzufrieden, während ich ihn überrascht anschaue.

***

»In Hollywood bekämen Sie jetzt einen Orden verliehen, aber wir sind hier ja nicht im Kino. Darum muss mein Händedruck ausreichen. Das ist Ihnen vermutlich sowieso lieber.«

Na ja, nicht wirklich, aber ich setze ein strahlendes Lächeln auf. Umständlich erhebt sich Dettmer aus dem Bürostuhl und streicht seine Krawatte glatt. Obwohl ich mich gerade erst hingesetzt habe, stehe ich ebenfalls auf und wende mich meinem Chef zu. Förmlich reicht er mir die Hand.

»Frau Holland, im Namen der Behörde drücke ich Ihnen hiermit meine Anerkennung für Ihre hervorragende Arbeit aus. Dank Ihres unermüdlichen Einsatzes konnte David Storm als Täter überführt werden, was alles andere als leicht war. Einen Serienmörder aus den eigenen Reihen dingfest zu machen, gehört wahrlich nicht zu unseren Routineaufgaben. Also: Chapeau und gut gemacht.«

»Danke«, antworte ich und widerstehe dem Wunsch, meine Finger am Rock abzuwischen, nachdem er mich aus seiner Umklammerung entlassen hat.

»Sie haben sich für Ihre Ermittlungen das Lob redlich verdient, wenngleich …« Es folgt eine seiner typischen Kunstpausen. Augenbrauen heben. Kinn vorrecken. Hüsteln. Ich senke den Blick schuldbewusst, da ich weiß, was jetzt kommt. »…wenngleich ich nicht jeden Ihrer Schritte billigen kann. Wir hatten uns darüber bereits unterhalten, und die teils doch sehr – sagen wir mal – unkonventionelle Vorgehensweise möchte ich nicht wiederholt wissen.«

»Selbstverständlich«, nuschle ich und will mich setzen.

»Ich bin noch nicht fertig.« Ruckartig fahre ich wieder

hoch. »Sie haben sich mehrfach in Gefahr begeben und Anweisungen nicht befolgt. Wir wollen das nicht an die große Glocke hängen, aber bei künftigen Undercover-Aufträgen sollten Sie solche Dinge unterlassen.«

»Ja, okay. Tut mir leid.«

Von wegen. Ich würde alles genauso wieder machen. Was zählt, ist schließlich der Erfolg. Außerdem bin ich noch nie den orthodoxen Weg gegangen. Auch bei früheren Einsätzen habe ich mich so verhalten, wie ich es für nötig hielt. Ich habe nichts zu verlieren, nur zu gewinnen. Wenn ich über die Grenzen gehe – auch über meine eigenen –, spüre ich mich selbst. Extreme Erlebnisse geben mir den ultimativen Kick und erinnern mich daran, wie gut sich das Leben anfühlen kann. Denn meistens fühle ich nichts.

»Frau Holland?«, reißt Dettmer mich aus meinen Gedanken.

»Entschuldigung, die letzten Tage waren vermutlich doch ein bisschen viel. Aber Sie kennen mich. Morgen bin ich wieder ganz die Alte und zu neuen Schandtaten bereit. Sie können auf mich zählen. Natürlich mit angemessener Arbeitsweise.«

Ich zwinkere ihm zu, was ihm sogar ein Lächeln entlockt.

* * *

Ich lenke meinen Wagen in das vertraute Wohngebiet und steuere den Parkplatz vor dem Mehrfamilienhaus an, in dem ich lebe. Endlich kann ich in meine Wohnung zurück. Langsam ging mir die Dienstunterkunft, die ich nur zum Schein bewohnte, gehörig auf den Geist. Aus dem Kofferraum greife ich nach zwei Tüten mit Lebensmitteln, die ich eben im Supermarkt eingekauft habe. Ich muss gleich erstmal den Kühlschrank füllen und die Zimmer durchlüften.

Unten vorm Fenster meiner Lieblingsnachbarn blühen die Rosen. Ich bleibe stehen, schnuppere an den Blüten und genieße den Moment. Wahnsinn, wie lange ich nicht hier war. Und erstaunlich, dass mir das mit den Blumen auffällt. Eigentlich hatte ich geglaubt, mich interessierten solche Dinge nicht.

David würde wohl auch davon ausgehen, dass ich kein Auge für die Schönheit der Natur habe. Seine Behauptung, ich sei nicht zur Liebe fähig, hat mich an meiner empfindlichsten Stelle getroffen. Er durchschaut mich. Dabei weiß das niemand. Es ist mein Geheimnis, mein Schmerz, den ich nur dann ausblenden kann, wenn der Job mich in Extremsituationen bringt.

Dass es zwischen David und mir eine Gemeinsamkeit gibt, habe also nicht nur ich gespürt. Er wusste es auch. Dunkle Phasen in unserer Kindheit haben uns zu dem gemacht, was wir heute sind. Wir setzen unser Leben aufs Spiel, weil es uns nicht viel wert ist. Mit dem Unterschied, dass er sich für die böse Seite entschieden hat und ich mich für die gute Seite.

Die Gedanken sind frei – und mir selbst kann ich es schließlich eingestehen: Ich vermisse David ein bisschen.

»Hallo, Susan!«

Erschrocken drehe ich mich zu dem Mann um, der wie aus dem Nichts hinter mir aufgetaucht ist.

»Sebastian, hey«, begrüße ich meinen Nachbarn erfreut. »Deine Rosen sehen sensationell aus.«

»Danke, du aber auch. Lange nicht gesehen!«

»Stimmt, das war ganz schön lange«, antworte ich und nehme die ersten Treppenstufen nach oben. »Endlich wieder daheim.«

Dass ich meinen nächsten Undercover-Einsatz dennoch kaum erwarten kann, muss ich ihm nicht anvertrauen. Die Gedanken sind frei.

Nachwort

Liebe Leserinnen und Leser,

bevor Sie das Buch beiseitelegen, möchten wir uns bei Ihnen bedanken. Dafür, dass Sie das Buch bis zum Ende gelesen haben, denn schließlich haben wir es genau deshalb geschrieben. Nachdem wir uns mit *Opferraum* auf ungewohntem Terrain bewegt hatten (wie schreibt man einen Thriller zusammen?), war *Bruderlos* bereits unser zweiter gemeinsamer Spannungsroman. Wir hoffen, Sie hatten genauso viel Spaß beim Lesen wie wir beim Schreiben.

Das Schreiben in drei verschiedenen Perspektiven ist eine ganz besondere Herausforderung. Denn durch die Gedanken der Protagonisten darf nicht zu viel verraten werden, und wir hoffen, Sie das ein oder andere Mal aufs Glatteis geführt zu haben.

Beenden möchten wir unser kurzes Nachwort mit einer Bitte: Als verlagsunabhängige Autoren sind wir besonders auf die Unterstützung unserer Leser angewiesen. Sie helfen uns, wenn Sie das Buch mit einer Rezension bewerten oder es Ihren Freunden weiterempfehlen.

Falls Sie uns persönlich mitteilen wollen, wie Ihnen *Du sollst mich lieben* gefallen hat, freuen wir uns über eine Nachricht von Ihnen. Unsere E-Mail-Adressen lauten:

kirsten.wendt@outlook.de
kontakt@marcus-huennebeck.de

Herzlichst
Ihre *Kirsten Wendt & Marcus Hünnebeck*
Im April 2021

Die Autoren

Marcus Hünnebeck gehört zu den erfolgreichsten Thriller-Autoren Deutschlands. Seine Bücher erreichen regelmäßig die vordersten Positionen in den Bestsellerlisten und begeisterten inzwischen weit über eine Million Leser. Besonders mit der Reihe um die beiden Hauptkommissare Robert Drosten und Lukas Sommer hat er sich in der Gunst der Leser nach vorne geschrieben. Nachdem er im Ruhrgebiet aufgewachsen und danach viele Jahre im Rheinland gelebt hat, wohnt er inzwischen in Hamburg.

Kirsten Wendt-Hünnebeck veröffentlicht seit 2011 Sachbücher und Romane und gehört zu den etablierten Autorinnen der deutschen Selfpublisher-Szene. Die im Jahr 1970 geborene Nordfriesin hat zwei erwachsene Kinder und liebt es, mit ihrem Mann durch die Welt zu reisen.

Bei ihren ersten gemeinsamen Romanen handelte es sich um romantische Komödien, *Opferraum* und *Bruderlos* waren ihre ersten gemeinsamen Thriller.

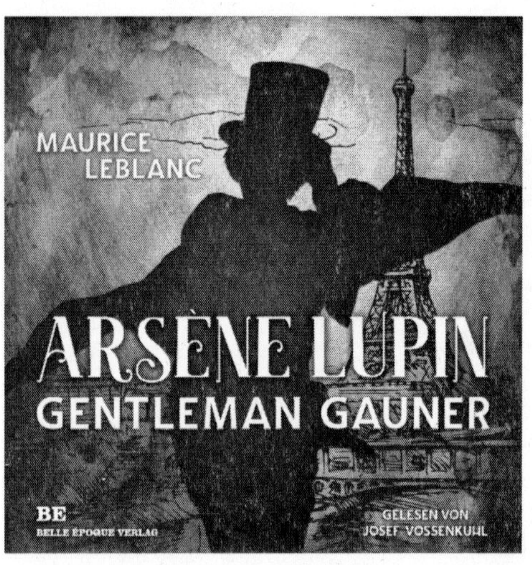

Maurice Leblanc

Arsène Lupin – Gentleman-Gauner

Erster Band der Abenteuer das Meisterdiebs Arsène Lupin. Der berühmte französische Einbrecher erscheint in verschiedenen Verkleidungen und führt die Polizei ständig an der Nase herum. Selbst bei seiner Verhaftung und dem Aufenthalt im berüchtigtsten Gefängnis von Paris ist er seinen Gegnern stets voraus. Weder große Geldbeträge noch Schmuck oder Kunstgegenstände sind vor ihm sicher. Sogar der weltbekannte britische Detektiv Sherlock Holmes hat gegen Lupin keine Chance. Nur die Liebe zu einer Frau kann dem Gentleman-Gauner zum Verhängnis werden.

Hörbuch, 418 Minuten, € 12,95 [D]
ISBN 978-3-96357-234-0